中文社会科学引文索引
（CSSCI）来源集刊

城市史研究

（第39辑）

URBAN HISTORY
RESEARCH

张利民　主编

天 津 社 会 科 学 院　中 国 城 市 史 研 究 会　主 办

社会科学文献出版社
SOCIAL SCIENCES ACADEMIC PRESS (CHINA)

《城市史研究》 编委会

目　录

1

宋朝城市公共空间夜晚秩序[*]

王茂华　张金花

内容提要：虽夜禁之令一直存在，但宋朝实乃唐朝以降相关管理最为宽松的政权，其城市公共空间夜晚秩序总体散漫。在夜禁相对严格的北宋中前期，时有妄开城门、官员犯夜发生，且有巡逻者护送犯夜官员回家的惯例与规定，普通人则对禁令仍十分惧惮。都城经历由禁到放的过程，地方城市禁放不一，总体宽松与官民侵夜而动多见记载。上元节等节日彻夜狂欢模式、夜市兴盛与较为普及是宋朝城市公共空间活跃的重要体现。

关键词：宋朝　城市　公共空间　夜禁　夜市

"作与日相应，息与夜相得"[①]，是以农耕文明为主体的中国古代社会的基本活动规律。但古人既得夜晚涵养休息之道，又有载歌载舫，乐而忘倦之时。学界对古代夜禁，个别时期、地域与城市的夜生活与夜晚经济活动有所研究，认为古代官方重视昼夜秩序与管理，到唐宋，这种生活秩序规定被写入律文。宋朝以后尤其是到明清，商业城市出现和都市生活习惯，渐渐瓦解了这种日夜分配观念和习惯。对唐宋夜晚秩序尤其是夜禁张弛、夜禁与节日关系等，学界予以关注，涉及唐朝街鼓制度、市场聚散、都城夜禁等。学者认为宋朝是中国传统农业社会昼夜秩序转变的重要时期，城市居民的社会时间开始向"三更半夜"延伸，行旅的"夜住晓行"成为传统昼夜秩序的重要侧面，市场活动则是全日制的，而上元灯节是城

---

　　* 本文为河北省社会科学基金 2017 年度项目"京津冀古代夜市形态与文化研究"（编号：HB7LS012）的阶段性成果。本研究得到浙江大学人文高等研究院大力支持，谨致谢忱。

　　① （汉）王充：《论衡校释》卷 3《偶会篇》，黄晖校释，中华书局，1990，第 103 页。

市化生活对传统农业社会昼夜秩序的最大搅动，是中国古代皇权政治从与官同乐走向与民同乐的重要举措。① 在此基础上，本文探讨唐宋城市夜禁松弛的渐变，宋朝城市夜晚公共空间活动因城市与人员的级别、地域、身份等不同而存在的差异与共性，是在宋朝城市夜禁是松弛的共识下，对其细节的一次探究。

一 夜晚相关禁令的承继与变化

中国古代的夜禁，又称宵禁、鼓禁、钟禁，是指由官方或军方基于公共安全秩序要求，禁止聚落公共空间夜间行动的规定以及执法行为。火禁主要是指夜禁期间禁止点灯与燃火的法律行为，其执行范围延伸至私人生活空间，意在谨慎火烛。中国古代对夜晚的管理及其宵禁渊源甚早。传说中的上古帝王颛顼、玄冥所辖之地，就有禁止交游、不准夜间寻欢作乐的命令。而《礼》中即有对夜晚休息与秩序管理的记载，后世以之作为法律源头。汉朝都城等地实行夜禁，历代均设有专门机构与人员，分别负责关闭城门、报时、巡逻等事。

宋朝城市夜禁与火禁是前朝制度的延续。唐朝夜禁实行范围很广，长安执行尤为严格。但晚唐时业已弛禁。而洛阳素来不禁街，夜禁甚宽松。至五代，多个政权再度实行夜禁与火禁。夜禁开始前，都城长安夜晚的街上很热闹。公共场所与街道上车辆与行人众多，道路两侧的高楼有着娱乐活动，人们在夜禁鼓响后才回家，"六街尘满衣，鼓绝方还家"②。暮鼓响后，即开始夜禁，包括关闭坊市大门，居民只许在坊内活动，禁止无证出坊，违者笞二十。唐朝都城宫城、皇城的钥匙，大致在每日入前五刻出闭门，一更二点返还；五更一点出开门，夜漏尽第二冬冬后二刻返还。外城门钥匙日入前十四刻出闭门，二更一点返还；四更一点出开门。也有火禁，

---

① 参见张金花、王茂华《中国古代夜市研究综述》，《河北大学学报》2013 年第 5 期；贾文龙《宋代社会时间管理制度与昼夜秩序的变迁》，《郑州大学学报》2015 年第 2 期；李国文《宋朝的夜市——这才开始了全日制的中国》，《同舟共进》2011 年第 1 期；王茂华、张金花《明清城市与市镇夜市探析》，《中国社会经济史研究》2016 年第 1 期；王茂华、张金花《元朝城市夜禁考论》，《兰州学刊》2016 年第 3 期。

② （唐）刘驾：《春台》，《全唐诗》卷 585，第 17 册，中华书局，1960，第 6774 页。

"唐火禁严甚，罪抵死"，"街中然烛亦常事，至特赦乃许，则火禁之严可知"。① 至晚唐，坊门不再按时关闭，"鼓声将绝月斜痕，园外闲坊半掩门"。② 无论军民，不再按照鼓声止行，"晓鼓人已行，暮鼓人未息"，"更点动后，尚恣夜行"。③ 东都洛阳素不禁街，"洛阳风俗不禁街，骑马夜归香满怀"。④ 暮鼓已响，仍是船来船往。午夜时分街道上仍有人行走。⑤ 晓鼓未起，已有行人结伴出游。武则天时，有人"于洛阳早出，至慈惠里西门，晨鼓初发"，且此时"金吾街吏"也并不呵止。⑥ 晓鼓方起，街上已是车水马龙，"九陌鼓初起，万车轮已行"。⑦ 夜市普遍分布于中晚唐境内大中城市，各地城镇的旅馆夜晚有酒食招待与出售、聚众娱乐等夜间经营活动，也是夜禁被突破的明证。

唐亡后，夜禁与火禁再度出现。吴越王钱镠（852～932）时，杭州中夜禁行。⑧ 南楚君主马希声（898～932）在位时，长沙有夜禁。他曾觊觎贾客沈申的玉带，"召申诣衙，赐以酒食，抵夜，送还店。预戒军巡，以犯夜戮之"。⑨ 南唐西都江宁府有夜禁，且有巡使、厢巡巡逻，维护治安。南唐保大元年（943），江宁县廨后有沽酒王氏所开之店，因夜深将打烊之时，款待一群不速之客，被巡使欧阳进逻拘捕下狱。受责原因为，"巡使欧阳进逻巡夜，至店前，问何故深夜开门，又不灭灯烛何也"。⑩ 南唐某地有

---

① （宋）费衮：《梁溪漫志》卷6《唐严火禁》，中华书局，1982，第62页。
② （唐）韩偓：《曲江夜思》，《全唐诗》卷682，第20册，第7818页。
③ （唐）王贞白：《长安道》，《全唐诗》卷701，第20册，第8058页；（宋）王溥：《唐会要》卷78，中华书局，1955，第1284页。
④ （唐）薛逢：《醉春风》，《全唐诗》卷548，第16册，第6320～6321页。
⑤ （宋）李昉：《太平广记》卷450《薛迥》，中华书局，1961，第3682页。
⑥ （宋）李昉：《太平广记》卷299《韦安道》，第2375页。中华书局本称"大定中"，文渊阁本为"大足中"。
⑦ （唐）于武陵：《过洛阳城》，《全唐诗》卷595，第18册，第6897页。
⑧ （五代）严子休：《桂苑丛谈》，《唐五代笔记小说大观》，上海古籍出版社，2000，第1565页。
⑨ （宋）李昉：《太平广记》卷124《沈申》，第875页；参见（宋）欧阳修《新五代史》卷66《楚世家第六》，中华书局，1974，第825页。
⑩ （宋）李昉：《太平广记》卷314《沽酒王氏》，第2488页。《四库全书》之《稽神录》（第1042册，第849页）提要称："是编皆记神怪之事，晁公武读书志载其自序，称自乙未岁至乙卯，凡二十年。则始于后唐废帝清泰二年，迄于周世宗显德二年，犹未入宋时所作。书中惟乾宁、天复、天祐（祐）、开成、同光书其年号，自后唐明宗以后，则但书甲子。"故此事发生于943年。

人家的燕巢忽然发出赤色光芒，"夜后，厢巡呵喝于外，责其不戢灯烛"。① 可知，夜禁时，无论是店铺，还是民宅，均须关门闭户，且不得张灯。

就城门启闭、犯夜惩处，《宋刑统》几乎照搬唐律相关规定。② 相比唐朝都城城门启闭时间间隔，北宋开封府里城城门启闭时间间隔短，也即宋朝法律规定的夜禁时间要短。且官方明确规定，都城三鼓之前，人们可以自由行走。乾德三年（965）夏四月壬子，"令京城夜漏未三鼓，不得禁止行人"。③ 这当然包含外城在内，人们夜晚公开活动的时间比唐朝至少延长一更。另有一些诏令也涉及有关都城城门的启闭等。熙宁九年（1076）六月十六日诏规定："在京旧城诸门并汴河岸角门，并令三更一点闭，五更一点开。"④ 新城门虽沿袭至晓方开的旧制，但存在漏洞。即负责人员在五鼓时拿到钥匙，开锁后，城门便搭关俟晓，难免有透漏奸诈及商税物色的情况。故大中祥符九年正月下诏，重申严格门禁："在京新城门每军员赴起居日，委监门使臣躬亲监辖开闭。未明前不得搭关龙锁，恣纵开闭，透漏奸诈及商税物色。违者并科违制之罪。"⑤ 元丰六年（1083）五月十三日，再次重申新城门启闭具体时间，"新城门并以日初出入时为准，委开封府检察"。⑥ 遇有皇帝召见、夜晚公事解送、军员赴起居日、兵士工役等情况，城门夜晚也可例外启闭。届时，监门使臣需亲自监辖城门开闭，并勘验出入符契。"若以式律言之：夜开宫殿门及城门者，皆须有墨敕、鱼符。其受敕人具录所开之门，并出人［入］帐，送中书门下，自监门卫士将军以下，俱诣合复奏，御注'听'，即请合符、门钥，监门官司先严门仗所开之门内外，并立队燃炬火，对勘符合，然后开之。符虽合，不勘而开；及勘不合而为开；及不承敕而擅开闭；若得出入者，剩将（人）出

---

① 陶敏《刘崇远及其著作考略》（《云梦学刊》2006 年第 6 期，第 106～108 页）认为，刘崇远大约出生在唐昭宗景福二年（893），至南唐元宗保大十年（952）为《金华子杂编》作序时，约为 60 岁。

② 参见（宋）窦仪撰、薛梅卿点校《宋刑统》卷第 7，法律出版社，1998，第 140～143 页；卷第 8，第 151～157 页；卷第 26，第 474～475 页。

③ （宋）李焘：《续资治通鉴长编》卷 6，乾德三年夏四月壬子，中华书局，1995，第 153 页。

④ （清）徐松：《宋会要辑稿·方域十二之四》，中华书局，1957，第 7521 页。

⑤ （清）徐松：《宋会要辑稿·方域十二之三》，第 7521 页。

⑥ （清）徐松：《宋会要辑稿·方域一之一七》，第 7327 页。

入。其刑名，轻者徒、流，重者处绞。"①《熙宁铜鱼符》可再补其详，因枢密副使蔡挺建言，"京城门钥旧禁不严，请置铜符以谨启闭"，"令西作坊铸造铜符三十四副，给左契付诸门，右契付大内钥库。上以京城门禁不严，素无符契，命枢密院约旧制，更造铜契，中刻鱼形以门名识之，分左、右给纳，以戒不虞，而启闭之法密矣"②。王应麟再作补充，"皇城司掌宫城出入之禁令，凡门给铜符二，铁牌一，左符留门，右符请钥，铁牌则请钥者自随，以时参验而启闭之"③。就地方府州等城门启闭，熙宁七年正月一日，诏："夜过州、县、镇、寨并关门桥渡者，如已锁门，唯军期及事干急速，即随处那官审问，听开。"④ 这似是对元丰相关旧令的补充，此后元符、政和年间，朝廷再次敕令重申。庆历八年春正月戊戌，诏诸州军"监司夜过者，无得辄开城门，违者以违制坐之"⑤。咸平五年、大中祥符五年先后针对边城"夜分而城不扃"，下诏申令，加强戒备。

南宋时，都城与地方仍有夜禁。都城有夜禁，"僧庐须过夜，城禁莫催回"⑥。仍执行犯夜法律规定，约在庆元三年（1197），临安府府尹赵师曾误判偷盗案，把犯罪嫌疑人"以犯夜律杖出"⑦。相关门禁规定依然被奉为"式律"，如"夜开宫殿及城门者，皆须墨敕、鱼符，其受敕人具录所开之门，并出账，送中书门下，自监门卫士将军以下，俱诣合复奏，既听

---

① （宋）司马光：《增广司马温公全集》卷70《论夜开宫门状》，四川大学古籍所编《宋集珍本丛刊》第11册，线装书局，2004，第704页。参见《唐律疏义》卷16。《唐会要》卷30载，景龙三年十月，敕：宫城皇门、京城门、禁苑门，左右内外，各给交鱼符一合，巡鱼符一合，左厢给开门鱼一合，右厢给闭门鱼一合，皆左符，付监门掌，交番巡察，每夜并非时开闭，则用之。

② （宋）张方平：《乐全先生文集》卷40《宋故推诚保德功臣资政殿学士正奉大夫行右谏议大夫判南京留司御史台上护军南阳郡开国侯食邑一千八百户食实封二百户赐紫金鱼袋赠工部尚书蔡公墓志铭》，《宋集珍本丛刊》第6册，第255页；（宋）王应麟：《玉海》卷85《熙宁铜鱼符》，江苏古籍出版社、上海书店出版社，1987，第1572~1573页。

③ （宋）王应麟：《玉海》卷85《熙宁铜鱼符》，第1573页。

④ （清）徐松：《宋会要辑稿·方域十二之四》，第7521页。

⑤ （宋）李焘：《续资治通鉴长编》卷162，庆历八年春正月戊戌，第792页。

⑥ （宋）张镃：《南湖集》卷4《过湖至郭氏庵》，影印文渊阁四库全书本，第1164册，第570页。《桐江续集》卷8《读张功父南湖集并序》称，"南湖（张镃）生于绍兴癸酉"、"嘉定庚午自序"。《诚斋集》卷68《答张功父寺丞书》称，"功父（张镃）深居帝城，非埜人之迹所宜至"。参见《江湖长翁集》卷22《游山记》。

⑦ （明）田汝成：《西湖游览志余》卷25，上海古籍出版社，1980，第452页。

即请，合符开锁，监门官司先严门仗所开之门内外，并立队，然炬火，对勘符合，然后开之"。① 但执行不力。绍熙二年，"近日（临安）水门之禁启闭不时，此非常开之门，尤当谨守其节，有何缓急自弛堤防"。② 地方城市也有夜禁，也执行三更关闭城门规定，"绍兴甲戌、丙子间，丹徒五百夜还自郡，有方士醉卧道周者。时夜禁严甚，五百念士即得罪，遂扶以归"。③ 杨万里一次夜归吉州城，称"近城一二里，远岸三四灯。望关恐早闭，驱舟祗迟行"，"至舍心未稳，丽谯才一更"。④ 郭应祥也称，"官居也有城门禁，未到三更尽不妨"。⑤ 刘克庄谈到某地修城后，"见说传更增逻卒，已闻犯夜少奸民"。⑥

北宋与南宋火禁有较大不同。北宋时，火禁"甚严，将夜分即灭烛。故士庶家凡有醮祭者，必先关厢使，以其焚楮币在中夕之后也"。⑦ 至和、嘉祐之间（1054～1063），枢密使狄青因家中夜醮，没有报告有司，以致不利舆论汹汹而至。南宋杭州居民彻夜燃灯，且多火灾，"奉佛太盛，家作佛堂，彻夜烧灯，幡幢飘引"，"夜饮无禁，童婢酣倦，烛烬乱抛"。⑧ 至绍熙三年（1192），火禁业已松弛，"街中然烛亦常事"⑨。

---

① （宋）彭龟年：《止堂集》卷1《论雷雪之异为阴盛侵阳之证疏》，绍熙二年二月，影印文渊阁四库全书本，第1155册，第767页。

② （宋）彭龟年：《止堂集》卷1《论雷雪之异为阴盛侵阳之证疏》，绍熙二年二月，第1155册，第767页。

③ （宋）薛季宣：《浪语集》卷27《书丹徒五百事》，影印文渊阁四库全书本，第1159册，第424页。

④ （宋）杨万里：《杨万里集笺校》卷15《晓出郡城往值夏谒胡端明泛舟夜归郡城》，辛更儒笺校，中华书局，2007，第740页。

⑤ （明）吴讷编《百家词》之（郭应祥）《笑笑词》鹧鸪天《梦符置酒于野堂出家姬歌自制词以侑觞次韵》，天津市古籍书店，1992，第1233页。《笑笑词》之临江仙《丙寅生日作》自称"老子开年年五十"（第1242页）；鹧鸪天《己巳生日自作》"屈指新年五十三"（第1244页）。廖行之《省斋集》原跋十七首之郭应祥《跋》称："淳熙辛丑春，余待试南宫，始识廖天民于临安客舍。""甲寅孟春，因假其集至官舍，庄诵数过，敬书此以归之，是月晦，临江郭应祥书。"（影印文渊阁四库全书本，第1167册，第402页）则郭应祥生于绍兴二十七年（1157）前后，至1209年前后去世。《大清一统志》卷276记载，浏水在浏阳县南，源出大围山，西北流入长沙县界，入湘，名浏阳水，又名浏川。郭应祥曾至长沙一带，其鹧鸪天《己巳生日自作》"古遂长沙千里遥，三年三处做生朝"（第1233页），上引文发生地似在长沙。

⑥ （宋）刘克庄：《后村先生大全集》卷9《城坏复修又赋》，四部丛刊初编本，第1291册，第36页。

⑦ （宋）魏泰：《东轩笔录》卷10，中华书局，1983，第117页。

⑧ （宋）周密撰，（明）朱增焕增补《增补武林旧事》卷8《灾异》，四库全书存目本，史部248，第120页。

⑨ （宋）费衮：《梁溪漫志》卷6《唐严火禁》，第62页。

二 犯夜行为多发及惩处力度趋弱

北宋都城夜晚城门启闭约束不力,秩序较散漫。天禧四年(1020),因此前"周怀政尝遣人召承庆,欲有所议。夜二鼓,不下皇城门钥以待之","入内供奉官石承庆削两任,配隶宿州"。① 在宋真宗时,夜二鼓之时皇城门理应关闭,但因畏惧个别入内供奉官权威,门司为之留门。事发后,当事人受到削两任配隶宿州的惩处。类似情况也发生在皇室成员身上,但只是遭到大臣的非议,不了了之。仁宗十三公主丧殡出城,"留宫门及城门至夜深方闭","内自禁掖,外达郊野,诸门洞开,(一)如昼日,车马往来,络绎不绝,出入之人,无复讯诃"。② 嘉祐五年(1060)九月,兖国公主嫌弃夫婿李玮,"夜开皇城门,入诉禁中",所历皇城、宫殿内外监门使臣"未辨真伪,辄便通奏,开门纳之,直彻禁中,略无讯防"。③ 右正言王陶、知谏院唐介、殿中侍御史吕诲等据典谏言,强烈请求追究放行者责任。因这场持续近两年的公主离婚纠纷,受到处置的人员为数不少,但并没有看到对监门使臣的处置。而作为禁地的皇城护卫巡逻亦存有很大漏洞。熙宁九年(1076)四月,百姓孙真"衣纸衣,夜越宫墙","自修城处入城,从左藏库厕屋而下","由左升龙门","至登文德殿屋"。据称"是夕,繇内而外,巡徼察视,寂无所闻,日上几午,乃闻诵经之声,卫士仅始登捕"。④ 苏轼在黄州一次夜出城,"归时已三鼓","踰城犯夜而归"。⑤ 而南宋临安水门启闭不时,原因则为"勋戚贵近,时有排赏,倡、优、伎、艺每蒙宣引,水门启闭多不以时"。⑥

元丰元年(1078)十月,都城仍有夜禁。发生在官员许将身上的事

---

① (宋)李焘:《续资治通鉴长编》卷96,天禧四年八月丙午,第2214页。

② (宋)司马光:《增广司马温公全集》卷70《论夜开宫门状》,《宋集珍本丛刊》第11册,第704页。

③ (宋)李焘:《续资治通鉴长编》卷192,嘉祐五年九月庚戌、癸丑,第4646页;《续资治通鉴长编》卷196,嘉祐七年二月癸卯、三月壬子,第4741~4743页。

④ (宋)李焘:《续资治通鉴长编》卷275,熙宁九年五月,第6722页。

⑤ (宋)何薳撰,储玲玲整理《春渚纪闻》卷6《牛酒帖》,《全宋笔记》第3编第3册,大象出版社,2008,第243页。

⑥ (宋)虞俦:《尊白堂集》卷6《上时政阙失札子》,影印文渊阁四库全书本,第1154册,第132页。

情，则可窥当时都城夜晚巡逻、普通人畏惧夜禁的情形。权知开封府许将坐太学狱，下御史台禁勘，服罪后，放出回家时已是二更以后，来接久候的家人业已回家：

> 许坐于台门，不能进退，适有逻卒过前，遂呼告之曰："我台中放出官员也，病不能行，可烦为于市桥赁一马。"逻卒怜之，与呼一马至，遂跨而行。是时，许初罢判开封府，税居于甜水巷，驭者惧逼夜禁，急鞭马，马跃，许失绥坠地，腰膝尽伤，驭者扶之于鞍，又疾驱而去，比至巷，则宅门已闭。许下马坐于砌上，俾驭者扣门，久之，无应者。驭者曰："愿得主名以呼之。"许曰："但云内翰已归可也。"驭者方知其为判府许内翰，且惧获坠马之罪，遽策马而走。许以坠伤，气息不属，不能起以扣门，又无力呼叫，是时十月，京师已寒，地坐至晓，迨宅门开，始得入。①

许将当时应是普通衣着，或因为自己声称是刚刚释放的官员之故，没有享受到送还回家的礼遇。逻卒只是出于同情心，为其租马。牵马人因夜禁时间将到，忙中生错，以致许将迭迭吃苦。显然迟至此时，都城仍执行夜禁。而御史台在宫城右掖门外浚仪桥大街街东，沿街向南，右转经汴河大街，过市桥（州桥，位于汴河与御街交叉口），沿汴河大街一直向东，内侧依次经过第三条甜水巷、第二条甜水巷、第一条甜水巷（而另一条小甜水巷在相国寺北，该巷内南食店甚盛，妓馆亦多，许将居住该巷的可能性不大）。故许将所经是繁华地段和中心城区，赁马者对夜禁甚是惧惮，官员宅邸业已闭门，巷内过往无人，也可知夜禁执行较为严厉。

虽有夜禁之令，但自宋初开始，官员豪民犯夜而动即时有发生。乾德元年（963）二月，比部员外郎王著"嗜酒不拘细行，尝乘醉夜宿娼家，为巡吏所执"。②雍熙四年（987）四月至端拱元年（988）正月期间，枢密副使赵昌言、盐铁副使陈象舆、董俨（被都人号曰"陈三更、董半夜"）、知制诰胡旦等五人，"旦夕会饮于枢第，棋觞弧矢，未尝虚日，每每乘醉夜分

---

① （宋）魏泰：《东轩笔录》卷9，第103页。《续资治通鉴长编》（卷297，元丰二年三月庚午朔，第7216页）记载："诏钱藻且权开封府，以许将连太学狱事，而御史台鞫治多用开封府吏也。"（八月丙辰，许将责）故此事发生时间当在元丰元年十月。

② （宋）李焘：《续资治通鉴长编》卷4，乾德元年二月甲申，第83页。

方归，金吾吏逐夜候马首声诺"。① 宋真宗任府尹时（997 年即位之前），开封城中"有醉犯夜"，是"豪民常态"。② 景德年间（1004~1007），寇准任职中书省期间，"多召两制，会饮私第，酒酣气盛，必闭关苛留之，往往侵夜"，"与（周）起过（曹）玮家饮，同列多先去者，准及起尽醉，夜漏上，乃归"。③ 约在熙宁元年（1068），工部官员许某之婿方勉"与故人饮于市，醉，犯夜禁，因于府庭"，而权知开封府郑獬念及方勉妻子才情，将其释放。④ 负责夜晚巡逻与治安的人员也随意脱岗、对官员法外开恩等。建隆元年三月，铁骑左厢都指挥使王彦升夜抵宰相王溥私第，欲索拿贿赂，口头上却称"此夕巡警困甚，聊就公一醉耳"。⑤ 前引王著一事，巡吏得知他的身份后，便将其释放。皇祐四年（1052）十一月至至和二年（1055）二月期间，庆州"有富贾夜饮相斗者，逻者得之，乃用赂，遂归罪于他民"；知州何中立"谓并边豪猾，侵夜不禁，复能行赂以自免，不痛绳之，后必生奸，皆抵以峻法"。⑥

不同于唐朝对犯夜禁官员予以笞打，宋朝官方要求将此类官员等护送回家。早在宋太祖、宋太宗朝，巡逻者已有类似具体应对。违禁的当事人因为其他过失等原因，难免受到事后追究。前引王著一事，责任官员"密以事闻，上置不问。于是宿直禁中，夜扣滋德殿求见。上令中使引升殿近烛视著，发倒垂被面，乃大醉矣。上怒，发前事黜之。御史中丞刘温叟等并坐失于弹劾，夺两月俸"。⑦ 倘若没有醉酒披散头发夜扣滋德殿求见的过分行径，宋太祖恐怕不会旧事重提追究王著。前引赵昌言等五人不久遇翟颖一案，本就嫉恨的赵普认为赵昌言树立朋党，借机打击。端拱元年

---

① （宋）文莹：《玉壶清话》卷 5，中华书局，1981，第 51 页。《宋史》卷 5（中华书局，1977，第 80 页）记载，雍熙四年夏四月癸巳朔，"以御史中丞赵昌言为右谏议大夫、枢密副使"。

② （宋）李焘：《续资治通鉴长编》卷 63，景德三年六月癸卯，第 1410 页。

③ （宋）李焘：《续资治通鉴长编》卷 76，大中祥符四年冬十月戊辰，第 1738 页；卷 96，天禧四年九月己未，第 2216 页。

④ （宋）阮阅：《诗话总龟》卷 19，影印文渊阁四库全书本，第 1478 册，第 480 页。《郧溪集》卷 13《知开封府札子》称："臣比者进对，伏蒙陛下称臣摄京府，为治甚好，百姓便之。"《宋名臣奏议》卷 21《上神宗论察言考实则无妄毁誉》备注云："熙宁元年上，时知开封府。"《宋名臣奏议》卷 114《上神宗论青苗》备注云："熙宁三年四月上，时以翰林侍读学士、知杭州，徙青州，未行。"

⑤ （宋）李焘：《续资治通鉴长编》卷 1，建隆元年三月，第 83 页。

⑥ （宋）郑獬：《郧溪集》卷 19《枢密直学士刑部郎中何公行状》，影印文渊阁四库全书本，第 1097 册，第 292 页；（宋）李焘：《续资治通鉴长编》卷 173，皇祐四年十一月己酉，第 792 页。

⑦ （宋）李焘：《续资治通鉴长编》卷 4，乾德元年二月甲申，第 83 页。

（988），"谪昌言为崇信节度行军司马，象舆复州团练副使，俨海州、旦坊州、颢虢州司户参军"。① 显然聚众日夜饮犯禁一事被史书大书特书，根本原因还是官场倾轧作祟。至大中祥符五年（1012），巡逻者护送犯夜官员回家正式成为官方规定与惯例。九月甲申，"大宴含光殿，军校有醉卧禁街者，诏巡逻者护送之，仍命殿前司自今为例"。② 就宋朝在此等问题上与唐朝态度的区别，一位出身唐朝五代官宦世家的老太太曾谈及，"今胡不然，脱或侵夜，厢巡防卫至所居"。③ 这既体现出宋朝对官员的优待，也体现出夜晚秩序管理的宽松。

三　城市公共空间夜晚秩序松弛

宋朝有全国与区域性节日、宗教节日、季节与时令节日，官方规定一年休假近八十日，有多个重要节日，如元日（春节）、元宵节、寒食节、天庆节、冬至，均为长休。除沿袭前朝上元夜晚弛禁和增加灯节时间外，其他节日夜禁松弛也是常态，这是统治者对夜晚秩序管控的调节措施。遇年节、上元、中秋等节日，城市彻夜狂欢，酒楼、夜市通宵营业。正月初一开封府放关扑三日，"向晚，贵家妇女纵赏关赌，入场观看，入市店饮宴，惯习成风"。④ 上元灯节旧只三夜，乾德五年（967），钱王纳土献钱后，下诏开封府增加十七、十八两夜。太平兴国六年（981），燃灯五夜成为全国惯常。南宋时，杭州上元节不输开封府，"笙歌灯火夜连明"，"沙河红烛暮争然，花市清箫夜彻天。客舍风光如昨梦，帝城歌酒又经年"。⑤ 吴中"禁钥通三鼓，归鞭任五更"。⑥ 南昌府"灯火遥闻鼓吹声"。⑦ 北宋

---

① （宋）李焘：《续资治通鉴长编》卷29，端拱元年春正月，第651页。
② （宋）李焘：《续资治通鉴长编》卷78，大中祥符五年九月甲申，第1785页。
③ （宋）张舜民：《画墁录》，影印文渊阁四库全书本，第1037册，第171页。
④ （宋）孟元老：《东京梦华录注》卷6《正月》，邓之诚注，中华书局，1982，第154页。
⑤ （宋）陆游：《剑南诗稿》，《陆游集》，中华书局，1976，第1293页；（宋）家铉翁：《则堂集》卷6《前岁上元与赵任卿寓临安追逐甚乐今年同在建溪任卿先赴郡席小雪忽作且知早筵遂散独坐无聊因得二诗却寄》，影印文渊阁四库全书本，第1189册，第356页。
⑥ （宋）范成大撰，富寿荪标校《范石湖集》卷17《前堂观月》、卷23《上元纪吴中节物俳谐体三十二韵》，上海古籍出版社，1981，第238、325页。
⑦ （宋）裴万顷：《竹斋诗集》卷3《上元忆大梵明灯二首》，影印文渊阁四库全书本，第1169册，第447页。

时，中秋节成为全民式节庆，都城也是不夜城，"贵家结饰台榭，民间争占酒楼玩月。丝篁鼎沸，近内庭居民，夜深遥闻笙竽之声，宛若云外。闾里儿童，连宵嬉戏。夜市骈阗，至于通晓"。南宋都城中秋节亦然，"灯烛华灿，竟夕乃止"，"楼台丝管沸金穴"，"天街买卖，直至五鼓，玩月游人，婆娑于市，至晓不绝。盖金吾不禁故也"。① 某地方城市八月十四，"千门不夜晓相连"。② 其他节日，南宋都城内外也是彻夜模式。长至（冬至）节时，"店舍喧哗彻夜开，荧煌灯火映楼台。欢游未晓不归去，早有元宵气象来"，酒肆旅馆彻夜开放，灯火辉煌，人们彻夜狂欢不归，与元宵节一样热闹；春日漏下时刻，城门半掩，御街夜市热闹喧天，在西湖游玩的人们争相回城，湖心仍有船未归，"天街夜市已喧阗，半掩城门玉漏传。笼烛绛纱争道入，湖心犹有未归船"。③

宋朝沿袭前朝的街鼓制度，至南宋初废除，这是夜晚秩序松弛的表现之一。宋真宗时恢复街鼓制度。咸平五年（1002）二月，右侍禁合门祗侯谢德权有"衢巷广袤及禁鼓昏晓，皆复长安旧制"之请。④ 宋敏求称，"京师街衢，置鼓于小楼之上，以警昏晓"，可证街鼓制度得以施行。⑤ 据此史料，加藤繁先生推断，到熙宁年间已经完全不用街鼓制度。两者的论断为生活于北宋不同时期的人们的吟诵所否定。庆历元年（1041），"六街禁夜犹未去"，刘敞在《同诸公晚游开宝寺福圣院》中载，"偷闲光景易侵夜，十二街头坊

① （宋）孟元老：《东京梦华录注》卷8《中秋》，第215页；（宋）周密撰，（明）朱增焕增补《增补武林旧事》卷3《中秋》，史部248第46页；（宋）方回：《桐江续集》卷13《今秋行》，影印文渊阁四库全书本，第1193册，第377页；（宋）吴自牧：《梦粱录》卷4《中秋》，丛书集成初编本，第96册，第698页。
② （宋）郭印：《云溪集》卷11《和史守八月十四日月二首》，影印文渊阁四库全书本，第1134册，第78页。
③ （元）马臻：《霞外诗集》卷5《至节即事》、卷9《西湖春日壮游即事》，影印文渊阁四库全书本，第1204册，第106、148页。《至节即事》诗序中称："癸酉岁长至节，效王建体，偶成绝句十首，予年始二十，即一时之事，寓一时之意。"《西湖春日壮游即事》诗序称："延祐戊午春，偶以钓槎之暇，因念西湖春日游，尚历历然眉睫间。光阴几何，余鬓铄矣。遂成七言二韵诗三十首，以写幽怀。后我之生，或不我信，傥遗老览之，则将同一兴感焉。"马臻生于宝祐二年（1254）[据（清）仰蘅辑《武林玄妙观志》卷2《马霞外先生》，清光绪十二年钱塘丁氏嘉惠堂刊本]，泰定二年（1325）尚在世（据其《霞外诗集》卷10《偶成》"老夫七十今踰一"推断）。
④ （宋）李焘：《续资治通鉴长编》卷51，咸平五年二月戊辰，第1114页。
⑤ （宋）宋敏求：《春明退朝录》卷上，中华书局，1980，第11页；〔日〕加藤繁：《宋代都市的发展》，《中国经济史考证》，台北，华世出版社，1959，第283页。

鼓鸣"；元丰二年（1079）的北京"夜深恐触金吾禁，走马天街趁夕阳"；元祐三年（1088）的都城，"玉烛传杯未厌，金吾静夜惊回"。① 至南宋，陆游称："京都街鼓今尚废，后生读唐诗文及街鼓者，往往茫然不能知。"② 据其所言，京都街鼓似早已废除。但"街鼓肃市喧"（宋高宗时），"重城街鼓已冬冬"（1175～1234）所载信息与之矛盾，可知行在临安仍行街鼓制。③ 因此可以断定，宋朝废除街鼓制晚于元祐三年，更迟似可推至南宋初。故宋敏求所谓"二纪以来，不闻街鼓之声。此后，金吾之职遂废之矣"的论断不确，而加藤繁先生所论也随之失其所据。南宋中晚期，街鼓仍具备报时功能，但已不再作为限制夜晚活动的依据，这为陆游《初夜暂就枕》"街鼓冬冬欲断时"和《夜归》"索马踏街鼓""到家四邻寂"，俞德邻《寓山阳天庆观作》"街鼓冬冬又五更"等诗句可证。④

　　两宋时期地方城市夜晚秩序总体涣散，这是唐朝至清朝夜禁整体最为松弛的时期。北宋地方城市夜晚秩序维护、门禁已十分散漫。边境城市夜不闭城时有发生，咸平五年（1002）九月，"（蕃部张偻罗）夜入镇戎军境，直抵城隅，门尚未闭，而不逢警巡者"。⑤ 大中祥符五年（1012），"边臣每正旦五鼓即张烛庆贺，日聚宴乐，至有夜分而城不扃者"。⑥ 内地城市也不亚于边城。元丰八年（1085），司马光谈及城市守御等事称，州县仓库守宿，街市巡逻乏人，并以西京洛阳为例说明问题的严重程度，

① （宋）梅尧臣：《梅尧臣集编年校注》卷11，朱东润校注，上海古籍出版社，1980，第186页；（宋）刘攽：《彭城集》卷13，影印文渊阁四库全书本，第1096册，第119页；（宋）黄庭坚著，（宋）任渊、史容、史季温注，黄宝华点校《山谷诗集注》外集卷16《次韵舍弟题牛氏园二首其二》、外集补卷4《希仲招饮李都尉北园》，上海古籍出版社，2003，第1013、1317页。

② （宋）陆游：《老学庵笔记》卷10，中华书局，1979，第130页。

③ （宋）张扩：《东窗集》卷1《奉和朱新仲祠部六月晦日省宿用白乐天诗无波古井水有节秋竿十字为韵》，影印文渊阁四库全书本，第1129册，第8页；任希夷：《聚景园宴集》，（宋）潜说友：《咸淳临安志》卷15，宋元方志丛刊本，第4册，第3513页。《宋史·任希夷传》称其为淳熙三年（1176）进士。厉鹗《宋诗纪事》则称其为淳熙二年（1175）进士。据《宋史全文》卷30，嘉定十四年（1221）八月，罢参知政事，知福州。端平元年（1234）正月，朝廷议其谥号为"宣宪"。故该诗写于1175～1234年。

④ （宋）陆游：《剑南诗稿》，《陆游集》卷53、卷20，第1303、597页；（宋）俞德邻：《佩韦斋集》卷5，影印文渊阁四库全书本，第1189册，第40页。

⑤ （宋）李焘：《续资治通鉴长编》卷52，咸平五年九月，第792页。

⑥ （宋）李焘：《续资治通鉴长编》卷79，大中祥符五年闰十月乙丑，第792页。

"每夜诸门扃钥虽严，而滩流之际，人皆可以平行往来"，"西京天子别都也，其守御不固如此，留守前宰相，重官也，其侍卫单寡如此，况僻小州县，其守御之备侍卫之众可知矣"。① 北宋杭州虽有夜禁，但十分宽松。知州吕溱"乐饮西湖之上，夜夜忘归"，而"军巡所由，不收犯夜"。② 宣和七年（1125），洪州外城门启闭无时，以至于朝廷深虑键闭不严，特下诏："仰本州常切指挥兵官，遇夜分诣逐门检视、封锁，飞申，间遣曹掾官复视，稍有违慢，守门人等，并行决配，当职官冲替。"③ 南宋地方城市也有夜禁制度，但受城池破败、夜漏等报时设施失修、长官意志不坚、经济不振等的冲击，大多形同虚设。淳熙十四年（1187）前后，桂阳军"无城壁开闭之节"。④ 绍熙元年（1190），漳州"城壁素来颓坏，高者不及丈余，低者全是平地。居民日夜往来，不得禁制"；金州"将官有夜饮于城外者，私留门钥以俟"。⑤ 嘉熙元年（1237），汀州顺昌县"定知明府归侵夜，县郭留灯未闭门"。⑥ 边寨亦然，岷南马务寨"夜关不锁戍无兵，负贩行歌乐太平"；信阳萧安抚寨"行客应贪路，边城不闭门"。⑦ 本是夜禁开始的三更、四更，多个城市城内可夜行，可登城赏景，也可出城，"安得故人同一醉，三更城上看河倾"，"踏月归来已丁夜，又乘朱舫出西门"。⑧

---

① （宋）李焘：《续资治通鉴长编》卷 355，元丰八年四月庚寅，第 792 页。
② （宋）释文莹：《湘山野录》卷上，影印文渊阁四库全书本，第 1037 册，第 235 页。
③ （清）徐松：《宋会要辑稿·方域九之一四》，第 7465 页。
④ （宋）陈傅良：《止斋集》卷 19《桂阳军乞画一状》，影印文渊阁四库全书本，第 1150 册，第 659 页。卷 42《跋张魏公南轩四益箴》（第 832 页）称："余守桂阳，是岁，孝宗内禅。"淳熙十四年（1187）十月，孝宗内禅，宋光宗继位。
⑤ （宋）朱熹：《晦庵先生文集》卷 19《条奏经界状贴黄第六项》，四部丛刊初编本；（宋）楼钥：《攻媿集》卷 91《文华阁待制杨公行状》，影印文渊阁四库全书本，第 1152 册，第 400 页。
⑥ （宋）刘克庄：《后村先生大全集》卷 19《丁酉重九日宿顺昌步云阁绝句七首呈味道明府》，四部丛刊初编本。刘克庄生卒年为 1187～1269 年，其间只有一个丁酉年，即嘉熙元年。
⑦ （宋）赵鼎：《忠正德文集》卷 5《守宣长道之岷南过马务寨示知寨石殿直》，影印文渊阁四库全书本，第 1128 册，第 705 页；（宋）薛季宣：《浪语集》卷 4《至信阳宿萧安抚寨萧乃蔡将去岁阙陷信阳者》，影印文渊阁四库全书本，第 1159 册，第 179 页。
⑧ （宋）陆游：《剑南诗稿》卷 8《夜行》，《陆游集》，第 227 页；（宋）魏了翁：《鹤山先生大全文集》卷 10《八月七日被命上会稽沿途所历于省记为韵语以记之舟中马上随得随书不复叙次》，四部丛刊初编本。《蒙斋集》卷 12《徽州秀锦阁记》记载："嘉定甲戌，余与侯为同年进士，已而同联班著。癸未，余请外，得徽，踰年而先公殁。丙戌，承乏三衢，而侯亦出为徽守。"

四 城市公共空间夜晚活跃表现

因富庶乐游风俗和民间信仰的盛行，多地有夜晚娱乐与聚会的习惯。洛阳夜晚"不畏归侵夜，严城未掩门"，可游园、逛花市、于午桥桥上夜饮，"列肆千灯争闪烁，长廊万蕊斗鲜妍。交驰翠幰新罗绮，迎献芳尊细管弦"，"午桥桥上饮，坐中多是豪英，长沟流月去无声，杏花疏影里，吹笛到天明"。① 四川地区特别是成都、绵州等地富庶奢靡，夜禁松弛，夜晚交易与娱乐活动频繁热闹，"使命、商旅昼夜相继"，"万家赤子日高眠，丝管夜喧阗"，"奢借极珠贝，狂佚务娱乐。虹桥吐飞泉，烟柳闭朱阁。烛影逐星沈，歌声和月落。斗鸡破百万，呼卢纵大噱。游女白玉珰，骄马黄金络。酒肆夜不扃，花市春渐作"，"蚕市夜歌欹枕处"。② 春天的滁州一带，男女聚会，至夜不散。"滁民带楚俗，下里同巴音。岁稔又时安，春来恣歌吟。接臂转若环，聚首丛如林。男女互相调，其词事奢淫。修教不易俗，吾亦弗之禁。夜阑尚未阕，其乐何湛湛。"③ 峡州"平时十万户，鸳

---

① （宋）刘敞：《彭城集》卷12《游李氏园池二首》，影印文渊阁四库全书本，第1096册，第112页；（宋）文彦博：《潞公文集》卷7《游花市示之珍》，《宋集珍本丛刊》第5册，第310页；（宋）陈与义撰，白敦仁校笺《陈与义集校笺》无往词十八首《临江仙·夜登小阁忆洛中旧游》，上海古籍出版社，1990，第868页。

② （宋）魏了翁：《鹤山集》卷96《绵州表兄生日》，影印文渊阁四库全书本，第1173册，第425页；（宋）黄休复撰，赵维国整理《茅亭客话》卷1《虎盗屏迹》，《全宋笔记》第2编，第1册，第9页；（宋）张咏：《乖崖集》卷2《悼蜀四十韵》，影印文渊阁四库全书本，第1085册，第582页；（宋）王禹偁：《王黄州小畜集》卷7《送冯学士入蜀》，《宋集珍本丛刊》第1册，第568页。

③ （宋）王禹偁：《王黄州小畜集》卷5《唱山歌》，《宋集珍本丛刊》第1册，第553页。王禹偁至道元年六月三日到任滁州，至道二年十一月二十四日移任知扬州军州兼管内堤堰桥道事。《王黄州小畜集》卷5《八绝诗》序称："皇宋至道元年，予自翰林学士出官滁上。"（第549页）《王黄州小畜集》卷21《滁州谢上表》称："奉五月九日制命，伏蒙圣慈特授臣守尚书工部郎中，知滁州军州事，已于六月三日到本州。"（第678页）卷22《扬州谢上表》称："十一月二十四日，枢密院马递敕牒一道至滁州，伏蒙圣慈就差臣知扬州军州兼管内堤堰桥道事，勋阶如故。仍放朝谢，取便路，乘递马，发赴任所者。臣已于十二月四日到扬州。"（第686~687页）卷6《扬州寒食赠屯田张员外成均吴博士同年殿省柳丞》："前年寒食节，待诏直内廷。""去年寒食日，滁上参专城。山歌喧里巷，春物媚池亭。""今年莅淮海，时节又清明。"（第555页）《续资治通鉴长编》卷42，至道三年十二月甲寅"初刑部郎中知扬州王禹偁准诏上疏言五事"（禹偁奏议云，五月十八日上，第896页）。

瓦百贾区。夜半车击毂，差鳞衔舳舻"①。福州"农人、百工、商贾之家，莫不昼夜营度，以求其利"。②宋朝佛教与道教盛行，民间信仰纷繁，故宗教活动与节日内容丰富，带来信众的夜聚晓散，且有禁不止，北宋"益、梓、夔、利路民夜聚晓散，传习妖教"，南宋"浙东、江左自来传习妖教，夜聚晓散之徒，连村举邑"。③祭赛鬼神蔚然成风，"凡今遍市烛，满街灯，夜游宫，则不经之甚。喧阗旦复旦，管弦、箫鼓之迷情"。④如成都所辖诸地，"每年有游惰不逞之民，以祭赛鬼神为名，敛求钱物，一坊巷至聚三二百人，作将军、曹吏、牙直之号，执枪刀旗幡队仗，及以女人为男子衣，或男子衣妇人衣，导以音乐、百戏，三四夜往来不绝"。⑤

宋朝城市夜晚活跃，更主要体现在夜市兴盛上，都城及大中都市与中小城镇均有分布。都城汴京和临安夜市尤为突出，形成规模较大的夜市街和夜市区。宋初，官方规定夜市等营业时间截止到三更，乾德三年（965）四月十三日，"诏开封府，令京城夜市至三鼓已来，不得禁止"。⑥但北宋中晚期的开封府夜市通常营业至三更，个别热闹地段已通宵达旦，"夜市直至三更尽，才五更又复开张，如要闹去处，通晓不绝"，酒肆、瓦市为全天候营业模式，流动摊贩深夜交易，"大抵诸酒肆瓦市，不以风雨寒暑，白昼通夜，骈阗如此"，"至三更方有提瓶卖茶者，盖都人公私荣干，夜深方归也"。⑦南宋亦是"金吾不禁"，都城杭州更是不夜模式，夜晚繁盛如白天一样。"杭城大街，买卖昼夜不绝"，"其夜市，除大内前外，诸处亦然，惟中瓦前最胜，扑卖奇巧器皿百色物件，与日间无异。其余坊巷市井，买卖关扑，酒楼歌馆，直至四鼓后方静；而五鼓朝马将动，其有趁卖早市者，复起开张。无论四时皆然"。其夜晚繁华给入元宋人的印象是深刻的，"九土夜市彻天明，楼红陌紫喧箫笙"，"店舍喧哗彻夜开，荧煌灯

① （宋）胡寅：《斐然集》卷1《登南纪楼》，容肇祖点校，中华书局，1993，第22页。
② （宋）蔡襄：《端明集》卷34《福州五戒文》，影印文渊阁四库全书本，第1090册，第625页。
③ （宋）李焘：《续资治通鉴长编》卷117，景祐二年十二月甲子，第792页；（宋）李心传：《建炎以来系年要录》卷91，绍兴五年秋七月丙申，中华书局，1956，第1525页。
④ （宋）徐元杰：《楳埜集》卷11《劝戒夜游宫榜》，影印文渊阁四库全书本，第1181册，第776页。
⑤ （宋）李焘：《续资治通鉴长编》卷192，嘉祐五年，第792页。
⑥ （清）徐松：《宋会要辑稿·食货六七之一》，第6253页。
⑦ （宋）孟元老：《东京梦华录注》卷2《酒楼》、卷3《马行街铺席》，第71、112页。

火映楼台"。① 地方城市夜市各具特色，总体呈现普遍化、常态化和规模化，南方较之北方地区更为普遍和活跃。城门需要在三更时关闭，但夜市仍持续到三更以后。洛阳花市"牡丹花发酒增价，夜半游人犹未归"。② 苏州"儿郎种麦荷锄倦，偷闲也向城中看。酒垆博簺杂歌呼，夜夜长如正月半"。③ 楚州何家楼、高丽馆等高楼池馆林立，何家楼经营有道，兼营住宿，"夜深正然红蜡烛，罗幕遮风留客宿"。④ 越州餐饮娱乐夜市，"重楼与曲槛，潋滟浮湖光。舟行以当车，小伞遮新妆。浅坊小陌间，深夜理丝簧"，"禹会桥边多酒楼"。⑤ 温州"市声洞彻子夜，晨钟未歇，人与鸟鹊偕起"。⑥ 鄂州"烛天灯火三更市，摇月旌旗万里舟"，"连宵歌舞醉东楼，不信樽前有别愁"。⑦ 成都"南市夜夜上元灯"。⑧ 婺州兰溪县，"县鼓鸣夜半。桥上趁墟人，往来彻清旦"。⑨ 夜市多元而层次化，其生长及新形态具有强劲活力，这当然得益于夜禁松弛等宽松环境。它伴随夜禁松弛而盛，又促动夜禁弱化。

综上，唐朝至宋朝关于夜晚秩序的法律规定有延续性，宋朝规定的每日夜禁时间相对较短，而夜禁律令始终存在于宋朝。夜禁执行经唐朝中后期松弛，历五代与宋朝中前期相对严厉。元丰七年之前，夜禁依然规范着都城公共空间活动秩序。至南宋，犹有其存在的证据。但城市夜晚秩序总体较为散漫，洛阳城夜晚秩序长期宽松，北宋中晚期以后地方城市城门虚

---

① （宋）吴自牧：《梦粱录》卷13《夜市》第96册，第720~721页；（宋）耐得翁：《都城纪胜·市井》，中国商业出版社，1982，第3页；（宋）郑思肖：《心史·中兴集》卷1《醉乡十二首其十二醉乡行》，《宋集珍本丛刊》第90册，第441页；（元）马臻：《霞外诗集》卷5《至节即事》，影印文渊阁四库全书本，第1204册，第106页。

② （宋）邵雍：《击壤集》卷19《洛阳春吟》，影印文渊阁四库全书本，第1101册，第150页。

③ （宋）范成大撰，富寿荪标校《范石湖集》卷30《灯市行》，第410页。

④ （宋）徐积：《节孝先生文集》卷2《高楼春》，《宋集珍本丛刊》第15册，第566页。

⑤ （宋）陆游撰，钱仲联校注《剑南诗稿》卷65《稽山行》，上海古籍出版社，1985，第7册，第3660页；卷77《舟中醉题》，第8册，第4223页。

⑥ （宋）戴栩：《浣川集》卷5《江山胜概楼记》，影印文渊阁四库全书本，第1176册，第719页。

⑦ （宋）范成大撰，富寿荪标校《范石湖集》卷19《鄂州南楼》，第274页；（宋）戴复古：《戴复古诗集》卷6《到鄂渚》，金芝山点校，浙江古籍出版社，1992，第186页。

⑧ （宋）陆游撰，钱仲联校注《剑南诗稿》卷9《饭罢戏作》，第2册，第701页；卷10《怀成都十韵》，第2册，第825页；卷14《海棠》，第3册，第1127页；卷12《感旧绝句》，第2册，第959页。

⑨ （宋）释道璨：《柳塘外集》卷1《兰溪夜泊》，影印文渊阁四库全书本，第1186册，第785页。咸淳年间，道璨尝主饶州荐福寺。

掩，不依例出入现象多见诸记载。上元节、中秋节等节日期间夜禁松弛，是沿袭前朝上元节"金吾不禁"的常规调节措施，且随着节日的增加，时间也被延长。除这两个节日外，虽多个节日有彻夜活动事实，但尚未发现官方明令弛禁的文献记载。夜市由起初的截至三更结束，很快演变成不夜模式，特别是都城已与日市连为一体。故此，宋朝城市夜晚秩序管理较之前朝与后代，是最为松散的。这也许是传统社会自唐朝以来城市公共空间夜晚最富有活力、自由与世俗的时期，是宋朝宽松政治、经济和社会环境的细节体现之一。但夜禁尤其是城门门禁始终存在，这是城市公共空间活动管理非常松懈而又明确存在的标志。而社会各阶层不断对其进行突破，以致其形同虚设。因此，在关注宋朝城市公共空间夜晚秩序时，不可笼统而简单地以"宽松"两字来概论。研究与之相关的问题时，如夜市等，也不应忽视夜禁执行前后变化对其的制约作用，而仅仅以宋朝夜禁松弛、夜市繁华和城市公共空间为二十四小时活动模式等来判断，应就不同时期与城市个体，进行具体分析与判断。

作者：王茂华，河北大学宋史研究中心

张金花，河北工业大学文法学院

（编辑：张献忠）

宋代酒楼店肆与市民的宴饮消费*

纪昌兰

内容提要：宋代城市及其周边市镇酒楼店肆林立，是市民宴饮聚会的常见去处。市民消费尤其注重宴饮环境的缔造，店内陈设雅洁舒适、挂画插花、设置屏风等，力求服务周到细致。凡此种种，既是招徕顾客的必要手段，也是为迎合大众消费需求而设。酒楼店肆的兴起带动了市民宴饮消费潮流，其顺势成为信息传播中心、舆论制造场所和市民文化聚集地，是宋代市镇蓬勃发展的表现，也是社会经济与文化繁盛的结果。

关键词：宋代　宴饮消费　市民生活

宋代城市商业发展繁盛，市民生活丰富多彩。为迎合广大市民的消费需求，城市内部商业化服务层出不穷。宴饮作为市民社交的重要方式，被深深打上了商业化消费的烙印。街市酒楼店肆林立，为市民宴饮消费提供各种便捷服务。学界对宋代市民宴饮消费有所涉及，大多关注该行为本身的性质及其蕴含的意义，[①] 但对宴饮消费的具体内容和行业服务特色考察不够，且对酒楼店肆之类公共场合中宴饮聚会这一独具社交特色的行为价值缺乏探讨，本文争取在这些方面有所突破。

---

* 本文系河南省社科规划项目"宋代地方公务宴与国家政治生活研究"（2017CLS021），以及信阳师范学院"南湖学者奖励计划"青年项目的阶段性成果。

① 游彪：《宋代商业民俗论纲——以城市餐饮业为中心的透视》，《北京师范大学学报》（社会科学版）2005 年第 1 期；陈未鹏：《宋代都市公共文化空间与宋词的俗化——以酒楼为例》，《山东科技大学学报》（社会科学版）2007 年第 4 期；李简：《宋代城市的演艺场所与文人之参与——从瓦市勾栏、酒楼茶肆谈起》，《长江学术》2013 年第 4 期；陈国灿：《宋代江南城市研究》，中华书局，2002。

一 宋代市镇发展与酒楼店肆繁兴

宋代城市发展迅速，城市格局由唐朝坊市隔离的封闭式转而成为无所限制的开放式，大大促进了城市的商业繁盛。与此同时，在城市发展的辐射带动下，周边市镇也比较集中，众星拱月般环绕着城市而发展，依次递进，构成了市场网络的联结支点。[1] 早在宋朝建立初期，朝廷就下令："应两京及诸道州府民开酒肆输课者，自来东京去城五十里，西京及诸州去城二十里，即不说去县镇远近。今后须去县镇城十里外。"[2] 从某个层面反映出京城及其周边城镇的发展繁盛。[3] 南宋时期，建康府"南门之外有草市，谓之城南厢，环以村落，谓之第一都、第二都、第三都，皆隶本府江宁县"，[4] 亦是如此。正如学者所说，由于建立起以都城和大中城市为中心的四通八达的水陆交通运输网络，宋代形成了都市市场、城市市场、镇市、农村圩市四个互为关联的市场层面，这是一种梯形的互动式建构。[5]

大大小小的城市及其周边市镇的繁兴促进了商业蓬勃发展和市民阶层的崛起，[6] 同时又为丰富市民的日常生活注入了活力。北宋时期，各大城

---

① 参见李晓《宋代城市经济功能新见》，《思想战线》2005 年第 3 期。龙登高先生指出，作为经济新兴中心地的镇市，较之原有的作为行政中心地的县治，在市场扩张方面存在其独有的优势。参见龙登高《宋代东南市场研究》，云南大学出版社，1994，第 75 页。

② 徐松辑《宋会要辑稿·食货二〇之四》，中华书局，1957，第 5134 页。

③ 北宋熙丰年中，华北经济区有草市镇 596 处（河北东路 160 处，西路 56 处，京东东路 92 处，西路 60 处，京西南路 81 处，北路 105 处，河东路 42 处）；成都平原有草市镇 779 处（成都府路 158 处，梓州路 378 处，利州路 147 处，夔州路 96 处），关中永兴、秦凤二路 263 处，东南 365 处，华南 350 处。参见傅宗文《宋代草市镇研究》，福建人民出版社，1989，第 93～107 页。

④ 真德秀：《西山先生真文忠公文集》卷 6《奏乞为江宁县城南厢居民代输和买状》，商务印书馆，1937，第 92 页。

⑤ 王荣：《略论宋代市民消费》，《沈阳师范大学学报》（社会科学版）2003 年第 6 期。漆侠先生指出，在以城市为中心，由城市、镇市和圩市而构成的多层次、网络状的地方市场日益发展之下，宋代的区域性市场也形成了，包括以汴京为中心的北方市场，以东南六路为主、苏杭为中心的东南市场，以成都府、梓州和兴元府为中心的蜀川诸路区域性市场，以永兴军、太原和秦州为支点的西北市场。参见漆侠《宋代经济史》，上海人民出版社，1988，第 940～947 页。

⑥ 程民生先生认为市民从农民中分离出来，另立户籍，表明市民阶层的形成与独立。参见程民生《略论宋代市民文艺的特点》，《史学月刊》1998 年第 6 期。

市商业的发展以汴京最为典型，"所谓花阵酒池，香山药海。别有幽坊小巷，燕馆歌楼，举之万数"，尤其是各种娱乐场所不受营业时间限制及气候变化影响，"大抵诸酒肆、瓦市，不以风雨寒暑，白昼通夜，骈阗如此"。① 不仅都城，其他城市的发展也毫不逊色。北宋后期，面对广南东路英州发展的繁盛景象，文人郑侠不禁感叹："红灯焰焰三更市，从此吴江不直钱！"② 南宋前期，四川嘉定府龙游县苏稽、符文两镇"市井繁遝类壮县"。③

这一时期，城市及其周边市镇以经营饮食业为特色的酒楼店肆遍布各地，总体上可分为官营（称官库）和私营（称市楼）两类；④ 又有正店、脚店、拍户酒店之分。⑤ 北宋时期，在京正店七十二户，"此外不能遍数"，其余皆谓之"脚店"。⑥ 南宋临安酒肆除官库、子库、脚店之外，其余谓之"拍户"，"兼卖诸般下酒，食次随意索唤。酒家亦自有食牌，从便点供"。⑦ 一般而言，正店设施齐全，价格也相对较高，无论是从创建规模还是从环境设置上来讲都独领风骚，以其独特的优势对各类人群极具吸引力。南宋时期，常熟一带"官酒店凡四十余所，其间多僦大家富室房廊为之"。⑧ 镇江地区官营酒肆"皆彩旗红旆，妓女数十，设法卖酒，笙歌之

---

① 孟元老撰，伊永文笺注《东京梦华录笺注》卷2《酒楼》，中华书局，2006，第176页。宋东京的一个显著特点是高大奢华酒楼在城市立体空间形态要素构成中地位突出，彰显了都城经济功能的扩张。东京打破了坊市制，通过"内部结构重组""外围地域扩展""立体空间拓展"，形成了开放式街市制的新形态。东京是市民性格的都城，其空间形态特征是经济功能主导的结果。参见李瑞《唐宋都城空间形态研究》，博士学位论文，陕西师范大学，2005。

② 郑侠：《西塘集》卷9《和英州太守何智翁次韵冯仲礼麻江桥》，四川大学古籍所编《宋集珍本丛刊》第24册，线装书局，2004，第635页。

③ 范成大：《吴船录》卷上，中华书局，1985，第9页。

④ 酒楼不仅是买酒的场所，而且很多酒楼还附有酿酒作坊，集生产和销售于一体。因而只有拥有雄厚资金的官酒务、官酒库和上户人家才能经营，而那些不事生产单卖酒的店铺遍布南北城乡。参见李华瑞《宋代酒的生产和征榷》，河北大学出版社，2001，第283页。

⑤ 正店为大型酒店，造酒兼卖酒，生意之兴隆、资本之雄厚、规模之庞大，非一般饮食业所能比。小酒店称为脚店，基本上从正店沽酒贩卖。参见周宝珠《宋代东京研究》，河南大学出版社，1992，第284～285页。

⑥ 孟元老撰，伊永文笺注《东京梦华录笺注》卷2《酒楼》，第176页。

⑦ 吴自牧：《梦粱录》卷16《酒肆》，浙江人民出版社，1980，第141页。

⑧ 孙应时：《琴川志》卷6《拍店》，《宋元方志丛刊》第2册，中华书局，1990，第1209页。

声，彻乎昼夜"。① 陆游经过川蜀地区，见到官营酒楼不禁发出"益州官楼酒如海，我来解旗论日买"② 之感叹。随着城市及商业的繁荣发展，市民物质生活水平得以提升，对精神生活的要求也日趋苛严。为迎合大众此种消费需求，城市及其周边市镇酒楼店肆林立，当时"侍从文馆士大夫，各为燕集，以至市楼酒肆，往往皆供帐为游息之地"③，成为市民宴饮聚会的常见去处。

北宋时期，汴京流传"酒苑叔平无比店，洛中君锡有巴楼"的谚语，④ 叔平无比店、君锡巴楼都是当地规模宏大的店肆。⑤ 汴京州东宋门外仁和店、姜店，州西宜城楼、药张四店、班楼，金梁桥下刘楼、曹门蛮王家、乳酪张家，州北八仙楼，戴楼门张八家园宅正店，郑门河王家、李七家正店，景灵宫东墙长庆楼等都是颇具规模的酒楼。此类酒楼"卖贵细下酒，迎接中贵饮食"。其他如州西安州巷张秀、以次保康门李庆家、东鸡儿巷郭厨、郑皇后宅后宋厨、曹门砖筒李家、寺东骰子李家、黄胖家，尤其是九桥门街市酒店，"彩楼相对，绣旆相招，掩翳天日"，可谓酒楼中之佼佼者。徽宗政和以来，景灵宫东墙下长庆楼尤盛。⑥ 历史上汴京有名的酒楼为数众多。宋初，宋门外仁和酒楼为"廛沽尤佳者"。真宗曾于太清楼宴请群臣，进仁和楼所酿酒，遍赐宴席。⑦ 朝臣鲁宗道甚至称赞其"百物具备，宾至如归"，⑧ 评价极高。另外，东华门外景明坊的白礬楼，又称为礬楼、樊楼。原本是商人贩卖白矾之地，后改为酒楼，故而名之。⑨ 刘子翚著名的《汴京纪事》诗，其中一首："梁园歌舞足风流，美酒如刀解断愁。忆得少年多乐事，夜深灯火上樊楼。"⑩ 描述的便是樊楼宴饮之盛况。天圣

① 俞希鲁：《镇江志》卷13《公廨》，《宋元方志丛刊》第3册，第2801页。
② 陆游：《剑南诗稿》卷8《楼上醉书》，岳麓书社，1998，第184页。
③ 彭乘：《墨客挥犀》卷10，中华书局，2002，第398页。
④ 彭乘：《墨客挥犀》卷7，第360页。
⑤ 李君锡过西京洛阳，当时驼马市有人新构酒楼，李乘马经过其下，感叹其壮丽，忽大言曰："有巴。"赵叔平致仕后，将位于京师丽景门内的宅院改造成客邸，"材植雄壮，非他可比"，有"无比店"之美誉。因而时人对句成诗，夸赞二者之壮丽。
⑥ 孟元老撰，伊永文笺注《东京梦华录笺注》卷2《酒楼》，第176页。
⑦ 文莹：《玉壶清话》卷1，中华书局，1984，第1页。
⑧ 欧阳修：《归田录》卷1，中华书局，1981，第2页。
⑨ 吴曾：《能改斋漫录》卷9《白矾楼》，上海古籍出版社，1979，第272页。
⑩ 刘子翚：《屏山集》卷18《汴京纪事》，影印文渊阁四库全书，第1134册，第230页。

五年（1027）八月，朝廷诏令三司，针对樊楼，"如有情愿买扑出办课利，令于在京脚店酒户内拨定三千户，每日于本店取酒沽卖"，[①] 其经营规模之大可见一斑，因而樊楼号称"京师酒肆之甲，饮徒常千余人！"[②] 赞美樊楼的《鹧鸪天》词中亦云："城中酒楼高入天，烹龙煮凤味肥鲜。公孙下马闻香醉，一饮不惜费万钱。招贵客，引高贤，楼上笙歌列管弦。百般美物珍羞味，四面栏杆彩画檐。"[③] 可以想象其盛况。樊楼后改为丰乐楼，到宣和年间"更修三层相高，五楼相向，各有飞桥栏槛，明暗相通，珠帘绣额，灯烛晃耀"，[④] 是这一时期名副其实的正店。

南宋时期，临安城酒楼林立，与汴京相比毫不逊色。官营酒楼中著名者就有和乐楼、和丰楼、中和楼、春风楼、太和楼、西楼、太平楼、丰乐楼、南外库、北外库、西溪库等众多名目，"每库设官妓数十人，各有金银酒器千两，以供饮客之用"。顾客登楼，"则以名牌点唤侑樽，谓之'点花牌'"。其中，太和桥以东太和楼是官营酒楼中的佼佼者，以宏大壮丽取胜，时人所作《题太和楼壁》一诗即是对该酒楼的描述："太和酒楼三百间，大槽昼夜声潺潺……席分珠履三千客，后列金钗十二行。一座行觞歌一曲，楼东声断楼西续。就中茜袖拥红牙，春葱不露人如玉。今年和气光华夷，游人不醉终不归。"[⑤] 诗中不仅记录了太和酒楼酿造量之大，而且呈现了酒楼之恢宏规模、顾客之庞大数量、歌舞之曼妙优美、宴席之热闹喧嚣，不难想象其宏伟壮观之甚。此外，还有为数不少的私人酒楼，如熙春楼、三元楼、五间楼、赏心楼、严厨、花月楼、银马杓、康沈店、翁厨、任厨、陈厨、周厨、巧张、日新楼、沈厨、郑厨、虼蟆眼、张花，以上"皆市楼之表表者"[⑥]。

除京城外，其他地区酒楼店肆也十分繁盛，有些地方甚至遍布城乡。南宋初，湖北鄂州城外鹦鹉洲南市一带，"沿江数万家，廛闬甚盛，列肆如栉，酒垆楼栏尤壮丽，外郡未见其比"。[⑦] 扬州地区由于便利的交通和重

---

① 徐松辑《宋会要辑稿·食货二〇之七》，第5136页。
② 周密：《齐东野语》卷11《沈君与》，中华书局，1983，第206页。
③ 冯梦龙：《喻世明言》卷11《赵伯升茶肆遇仁宗》，人民文学出版社，1958，第180页。
④ 孟元老撰，伊永文笺注《东京梦华录笺注》卷2《酒楼》，第174页。
⑤ 厉鹗撰，钱锺书补订《宋诗纪事补订·宋诗纪事》卷96，三联书店，2005，第5册，第2312~2313页。
⑥ 周密：《武林旧事》卷6《酒楼》，西湖书社，1981，第93~94页。
⑦ 范成大：《吴船录》卷下，第24页。

要的地理位置，唐朝时期就已经形成"夜市千灯照碧云，高楼红袖客纷
纷。如今不是时平日，犹自笙歌彻晓闻"①之酒楼夜宴盛况。到宋朝时期
更是呈现"万商落日舫交尾，一市春风酒并垆"②的繁荣景象。乾道五年
（1169）十二月，楼钥在使金途中，至相州"马入城，人烟尤盛。二酒楼
曰康乐楼、曰月白风清。又二大楼夹街，西无名，东起三层秦楼也。望傍
巷中又有琴楼，亦雄伟，观者如堵"，"大街直北出朝京门"。③其所见景象
与范成大《揽辔录》记录大体一致："过相州市，有秦楼、翠楼、康乐楼、
月白风清楼，皆旗亭也。秦楼有胡妇，衣金缕鹅红大袖袍，金缕紫勒帛，
褰帘曼语。云是宗室女、郡守家也。"④甚至绍兴钱清镇草市也是"浮桥沽
酒市嘈囋，江口过埭牛凌兢。寒虀煮饼坐茆店，小鲜供馔寻鱼罾"。⑤《水
浒传》中鲁智深在五台山脚下遇一小酒店："傍村酒肆已多年，斜插桑麻
古道边。白板凳铺宾客坐，矮篱笆用棘荆编。破瓮榨成黄米酒，柴门挑出
布青帘。更有一般堪笑处，牛屎泥墙画酒仙。"⑥小酒店相对简陋，为村民
和过往行人提供便捷的饮食消费服务。

不容忽视的是，宋时宴饮商业化现象的盛行固然与酒楼店肆的大
量存在密切相关，但酒楼店肆为顾客提供的周到服务及其优越的环境
设施同样具有强烈吸引力。真宗曾询问朝臣鲁宗道去酒楼宴饮之缘故，
鲁氏坦言："臣家贫无器皿，酒肆百物具备，宾至如归。"⑦透露出于酒
楼店肆进行宴饮消费的便捷。另外，宋人诗词中所见"席分珠履三千客，
后列金钗十二行。一座行觞歌一曲，楼东声断楼西续"，⑧"笑筵歌席连昏
昼，任旗亭、斗酒十千"，⑨在宋代城市及其周边市镇也是相当普遍的
现象。

① 彭定求等编《全唐诗》卷301《夜看扬州市》，中州古籍出版社，2008，第1549页。
② 司马光撰，李之亮笺注《司马温公集编年笺注》卷8《送杨秘丞秉通判扬州》，巴蜀书社，2009，第2册，第1页。
③ 楼钥：《北行日录》，中华书局，1991，第15页。
④ 范成大：《揽辔录》，中华书局，1985，第3页。
⑤ 陆游：《剑南诗稿》卷17《夜归》，第434页。
⑥ 施耐庵：《水浒传》第4回《赵员外重修文殊院，鲁智深大闹五台山》，人民文学出版社，1975，第64~65页。
⑦ 欧阳修：《归田录》卷1，第2页。
⑧ 厉鹗撰，钱锺书补订《宋诗纪事补订·宋诗纪事》卷96，第5册，第2358页。
⑨ 柳永撰，薛瑞生校注《乐章集校注》，中华书局，2012，第352页。

二 酒楼店肆与宴饮服务

酒楼店肆是宋代市民日常宴饮生活的重要消费场所。为了吸引顾客，商家更是各尽其能，从环境设置到服务需求无不力求引人耳目。

第一，注重陈设。设宴时对环境进行装饰是宋人的一种生活习惯，更是商家迎合世人审美观念的体现。对此，宋人夜宴诗中曾描述道：

> 博山飞香霭空绿，大菊杯心凸金粟。百幅罘罳障夜寒，歌台小妓吹横玉。兰堂画烛如椽粗，楚腰魏鬓娇相扶。四筵高谈过花漏，犀盘杂沓罗天酥。杯行过手如飞箭，座上愁无系欢线。晓鞯驮月朦胧归，东家又报开春宴。①

以上围绕着夜宴具体情形展开，对宴饮环境的着墨颇多。包括障夜寒之屏风、如椽粗之画烛、盛装罗天酥之犀盘等，众宾于笛声悠扬中享受欢宴带来的乐趣，杯行如飞箭，月色朦胧中尽醉而归。整个夜宴场景充满诗情画意，传递出宋人对于宴饮环境的精心缔造与完美追求。

插花、挂画、设置屏风是宋人装点宴饮环境相对普遍的方式。南宋时期，楚州知州孟氏元夕宴客，以通草成花缀桃枝上，制作仿真梅花插铜壶中作为装点，颇受宾客青睐。② 据周去非介绍，石榴花为南中花卉之一种，四季常开，夏天结果，深秋复开花结果实，"枝头颗颗罅裂，而其旁红英粲然。并花实折钉盘筵，极可玩"。③ 设置屏风也是宋人宴饮中常用的装饰方式，④ 既避免使整个厅堂一览无余，又独具立体画面之美，巧妙而不失美观。绍兴末年，赵彦卫宿直宫中，内官用小竹编联笼，"以衣画风云鹭丝作枕屏"，号曰"画丝"。好事者"大其制，施于酒席以障风，野次便于

---

① 陈起：《江湖后集》卷20《夜宴曲用草窗韵》，影印文渊阁四库丛书，第1357册，第962~963页。

② 洪迈：《夷坚志》丁志卷11《瓶中桃花》，中华书局，2006，第627页。

③ 周去非撰，杨武泉校注《岭外代答校注》卷8《花木门·百子》，中华书局，1999，第308页。

④ 李允鉌先生认为，屏风是最早产生用以分隔室内空间的元素，可以是移动的板壁，或者是一种轻巧的可折叠的家具。参见李允鉌《华夏意匠——中国古典建筑设计原理分析》，天津大学出版社，2005，第297页。

围坐，人竞为之"，易名曰"挂罳"。① 挂罳日渐风靡，成为宴饮时的常设装饰。挂罳实际上是围屏，属于一种装饰物，有画狮、挂丝、罘罳、浮思、丝网等名称。其制，或"刻镂物象，著之板上"，或"以丝挂于竹骨之上"结网代之，或"编竹交加，几类网户"，② 制作手法和形态虽然不同，但用于装饰以美观取胜的用途则具有一致性。

酒楼店肆为迎合大众此种消费需求，同样极尽装饰之能事。为招徕顾客，酒肆门口一般会设置醒目标志。北宋时期，京城普通酒店如瓠羹店，门前"以枋木及花样杉结缚如山棚，上挂成边猪羊，相间三二十边"，近里，门面窗户皆朱绿装扮，每店各有厅院、东西廊称呼座次。③ 南宋时期，都城与郡县酒务，及凡鬻酒之肆，"皆揭大帘于外，以青白布数幅为之，微者随其高卑小大，村店或挂瓶瓢，标帚秆"，④ 都是以各类标志招揽顾客的特殊商业手段。除以外表装饰博人眼球外，内里陈设更是光彩夺目。北宋京师孙氏所开酒楼素有诚实不欺之名，陈设也是别具特色，其"置图画于壁间，列书史于几案，为雅戏之具，皆不凡"，因此"人竞趋之"，遂开正店"渐倾中都"。⑤ 汴京熟食店，张挂名画"所以勾引观者，留连食客"。南宋杭州城店肆茶楼宴饮去处，"插四时花，挂名人画，装点店面"，⑥ 都是注重以店内陈设吸引宾客者。即使普通酒店也是"俱有厅院廊庑，排列小小稳便儿，吊窗之外，花竹掩映，垂帘下幕"，装饰令人耳目一新，因此"虽饮宴至达旦，亦无厌怠也"。⑦ 为方便顾客宴饮欢畅，大型酒楼"楼上酒客坐所，各有小室，谓之'酒阁子'"，⑧ 力求营造宾至如归之良好饮宴氛围。

第二，宴饮器具考究。宴饮所尚者除环境优美外，对餐饮器具也有独特要求。古人云："金碗玉杯，良宴之具也。"⑨ 强调宴饮器具的重要性。

① 赵彦卫：《云麓漫钞》卷3，中华书局，1996，第44页。
② 佚名：《爱日斋丛钞》卷1，中华书局，1985，第13页。
③ 孟元老撰，伊永文笺注《东京梦华录笺注》卷4《食店》，第430页。
④ 洪迈：《容斋随笔·续笔》卷16《酒肆旗望》，中华书局，2005，第417页。
⑤ 苏颂：《丞相魏公文集·谭训》卷10《杂事》，中华书局，1988，第1175页。
⑥ 吴自牧：《梦粱录》卷16《茶肆》，第140页。
⑦ 吴自牧：《梦粱录》卷16《分茶酒店》，第142页。
⑧ 王明清：《投辖录》，上海古籍出版社，2012，第27页。
⑨ 庄绰：《鸡肋编》卷上，中华书局，1983，第22页。

宋代更有"饮必有器，其来尚矣"① 的说法，说明世人对宴饮器具相当重视。

宋人宴饮所用器具从材质上来看有木、陶瓷、漆器、金属、琉璃、玉器、玛瑙等多种类型。古代社会等级森严，国家通常对各类器物的使用有严格限制，宋朝也不例外。景祐三年（1036），朝廷规定："凡器用毋得表里朱漆、金漆，下毋得衬朱。非三品以上官及宗室、戚里之家，毋得用金棱器，其用银者毋得涂金。玳瑁酒食器，非宫禁毋得用。纯金器若经赐者，听用之。"② 但在实际生活中，法令规范作用却不尽如人意，违规使用者比比皆是。针对此种乱象，李觏就曾指出：

> 古者以金银为币，与泉布并行，既而稍用为器饰，然亦未甚著也。今也翕然用之，亡有品制。守同阎者，唯财是视，自饮食颒沐之器，玩好之具，或饰或作，必以白金。连斤累钧，以多为愜。财愈雄者，则无所不至矣。举天下皆然，故金虽尽出而用益不足也。③

以上，李觏痛切世人"唯财是视"，饮食、洗沐器具皆饰以金银。无独有偶，包拯也曾揭露工匠为百姓制作器皿时，"故违条制"，④ 与李觏所说社会上乱用金银器物的状况有相似之处。终宋一朝，国家频繁发布禁令，尤以销金禁令为典型。从法律实效上来看，除北宋前期取得较好成效外，仁宗朝及南宋中后期都是销金活动的盛行期。此种情况的形成与世人的尚美之心及多样化消费需求有密切关系。⑤ 同时，随着商品经济的发展和社会阶层之间变动加速，阶层之分已日渐模糊，⑥ 这也是导致此类限制

---

① 谢维新编《古今合璧事类备要外集》卷 44《饮膳部·酒器》，影印文渊阁四库全书，第 941 册，第 675 页。

② 脱脱等：《宋史》卷 153《舆服志》，中华书局，1977，第 3575 页。

③ 李觏：《李觏集》卷 16《富国策第三》，中华书局，1981，第 137 页。

④ 包拯：《孝肃包公奏议》卷 5《请断销金等事》，《丛书集成初编》第 902 册，商务印书馆，1960，第 56 页。

⑤ 参见王菱菱《论宋代的销金禁令与实施效果》，邓小南等编《宋史研究论文集》，湖北人民出版社、湖北长江出版社，2011，第 189～190 页。

⑥ 唐宋之际，中国社会正处于急剧变化之中。这个变化有两个显著特点：一是均田制及租庸调制的崩溃，二是私人土地占有制普遍流行及两税法的实施。生产者对国家或具有身份性的豪强地主的依附关系得到了不同程度的解放，也就是说，严格的等级身份已经有了松动。参见刘复生《宋代"衣服变古"及其时代特征——兼论"服妖"现象的社会意义》，《中国史研究》1998 年第 2 期。

作用大打折扣的重要因素。关于此，宴饮消费中体现得尤其明显。京师人崇尚豪奢，大酒楼招待客人宴饮，"不问何人，止两人对坐饮酒，亦须用注碗一副，盘盏两副，果菜碟各五片，水菜碗三五只，即银近百两矣"；即使一人独饮"碗遂亦用银盂之类"。① 普通酒店还会按照客人身份分配不同餐具，如达官贵人进店饮宴，"则用一等琉璃浅棱碗"。② 南宋时期，临安城如康、沈、施等名厨酒楼店肆及荐桥丰禾坊王家酒店、暗门外郑厨分茶酒肆，"俱用全桌银器皿沽卖，更有碗头店一二处，亦有银台碗沽卖"。其他稍有名者亦是"每楼各分小阁十余，酒器悉用银，以竞华侈"。③ 此种现象"于他郡却无之"，④ 显得与众不同。

第三，服务周到细致。北宋时期，汴京城内即使普通酒肆，"客坐则一人执箸纸，遍问坐客"，客人"百端呼索，或热或冷，或温或整，或绝冷、精浇、膘浇之类，人人索唤不同"。点餐后"须臾，行菜者左手杈三碗，右臂自手至肩，驮叠约二十碗，散下尽合各人呼索，不容差错"。⑤ 饮食果子之类，"逐时旋行索唤，不许一味有阙。或别呼索变造下酒，亦即时供应"，⑥ 尽量满足顾客各种饮食需求。南宋临安城内酒肆林立，尤其是大型酒楼，宾客"大凡入店不可轻易登楼，恐饮宴短浅"。如买酒不多，"只坐楼下散坐"，初坐定，"酒家人先下看菜，问酒多寡，然后别换好菜蔬"。⑦ 凡下酒羹汤"任意索唤，虽十客各欲一味，亦自不妨"，酒未至，"则先设看菜数碟，及举杯则又换细菜，如此屡易，愈出愈奇，极意奉承"。⑧ 无论何种酒店，凡点索茶食总体上要求快便及时。⑨ 有些酒肆配私有名妓数十辈，凭槛招邀。⑩ 因此，鲁宗道所说"酒肆百物具备，宾至如归"，⑪ 是对这一时期酒楼店肆提供各种服务、务求令人满意的最好

---

① 孟元老撰，伊永文笺注《东京梦华录笺注》卷4《会仙酒楼》，第420~421页。
② 孟元老撰，伊永文笺注《东京梦华录笺注》卷4《食店》，第430页。
③ 周密：《武林旧事》卷6《酒楼》，第94页。
④ 吴自牧：《梦粱录》卷16《酒肆》，第141页。
⑤ 孟元老撰，伊永文笺注《东京梦华录笺注》卷4《食店》，第430页。
⑥ 孟元老撰，伊永文笺注《东京梦华录笺注》卷2《饮食果子》，第188页。
⑦ 吴自牧：《梦粱录》卷16《酒肆》，第141页。
⑧ 周密：《武林旧事》卷6《酒楼》，第94页。
⑨ 吴自牧：《梦粱录》卷16《分茶酒店》，第142页。
⑩ 周密：《武林旧事》卷6《酒楼》，第94页。
⑪ 欧阳修：《归田录》卷1，第2页。

诠释。

至于饮食，更是以精洁、独具特色取胜。汴京仁和酒楼，"其果子菜蔬，无非精洁"。① 甚至于担卖饮食者，亦是普遍"装鲜净盘合器皿，车檐动使，奇巧可爱，食味和羹，不敢草略"。② 有以特色招牌美食吸引顾客者。汴京大型食店往往以出售白肉、胡饼、软羊等为特色，川饭店则有大小抹肉淘、煎燠肉、生熟烧饭等，南食店内以鱼兜子、煎鱼饭等海鲜水产为特色。③ 此外，东门大街以北小甜水巷有南食店，所卖南食堪称一绝。④其他如包子酒店、肥羊酒店等不胜枚举。各个酒楼店肆吸引顾客的方式多样，即使是乡村小酒店，陈设简陋，也务求精洁。杨万里诗《待家酿未至，且买姜店村酒》曰："芦菔仍多煮，庵䕥带浅煨。深村市无囱，草草两三杯。"⑤ 就是描述在乡村小店内饮食的情形。小店虽然相对简陋，但大多会"栋宇整齐窗户明"⑥，勉强算得上"佳店"。甚至江东一带路边小店也是"青瓷瓶插紫薇花"，⑦ 力求雅洁宜人、便捷舒适。

三　酒楼店肆与市民生活

宋时，城市及其周边市镇发展繁盛，酒楼店肆林立，所在之处往往人口密集。所谓"浩穰之区，人物盛伙"，且"游手奸黠，实繁有徒"，⑧ 各色人员混杂。对此，袁采就曾指出："市井街巷，茶坊酒肆，皆小人杂处之地。"⑨ 因而，有士人家庭一再告诫子弟"无得入茶肆、酒肆"。⑩ 城市中，商业繁盛之地更是热闹非凡，"新声巧笑于柳陌花衢，按管调弦于茶

---

① 孟元老撰，伊永文笺注《东京梦华录笺注》卷 4《会仙酒楼》，第 421 页。
② 孟元老撰，伊永文笺注《东京梦华录笺注》卷 5《民俗》，第 451 页。
③ 孟元老撰，伊永文笺注《东京梦华录笺注》卷 4《食店》，第 430 页。
④ 孟元老撰，伊永文笺注《东京梦华录笺注》卷 3《寺东门街巷》，第 301 页。
⑤ 杨万里，薛瑞生笺校《诚斋诗集笺证》卷 26《待家酿未至，且买姜店村酒》，三秦出版社，2011，第 1819 页。
⑥ 杨万里《题罗溪李店》诗："栋宇整齐窗户明，一峰对面一江横。下程长是无佳店，佳店偏当未下程。"
⑦ 杨万里撰，薛瑞生笺校《诚斋诗集笺证》卷 32《道旁店》，第 2241 页。
⑧ 周密：《武林旧事》卷 6《游手》，第 97 页。
⑨ 袁采：《袁氏世范》卷 2《言貌重则有威》，中华书局，1985，第 36 页。
⑩ 朱熹：《朱子全书·小学》卷 9《善行第六》，上海古籍出版社、安徽教育出版社，2002，第 13 册，第 459 页。

坊酒肆"。① 因此，酒楼店肆不仅是市民宴饮消费的重要场所，往往也是社会舆论制造中心和各种信息传播的集散地。因其所具有的公共消费空间之特殊属性，加之人员聚集和流动相对迅速，使得制造舆论并传播各种信息成为可能，甚至成为政客打击对手的重要工具。宝庆二年（1226），史弥远权倾朝野，因政见不合意欲击毁真德秀，并授意他人"敢言真德秀者，即除察院"。参部梁成大听闻后，"日坐茶肆中，毁真公不直一钱"，最终达到诋毁目的，事成后史弥远大喜，梁氏受到提拔。②

除了制造社会舆论和传播各种信息外，酒楼店肆作为提供市民宴饮消费的重要场所，其间所包含的各类娱乐活动对社会文化风气的引导作用不可小觑。《诗经·唐风》有言："子有酒食，何不日鼓瑟？"③ 而《乐图论·王日食一举》同样指出："古者天子食日举，以乐卒食，以乐彻于造，盖无大丧大荒大礼则必以乐侑食，使闻和声则心平而气行也。"④ 都反映出古人宴饮以乐的需求。以乐侑食，"使闻和声则心平而气行"，则强调宴乐的必要性。宋代社会世人宴饮有着相同的需求，时人认为"乐以侑食，不可废也"，⑤ 突出宴饮中娱乐佐欢的必要性。为迎合广大市民此种消费需求，酒楼店肆提供的包括宴乐在内的各类娱乐活动更是丰富多彩。南宋时期，临安街市有乐人三五为队，"擎一二女童舞旋，唱小词，专沿街赶趁"，更有小唱、唱叫、执板、慢曲、曲破，"大率轻起重杀，正谓之'浅斟低唱'"。⑥ 城市中以娱乐演出为职业者比比皆是，酒楼店肆是其赖以生存的重要场所。靖康年间，时人陈东于京师酒楼饮宴，有歌妓打坐而歌《望江南》，音调清越，颇具吸引力。⑦ 南宋时期，临安城各种技艺演出者充斥其中，"士庶多以从省，筵会或社会，皆用融和坊、新街及下瓦子等处散乐家"。⑧ 有不请自来的艺人，"专为探听妓家宾客，赶趁唱喏，买物

---

① 孟元老撰，伊永文笺注《东京梦华录笺注》序文，第1页。
② 佚名撰，王瑞来笺证《宋季三朝政要笺证》卷1《理宗》，中华书局，2010，第27页。
③ 郑玄撰，孔颖达等疏《十三经注疏·毛诗正义》卷6，上海古籍出版社，1997，第447页。
④ 陈旸：《乐书》卷196《乐图论·王日食一举》，光绪二年本。
⑤ 李焘：《续资治通鉴长编》卷79，大中祥符五年十一月戊戌，第1804页。
⑥ 吴自牧：《梦粱录》卷20《妓乐》，第192页。
⑦ 胡仔：《苕溪渔隐丛话》前集卷58，人民文学出版社，1962，第405页。
⑧ 吴自牧：《梦粱录》卷20《妓乐》，第191页。

供过，及游湖酒楼饮宴所在，以献香送欢为由，乞觅赡家财"。① 有商业性质的所谓"赶趁人"，具有吹弹、舞拍、杂剧等各类技艺，专门进行宴饮赶场演出。② 宋人诗词中关于酒楼店肆之宴饮场景有十分丰富而生动的描述，诸如"酒楼灯市管弦声，今宵谁肯睡，醉看晓参横"，③ "药市家家帘幕，酒楼处处丝簧"，④ "混漾天街晴昼，料酒楼歌馆，都是春回"⑤ 等，皆是如此。因此，酒楼店肆中迅速发展的各类娱乐活动既是为迎合市民宴饮消费及娱乐需求而生，又引领着社会娱乐风尚，二者互为表里。有学者就指出，宋代酒楼茶肆中流行的娱乐活动——说唱伎艺，依附于酒楼茶肆而生存，因消费的发展而兴旺，受到市民的热烈欢迎，演出的趣味也与市民的爱好紧密相连。⑥

结　语

宋代商品经济获得飞速发展，城市内部结构产生巨大变化，坊市制度被打破，是酒楼店肆得以繁荣发展的重要基础，也为人们入店宴饮消费提供了各种可能。⑦ 此外，基于社会经济的繁荣发展，广大市民物质生活日益充裕，饮食商业化现象愈加突出。北宋后期，京师人家日供常膳"未识下箸食味，非取于市不属餍"⑧ 就是饮食商业化现象最明显的体现，甚至"穷乡荒野，下户细民，冬正节腊，荷薪刍入城市，往来数十里，得五七十钱，买葱茹盐醯，老幼⑨以为甘美"，⑩ 饮食中处处可见商业化影响的

---

① 吴自牧：《梦粱录》卷19《闲人》，第182页。
② 周密：《武林旧事》卷3《西湖游幸》，第38页。
③ 朱敦儒：《临江仙》，唐圭璋主编《全宋词》，中州古籍出版社，1996，第585页。
④ 京镗：《木兰花慢》，唐圭璋主编《全宋词》，第1260页。
⑤ 赵功可：《八声甘州》，唐圭璋主编《全宋词》，第2229页。
⑥ 于天池、李书：《宋代说唱伎艺的演出场所》，《文艺研究》2006年第2期。
⑦ 日本学者加藤繁先生指出，坊制崩溃，朝着大街开门启户，市制几乎完全崩溃，商店可以设在城市内外到处朝着大街的地方。其中，二层、三层的酒楼临大街而设立，都是宋代才开始出现的。由此可知，当时都市制度上的种种限制已经被除掉，居民的生活已经颇为自由、放纵，市民过着享乐的日子。参见加藤繁《中国经济史考证》，吴杰译，商务印书馆，1959，第277页。
⑧ 周辉撰，刘永翔校注《清波杂志校注》卷2，中华书局，1994，第86页。
⑨ 四库本为"稚"。
⑩ 张方平：《张方平集》卷25《论免役钱札子》，中州古籍出版社，2000，第393页。

痕迹。

随着社会经济的不断发展和日益繁荣，饮食中的商业化因素越来越多，宴饮生活与饮食业的关系也愈加密切。与此同时，宴饮活动所反映的饮食文化现象也十分精彩。酒楼店肆中的宴饮消费不仅是一种单纯的饮食行为，其中所包含的文化内涵也十分丰富。① 为迎合世人对精神生活的消费需求，酒楼店肆内开展的宴饮活动不仅被深深打上了商业化消费的烙印，而且涵盖了相当精彩的社会文化内容。诸如音乐、舞蹈、杂戏、说唱、酒令、诗词创作之类文艺活动层出不穷，且随着社会发展常变常新，在引领社会娱乐潮流的同时又受社会风尚影响，是宋人日常社会生活的重要组成部分，构成了独具宋代特色的阶段性文化艺术内容。

作者：纪昌兰，信阳师范学院历史文化学院

（编辑：张献忠）

---

① 宋代都市高度繁荣，形成了以酒楼这一消费娱乐场所为代表的都市公共文化空间。都市公共文化空间孕育的是俗文化，具体体现为追求酒色耳目之娱。参见陈未鹏《宋代都市公共文化空间与宋词的俗化——以酒楼为例》，《山东科技大学学报》（社会科学版）2007年第4期。

20 世纪 30 年代华北小城镇的娼业

〔日〕 顾琳（Linda Grove） 著　　　许哲娜　喻满意　译

内容提要： 从 20 世纪初开始，娼业逐渐从大城市和省会城市扩散到那些由于新铁路和工业扩张而快速发展起来的地方小城镇。河北平原中部高阳的妓女就是由于乡村织布业的发展而迅速增加的。与大城市相比，高阳的妓女主要有以下几个特征：一是多为暗娼，不像大城市有专门的"红灯区"，而是分布在城里的后街或城外的小村中；二是大部分是由于年龄偏大，在大城市没有竞争优势才转向小城镇的；三是具有独立性身份，更便于流动。高阳县政府对暗娼采取"不闻不问"的态度，主要是因为不想得罪她们的某些主顾，甚至需要她们向特定主顾提供服务，如过境军队。军队和保安部队会向妓女提供一些非官方的保护，但也会对她们造成侵扰。

关键词： 华北小城镇　高阳娼业　暗娼　地方政府

引　言

目前日文、中文和英文的民国时期娼妓研究几乎都聚焦于大城市。作为中国第一个现代城市和充满活力的媒体文化的发源地，上海最受关注，此外，北京、天津、广州、杭州和昆明的娼业也在研究之列。① 虽然大部分有

---

① 最知名的著作包括贺萧（Gail Hershatter）《危险的愉悦：20 世纪上海的娼妓问题与现代性》，江苏人民出版社，2003。有关天津的著作，参见江沛《近代天津娼业结构述论》，中国社会科学院近代史研究所编《中华民国史研究三十年（1972~2002）》下卷，社会科学文献出版社，2008，第 1337~1375 页；有关保定的，参见郑亚非《旧社会的保定娼妓》，

关娼妓的文章集中在中国最大和最现代化的城市，但是娼业的分布远比这要分散得多。大城市和省会城市是服务于文人和富商的娼妓文化中心，但是从 20 世纪初开始，娼业逐渐扩散到那些由于新铁路和工业扩张而快速发展起来的地方小城镇。本文利用新发现的 20 世纪 30 年代的调查材料，描绘了一幅华北小商业市镇的娼业画卷，试图探讨如下问题：娼妓是否活跃于所有的小城镇，小城镇的娼业与大城市有何不同，当地人如何看待贺萧在上海娼妓问题研究的开山之作中提出的"危险的愉悦"，以及当地政府的不同部门如何利用和管治娼业。

本文的基础材料来源于一群年轻的研究者未经编辑的田野调查资料，他们在 1935 年至 1937 年对一个工业小镇进行了长达两年的社会变迁调查。这些田野调查资料包括该镇娼业概况、一份官方的人口登记、一份从事"非法活动"的人员名单、医生或药店的访谈记录、当地有关娼妓危险性的故事，以及对两位年轻妓女的访谈记录。

正当这个研究团队完成了田野研究，开始写调查结论时，抗日战争在 1937 年夏天全面爆发。由于他们的草稿在南开大学被轰炸的过程中遗失，[①]我们无法知道他们会如何解读本文描绘的生意，或者他们想让娼业在工业化带来的社会变迁大图景中扮演何种角色。不过，通过阅读这些田野调查资料，我们可以管窥他们研究娼业的基本方法，对从事娼业妇女的态度，以及对作为她们主顾的男人的看法。从他们的田野调查资料中，我们还可

中国人民政治协商会议河北省保定市委员会文史资料研究委员会编印《保定文史资料选辑》第 3 辑，1986，第 213~219 页；有关广州、杭州和昆明的，参见 Elizabeth J. Remick, *Regulating Prostitution in China*：*Gender and Local State Building*，*1900 - 1937*（Stanford：Stanford University Press，2014）；有关大城市和地方小城镇娼妓的报告，参见文史精华编辑部编《近代中国娼妓史料》（2 卷），河北人民出版社，1997；邵雍的《中国近代妓女史》（上海译文出版社，2005）对中国许多地方的娼妓活动和打击娼妓的做法进行了调查。

① 1934 年加入南开大学经济研究所的著名社会学家陈序经主持了这个研究计划。陈是西化和工业化的强有力支持者，试图通过这个计划来考察工业化带来的社会变化。他将河北省高阳选为第一个案例。南开经研所刚刚完成了一个有关高阳经济变化的深度研究，这个研究由吴知主持，并在 1936 年发表了《乡村织布业的一个研究》。陈在广州岭南大学的学生梁锡辉被召到研究小组，梁和几位助手在高阳待了将近两年，对高阳社会做了广泛调研，并将县城和几个村庄选作乡村的代表。在战争初期，南开大学被炸，陈序经后来写道，所有的研究材料和草稿都遗失。2013 年，原有的田野研究记录在南开大学被发现；本文使用了其中的一小部分。对这部分材料的引用，是按照这个研究小组原有的结构进行的标注：田野调查资料记录、类别和序号。

以看到人们对娼业及其参与者的各种看法。本文利用这些田野调查资料的记录来重构这些研究者对一个华北小城镇娼业的描摹，并将其与我们在大城市娼妓研究中获得的其他形象进行比较。

一　小城镇娼业：20世纪30年代的高阳

20世纪30年代，并不是所有小城镇都有娼妓。卖淫是一项生意，和其他生意一样，只有在那些有充分需求并足以让从业者谋生的地方才能繁荣。20世纪30年代，娼业在以下几种类型的小城镇中得以繁荣：正在成为重要市场营销中心，或经历快速增长、吸引外来工人，以及正在成为交通枢纽和工业中心。这其中有卖淫报告的是山东西北部的德州和河北的石家庄，两者都是因为铁路建设而获得快速发展的典型。① 而本文关注的焦点——高阳的妓女数量则由于乡村织布业的发展而迅速增加。所有这些小城的娼业与商业文化密切关联：妓女的常客大多是商人或公司的雇员。此外，军队、警察和保卫团成员也是常客。

高阳的娼业与这个小城迅速成为一个繁荣的乡村织布业中心密切相关。② 高阳县位于河北平原的中部、保定东南30公里处，距离北京和天津的远近相同（170公里），在经济史的文献中以20世纪上半叶华北最成功的乡村工业区而著称。高阳当地企业利用一个技术转移计划，鼓励使用铁轮机，这种从日本引进的机器能够仿制外国机器织布机生产布匹，从而奠定了高阳近代织布业的基础。20世纪30年代，高阳镇成为正在勃兴的织布业中心。高阳和附近县的农村织布工，或在家或在小作坊里工作，每年生产好几百万匹棉布和人造丝布。高阳镇和附近村庄有大型染整厂10家，还有许多小型染整厂；镇上上百家布线庄经营织布业，其销售网络发展到中国大部分地区。

织布业的崛起给当地带来了巨大变化，其中包括来自华北其他地区的

---

① 有关德州和石家庄娼业的研究，参见邵雍的著作以及《近代中国娼妓史料》的描述。
② 有关20世纪30年代初高阳织布业的经典中文记述，参见吴知《乡村织布业的一个研究》，商务印书馆，1936。笔者有关高阳织布业的叙述，参见 *A Chinese Economic Revolution: Rural Enterpreneurship in the Twentieth Century* （Rowman & Littlefield, 2006），中文版为顾琳《中国的经济革命》，江苏人民出版社，2010。

好几千工人和商人的迁入。虽然 20 世纪 30 年代城市的织布厂已经开始使用女工，但是男工在农村的生产中仍占支配地位。控制这个行业的公司和工厂仅雇佣男工，在农村家庭和作坊中，男织布工已经逐步接手了 20 世纪初本来还由女人干的活。虽然妇女干了摇纱和上机这种繁重劳动的大部分工作，为生产做出了巨大贡献，但是她们很少走出家庭工作，并且常常得不到薪水。①

男性支配织布业的后果之一是男性占高阳县城关人口的 69% 以上。②在周边的农村，一些村庄保持相对正常的男女人口比例，而在那些有很多小织布厂和染厂的村庄，外来劳工的流入打破了性别平衡，男性人数几乎是女性的两倍之多。③ 这些几乎总把妻子和家庭留在家乡的男人的流入，是形成性服务需求的主要因素之一。让我们简要回顾一下 20 世纪 30 年代的高阳镇以及在这里新形成的社会。

20 世纪 30 年代的高阳人将高阳称为"小天津"，这种夸耀反映了当地人认为他们的家乡更像一个城市，而不像其他的乡下县城。织布业已经成为那些能够提供通常只有在大城市才能见到的服务的人员和企业的"朝圣地"。到 20 世纪 30 年代，这里的人口已经超过 11000 人，几乎是清朝灭亡那一年（1911）的两倍以上。迅速膨胀的人口让老城和四个城门外人满为患，特别是新开办的学校、工厂和公司在老城里已经找不到地方，都聚集在四门外，使得这里迅速发展成商业区。县政府占据了县城的西北部，南北向和东西向两条大街布满了布线庄的本庄。县城主要的街口餐馆云集，一直营业到深夜，为聚集在那里忙了一整天业务的商人和他们的客户提供餐饮。当地一家电厂为县城供电，街灯为主要的大街提供照明。有许多大大小小的店铺提供都市生活可能需要的各种服务：有两家银行的分号提供取款、贷款和转账服务；好几家书店为当地读者提供新刊物；一家报纸投递公司为大报提供征订服务；超过 10 家裁缝店提供制衣服务，并且有相同数量的鞋店；好几家店销售和维修自行车；印刷店

---

① 有关高阳工业中的工作性别问题，参见笔者的文章，"Mechanization and Women's Work in Early Twentieth Century China"，《柳田節子古稀記念中国の伝统社会と家族》，东京，汲古书院，1993，第 95 ~ 120 页。

② 《高阳调查记录·工业影响 79》。

③ 《高阳调查记录·治安 24（高阳县清乡所查间邻男女数清册）》。

主要为商业公司提供广告印刷服务；有10家以上的洗衣店和2家公共澡堂；10家中药店，5家西药店，在县城的西部有由最大企业之一出资建立的一家大型慈善医院；几家公交公司在县城边上设立办事处，提供定期开往天津和保定的公交服务；县城还与全国的主要城市有电话和电报联系。

这里的商业世界由那些最大的布线庄控制，有许多家建造了巍峨的砖石结构总部建筑。设在高阳的本庄雇佣的员工和学徒有20人或更多，加上分布全国的分庄雇员，可达100多人。高阳所有的商号和工厂都是按中国传统习惯合伙组织的私企，所有雇员都是男性。商号或工厂作为一个集体单位运作，为住在那里的雇员提供食宿。企业主不一定都是高阳本地人。如果企业主或经理来自其他镇或县，他通常雇佣来自自己家乡的雇员或工人。

每一家大型商号在天津都设有分庄，负责获取原料（棉纱和人造丝）并管理商号的账务，其中包括通过天津本地银钱号来清偿债务。被派往天津或全国其他分支机构的雇员常常独自前往赴任。许多染上嫖娼习惯的故事都始于某位可靠雇员被派往天津分号，由于异常孤独，他希望与其他商人建立联系，开始逛市里的窑子并迷上了一位漂亮妓女。

高阳妓女的记述有两个方面：描述高阳妓女活动和她们提供的服务，以及嫖娼风险的劝谕性故事。这些故事几乎都是与男人由于跟大城市的妓女有染而走上歧途有关。正如我们在本文后半部分将看到的，大城市的妓女所需支付的花费高，被描绘为不仅会带来染病危险，而且将使人失去财富和地位的群体。还是让我们先从当地的情况开始，看年轻的研究人员对活跃在县城的暗娼有怎样的了解。

二　暗娼

所有在高阳从事娼业的妇女个体在材料中都被描绘为"暗娼"。为了理解这是什么意思，我们有必要简要回溯一下20世纪初中国控制娼妓的努力。我们都熟悉的中国传统故事中，有才艺的妓女跟文人雅士吟诗作对，成为他们娱乐消遣的提供者。实际上，从事这类工作并不是什么耻辱的事，直到 19 世纪末 20 世纪初管控娼妓的观念从欧洲传到了中国。① 欧洲管控卖淫业的最初动机是应对性病流行的威胁。在中国，管控娼业是作为清末新政的组成部分被提出来的。最早的管控计划是袁世凯在直隶省（后来的河北省）推行的警察改革的一部分。通常采取的措施包括登记妓院和依附于其中的妓女。② 一旦登记，妓院就被要求缴纳乐捐（有些地方称花捐），我们可以认为是一种商业税。

值得注意的是，这种登记制度只登记依附于妓院的妓女，而所有独立的从业者都没有被登记。这些人就是被称为"暗娼"的妓女。虽然 20 世纪 30 年代高阳当地税收记录显示有许多种捐的收入，但是没有对妓院的税收，③ 我们在调查材料中遇到的妓女都被称为"暗娼"。所有娼妓都是暗娼的事实，将高阳娼业与更大城市娼业的情况区分开，在大城市，合法的妓院是正常生意的一部分。在许多大城市，包括附近的河北省会保定和天津，合法妓院都集中在某一区域，每家都打出招牌和灯笼吸引主顾。

调研笔记显示，高阳第一位妓女大约出现于 1911 年。④ 这位"开拓者"在县城西关附近开了一家名叫"金福堂"的妓院。从材料记录看，高阳第一家妓院好像是合法的。不过，1912 年前后官府决定取缔合法娼业，妓院老板由于不能再公开营业，于是搬到县城西南角城外一处大约有 10 间房的小村子。不久，又有其他人也搬到这里。到 20 世纪 30 年代中期，高阳有 14 个妓女操业。她们大多在城外的小村庄，或在县城里狭窄僻静的后街租房。由于这个行当不是合法的，这些妓院也没有打出招牌或灯笼，想去那里的主顾可以通过朋友介绍或口耳相传而知道这些妓女的处所。

---

① 许多有关上海和其他大城市的娼妓的书都讨论了娼妓控制的努力。在本文中，笔者参考了 Elizabeth J.，Remick，*Regulating Prostitution in China：Gender and Local State Building，1900 - 1937*（Stanford University Press，2014）。

② 关于天津的情况，参见江沛《近代天津娼业结构述论》，《中华民国史研究三十年（1972 ~ 2002）》下卷，第 1337 ~ 1375 页。

③ 根据调查材料中的一条记录，高阳县政府曾在某时建议对妓女实行许可制，不过遭到强大的商会反对，最终这个制度未能设立，参见《高阳调查记录·工商业类 27》。这个信息来源于当地一位知识分子张毅夫，张家经营了一家批发公司。张在天津的《大公报》工作。这条记录的落款时间是 1935 年 10 月，但没有说高阳县政府何时建议设立这个税，尽管它的确提到当国民党决定反对娼业合法化，这个建议便没有了下文。

④ 关于高阳娼业的总体情况来源于好几个材料：《高阳调查记录·医疗卫生 12（当地暗娼的补充）》《高阳调查记录·治安 26（高阳县清乡所查不法行为人民登记簿）》。

20 世纪 30 年代的 14 名妓女中只有 2 名是高阳本地人。这些妇女大多在较大的城市天津或保定开始从事娼业，当她们的年龄让她们在大城市已经没有竞争优势时，她们才来到高阳。大城市总有源源不断的年轻女性来补入高级妓院。在 9 位有年龄记录的高阳妓女中，6 位年龄在 35 岁以上，年龄最大的为 51 岁。

为了更好地了解高阳娼业，年轻的研究人员对两位年龄最小的妓女进行了访谈。她们的访谈记录回答了他们事先设计的问题：家庭经历、个人经历、环境和教育情况、成为妓女的原因、提供的服务和营业条件。从田野记录很难断定采访人的情感反应如何。研究小组的负责人是岭南大学陈序经的广东籍学生梁锡辉。在岭南大学期间他在基督教青年会很活跃，来到北方后继续参与基督教的相关活动，因此，我们或许可以推测，他赞同许多主张取缔合法卖淫和挽救沦落年轻女子的基督教人士的观点。[①] 这些田野调查记录的价值判断的线索是，在两次访谈的分类中，娼业调查被分在"社会病态"类别中。我们从贺萧对上海的研究中得知，20 世纪 40 年代娼业通常被看成和归类为"城市不安定因素"。[②]

两名年轻女子年龄相近，一个 19 岁，另一个 18 岁，两人从事卖淫都是为了养活家人。第一个受访人兰×，给人的印象是更传统的女性；第二个受访人马××给人的印象是时髦的"现代女性"。我们来看看从访谈记录中能了解到哪些内容。

兰×是与高阳相邻的任丘县人。她的家人包括父母、一个哥哥和两个弟弟。她和父母、大哥一直生活在天津，直到 15 岁。她的哥哥曾在铁路当"茶房"，父亲是卖水果的。一家人回到任丘后，父亲没了工作，于是种田，然而 10 亩地的收入无法养活六口之家。兰×16 岁后开始与当地一位土财主姘度。两人的关系终止后，她母亲将她带到附近的河间做暗娼。由于挣的钱不多，受当地织布业繁荣的吸引，她们又搬到了高阳。她和母亲在城外一个小村子的一个小院租了几间房子。她们选择这个地点，原因是

---

① 梁锡辉在给岭南大学的校友杂志中记述了他在高阳的工作，参见梁锡辉《自我调查高阳社会以来（上）》，《南风》第 12 卷第 2~3 期，1936 年，第 38~44 页。我们可以从他发表在 1935 年 5 月广州基督教青年会杂志《广州青年》上的一篇文章中发现他继续从事基督教活动的想法，这篇文章报道了一位英国女性福音传播者在华北的一次访问。

② 贺萧：《危险的愉悦：20 世纪上海的娼妓问题与现代性》，第 9 页。

在小城镇逛窑子的男人不想暴露这种行为。选择一个离城有些距离的地点，主顾们可能更不易被人注意到。

兰×的窑子很简单：只有两个房间，有火炕一铺，上面有被褥，几张简单的椅子。研究小组估计，所有的家具和摆设价值不超过数十元。兰×的穿着也很简单，裤褂系洋布所制，花鞋由市上购来。

当问及她为何成为妓女时，她给了很多原因：她父亲和兄弟没有工作，家里地少，无法养活六口之家。从谈话中，研究人员还推测出其他原因。首先，尽管没有明说，但是他们相信她的父亲和兄弟都吸毒。兰×很漂亮，他们认为这导致了她与那位土财主姘度。其次，她的母亲很贪婪，待客颇老练，他们认为她从她母亲那里受到了"不良影响"。研究人员后来听到传言，这家负债 100 元，每月仅利息就得付 2 元。

兰×提供各种服务。（1）茶客可以待两个小时。她给他们提供茶水、香烟和瓜子，客人需要支付几角到一元。（2）过夜的客人，价格各异，不过都在 3 元以上。兰×的窑子在城外，城门晚上 9 点就关了，因此主顾们必须早来，或者在这里过夜。

研究人员估计，兰×每月挣 50 元。她的母亲和她每月的生活开销大约 20 元，留给她的父亲和哥哥，还有两个仍在上学的弟弟 20~30 元。作为比较，从其他记录我们得知，一位在县政府工作的科长每月薪水是 40 元，一位染厂熟练工人的收入为 10 元到 16 元，而最低级的监工每月薪水在 20 元以上。[1]

在这段有关兰×生活的叙述中有几点不清楚的地方。她与那个土财主姘度是自愿的结果，还是她的父母为了给家庭赢得社会关系和钱财强迫她。当然，她的家庭——吸毒的父亲和哥哥，以及一位被描绘为贪婪和善于待客的母亲，让我们怀疑这个家庭是否早就跟卖淫或其他非法活动有关系。不过，兰×的画像是一位牺牲自己来养活全家的谦逊年轻女子。正如卢蕙馨（Margery Wolf）在有关 20 世纪 60 年代台湾的卖淫业研究中主张的，这种牺牲自己的贞节来养活家人本身被认为是值得尊敬的。[2]

马××接受访谈时 18 岁，却讲述了完全不同的一幅画面。马××来自

---

[1]　工人也住在工厂里，并管饭。

[2]　Margery Wolf, *Women and Family in Rural Taiwan* (Stanford University Press, 1972)。

保定一个回民家庭，比兰×要时尚。她穿时尚的旗袍或花缎裤和绣花鞋，剪短发且烫头。马还可能为她的职业进行过所谓的"正规培训"。她的母亲曾先后在北京以及天津的日租界操业，后来搬到了安国。在安国与母亲生活期间，她学过唱戏，这是高级妓女的传统技艺之一。她还告诉研究人员她学会了骑自行车，并向他们展示了她带到高阳的自行车。

马××和母亲在高阳东关附近的一条后街租了一个院子。院子有4间房，里面有一通炕、桌椅、镜子、照片和其他装饰品，研究人员估计花费至少100元。马××一人负担一家7口的生活费。和她一起生活在这个有4间房院子的有她的母亲、妹妹、一个厨子和一个仆人，她的两个哥哥不愿生活在妹妹从事娼业的院子里，在附近开了一家卖杂货的小店。这家杂货店不盈利，因此这两个哥哥也依靠妹妹的收入过活。马××提供的服务与兰×一样，只不过价格更高：来这里闲聊、喝茶和吃点心每人1元，想"过夜"的5~7元。研究人员估计她每月的收入为60元。

在马××生活的这段描述中有几点有意思的地方。第一，她的母亲是一位妓女。我们得知她的父亲在访谈前3年死于花柳病，她的父亲的前妻也死了，她供养的一位兄弟是一位小妾的儿子。我们可以推测她的母亲曾经做过一段时间妓女，可能也是她父亲娶的小妾。马××决定15岁辍学当妓女的时间与父亲去世的时间吻合，暗示她的母亲决定在丈夫死后重操旧业，回到他曾经帮她离开的那个行业。

第二，与小城镇娼业的经营有关。马××和母亲曾在安国操业。安国以中药批发而全国闻名。这里每年举行两次大的药材交易，每次长达3个月，来自中国各地和日本、朝鲜的客商云集这里。[①] 开市期间对性服务和娼妓的需求很多——不论是合法妓女还是暗娼，在城里都非常多。马××虽然在安国开始操业，但是她和她的母亲为了收入更加稳定而搬到了高阳：虽然在每年两次的药市期间，安国生意非常好，但是一年中的其他六个月客人很少。她们希望高阳繁荣的织布业能够带来常年稳定的收入。从这一点我们可以看出，在小城镇从事娼业的妇女具有流动性，她们从大城

---

① 有关安国的药材市场，参见郑合成《安国县药市调查（上）》，《社会科学杂志》第1期，1932年，第94~124页；郑合成《安国县药市调查（下）》，《社会科学杂志》第2期，1932年，第186~233页。

市搬到小城市，从一个小城市再搬到另一个小城市，寻找能够带来稳定收入的地点。我们在本文的后半部分将看到，马××和她的家人在1936年春的一个夜晚最终离开了高阳，丢下大量未偿债务。

以上对高阳20世纪30年代的妓女和娼业做了总体描述。下面我们将探究研究者从他们的报告人那里听来的叙述，以及其中谈及的娼业风险。

三　警示故事：狎娼的风险

田野调查记录的狎娼风险主要有两个主题。一个主题是感染花柳病，这在中国现代的娼妓话语中是一个常见话题；另一个主题更具高阳商人圈的特色：因为嫖娼花销过多而失去雇主信任。

让我们先看看记录是如何讲述花柳病的。这方面的记录来源于西医医生和药商的访谈。一位西医医生报告说，他20年前（20世纪10年代）来高阳工作时花柳病就已经很常见了。20世纪一二十年代，军阀争夺首都北京的控制权，华北军事形势一直不稳定。高阳位于天津和保定之间的重要路线上，军队频繁经过该地区。中国和世界其他地方一样，士兵中花柳病的感染率很高，那位医生推测，士兵是花柳病在当地蔓延的主要传染源。

药店报告称，治疗花柳病的药物销售收入占销售总额的1/5。这种药的主顾大多是商人和工人，工厂和布线庄的雇员感染这种病尤其常见。大部分购买治疗花柳病药物的男人称，他们是在北京、天津、保定或其他城市的分庄任职期间感染的。[①] 虽然高阳的医生知道使用避孕套的预防作用，但是当地的药店没有一家卖的。不过，有一个报道称，有一家书店以收取佣金的形式售卖避孕套。虽然我们可以想象，高阳的医生警告他们的病人远离娼妓，以免再次被感染，但是医生和药店都称，他们有很多重复来的主顾。天津市有超过500家的妓院将近3000名合法妓女从业，大多数的高阳男人据称是在天津感染的花柳病。虽然大部分的中国都市已经建立了娼

---

① 《高阳调查记录·医疗卫生12（花柳病）》。有关该病的调查报告发现，普通人很少感染这种病。

妓"检治所"，试图阻止花柳病的蔓延，但是天津直到1937年初才开始建立第一个检治所。①

治疗花柳病费用较高。西医常用的"神药"如撒尔佛散和新撒尔佛散，这些药于20世纪初在德国被发明并以"606"和"914"的名字推向市场。当医生怀疑病人染上梅毒时，他通常坚持让病人先到保定的医院做检验确诊，然后再用静脉注射进行治疗。虽然静脉注射最有效，但是每一针2~3元的费用相当高，于是许多病人选择药片或膏剂，虽然它们的效果不如前者。

虽然感染花柳病一直都是一种风险，但民间警示性故事关注的却是另一个问题：不是感染的风险，而是丧失工作和声誉的风险。这些警示性故事讲述的是那些工厂和布线庄的雇员因为嫖妓失去雇主的信任。一个故事讲述了高阳本地人田姓男子的经历。他被最大的布线庄之一汇昌派往天津分庄当经理，而后他喜欢上了天津一家妓院的一位妓女，并开始用商号的钱购买礼物和支付嫖资。等到该商号发现这个问题时，他已经挪用了资金3000元。田被开除并被迫变卖家产来偿还债务。据后来的报道称，田失业后开始吸毒。

另一个故事讲述了一位姓宋的男子与高阳其他商号的住津外掌之间更加复杂的关系。宋原来在一家布线庄当学徒，后来升任住津外掌，因为节俭的好名声而博得高阳总柜的高度赞赏。其他商号的总柜批评自己的住津外掌不以宋为榜样，于是宋的一些同伴决定试试能不能引诱他把钱花在娱乐上。他们将一位年轻妓女介绍给宋，她假装与他相爱并拒绝接受他的嫖资。几个月后，这位妓女逼迫宋给她钱，宋从商号拿了好几千元给她。而当他下次再去时，这位妓女已经潜逃无踪。宋不久被撤销了职位。②

还有好几个类似的故事，其中一个结局悲惨。一位姓张的雇员也是汇昌号天津分庄的经理，因为爱上了一位妓女，挪用商号的资金支付给她的花费。几个月后，张给她赎身，让她成为自己的小妾。当商号得悉张的欺瞒行为后，将他召回高阳开除，并迫使张偿还债务。当张回到天

---

① 《大公报》1937年1月21日（《高阳调查记录·医疗卫生20》中有《大公报》这篇报道的剪报）。

② 《高阳调查记录·工业影响67（一位宋姓商人的青年嫖娼史)》。

津看望他的那位小妾时，发现她已经病死。由于声誉和爱妾两空，张悲愤自杀。

这种故事所描述的因为沉溺于妓女而忘记了对雇主义务的男人的命运，读起来和其他失德故事一样，其中包括更早一些时代青年文人和美丽妓女之间关系的故事。不过，徐碧卿（Hsu Pi‐ching）在对晚明畅销小说分析后主张：这位妓女常常被描绘为可敬的女子，并听从自己的真情，即使这导致了幻灭或灾难。① 在这些晚明故事中，作为妓女的主顾而出现在故事中的富商和文人常给人留下不好的印象。或许因为高阳织布业贸易的重要性，这些故事中描绘的商号雇员则给人好的印象：追求他们认为的真爱。但他们将个人利益置于商号利益之上，并最终丧失了一切——工作和个人成就。我们能想象到这些故事被流传于布线庄的学徒和年轻雇员中，目的是警示与妓女厮混的危险。

四　娼业与地方政府

1932 年春，位于县城中心大街旁的一家受欢迎的餐馆得味楼雇了一名女服务员。餐馆的收入翻番，随后翻了三番，其他餐馆纷纷效仿。不久，县城中心的其他几个知名餐馆都有了女服务员。大部分女服务员来自保定，她们被请到这些餐馆来之前都知道，她们没有薪水，收入来源于小费。从那年春天到夏天，布线庄的职工、县政府工作人员和教师涌向这些餐馆。但这个新服务行业的短暂繁荣在 1932 年秋戛然而止。县长李大本在天津《益世报》读到了两位高阳人写给编辑的一封信。这封信称得味楼的一位女服务员提供性服务。被这篇报道激怒的李县长下令警察局长通知这家餐馆老板，所有女服务员必须在 24 小时内离开高阳。② 其中一位女服务员被得味楼的老板留下做妾，另一位女服务员留下后成为暗娼，其他的都离开了。

这个事件向我们揭示了政府与娼业之间的关系。为何做暗娼的妇女被允许继续从业，而那些女服务员，只是因为其中一位被控提供了性服务就

---

① Hsu Pi‐Ching, "Courtesans and Scholars in the Writings of Feng Menglong: Transcending Status and Gender," *Nan‐Nü*, 1 (2000): 40 –77.

② 《高阳调查记录（类别不详）·饭馆用女招待的调查（1937 年 2 月）》。

被赶出县城？报告人告诉研究小组，高阳县政府对暗娼采取"不闻不问"的态度。[①] 报告人称出现这种情况有两个原因。首先，如果政府想严格控制暗娼，他们也将不得不抓捕她们的主顾，他们不想卷入这可能带来的麻烦。因为这些妓女的常客包括许多当地财主和恶棍，以及保卫团成员。例如，据说保卫团的头目是马××的常客。

其次，政府有时还用暗娼来满足过境军队的要求。例如，东北军王树常的部队曾临时驻扎在该县，军官们要求县警察给他们提供合法妓女。由于没有合法妓女，警察召集了暗娼把她们送到军官们待的地方。由于有了这次经历，当地政府觉得对暗娼的活动睁一只眼闭一只眼最安全，因为也许下一次还会用得上她们的服务。

我们也可以推测，餐馆女服务员活动空间的宽敞和活动的公开性，与暗娼的性质形成对比是一个因素。正如我们所看到的，暗娼为了避免她们的活动引起注意，选择居住在城外的小村庄或城里的后街。虽然她们不拒绝顾客，但是她们也不像大城市的合法妓女那样以招牌和灯笼为自己做广告。而女服务员来后，她们以不同的方式营业。她们工作在城中心的热闹餐馆里，以非常公开的方式迎接和服务顾客。当李大本在《益世报》上看到投诉之后，他立即通过将这些妇女赶出县城来解决问题。在市中心公开运营，在公众的眼光或大众知情的情况下公然活动，显然破坏了暗娼与当地政府关系中的"潜规则"。正如一位县长开除了一位过于公开光顾当地暗娼的建设局局长一样，李大本决定驱逐所有可能会威胁高阳传统公共秩序的女服务员。

虽然这个事件反映了县政府与娼业从业者之间公开的一次冲突，但是高阳妓女还经常面临其他形式的骚扰。由于被官方归为从事"非法"活动，面对各种形式的骚扰和剥削时，这些妇女难以获得官方保护。[②] 因此，妓女们常常通过与当地保卫团的成员建立私人关系来获得某种非官方的保护。不过，获得这种保护也面临风险。正如研究人员从兰×那里了解到的，常有恶棍或社会的边缘人员，或者军队和保安部队的成员造访并要求免费服务，这样的情况并不少见。而且正如我们从马

---

① 这个解释参见《高阳调查记录·社会病态6（暗娼调查·兰×调查）》。
② 在1936年7月编的对所有人口进行登记的资料中，暗娼被列入从事"非法行为"的人员，将她们与吸毒者、贩毒者、小偷和抢劫者、强盗和从事敲诈的人归为一类。

××那里了解的，她的一位姓马的老主顾是县保卫团的队长，他不让其他主顾来访，因而影响了马××的收入，导致她最终放弃了高阳的营生。

五 比较视野下的小镇妓女

最后一部分将思考小城镇娼业与大城市是否有区别，区别在哪儿。在这里做比较的是通商口岸城市天津。我选天津作为比较对象的原因有三个：第一，可以获得几乎同时代的材料；第二，高阳与天津有紧密的商业联系；第三，这个研究团队来自天津的南开大学，我们从记录中得知他们对这座城市的发展情况密切关注。

明清以降，天津成为一个重要商业中心。由于位于大运河与海河交汇处，天津成为一个充满活力的商业社会，也是控制北方盐生产和分销的长芦盐商的基地。第二次鸦片战争之后，天津开埠，迅速发展，并成为北方国际和国内贸易的重要中心，到 20 世纪 20 年代已成为一个快速发展的轻工业中心。工商业的发展将全国各地的商人带到天津，从而也产生了对合法妓女和非法暗娼的性服务需求。天津市社会局 1930 年的调查记录了 2910 名妓女在 500 多家妓院工作，其中大部分年纪很小，每家仅由一位老鸨和少数几名妓女组成。[1] 我们发现，小城镇娼业与大城市最大的不同就是没有"红灯区"。高阳没有"红灯区"，妇女们将自己的生意场所分布在城里的后街或城外的小村中。

第二个不同点与妇女为什么以及如何进入娼业有关。大城市包括天津的娼业描述表明，大多数从事娼业的妇女从某种程度来说在法律上是"非自愿从业"。[2] 社会局对天津妓女的调查显示，64% 的天津妓女是被抵押、出售或者租给妓院老板的，只有不到 30% 是"自甘堕落"进入娼业的。尽管毫无疑问研究小组采访的两个年轻妇女兰×和马××是因为家庭的经济

---

① 这次调查的结果以数字和系列表格形式发表在 1931 年的《社会月刊》上。有关其成为妓女的年龄和原因的表格发表在复刊号（1931）。

② 民国时期，法院实际上愿意执行那些被卖到或被抵押而从事娼业的妇女的合同，迫使那些逃避她们境况的妇女回到妓院老板那里，只要后者能够出示一份合法的合同。

压力而成为妓女，她们在似乎给自己女儿充当"皮条客"的母亲的帮助下，操持自己独立的生意。如果按照社会局调查的规则，她们都将被归纳为"自甘堕落"为娼的妇女。

从业者的这种独立身份有助于娼业从业者在小城镇的流动。由于这些妇女不被法律合同束缚在某家妓院的老板那里，她们可以自由流动寻找那些对性服务有需求且能够产生稳定收入的地方。同时，生意规模之小，也证明从事这个生意是为了生存。像天津和保定这样的城市里的大型妓院老板有足够的资金付给她们的父母，有时是人贩子，来换取这些妇女的服务；而小城镇的妓女根本经不起盘剥，挣的钱仅够养活自己和直系亲属。兰×和马××两个案例都显示了这类妓女的流动性。访谈记录最后的注释表明，两人最终都离开了高阳。

小城镇妓女与大城市的第三个不同是年龄。研究小组访问了两位十几岁的妓女，她们在暗娼名单中年纪最小。形成对照的是，天津调查显示，该地妓女的平均年龄是23.8岁，其中87%为16~30岁。正如我们看到的，高阳妓女的平均年龄则大很多。天津妓女中，高级妓院的最年轻，平均只有18岁，而随着档次的降低，平均年龄则逐渐增大。天津调查的数据证实了研究小组收集的信息——大多数活跃于高阳的妓女是那些随着年龄增大而从金字塔上转移下来的，从天津这样的大城市搬到保定这样小一点的中等城市，并最终到小城市工作。

高阳调查资料只能管窥小城市娼妓的生活。两个采访的补充说明暗示了她们后来的命运。马××和她的家人的债务超过了他们的偿还能力，于是他们在1936年春的一个晚上逃离高阳。他们卖掉了家具，只带走了衣服和个人财物。有传言称马××去了北京当妓女。如果这个传言是真的，那么她或许已经凭借她的美貌和演唱技能摆脱了常规的流动，从一个小城镇搬到大城市去了。

至于兰×，1936年春她从城外的小村搬进城里，希望通过搬到城内的某个地方，不再受每晚关城门的限制，以便找到更多的客人。这个新地点据说在一个很糟的地方，是"瘾君子"光顾的地方。1936年夏天，她患了花柳病，回到了家乡。

我们不知道这两位年轻女子在随后的战争和革命动荡岁月中遭遇如何，或者她们将如何讲述自己的故事。我们也不知道研究小组会怎样用这些材料在他们的高阳社会变迁整体画卷中解释娟业。眼下，我们只是快速地窥探了一下 1935 年和 1936 年进行的访谈，从而将华北小城镇的娟业这扇门推开了一点点。

作者：顾　琳，日本上智大学国际教养学部教授
译者：许哲娜，天津社会科学院历史研究所
　　　喻满意，津云新媒体集团编译中心

（编辑：张利民）

山西省人民公营事业及其治理模式[*]

——兼述其在太原城市近代化中的作用

岳谦厚　刘惠瑾

内容提要：阎锡山执掌山西政权后，提出了振兴山西的计划。面对经济基础十分薄弱的情状，山西省政府通过改铸钱币、摊筹资金等方式募集到初始建设资本，并在 20 世纪二三十年代短短几年间就筹办起涵盖金融、交通、工矿等多个行业的十多家单位。1936 年，阎锡山将这批单位统称为"山西省人民公营事业"，采借并改造了股份有限公司的治理模式。治理机构包括督理委员会、董事会、监察会和各县监进会等"四会"，这种治理模式既不同于股份有限公司又不同于家族公司，然其不仅实现了股份有限公司所有权与经营权的分离，又有着家族公司般的高度集权。山西省人民公营事业促进了太原工业化，加速了太原的城市近代化进程。

关键词：阎锡山　山西省人民公营事业　公司治理　太原　近代化

在近代山西，阎锡山为促进该省政治、经济、军事发展，在经济基础极其薄弱的基础上通过改铸钱币、摊筹资金及边建设边运营等办法逐步建立起涉及金融、交通、工矿等多个行业的十多家单位。阎氏将这批单位统称为"山西省人民公营事业"，并采借股份有限公司治理结构和汲取家族式公司治理优势，以"四会"① 模式进行集中治理。这些单位大多分布在太原城内或城郊，采用先进的机器设备和管理模式，在很大程度上促进了

---

* 教育部哲学社会科学研究重大课题攻关项目"太行山和吕梁山抗战文献整理与研究"（项目编号：16JZD035）、山西省"三晋学者特聘教授支持计划专项经费"项目的阶段性成果。

① "四会"即山西省人民公营事业管理委员会、山西省人民公营事业董事会、山西省人民公营事业监察会以及山西省人民公营事业各县监进会。

太原的工业化，加速了太原的城市近代化进程。学界先前同类或类似主题的研究鲜有论及阎氏企业治理模式者，亦鲜有论及阎氏企业与太原近代化关系者，故本文拟在山西省档案馆馆藏资料检索的基础上对之进行初步考察。

一　山西省人民公营事业简史

阎锡山欲实现割据的目标须从振兴山西经济做起，欲振兴经济则须从关系国计民生的金融、工矿、运输等行业抓起，然民国初年山西经济基础薄弱，甚至连起步的建设资本都难以筹集，故只能依靠"摊募"办法从人民手中筹集。基于此，其将所有由摊募资本建立起来的事业统称为"山西省人民公营事业"，而著名的西北实业公司即是其中之一。

山西省人民公营事业的性质被界定为属于山西全体人民的股份制公营事业。其因有二：一是原始资本中的 140 万元是通过摊募方式向山西全体人民摊筹而得，"民营事业创办于民国 21 年，当时因资本来源是筹自各县，所以便按县份做股，参照股份有限公司办法办理"；① 二是各项事业的经营目的在于造福全省人民，对此从抗战胜利后山西全省民营事业董事会②董事长张耀庭"关于山西省民营事业起源及现状的论述"中可知。据其所述，当时"山西全省民营事业，是山西全省人民出资共同经营的事业，但其目的另含有社会性的意义，不只是自力发展利权，并含有节制资本，及造福全省人民的意义，且是节制资本，最简便、最圆满、最省力的办法，可以把剥削奢侈的特拉斯，变成为提高民生，发展民智，救济民困、强健民身，民营、民有、民享的经济制度。详细地说，此项资本，出之于人民，管理之权属于人民，而所赚的利息，仍用之于人民，兴办全省人民的教育事业、卫生事业与开发事业"。③

---

① 《公营事业董事会关于公营事业的概况说明》（1946 年 9 月 1 日），山西省人民公营事业董事会档案，山西省档案馆藏，档案号：B30/1/009。以下凡引用该项档案者仅标注档案号。

② 山西省人民公营事业董事会于 1946 年 8 月更名为山西省民营事业董事会，张耀庭出任董事长。

③ 《张耀庭关于山西省民营事业起源及现状的论述》（1947 年 12 月 21 日），档案号：B30/1/007。

山西省人民公营事业日常管理机构为山西省人民公营事业董事会，其成立于 1936 年 7 月 1 日，内设总务组、会计组、稽核组、考核组、调查组等机构。同时，已运营多年、原隶属于太原经济建设委员会的企业亦一并划归该董事会集中管理。董事会成立之初下辖 14 个单位：山西省银行、晋绥地方铁路银号、绥西垦业银号、晋北盐业银号、西北实业公司、同蒲铁路管理局、晋华卷烟厂、太原粮店、原平粮店、太谷粮店、榆次粮店、斌记商行、晋南面粉厂（筹备中）、风陵渡棉花打包厂（筹备中）。①

抗战期间，董事会及所属单位相继南撤，业务停顿。1945 年 12 月 14 日，董事会在太原恢复，并于 1946 年 8 月 1 日更名为山西省民营事业董事会，内设 1 处 3 组，即秘书处、总务组、会计组、稽核组，下辖西北实业公司、晋绥地方铁路银号等 30 多家单位，涉及交通、金融、制造、建筑等领域。1947 年 7 月，为适应战时需要，董事会所属单位有的撤销，有的合并或由其他部门接管，到 1948 年 11 月尚存 13 家单位。1949 年 4 月，太原解放，该会结束。

至于资本情形，如前所述，当时山西要进行各项建设事业可谓无米之炊。阎锡山首先从币制改革上做文章。他设立铜元局，从晋陕各地大量收购当时仍在流通的制钱改铸铜钱，一枚制作成本仅 5 枚制钱的铜钱可兑换 20 枚制钱，获利 3 倍以上，由此筹得资本 360 万元。同时，又通过摊筹方式从各县人民手中筹得 140 万元。两项共计 500 万元。据张耀庭记述，"资本原为 500 万元，其来源为民国七年，社会上铜元缺乏，制钱充斥，当时各省竞制铜元，本省制钱流出省外，损失甚大，人民纷纷请求，愿拿上制钱，设局制造铜元，阎督军兼省长，当时与各县人民约定：由人民拿上制钱，铸造铜元，除了工料等费外，所有盈余，作为山西人民共同事业的资本，遂呈准设局制造，结果共盈余 360 万元，这项盈余，照一般的处理办法，不是作为铜元局员工的奖励金，便由政府操作军政等费用，而阎督军兼省长却未如此处理，仍归全省人民所有，此外于 22 年起至 25 年止，又向各县人民陆续随地方款收入摊募 140 万元，先后合计为 500 万元"。② 以

---

① 《山西省人民公营事业董事会暨各公营事业主管人员一览表》（1936 年 12 月 30 日），档案号：B30/1/002。

② 《张耀庭关于山西省民营事业起源及现状的论述》（1947 年 12 月 21 日），档案号：B30/1/007。

上是最初建设资本，而到 1936 年 7 月 1 日山西省人民公营事业董事会成立时，太原经济建设委员会所管辖单位及资产亦移交山西省人民公营事业董事会。该董事会将全省公营事业进行集中管理，各种公营事业纯利除公积金、奖金及职员红利外尽数拨交董事会保管，由此形成公营事业基金。① 董事会利用该项基金继续兴建新事业，资本由此实现滚动发展。据董事会年度工作报告称，经"数月经营，规模初具，综计各公营事业二十五年全年盈余在 600 万元以上"。② 截至 1936 年底，公营事业资本已累积到 87232222.37 元，公营事业基金亦达 30340254.28 元。③ 14 个公营事业中，资本额最大的为同蒲铁路（31943173.35 元），其次为山西省银行（20000000 元），再次为西北实业公司（19663549.02 元）。④ 此三项事业涉及交通运输、金融和制造业，关系国计民生，是当时山西经济发展的支柱产业。铁路和工矿企业的统筹管理，既有利于交通运输企业业务量增加，又有利于工矿企业原料及产品运输成本减少，而银行与企业的统筹管理则实现了金融资本和工业资本的相互支持与融合。

二　山西省人民公营事业的治理模式

阎锡山对山西省人民公营事业所属的各类企事业进行集中管理，并采借股份有限公司形式统一治理。⑤ 其设置山西省人民公营事业督理委员会（以下简称"督理委员会"）、山西省人民公营事业董事会（以下简称"董

---

① 《山西省人民公营事业管理章程》（1936 年 7 月 1 日），档案号：B30/1/086。
② 《山西省民营事业董事会民国 25 年份报告书》（1937 年 1 月 15 日），档案号：B30/1/002。
③ 《本会资产负债表》（1937 年 1 月 15 日），档案号：B30/1/002。
④ 《拨付各公营事业资本表》（1937 年 1 月 15 日），档案号：B30/1/002。
⑤ 实质上，山西省人民公营事业是当时出现的一种典型的企业公司。20 世纪 30 年代中国企业界出现了一种资本趋于集中的企业集群化发展模式，即"企业公司"。企业公司也就是企业的公司，带有投资公司或控股公司色彩，投资、参股厂矿企业，拥有或者参与一系列单个的工厂企业。公司不仅进行具体的产品制造和经营，还进行资产经营和管理。以上表述参见张忠民《艰难的变迁：近代中国公司制度研究》（上海社会科学院出版社，2002），第 173～174 页。如果说西北实业公司是企业公司的话，那么山西省人民公营事业则是"公司的公司"。抗战之前，西北实业公司下属企业已达 30 多个，涉及轻重、军民多种类型，是名副其实的企业公司。而山西省人民公营事业董事会下属企业不仅包括西北实业公司这样的大型制造企业集团，还包括山西省银行、同蒲铁路管理局等大型公司，可谓"公司的公司"，更是一种典型的企业公司形式。

事会"）、山西省人民公营事业监察会（以下简称"监察会"）及山西省人民公营事业各县监进会（以下简称"各县监进会"）等"四会"进行治理，各项事业的日常管理机构是董事会。山西省人民公营事业形式上采用股份有限公司的治理模式，实质上又根据山西的实际情况进行了改革。据其管理章程，"四会"组织及其职能如下。

督理委员会为山西省人民公营事业最高督理机关，对全省人民负责，由全省人民按三区每区提选督理委员一人组成，并互推一人为首席督理委员。但第一届督理委员由太原经济建设委员会聘请。督理委员须具备两项资格：第一，山西人民且年满45岁；第二，资望素孚热心公益并视省事如家事者。督理委员任期9年，但第一届督理委员于3年期满后用抽签法改选一人、第6年期满再改选一人，首席督理委员于9年期满改选，均可连选连任。督理委员有权推荐继任者。督理委员就职后应立即按照规定资格提荐各本区候选督理委员一人并详述其姓名、年籍、履历、住址、职业，署名盖章固封交会密存。推荐人退职前三个月交各该区选举会复决，但不得提荐亲属。在提交各该区选举会复决之前，督理委员须保守秘密，且可以随时更换被荐人。提荐人任期未满出缺或因故退职时应于一个月内将提荐的候选督理委员交各该区选举会复决。选举会选举权人由各村经济建设董事会董事充任，其选举以直接选举方法行之。首席督理委员出缺或退职时，其职务应由年龄较长的督理委员暂行代理，俟新任督理委员就职之后再行互推。新任督理委员任期仍为9年。督理委员会首席督理一直由阎锡山兼任。督理委员会职权如下：监督董事会及监事会；指定或更换董事长、罢免董事监察会主席及监察；处理弹劾董事长、董事、监察会主席及监察各案；核定山西省人民公营事业创设及变更计划；核定董事会及监察会预算决算；其他应经督理委员会核准事项。①

董事会为山西省公营事业管理机关，由全省人民按七区每区提选董事一人组成，并由首席督理委员指定一人为董事长。各董事须具备以下资格：第一，山西人民、年满40岁且经理才长、具有毅力者；第二，曾经理资本5万元以上实业5年以上且确有成绩或主办国家或一省地方公务声望卓著者。董事产生应由督理委员会按照规定资格就董事选举区域每区提荐

---

① 《山西省人民公营事业管理章程》（1936年7月1日），档案号：B30/1/086。

候选董事一人，交各该区选举会复决，但不得提荐各督理委员亲属。候选董事提荐方法由首席督理委员先行按照董事选举区域每区提荐两人交由其余两名督理委员决定一人。如对提荐的两人各赞同一人时以抽签法决定一人；如对提荐两人均不赞同时由首席督理委员于提荐人中择定一人并由其余两名督理委员共同提荐一人，再用抽签法决定一人；如对提荐两人，一名督理委员赞同一人，一名督理委员均不赞同时，仍决定赞同一人。督理委员会提荐候选董事经各该区选举权人 3/5 以上否决时，应由各该区按照规定资格另行选举，但另选董事所得票数不及该区选举权人 3/5 以上时仍以督理委员会提荐候选董事为当选。董事任期 6 年，但第一届董事 3 年期满后用抽签法决定改选 3 人；董事长于 6 年期满改选，均可连选连任。董事会选举权人及选举方法同督理委员一致。董事会经费由董事长拟定预算报由督理委员会核准公布。董事会经费开支应按月造具清册，由董事长及董事署名盖章报告督理委员会查核公布。董事会职权如下：山西省人民公营事业基金保管及培植；山西省人民公营事业基金动用；山西省人民公营事业管理及监督；承办山西省人民公营事业人员任免考核及奖惩；各种山西省人民公营事业筹办及发展；各种山西省人民公营事业预算决算审核。董事长、董事均不得直接经营山西省人民公营事业。①

监察会为山西省人民公营事业纠察机关，由全省人民按五区每区每县选举一人再由督理委员会召集考试，每区录取监察一人组成。监察选举权人为各县监进会会员代表。监察应试者须具备以下条件：第一，山西人民年满 30 岁且刚正严明者；第二，专科以上学校毕业或经高等检定考试及格者；第三，经营资本 5000 元以上实业 3 年以上成绩卓著者；第四，办理公务 3 年以上成绩卓著者。监察任期 3 年，期满全数改选，不得连任。监察会经费由督理委员会制定预算公布。监察会经费开支应按月造具清册，由监察会主席署名盖章报告督理委员会查核公布。监察会职权如下：监察董事会董事长、董事及承办山西省人民公营事业人员有无舞弊及其他不法之事；监察董事会董事长、董事及承办山西省人民公营事业人员有无过失或废弛职务之事；审查各种山西省人民公营事业册报；其他应行纠察事项。监察会应将山西省人民公营事业监察情形、经费预

① 《山西省人民公营事业管理章程》（1936 年 7 月 1 日），档案号：B30/1/086。

算决算及其他重要事项于每届一年汇报督理委员会查核公布。监察会或监察如察觉山西省人民公营事业有重大损失或危害，须报请督理委员会处理。①

各县监进会为山西省人民公营事业监进机关，以各县全体人民为会员，各街村长为会员代表，由会员代表相互函选 7 人，复由 7 人中互推会长 1 人、副会长 1 人并以其余 5 人为评议员组成。同时以票数次多者 5 人为候补评议员，遇评议员有缺额时依次替补。各县监进会负责监督监察会，各县监进会会员对服务不力之监察会成员均可罗列事实，于每年春节后村民会议时，提交会员代表转送各县监进会请求评议。各县监进会每年由正副会长召集评议员开会一次，所需经费由督理委员会斟酌规定公布，但每县每年不得超过 100 元。②

三　山西省人民公营事业治理模式的特点

通过与家族公司、普通股份有限公司进行比较，就会发现山西省人民公营事业"四会"治理模式有其自身的特点。中国家族公司③的治理模式实质上是中国传统的家族企业治理模式与公司治理模式的融合，其"极强的家族本位意识致使中国的近代企业家把社会信任的范围限制在家庭或家族范围之内，从而在公司股权结构的安排和高层管理人员的安排等方面体现出家族公司思想"。④ 而从西方传入的公司制度是以西方法治原则、契约原则、产权原则及与之相关的经济自由、政治民主等价值观为基础，这些原则与价值观是公司得以运行的前提和保障，不仅为公司治理提供了广泛的社会资本，而且是公司治理有效实施的保障。⑤ "中国历史上比较规范的

---

① 《山西省人民公营事业管理章程》（1936 年 7 月 1 日），档案号：B30/1/086。
② 《山西省人民公营事业管理章程》（1936 年 7 月 1 日），档案号：B30/1/086。
③ "凡是能以家族的力量（毋论是控股还是不控股）左右公司发展的大政方针以及掌握实际经营管理的公司，无论他们是无限公司、有限公司，还是两合公司，都应该算作是家族公司。"即便是非控股的家族，他们能够通过家族的力量，实现对股东大会和董事会的控制，以及掌握着公司实际的经营管理权，这样的公司也属于家族公司。以上表述参见张忠民《艰难的变迁：近代中国公司制度研究》，第 173～174 页。
④ 豆建民：《近代中国的股权限制和家族公司思想》，《甘肃社会科学》2000 年第 1 期。
⑤ 高新伟：《中国近代公司治理（1872～1949 年）》，社会科学文献出版社，2009，第 224～225 页。

股份公司是外国人在中国创办的，是引进的。"① 因此，股份有限公司作为公司制的典型形式②是伴随西方列强殖民扩张进入中国的。而山西省人民公营事业的"四会"治理模式是在中国公司制度充分发展的基础上产生的，其兼取了家族公司和股份有限公司之长。换言之，家族公司、股份有限公司、山西省人民公营事业均属于公司或企业公司，三者有着较相似的公司治理结构，但在治理本质上存在巨大差异。具体分述如下。

从资本来源及股权结构言之，家族公司"在公司股权结构的安排方面，家族成员拥有多数比例股权，从而控制公司决策权"。③ "一般而言，近代家族公司在股权方面，总是集中于某几个家族，或来自相同地域的人群，尤其是中小股东。"④ 故家族公司资本通常由某一个或数个家族控制公司绝大部分股份，剩余股份由与家族成员有着地缘、亲缘、业缘等关系的人参股构成。而"股份有限公司是全部股本均分成一定面值股票，并由5或7人以上发起，全部由有限责任股东组成的公司组织"，⑤ 股票是股份所有权的凭证，可以面向社会公开发售，亦可以自由转让和买卖。因而股份有限公司的资本募集于社会大众，属于分散型股权结构。山西省人民公营事业最初建设资本为500万元，其中140万元源于社会筹集，360万元源于政府投资。在其发展壮大后，阎锡山逐渐将社会资本所占股份购回，山西省人民公营事业完全成为政府全资企业公司。

从治理结构言之，家族公司、股份有限公司作为公司均具备公司治理的基本结构，都成立了股东大会、董事会、监事会及选聘了经理人。而山西省人民公营事业除设置董事会、监事会及选聘经理外，还设置了督理委员会和各县监进会。此外，由于其是由股份公司逐渐转变为政府全资公司，故未成立股东大会。

---

① 黄少安：《中国股份公司产生和发展的历史考察》，《河北财经学院学报》1994年第5期。
② 股份有限公司是最常见的公司形式，人们提到的公司大多是股份有限公司。在历次颁布的公司律法中，涉及篇幅最多的也是股份有限公司。在近代各类公司中，股份有限公司不仅所占比例最高，而且凭借其筹资方面的优势，平均资本额大大高于其他类型的公司。以上表述参见张忠民《艰难的变迁：近代中国公司制度研究》，第322~326页。
③ 豆建民：《近代中国的股权限制和家族公司思想》，《甘肃社会科学》2000年第1期。
④ 高新伟：《近代家族公司的治理结构、家族伦理及泛家族伦理》，《西南大学学报》2008年第2期。
⑤ 张忠民：《艰难的变迁：近代中国公司制度研究》，第322页。

　　从最高决策机构言之，家族公司的治理服务于核心家族利益，核心家族正是通过特殊的治理结构来实现家族利益。① "近代中国家族公司治理机制有两个重要特征：一是经理人遴选的家族本位化，二是经营决策权的家族内部化。"② 家族公司的决策必然首先考虑核心家族利益，一般由核心家族中事业的开拓者及继承者掌握最高权力并行使决策权。家族成员担任公司各主要部门要职，进而控制公司经营管理权。股份有限公司则实行委托代理制的法人治理结构，最高权力机构是股东大会。股东大会选举出董事和监事代表全体股东处理和监管公司重大事务。股东大会及其选举出来的董事会是公司决策机构，处理公司重大决策事宜。而山西省人民公营事业的最高决策机构是督理委员会，其对于董事具有提名权，亦可以指定或更换董事长、罢免董事监察会主席及监察，还有核定山西省人民公营事业创设与变更以及董事会和监察会预算决算的权力。因此，无论从人事任免、业务规划还是经费使用来看，督理委员会都具有至高无上的权力。

　　从公司治理运行与监管言之，"在家族公司内，形成了二元化的治理模式，既有基于公司治理结构的治理，也有基于家族伦理或泛家族伦理的治理"。③ 最终形成的模式必然是将家族伦理外化为公司治理或将公司经营决策权家族内部化，这样必然削弱公司机构相互制约、相互监督的效能。公司内部存在的相互制约和监督仅是家族之间或家族成员之间的相互制衡，与真正意义上的公司体制内的制约和监督区别明显。传统社会家族中的家长负责、父慈子孝、兄友弟恭不仅在家族成员内部具有约束力，亦外化为公司的实际约束机制。股份有限公司则是由股东大会选举产生董事会和监事会，董事会代表广大股东行使日常决策和治理权力，监事会代表广大股东行使监察权力。董事会和监事会都对股东大会负责。董事会在职业经理人市场选聘合适的经理人，经理人对董事会负责。董事会及其选聘的经理都接受监事会监督。而山西省人民公营事业未成立股东大会，董事会

---

① 高新伟：《近代家族公司的治理结构、家族伦理及泛家族伦理》，《西南大学学报》2008年第2期。
② 杨勇：《近代中国公司治理：思想演变与制度变迁》，上海世纪出版集团，2007，第110页。
③ 高新伟：《近代家族公司的治理结构、家族伦理及泛家族伦理》，《西南大学学报》2008年第2期。

和监察会名义上通过全省分区选举或考试产生，实则候选人由督理委员会提名，即实质上董事会和监察会由督理委员会选派产生。董事会和监察会都对督理委员会负责。董事会负责各项事业的日常管理，监察会负责对董事会和各单位经理的监督，各县监进会负责对监察会的监督。

从公司与政府关系言之，家族公司一般由一个或数个家族投资或控股，属于家族私有企业或家族控股企业，无论其资本还是经营管理都与政府没有直接关系。如不考虑官办企业，家族公司在三种治理模式中与政府关系最疏远。股份有限公司则是实现政企分开、进行市场化运作的法人主体，即政府最多作为股东进行参股，与其他股东具有同等地位，且政府作为股东必须遵守公司制度。也就是说，股份有限公司有时会与政府产生交集，但政府只能以股东名义参与公司事务。而山西省人民公营事业起初是通过政府主导的方式筹办，最初主管单位是政府部门即太原经济建设委员会，即使后来移交山西省人民公营事业董事会，但阎锡山政府仍通过督理委员会直接干预各项公营事业的决策和人事任免。

从利润分配言之，家族公司一般是在提取一定公积金之后按照所持股份多少分红，公司的中小股东虽处于弱势地位却"由于受到泛家族伦理的潜在约束，经营者一般要保证中小股东的基本利益"。[1] 股份有限公司则一般按照公司制度的有关规定提取一定公积金之后根据股东所持股份多少分配红利。而山西省人民公营事业的利润分配则是在提取一定比例公积金且根据规定发放一定比例奖金或红利后，剩余部分全部上缴董事会。

综论之，家族公司大多由家族内德高望重的家长掌控，公司重大决策及发展方向多由其决定，故其决策效率很高，只要决策科学合理就可抢占先机。同时，公司内部各部门之间负责人大多是一个家族的成员，彼此相互信任，可以减少谈判、担保等环节，提高办事效率、减少交易成本和监督成本。家族公司的缺陷亦明显，即家族文化与企业文化之间的矛盾无法得到有效协调、基于身份来界定权力的制度安排无法充分发挥人力资本的价值、家长的独断专行使公司治理结构形同虚设。[2] 股份有限公司具有独立法人资格，以营利为目的，实现了政企分开，可以充分调动经营者积极

---

[1] 高新伟：《近代家族公司的治理结构、家族伦理及泛家族伦理》，《西南大学学报》2008年第2期。

[2] 汪旭晖：《家族公司资源配置效率与治理机制优化》，《管理科学》2003年第5期。

性；具有完备的公司治理机构，实现了所有权与经营权分离，同时具备完善的监督体系，避免出现内部人控制现象；实现了股东的有限责任，大大减少了股东的后顾之忧，有利于吸引众多股东入股，极大地发挥了公司制度筹资的巨大效能；股票的不兑现及流通的便利性保障了公司资本稳定。股份有限公司亦存在不足，即股东只承担有限的责任，使公司信用度较低；股份细分且较为分散使公司业务往往被大股东左右；公司机构设置、决策与执行程序均较为繁杂，使其运营效率较低。但股份有限公司在实际运营过程中能够通过有效手段尽量规避其制度缺陷，与其他公司组织形式相比，是最能发挥制度效能的一种形式，故一直是公司制度的主流形态。[①]而山西省人民公营事业的"四会"治理模式效仿股份有限公司治理结构，并增设督理委员会和各县监进会，充分利用了公司制度的监督机制，而且将这种监督发挥到极致，大大避免了内部人控制现象发生。具体表现在，各企业负责人不仅要对董事会负责，还要接受监察会监督，董事会和监察会要接受督理委员会监督，监察会要接受各县监进会监督，环环相扣、层层监督。虽采借了股份有限公司的治理结构，但阎锡山政府仍可利用督理委员会实现家族公司般的高度集权。"四会"治理模式充分利用了家族公司和股份有限公司两种模式的优点，在特殊的历史时期实现了山西各项事业的迅猛发展。山西省人民公营事业为当时太原市乃至山西的近代化做出了重要贡献。

四　山西省人民公营事业在太原城市近代化中的作用

1936 年，山西省人民公营事业下辖 14 个单位 40 多家企业。[②] 这些企业大多分布在太原城内或城郊，大大拓展了太原的城市空间，亦吸引了乡村农民向太原集聚，增加了太原的城市人口。近代工业产生之前，太原城的范围仅限于古城墙之内，城垣四周分布有 8 个城门，即大北门、小北门、大东门、小东门、大南门、首义门、旱西门、水西门。受洋务运动影响，清末山西出现了近代工业，山西巡抚胡聘之在太原三桥街创办太原火柴局、在小北门外创办山西机器局、在西羊市街创办山西通省工艺局，刘笃

---

① 张忠民：《艰难的变迁：近代中国公司制度研究》，第 325 页。

② 其中西北实业公司辖 30 多家企业。参见《西北实业公司概况》（1937 年 3 月），山西省档案馆藏资料。

敬在南肖墙创办太原电灯公司,以上企业除山西机器局外均分布在太原城内。阎锡山掌握山西军政大权后,在"厚生计划"的设想中兴建了一些企业,这时太原城外企业才逐渐增多。中原大战失利后,阎锡山专心于山西经济建设,提出《山西省政十年建设计划案》,对原有企业进行改造并新建了诸多企业,这些企业大多位于太原城垣之外,尤其是新建的一些机器工厂。如山西省人民公营事业下属的西北实业公司就有20多个工厂分布在太原城垣之外或太原周围,打破了太原城垣的限制,在很大程度上拓展了太原城市空间(见表1)。大批近代企业的涌现亦吸引了大量农民进城务工,使太原城市人口迅速增加。从山西省人民公营事业下属的西北实业公司所属工厂看,1937年3月职员与工人共计16005人,[①] 而同期太原市人口为15万人左右。[②] 也就是说,仅西北实业公司职工就占全市人口1/10强,若再加上公营事业下属其他企业职工,则比例更大。可见,山西省人民公营事业在很大程度上增加了太原市人口。

表1 西北实业公司在太原城外的工厂及厂址(1936年1月)

工厂名称	厂址	工厂名称	厂址
西北修造厂	大北门外	晋华卷烟厂	首义门外东岗村
试验所	大北门外兵工路	太原面粉厂	首义门外东岗村
太原氧气厂	大北门外兵工路	西北煤矿第一厂	太原县白家庄
西北电化厂	大北门外兵工路	太原城外发电厂	小北门外
西北化学厂	大北门外兵工路	太原售煤所	小北门外
西北机车厂	大北门外兵工路	西北毛织厂	小北门外
西北窑厂	大北门外兵工路	西北皮革制作厂	小北门外
西北育才炼钢机器厂	大北门外兵工路	西北煤矿第四厂	阳曲县东山
西北炼钢厂	大北门外古城村	西北制纸厂	阳曲县上兰村
太原织造厂	大南门外	西北洋灰厂	阳曲县西铭村

资料来源:《山西省民营事业董事会各单位名称地址调查表》(1936年1月),档案号:B30/1/028。

---

① 《西北实业公司概况》(1937年3月),山西省档案馆藏资料。
② 段克明:《抗日战争前太原经济概况》,《太原文史资料》第7辑,中国人民政治协商会议山西省太原市委员会文史资料研究委员会编印,1986,第1页。

近代金融、铁路、机器大工业及以此为基础的大宗商品贸易皆是近代城市的基本要素，而山西省人民公营事业正是从金融、交通、工业、贸易等多方面推进太原的城市近代化的。山西省人民公营事业下属的山西省银行、晋绥地方铁路银号、绥西垦业银号和晋北盐业银号已摆脱旧式票号的模式，基本具备现代银行的功能。如山西省银行采取股份有限公司模式筹集资本，其内部组织分总务、业务、会计、发行、金库五处和稽核室，营业范围包括各种存款、抵押贷款、短期信用贷款、买卖有价证券、票据贴现或重贴现以及办理汇总及发行期票、买卖生金银及各种货币、代客保管证券及贵重物品、代理收解各种款项。此外，还兼营储蓄业务。① 如果说正太铁路的开通拉近了太原与沿海近代城市的距离，那么同蒲铁路的开通使太原完全驶入近代化轨道。同蒲铁路北近平绥，东接正太与平汉相连，南与陇海相衔，使整个山西与外界的联系更便捷。同蒲铁路的修筑需要大量钢铁、水泥等原料，从而带动太原城市工业的迅猛发展。筑成的同蒲铁路又为工业原材料的输入及工业产品的输出提供了便利。因而，同蒲铁路的修筑使太原市搭上了近代化的列车。西北实业公司更是太原市工业化的主力军，诸多厂矿分布在太原市内或周边，且大都采用近代大机器生产。如西北机车厂、水压机厂、农工器具厂、炼钢厂、洋灰厂等8个工厂的2546部机床大部分购自德、日、英等国。② 西北实业公司内部30多家企业涵盖了轻工业和重工业、民用工业和军事工业，全面地促进了太原的城市工业化。山西省人民公营事业所属的商行、粮店利用原料和市场的垄断优势，以西北实业公司各工厂为依托，开辟了大宗商品贸易，改变了太原的城市贸易结构和商业模式，促进了太原城市商业的近代化。如太原斌记商行在1947年新的公司章程中提出，经营"购销国内外所产五金电料，购销国内外所产建设修理制造各项机器工具及材料，购销国内外交通通讯器材，输出国产皮毛、油类及其他原料品、运销本省各工厂土产成品、购销国内外所产油脂"等业务。③

山西省人民公营事业与太原市民最直接的关系莫过于为市民提供生活必需品。其下属企业尤其是西北实业公司采用现代大机器生产，产品物美

① 郭振干、白文庆等：《金融大辞典》，四川人民出版社，1992，第1150页。
② 景占魁：《阎锡山与西北实业公司》，山西经济出版社，1991，第170页。
③ 梁娜：《斌记商行研究（1927－1949）》，博士学位论文，山西大学，2016，第33页。

价廉，畅销山西乃至华北。阎锡山政府在太原建设专门的土货商场，在较大程度上满足了太原市民生活需求，亦在一定程度上改变了市民生活方式。1934年10月29日，太原第一土货商场开业，其中大部分工业产品出自山西省人民公营事业。"该场销售货物悉为本省出品，计有本市西北毛织厂之毛呢、毛衣、毛线，西北火柴厂之火柴，西北皮革厂之皮件，西北工具厂之用具，西北造纸厂之纸张，西北炼钢厂之机器，平民工厂之布匹，晋恒制纸厂之纸张，晋华卷烟厂之纸烟，晋裕公司之汾酒等等。至该售货原则，纯取薄利主义。所售货物一律以按成本加售千分之三十五为准……土货必因之而畅销，自必有助于本省工业之发达；民财亦因之减少流出，有助于促进全省建设之可能。"①

山西省人民公营事业为太原带来了近代管理模式，同时在一定程度上促进了太原市民思想之开化。一般而言，企业制度发展经历了个人业主制、合伙制与公司制三个阶段，② 而股份有限公司又是近代公司制度中被普遍采用的一种企业治理模式。1929年，民国政府颁布《公司法》，这是一部具有现代意义的公司法。山西省人民公营事业即采借当时最先进的股份有限公司的治理模式。1936年7月，山西省人民公营事业董事会成立，所有原太原经济建设委员会管辖的企业全部移交山西省人民公营事业董事会，这在一定意义上实现了政企分开，并在一定程度上保障了各项企事业独立运营。随着日军侵略步伐逼近山西，山西民众深感丧国的危机，不断探求救国的有效途径。阎锡山适时提出"造产救国"口号，并开始兴办各类公营事业。随着公营事业蓬勃发展及其带给太原市民愈来愈多的实惠，民众越来越感到必须通过使用土货支持民族企业发展来增强国力并抵御侵略。如1935年省立太原中学学生李志道呼吁要增加物质产出以挽救中国，"完全国家之盛衰，只视其国精神与物质之盛衰以为断，精神随体而生活动，物质被造而现实绩；物质有精神之表现，精神为物质之含蓄；物质为精神活动的对象，精神为物质进化的渊源。故精神与物质同盛而同衰。今日的我国，精神已如此的萎靡，物质已如此的堕落，败亡的基础业已奠定；若不于此急急提振精神地从事于物质的建设，其结果便可想而知"。

---

① 《太原第一土货商场开幕》，《银行周报》第18卷第44期，1934年，第41~42页。
② 高新伟：《中国近代公司治理（1872~1949年）》，第1页。

呼吁多建立大工厂、多培养物理学家与化学家、充分利用煤铁矿资源，通过使用自己"粗笨"的土货而使之后有机会享用精致物品。[①]

五　结语

阎锡山依靠行政手段从山西全省人民手中摊筹资金，并通过改铸钱币获得兴办各类工商企业的初始资本。在20世纪20年代末30年代初，阎锡山兴建了涵盖金融、交通、工矿等行业的十多个大型企业或企业集团，并将之统称为"山西省人民公营事业"。山西省人民公营事业采借股份有限公司的治理模式，通过督理委员会、董事会、监察会、各县监进会等"四会"进行综合治理。"四会"治理模式既实现了股份有限公司所有权与经营权的分离及运营过程的充分监督，又利用督理委员会实现了家族公司式的高度集权。"四会"治理模式是近代管理制度与近代山西省情相结合的产物，它与当时的统制经济及阎锡山的集权政治相适应，汲取了股份有限公司和家族公司两种模式之长，促进了当时太原市乃至山西各项事业的迅猛发展。山西省人民公营事业的发展拓展了太原城市的空间，增加了太原城市的人口；不仅从物质层面为太原市增添了近代意义的金融、铁路和机器大工业及其带来的产品和服务，更从思想层面带来了先进的管理制度和思想观念，从多方面促进了太原的城市近代化。

作者：岳谦厚，山西大学近代中国研究所
刘惠瑾，山西大学近代中国研究所

（编辑：熊亚平）

[①]　李志道：《物质建设为目前之急务》，《山西省立太原中学校周刊》第23期，1935年。

治安维持与市政治理之矛盾

——绅商自治与军阀统治时代上海南市警察的运作比较（1905～1923）

祁 梁

内容提要：1905～1923年，绅商自治时代的上海南市警察主要是本地出身，经费支出依靠自治机构的财政支出，警察职权以治安维持为主，并含有有限的市政治理职能。军阀统治时代的南市警察则主要是异地出身，经费支出则依靠江苏省财政支出，不足者以罚款等方式补充，警察职权面临着治安维持和市政治理的矛盾，在有限的警力条件下要承担原本市政机构应承担的许多职能，工巡捐局与警察厅共同提升了上海南市的行政成本，且模糊了市政和警察之间的界限。

关键词：上海南市 警察 绅商自治 军阀统治

一 前言

晚清上海警察的相关研究，必须提到魏斐德（Frederic Wakeman Jr.）的经典著作《上海警察：1927～1937》。不过，在论述上海警察1927年以前的状况时，魏斐德只用了一章的篇幅介绍租界巡捕房制度以及华界兴办警察的概况，随后提及了法租界巡捕房侦探黄金荣其实是青帮大亨，他利用双重身份左右逢源成为一代枭雄。① 个中缘由，主要在于史料情况的不

---

① 〔美〕魏斐德（Frederic Wakeman Jr.）：《上海警察：1927～1937》，章红等译，人民出版社，2011，第1～40页。

理想。上海档案馆所藏上海警察局档案卷宗，即是自 1927 年国民党进驻上海开始，这之前的情况只在租界相关档案中有零散收录，而华界警察的情况则毫无涉及。沪南工巡捐局档案 260 卷亦只是涉及路政、工程相关内容。

近年来，上海警察史的研究重心转向了对 1927 年以前警察状况的探讨，其中有两方面的研究值得重视。其一是租界巡捕制度的相关研究，这方面产生了一篇硕士论文、两篇博士论文，分别是杨倩倩《上海公共租界印度巡捕研究初探（1883～1930）》①、张彬《上海英租界巡捕房及其制度研究（1854～1863）》②、朱晓明《上海法租界的警察，1910～1937 年》③。而关于印度锡克教巡捕在上海街头巡逻的研究，伊莎贝拉·杰克逊（Isabella Jackson）也做了相关探讨。④ 其二是华界警察和自治制度之间关系的研究，这方面有何益忠《晚清自治时期上海街头的警民冲突》⑤ 和周松青《地方自治与清末民初上海的平安城市建设》⑥ 两篇论文。其中何文的研究重心在于阐述西方警察制度规范和中国本土居民生活习惯之间的不协调，及由此产生的各种冲突的状况，而周文的论述重心则在于上海华界警察在禁闭烟馆、辛亥革命、二次革命等历次社会运动中所起的作用。这两篇文章都提及了上海华界地方自治和警察之间的关系。

但仔细观察则会发现，上海华界警察的研究存在真空，即 1914 年袁世凯在二次革命后占领上海，并在全国范围内停办地方自治之后的情况，无人述及。从 1914 年到 1923 年，袁世凯嫡系、上海镇守使郑汝成设立了上海工巡捐局，借以替代原有的自治机构上海市政厅，褫夺其市政治理权，这意味着上海华界由绅商自治转为军阀统治。郑汝成虽于 1915 年遇刺身亡，但随后的苏浙军阀杨善德、李纯、何丰林、齐燮元、卢永祥等先后争夺对上海的管辖权，并凭借工巡捐局（分为闸北、沪南两分局）而实现对上

---

① 杨倩倩：《上海公共租界印度巡捕研究初探（1883～1930）》，硕士学位论文，华东师范大学，2013。

② 张彬：《上海英租界巡捕房及其制度研究（1854～1863）》，博士学位论文，华东政法大学，2009。

③ 朱晓明：《上海法租界的警察，1910～1937 年》，博士学位论文，华东师范大学，2013。

④ Isabella Jackson, "The Raj on Nanjing Road: Sikh Policemen in Treaty – Port Shanghai," *Modern Asian Studies* 46 (2012): 1672 – 1704. doi: 10.1017/S0026749X12000078.

⑤ 何益忠：《晚清自治时期上海街头的警民冲突》，《学术月刊》2007 年第 3 期。

⑥ 周松青：《地方自治与清末民初上海的平安城市建设》，《法治论丛》2007 年第 3 期。

海华界市政权力的控制。工巡捐局至 1923 年收回绅办，改为市公所。1923 年上海市公所成立至 1927 年国民党进驻上海，是一个短暂的过渡期。而无论是绅商自治还是军阀统治下的市政机构，其权力主要集中在道路、桥梁、学务、卫生、捐务、农工商等事项，和警察的权力既有联系亦有区别。

华界警察的情况十分复杂，其开始即分为绅办和官办两种，1911 年 9 月，绅办警察并入官办但仍同自治机构有千丝万缕的联系。这种联系在民国成立后逐渐削弱，尤其是淞沪警察厅的成立使其更加独立，并在 1913 年宋教仁案发生后和自治机构市政厅之间围绕"锁闭大门"一事发生冲突，标志两者关系趋于紧张。二次革命后南军失败，袁世凯一方面令郑汝成成立工巡捐局接管上海市政厅的自治权，另一方面任命原海军将领萨镇冰为淞沪水陆警察督办，节制淞沪警察厅的权力，并将后者替换成自己的人马。警察这一势力围绕着绅商自治和军阀统治发生的种种故事，在各自语境下效率如何，同市政机构的关系如何，这些都构成了十分重要的研究课题。

二 绅商自治时代的南市警察 （1905 ~1913）

上文在回顾研究史时已经提到了何益忠和周松青二人的研究，他们的研究重心都在于论述清末民初上海地方自治和警察制度之间的关系，何侧重于警民冲突，周侧重于警察与社会运动。不过，清末民初上海华界的警察不仅有自治机构附设的绅办警察，也有另外的官办警察。以下将略加申说。

1905 年，时任上海道台的袁树勋聘请毕业于日本警察学堂的刘景沂，将求志书院改为警察学堂，招考学生，并使沪军营亲兵汰弱留强一律入学堂训练，以三个月速成毕业。此年冬，先于城内站岗，知县为警察总办，绅董为会办，撤城内各巡防保甲局，以保甲总巡为警察总巡，照巡防保甲局例在城内设五分局。1906 年又于闸北设工巡总局，城内各局隶属于闸北总局。两江总督端方改工巡总局为上海巡警总局，设警察学堂，分警区为四路。此为官办警察。①

---

① 吴馨等修，姚文枏等纂《上海县续志》卷 13《兵防》，南园志局，1918，第 10 页上 ~11 页上。

1905 年，上海绅商郭怀珠、李平书、叶佳棠、姚文枏、莫锡纶等向上海道台袁树勋上书，申请实行地方自治，初衷是"惕于外权日张，主权寝落，道路不治，沟渠积污，爰议创设总工程局，整顿地方以立自治之基础"。上书之后，袁树勋对此深表赞同。① 获得了道台袁树勋的支持后，绅董开办上海城厢内外总工程局，接管原有南市马路工程局事务，实行地方自治。② 城厢内外总工程局分为议会（成员有议长和议员）和参事会（成员有总董、董事、名誉董事、各区长和各科长），议会在成立以后，按照选举程序由议员选出董事。参事会下设五处，文牍处、工程处、路政处、会计处、警务处，又于处下设三科，户政科、工政科、警政科（斥退了南市马路工程局原有的印捕和巡捕，另外招设警察，称为巡士）。③ 1906 年开办警察学堂招生训练，学员毕业后于上海城外东区、西区、南区进行巡逻。1910 年履行《城镇乡地方自治章程》，改总工程局为自治公所，因所办之事素无弊端，故巡警仍继续办理，并添设南市浦江水上巡警。至 1911 年 9 月绅办警察脱离自治而隶属于县。此为绅办警察。④

1911 年上海光复以后，南市和闸北的警察先是各设警务公所，后又于 1913 年 5 月合组为淞沪警察厅。二次革命后南军失败，袁世凯命原海军将领萨镇冰为淞沪水陆警察督办，空降上海，架空淞沪警察厅之权力，安插进自己的人马，并于 1914 年 1 月 15 日将其分拆为闸北、沪南两个巡警分厅，待嫡系人员就职后又于 1914 年 7 月 1 日将其合组为淞沪警察厅，直至 1927 年国民党进驻上海，才改立上海公安局。除此之外，1913 年 4 月 1 日，上海县知事监督设立上海县警察所（初名上海县警察事务所），设警务长一名。这个机构的设立，主要是为了照顾上海县以下各乡的治安，管辖范围小，职权事务少，1927 年亦改为各公安分局。⑤

① 《总工程局开办案·苏松太道袁照会邑绅议办总工程局试行地方自治文》，杨逸纂《江苏省上海市自治志（二）》，台北，成文出版社，1974 年影印本，第 237 页。
② 《上海城厢内外总工程局大事记》，杨逸纂《江苏省上海市自治志（一）》，第 129～130 页。
③ 《总工程局添招巡士》，《申报》1905 年 11 月 12 日；《斥革劣捕》，《申报》1905 年 11 月 15 日；《总工程局裁撤印捕及水巡捕》，《申报》1905 年 11 月 15 日。
④ 吴馨等修、姚文枏等纂《上海县续志》卷 13《兵防》，第 11 页。
⑤ 姚文枏、秦锡田等修《民国上海县志》卷 13《防卫》，铅印本，1936，第 3 页下～8 页上；姚公鹤：《上海闲话》，上海古籍出版社，1989，第 75～76 页。

以上为 1905 年至 1914 年上海华界绅办和官办警察制度演变的梗概，是本文研究南市警察在绅商自治时代中的效率及其与自治机构关系的基础。可以看出，从 1905 年到 1913 年上海南市地方自治维持的八年多时间当中，警察组织以 1911 年为分界点可以分为两个阶段：1905 年至 1911年，是闸北官办警察与南市绅办警察的并立时期；1912 年至 1913 年二次革命，是合并隶属于上海县的淞沪警察厅时期。本文将以两个视角来探讨不同阶段的南市警察的运作情况。第一个视角聚焦于南市警察的两任警务长穆湘瑶、邵馥初，通过观察他们主持警务时期的人事安排、政治态度，以观测此时期的南市警政意图。第二个视角聚焦于南市警察的基层巡警，通过观察他们的办事效率、职权范围，以评估此时期的南市警政治绩及其与自治机构之间的关系。上下两个视角相互结合，则对于研究对象的把握会更加全面而准确。

（一）穆湘瑶与邵馥初

1905 年至 1913 年的上海南市绅商自治时代中，绅办警察可谓与自治机构相始终。这段时间南市总共经历了三任警务长，分别是穆湘瑶（1906 年 5月至 1907 年 6 月，1910 年 5 月至 1911 年 11 月上海光复，光复后警察脱离自治而隶属于县，穆继续任上海县警务长至 1913 年底）、邵馥初（1907 年 6 月至 1909 年 8 月）、李平书（邵离任后暂时以办事总董身份兼摄警务长，自1909 年 8 月至 1910 年 5 月穆接任警务长为止）。[1] 李平书因以办事总董身份兼摄警务长且时间并不长，针对李的研究亦已较多，故不再赘述，以下将主要关注穆湘瑶和邵馥初两任警务长，尤其是穆湘瑶。

穆湘瑶（1874～1937），字杼斋，江苏省上海县人，其弟穆藕初为近代中国著名银行家、实业家。1898 年，穆湘瑶参加松江府试，被录取为第十四名，[2] 1903 年参加癸卯恩科乡试，得中举人。[3] 1905 年参加拒美运动，曾登台演说抵制美货。[4] 同年，上海城厢内外总工程局建立，穆湘瑶被任命为城外南区区长，1906 年被公举为总工程局警务处警务长。

---

[1] 《上海市巡警职员表》，杨逸纂《江苏省上海市自治志（一）》，第 49 页。
[2] 《松试八志》，《申报》1898 年 4 月 16 日。
[3] 《电传癸卯恩科顺天乡试题名录》，《申报》1903 年 10 月 31 日。
[4] 《沪学会会商抵制美约办法》，《申报》1905 年 8 月 7 日。

　　1907 年 6 月，穆湘瑶受江苏铁路公司总理王清穆的邀请，出任苏路车站总警务长，前往天津、汉口等地调查铁路公司章程。① 于是警务长一衔空缺，经总工程局商议后由邵馥初出任。

　　邵馥初，字云保，浙江省仁和县人，南洋将备学堂一等毕业生，曾任上海商学补习会体操部教习，资望才学卓然可观，于 1907 年 6 月被聘为总工程局警务处警务长，接替穆湘瑶之职务。② 邵馥初在任的两年中并未发现有参与特别之事务。1909 年 9 月，邵馥初被任命为闸北三区三路巡官。③ 同年 12 月，邵被任命为房捐委员，负责征收房地产税，但至 1910 年 3 月时，房捐征收仍无起色。④ 至 1911 年冬时邵馥初已不知去向。⑤

　　1909 年，穆湘瑶被选为江苏省谘议局议员。⑥ 1910 年总工程局根据《城镇乡地方自治章程》，更名为自治公所，穆湘瑶被选为自治公所城外南区区长。⑦ 后重新出任自治公所警务长，直至江南制造局被陈其美占领，上海光复。1911 年 11 月上海光复后，李平书出任上海民政总长，任命穆湘瑶为上海警务长，⑧ 自此上海南市警察脱离自治而隶属于县，穆湘瑶正式有了官员身份。穆此后曾率警察镇压闵行乡民抗捐风潮，⑨ 亦注意卫生行政，命令商贩所卖肉类须查验合格后再行贩卖。⑩ 他还逮捕了结党抢劫的不法军人，⑪ 并告诫警员要注意制服清洁，不准吸烟，按时值班等。⑫ 穆湘瑶一度和沪军统领李显谟（字英石，李平书的侄辈亲戚）走得很近，响应了军界、警界相互联络之倡议。⑬

　　1912 年初，《警务丛报》登载了一篇穆湘瑶讨论警务进行方法的文章，

---

① 《警务长舍此就彼》，《申报》1907 年 7 月 14 日。
② 《总工程局上沪道禀（为陈明更举警务长接办日期事）》，《申报》1907 年 7 月 12 日；《补录商学补习会纪念会》，《申报》1907 年 6 月 4 日。
③ 《预备移交》，《申报》1909 年 9 月 12 日。
④ 《房捐仍无起色》，《申报》1910 年 3 月 21 日。
⑤ 《缴呈捐款》，《申报》1911 年 11 月 24 日。
⑥ 《江苏省谘议局议员名籍（续）》，《申报》1909 年 11 月 29 日。
⑦ 《工程局更举区长》，《申报》1910 年 6 月 7 日。
⑧ 《民政总长公布》，《申报》1911 年 11 月 9 日。
⑨ 《再志闵行镇之大风潮》，《申报》1912 年 2 月 23 日。
⑩ 《穆警长注意卫生行政》，《申报》1912 年 4 月 25 日。
⑪ 《军人结党抢劫》，《申报》1912 年 5 月 18 日。
⑫ 《穆警务长之告诫》，《申报》1912 年 6 月 27 日。
⑬ 《军警联络之动议》，《申报》1912 年 10 月 1 日。

其实是穆湘瑶对于下级的训示。穆认为办理警务的要点在于稳健，即综合一切办法，有所变更而不轻易变更。各国办理警政，视乎人民之程度，其程度高者取放任主义，程度低者取干涉主义，中国民众程度尚低，不得不干涉，但干涉之难，远过于放任。干涉的要义，在于依据法律，而以和平为解决方针，即先圣所谓有勇知方。因为警察人数再多，面对有特殊变故之民众，究属少数，因此要训练有素，上下级各尽责任，如此则上海警务有望成为模范。①

1913 年初，《警务丛报》因为登载了一篇侮辱回民的文章被回民团体控告。称《警务丛报》有一篇署名"抱器者"的文章，污蔑回族风俗，妄称回族有男女不洁之风俗，且宣扬左宗棠平定回民叛乱的事迹，实属对回民团体的极大污蔑。该报社长为穆湘瑶，其有纵容污蔑之责任，呈请将穆湘瑶撤职并将署名"抱器者"查明身份、依法处置。② 内务部内务司查证了此事，并命令将穆湘瑶记过一次，以示惩戒。③ 穆湘瑶也为审查《警务丛报》不周而道歉。④ 1913 年淞沪警察厅成立，穆湘瑶出任厅长；5 月，穆率领警察击退了七八十名匪徒对江南制造局的进攻，被大总统袁世凯嘉奖，授予四等文虎勋章。⑤

1913 年宋教仁被刺杀于上海火车站，嫌犯应桂馨被淞沪警察厅暂时羁押。警察厅和自治机构市政厅同处于一个院落，因为南市警察本来就是最初的自治机构总工程局的附设组织。民国后虽然南市警察脱离自治，但处所并未变更。此时为了加强对嫌犯的控制，穆湘瑶决定将市政厅院落的大门锁闭，所有议员、董事须从后门出入。为此，上海市政厅极为不满，登报批评穆湘瑶专横，并于另一自治团体群学会处所开会，讨论对付穆的办法，但穆不为所动。羁押持续了两周，应桂馨改由上海审判厅羁押后，市政厅大门才开放。穆湘瑶在县知事吴馨等人的撮合下与市政厅和好。⑥

---

① 《社论：纪上海商埠巡警局长穆杼斋先生讨论警务进行方法》，《警务丛报》第 1 年第 37 期，1912 年，第 2~5 页。

② 《警务丛报之触怒》，《申报》1913 年 2 月 14 日。

③ 《江苏省行政公署批第六百二十三号（呈请将穆湘瑶从严惩戒并对于回教优加奖赞）》，《江苏省公报》第 116 期，1913 年，第 31 页。

④ 《穆厅长为丛报赔罪》，《申报》1913 年 2 月 20 日。

⑤ 《临时大总统令》，《政府公报》第 383 期，1913 年，第 2 页。

⑥ 有关"锁闭大门案"的来龙去脉，及其与上海市政厅、群学会的关系，笔者另有一篇文章，参见祁梁《精英公共领域对于地方自治的形塑：以群学会的地方网络与锁闭大门案为中心（1904~1914）》，《九州学林》2015 年 6 月。

民国成立以来，随着南市警察脱离自治而隶属于县，穆湘瑶已经同昔日的同伴貌合神离，越走越远，"锁闭大门案"是一个警示和分水岭，标志着穆湘瑶可以为了官位和私利而牺牲更多自治的利益。

1913 年 7 月，二次革命在上海爆发，以陈其美为首的南军和以郑汝成为首的北军激战六日，并以南军败北而告终。沪上横被兵燹，民众流离，炮火纷飞，华界糜烂。此时穆湘瑶不满于上海独立之说，选择了辞职，而由李平书暂时代理警察厅长。南军失败后，陈其美、李平书先后逃往日本。7 月 29 日，穆湘瑶官复原职，重新成为淞沪警察厅长。① 8 月 4 日，郑汝成命令北军到商团公会和市政厅将所有枪炮子弹尽行搜去，② 其中枪械二百余支、子弹百余箱，用驳船三艘装回制造局。③ 大患既除，对于剩余的一些小商团，郑汝成则以警察厅长穆湘瑶为爪牙，依次解除其武装。穆湘瑶作为一个从 1905 年一路走来、和上海地方自治同舟共济之人，此时已彻底变成了冷血的自治刽子手。

二次革命后，袁世凯命原海军将领萨镇冰为淞沪水陆警察督办，空降上海，架空淞沪警察厅之权力，安插进自己的人马。穆湘瑶自知政治生命行将结束，于 1913 年 9 月两次电请辞职。一开始，理由是警部失去了对当地的控制，致有叛乱事情发生，后来则加上私人的理由，称自己已咯血，且老母多病、弱弟远游，急需自己回家侍奉。④ 1913 年底，江苏省长同意了穆湘瑶的辞职请求，并命妥善办理交接事宜。⑤ 此后，萨镇冰任务已完成，继续回理海防。淞沪警察厅分拆为闸北、沪南两分厅，分别由来自北方的徐国梁、崔凤舞任厅长。

穆湘瑶辞职以后，帮助其弟穆藕初协理上海德大纱厂，还于 1916 年的国货展览会上获得产品特等奖。⑥ 之后穆湘瑶还出任上海县杨思乡经董，办理义务教育，并拟定了普及教育五步法。⑦ 此为后话。

---

① 《特别访函一》，《申报》1913 年 7 月 29 日。

② 《上海战事十三志各方面报告提要》，《申报》1913 年 8 月 5 日。

③ 《南市访函》，《申报》1913 年 8 月 5 日。

④ 《穆厅长电省辞职文》《穆厅长二次电省辞职文》，《警务丛报》第 2 年第 28 期，1913 年，第 41~42 页。

⑤ 《穆厅长辞职之呈文》，《申报》1913 年 12 月 24 日。

⑥ 《国货展览会得奖揭晓》，《中华国货月报》第 1 年第 6 期，1916 年，第 50~65 页。

⑦ 《令教育厅长》，《江苏教育公报》第 6 年第 3 期，1923 年，第 29~30 页。

这八年，对上海南市来说意味着什么，对地方自治意味着什么？首先从经费的角度说，1905 年至 1913 年上海自治机构每年的支出从 12 万元递增至 20 万元左右，而其中警察的开支则由起始的两万多元递增至 1911 年的五六万元，占总支出的比重大幅增加；而民国建立以后警察隶属于县，自治机构不再支出相关经费，[1] 这是穆湘瑶对自治态度急转直下的根本原因。其次从职权的角度说，穆湘瑶虽然也从事过占领庙产、创办报纸、卫生行政等事务，但在任警长期间，其主要的精力还是放在逮捕罪犯、打击匪患、镇压叛乱等治安事务上，1912 年他在谈论警务进行方法时着重强调了处理变故这一点。邵馥初任警长的两年间未发现有参与脱离治安范围的事务，也可以证明其职务常态即为维持治安。最后从政治的角度说，穆湘瑶辞职归隐，究竟是出于对袁世凯和郑汝成的暴力手段的恐惧多一些，还是出于对昔日自治同志的愧疚多一些，已经无从得知。但此时的政治游戏规则，对于穆这样一个相对而言的小人物来说，尚未到你死我活的残酷程度。

(二) 警察的职权及其与自治机构之关系

警务长对于南市警察的控制和调度体现了来自上层的警政意图，但这种意图究竟能贯彻到何种程度，还要取决于基层警察整体的素质以及当时的社会环境。以下将从三个方面来探讨 1905 年至 1913 年的南市基层警察（当时被称为巡士），首先是警察人员的构成以及经费支出的情况，其次是警察的职权范围和效能，最后总结南市警察和自治机构之关系。

首先是 1905 年至 1912 年上海南市警察总人数[2]和警务费开支[3]的情况。1912 年南市警员人数猛增的原因在于，警务隶属于县改为官办，南市警察与城内、闸北、浦东等地的警察合并在了一起，因此总人数高达 1350 人之多。而其余年份南市警察人数均为稳步增长，从 1905 年的 162 人增长到 1911 年的 455 人。与此相对的是，南市警察费用从 1905 财年的 26864

---

① 《上海市自治会计表》，杨逸纂《江苏省上海市自治志 (一)》，第 115～125 页。

② 《上海城厢内外总工程局及城自治公所时期警务成绩表》，杨逸纂《江苏省上海市自治志 (一)》，第 49 页。

③ 《上海市自治会计表》，杨逸纂《江苏省上海市自治志 (一)》，第 115～125 页。每一财年是指从当年 10 月到翌年 9 月。

元增长到 1910 财年的 51996 元。1911 财年从 1911 年 10 月开始，之后上海光复南市警察改为官办，警务费不再从自治经费中支出，故之后的警务费均为零；而南市自治总支出也从 1905 财年的 120181 元增长到 1910 财年的 232162 元。可以看出警务费用的绝对增长及其占总支出比重的相对增长，幅度均非常大。

然后是上海华界警察统一改为官办后，所成立的上海警务所职员的省籍和毕业学校的分布①情况。1912 年，上海警务所职员共 23 人，其中有 5 人为上海籍，8 人为江苏其他县籍，剩余 10 人则来自其他省籍。此时的上海华界高层警务职员仍以本地人和本省人为主体。就毕业学校的情况来看，除了 2 人未列学校情况，其余 21 人均毕业自国内外的法政学堂或者警察学堂，尤可注意其中有 3 人毕业于日本的法政大学、警监学校和警视厅。可以说，警务所的职员主体是借由高等警察或法政学堂而晋升的教育精英群体。由穆湘瑶本人是举人出身来看，学堂精英和科举出身之间是存在重合的可能性的。

在了解了南市警察在这个阶段的人员构成以及警务费之后再来看此时的警察职能。1905 年城厢总工程局成立之后，就颁布了《总工程局违警章程》，主要列举了哪些属于违警情况，应由警察予以注意乃至拘捕。一共有 57 条之多，其中既包含妨碍公共安全的条款，也有妨害卫生、妨害交通秩序的条款。② 之后更颁布了《总工程局巡士上差职务》的规定，分为应行驰报之事件（兼报当值处）、应行救护之事件、应行拘解之事件、应行禁止之事件（禁止不从即行拘解）、应行诘问之事件（诘问有可疑之处应即拘解）、应行留心之事件（或应诘问，或应禁止，或应拘解，或应笔记，由巡士临时定夺）、应行笔记之事件。③ 之后便是《总工程局巡士赏罚简章》，其中赏功分为大功（赏银一元）、中功（赏银六角）、小功（赏银三角），罚过分为革办（除斥革外，解送裁判并吊销卒业证）、斥革、大过（罚银一元）、中过（罚银六角）、小过（罚银三角）。④ 此外，总工程局还

① 《上海警务所职员一览表》，《警务丛报》第 1 年第 1 期，1912 年，第 26 页。有两个职员没有注明毕业学校。
② 《总工程局违警章程》，杨逸纂《江苏省上海市自治志（三）》，第 1030～1033 页。
③ 《总工程局巡士上差职务》，杨逸纂《江苏省上海市自治志（三）》，第 1033～1040 页。
④ 《总工程局巡士赏罚简章》，杨逸纂《江苏省上海市自治志（三）》，第 1040～1044 页。

兴办了水上巡警，其上差职务亦类似于巡士上差职务，但增加了水上的突发情形。

那么，这些警察职能在实际的执行过程中又会面临怎样的情形？上差职务条款的规定仿照日本的相关规定，繁难而不便记忆，而南市警察教练所在具体训练警察时，则采用了模拟情境的办法，一一询问学员碰到下列情形应当如何处理：街上有人口角当如何、因殴打而有受伤的有未受伤的当如何、口角的都是妇人当如何、男人将妇人打了当如何、妇人将男人打了当如何、为家事当如何、为自己当如何、为他人的事当如何、为少数人的事当如何、为多数人的事当如何、为正当的事当如何、为不正当的事当如何、街上看的人愈聚愈多将如何、有劝的当如何、有帮他打骂的将如何、口角或殴打时连旁边劝的人都打骂了将如何、巡警解散不开并且连巡警也打骂了将如何、打骂后又被他逃走了将如何、逃走后追问不到将如何、追问到了又将如何。① 十分形象而便于应用。

除了维持日常的治安之外，这一阶段南市警察也会执行一些社会救助、保持卫生和维护风化的职能，如施救柴船②、维持清洁③、查办僧尼杂居④、稽查客栈⑤、暂时留养迷路孩童或成年人⑥、收敛路毙⑦，等等。但相较于逮捕罪犯、打击匪患、镇压叛乱等治安事务而言，其他事务只是偶尔为之。

综合以上情形而言，1905 年至 1913 年绅商自治时代的南市警察，人员和费用逐年递增，上层警员基本出身于本省、毕业于高等法政或警察学堂，基层警察执行警务时有仿照日本违警条例的详细规定，但面临具体问题时则多会灵活处理，主要执行维持治安的职能，间或旁及其他事务。1905 年至 1911 年的自治机构（总工程局和自治公所）和南市警察（警务处）之间是上下级的关系，而 1912 年至 1913 年二次革命间，自治机构

---

① 《教练所所长之善问（南市）》，《警务丛报》第 1 年第 7 期，1912 年，第 18 页。

② 《柴船遇救》，《警务丛报》第 1 年第 3 期，1912 年，第 17 页。

③ 《晓示开办清洁（南市）》，《警务丛报》第 1 年第 9 期，1912 年，第 21～22 页。

④ 《查提僧尼（南市）》，《警务丛报》第 1 年第 12 期，1912 年，第 24 页。

⑤ 《沪南稽查客栈新章》，《江南警务杂志》第 7 期，1910 年，第 110 页。

⑥ 《迷路男子待认》，《申报》1906 年 11 月 27 日；《小孩发堂留养》，《申报》1907 年 7 月 29 日。

⑦ 《收敛路毙》，《申报》1907 年 5 月 21 日。

（市政厅）和南市警察（上海警务所和淞沪警察厅）之间则是平级的同僚关系。那么这一切，在1914年袁世凯停办全国地方自治、郑汝成设立上海工巡捐局替代自治机构之后，又有怎样的变化呢？

三　军阀统治时代的南市警察（1914～1923）

在探讨军阀统治时代的南市警察及其与工巡捐局之间的关系前，先需对这一时期淞沪警察厅和沪南工巡捐局两个机构的基本制度情况进行扼要介绍。

首先是1914年后淞沪警察厅的情况。二次革命后，袁世凯命原海军将领萨镇冰为淞沪水陆警察督办，空降上海，架空淞沪警察厅之权力，安插进自己的人马，于是于1914年1月15日将淞沪警察厅分拆为闸北、沪南两个巡警分厅，待嫡系人员徐国梁、崔凤舞分别就职后，又于1914年7月1日将其合组为淞沪警察厅。之后，崔凤舞调任苏州警察厅长，徐国梁出任淞沪警察厅长，直至1923年11月徐遇刺身亡。淞沪警察厅编制有厅长、机要处主任、勤务督察长、稽查员、总务科长、行政科长、司法科长、卫生科长，下辖六个巡区。①

其次是沪南工巡捐局的情况。1914年2月，袁世凯命令全国停办地方自治。上海镇守使郑汝成委派外交委员杨南珊会同县知事洪锡范，将上海市政厅的财产、账簿、卷宗等先行接收保管；3月，参仿天津办法，改市政厅为工巡捐局，由军事处转呈大总统准设上海工巡捐局，管理工程、卫生，及征收关于工程、卫生之捐税的事务，学务则划归上海县政府办理。工巡捐局分为闸北、沪南两个分局。沪南工巡捐局的编制有局长、总务处长、文牍员、统计员、庶务科主任、会计科主任、总务科主任、工程科主任、卫生科主任、助理员，1922年增设了副局长。沪南工巡捐局历任局长为杨南珊、朱钧弼、杜纯、姚志祖、莫锡纶、姚福同。②姚公鹤认为，1913年地方自治取消，其实是因上海一隅而波及全国。上海市政厅解散后工巡捐局成立，前者为民选，后者为官办；前者为自治，后

---

① 姚文枏、秦锡田等修《民国上海县志》卷13《防卫》，第3页下～7页上。
② 姚文枏、秦锡田等修《民国上海县志》卷2《政治（上）》，第2页下～3页下。

者为官治，职权同，范围同，所不同的地方是，民权的缩减和官权的伸张。沪南工巡捐局局所即原市政厅办公处。因南市与军事有关，故该局遂为镇守使隶属机关。①

魏光奇的研究认为，清末至北洋政府时期，以教育、警察、实业、财务四局为代表的机构，是独立于县政府的自治机构，最大原因在于这四个机构（除警察局外）的长官不由县知事任命，而一般由本地绅士推选出任，而且在财政收支上独立于县政府的财政，自行筹款办理。② 魏的研究视野基本上集中于直隶省，其结论在上海并非完全适用。上海华界的警察自1912 年光复以后就隶属于县，警务费用从省财政中支出；原淞沪警察厅长本县人穆湘瑶1913 年卸任后，继任的崔凤舞和徐国梁都是从北方而来。淞沪警察厅和沪南工巡捐局名义上仍然是平级，但两者皆应视为军阀统治的机构。

下文也将继续从两个视角来探讨军阀统治时代南市警察的运作情况。一方面聚焦于沪南警察厅长崔凤舞和淞沪警察厅长徐国梁的警政意图，另一方面聚焦于南市警察的基层巡警，通过观察他们的办事效率、职权范围，以评估此时期的南市警政治绩及其与工巡捐局之间的关系。

（一）崔凤舞与徐国梁

1914 年至 1923 年的上海南市军阀统治时代，总共经历了两任淞沪警察厅长，分别是崔凤舞（沪南警察厅长，1914 年 1 月至 7 月）、徐国梁（1914 年 6 月沪南、闸北两警察分厅合并后出任厅长，至 1923 年 11 月）。

崔凤舞，原为萨镇冰之北洋部下，1913 年随萨镇冰来沪，③ 1914 年 1月出任沪南警察厅长。④ 出任后，除处理暗杀案件⑤和调查丢失之公债票⑥外，他也密切关注革命党的动向，⑦ 保护公众卫生，⑧ 查禁赌博，⑨ 并从天

---

① 姚公鹤：《上海闲话》，第 77 页。
② 魏光奇：《官治与自治——20 世纪上半期的中国县制》，商务印书馆，2004，第 108 页。
③ 《萨办分配北警》，《申报》1913 年 11 月 14 日。
④ 《组织警察分厅》，《申报》1914 年 1 月 13 日。
⑤ 《协缉暗杀案嫌疑人》，《申报》1914 年 1 月 29 日。
⑥ 《根查失票之来历》，《申报》1914 年 2 月 1 日。
⑦ 《崔厅长严防党人》，《申报》1914 年 2 月 13 日。
⑧ 《保护公众卫生》，《申报》1914 年 2 月 15 日。
⑨ 《崔厅长查禁赌博》，《申报》1914 年 2 月 17 日。

津陆续添加招募了二百名警察。① 他还因怕小孩儿放风筝时风筝线挂在电线上导致停电而禁止放风筝。② 4 月，绅商自治时代由自治机构办理的清道、路灯两项市政，在工巡捐局接管以后，局长杨南珊认为局力有限不能旁骛，于是交给了崔凤舞，让警察厅来办理这两项市政。③ 似乎警察厅在管理路灯时并不顺畅，4 月 25 日忽然发现路灯损坏，坊间纷纷传言这是革命党的破坏。④ 崔凤舞还致力于调查户口。⑤ 5 月，崔凤舞因捕获革命党而受到镇守使的嘉奖。⑥ 6 月，徐国梁奉中央命令将两警察分厅合并，任淞沪警察厅长。合并的主要原因是经费困难，两分厅的通常经费每月总共需要41000 多元，合并后可以减少 8000 多元的经费。⑦ 7 月，崔凤舞调任苏州警察厅长。⑧ 1920 年，崔凤舞病逝于苏州警察厅长任上，并受到内务部的抚恤。⑨

徐国梁（1876～1923），字辅洲，直隶省天津县人，毕业于北洋警务学堂。1913 年随萨镇冰来沪，1914 年 1 月出任闸北警察厅长，6 月两分厅合并后出任淞沪警察厅长。8 月，他发布了一道命令，禁止居民睡在室外的街巷里，理由是不文明、阻碍交通、互相交谈可能会引发争执，最重要的是对健康不好。⑩

1915 年 4 月，淞沪警察厅统计了华界辖区人口，共计 585707 人。徐国梁厉行禁烟，搜查鸦片。⑪ 5 月，江苏巡按使齐耀琳请示大总统奖励徐国梁出力侦缉。⑫ 7 月，徐国梁警告居民在夏天尤其要注意卫生，并禁

---

① 《又须添募北警》，《申报》1914 年 2 月 26 日。
② 《警厅禁放风筝》，《申报》1914 年 3 月 3 日。
③ 《警厅接办清道、路灯之整理》，《申报》1914 年 4 月 2 日。
④ 《南市电灯损坏之虚惊》，《申报》1914 年 4 月 25 日。
⑤ 《调查户口之认真》，《申报》1914 年 4 月 29 日。
⑥ 《嘉奖捕获大成里党人出力人员之文电》，《申报》1914 年 5 月 3 日。
⑦ 《核减警察经费之为难》，《申报》1914 年 6 月 23 日。
⑧ 《崔凤舞赴苏接任》，《申报》1914 年 7 月 29 日。
⑨ 《内务部呈大总统为江苏苏州警察厅厅长崔凤舞积劳病故拟请援例给恤文》，《政府公报》第 1914 期，1921 年，第 12 页。
⑩ "Official Proclamations," *The North - China Herald and Supreme Court & Consular Gazette* (*1870 - 1941*)，Aug 8 (1914)：442.
⑪ "Shanghai Population under Native Jurisdiction & Search for Poppy in Kiangsu," *The North - China Herald and Supreme Court & Consular Gazette* (*1870 - 1941*)，Apr 24 (1915)：250.
⑫ 《大总统批令》，《政府公报》第 1096 期，1915 年，第 9 页。

止销售不熟的水果、不纯净的冰以及长时间暴露在阳光下切开的西瓜。①
8月，徐国梁开始向辖区居民征收印花税，凡订立契约而不缴纳印花税
者一经发现即被罚款。② 9月，徐国梁逮捕了四名文有刺青的帮会成员。③
他还根据参议院颁布的狩猎法的规定限制了狩猎器具，仅限使用单双管鸟
枪。④ 10月，徐国梁逮捕了两名来自湖南的革命党人，这两人计划策动闸
北警察叛乱。⑤

1916年2月，一名警察被发现收受贿赂，暗中保护一部分赌徒。该警
察被逮捕后，声称如遭受鞭刑，一旦出狱将杀死徐国梁。徐国梁并未对其
动刑，而是将其移交审判。⑥ 5月，有人散布谣言称会有叛乱发生，淞沪护
军使杨善德命令徐国梁压制谣言以安定人心。⑦ 9月，徐国梁奉命保护英国
总领事游历江苏。⑧ 10月，徐国梁奉命保护台湾人王金发游历。⑨ 11月，
徐国梁奉命拟定对付枭匪窜扰的办法。⑩

1919年6月，徐国梁警告居民不要相信流言，坊间谣传日本人在路边
的茶摊、水井和所有食物中下毒，全属子虚乌有。⑪ 11月，徐国梁收到江

---

① *The North – China Herald and Supreme Court & Consular Gazette* (*1870 – 1941*), Jul 24
(1915): 239.

② "The Stamp Duty," *The North – China Herald and Supreme Court & Consular Gazette* (*1870 – 1941*), Sep 4 (1915): 639.

③ "The Tattooed Band," *The North – China Herald and Supreme Court & Consular Gazette* (*1870 – 1941*), Sep 4 (1915): 639.

④ 《淞沪警察厅详巡按使文（详为规定本厅辖境狩猎器具之种类）》，《江苏省公报》第430
期，1915年，第17~18页。

⑤ "Two Alleged Rebels Captured," *The North – China Herald and Supreme Court & Consular Gazette* (*1870 – 1941*), Oct 16 (1915): 191.

⑥ "A Rebellious Detective," *The North – China Herald and Supreme Court & Consular Gazette* (*1870 – 1941*), Feb 5 (1916): 341.

⑦ "Rumours and Threatening Letters," *The North – China Herald and Supreme Court & Consular Gazette* (*1870 – 1941*), May 20 (1916): 377.

⑧ 《江苏省公署训令第五百六十八号（保护英人白雷游历）（不另行文）》，《江苏省公报》
第1006期，1916年，第4~5页。

⑨ 《江苏省公署训令第六百六十八号（保护台湾人王金发游历）（不另行文）》，《江苏省公
报》第1028期，1916年，第13~14页。

⑩ 《江苏省公署训令第一千七百七十三号（饬发通海镇守使等呈报枭匪窜扰会拟防剿办
法）》，《江苏省公报》第1069期，1916年，第5~9页。

⑪ "Beware of Rumours," *The North – China Herald and Supreme Court & Consular Gazette* (*1870 – 1941*), Jun 21 (1919): 758.

苏督军的命令，要加强对出版业的审查和控制。[①] 1920 年 3 月，徐国梁鉴于汽车造成的交通事故导致死亡人数增多，命令所有警察凡看见有汽车驶入华界，即命之减速。[②] 1923 年 4 月，徐国梁查获了大宗鸦片计 101 箱，重 6500 多斤。[③]

1923 年 11 月 10 日，徐国梁遇刺，13 日伤重身亡。一开始还怀疑行刺为革命党人的报复，[④] 后发现这是故意制造的烟幕弹，徐国梁被刺是苏浙军阀齐燮元、卢永祥在上海大战的导火索。徐死后也受到了内务部的抚恤。[⑤]

徐国梁异地为官，任淞沪警察厅长长达九年，且时间正好与上海工巡捐局相始终，十分巧合。相较于本地人穆湘瑶任警务长的四年，这九年间风云激变，对徐国梁而言，上海形势更加复杂化了。首先可以注意到的是，工巡捐局一建立，杨南珊就将市政治理的范围缩减到了仅余工程和卫生，学务交由县政府管理，农工商事业亦不经理，捐税只征收工程和卫生范围内的，而清道和路灯两项市政交给警察厅来治理，这些只能说明，军阀统治能力相较于绅商自治时期而言急剧下降。除此之外，徐国梁还要打理穆湘瑶任期内许多不必打理的事务，如调查户口、征收印花税、监管货币流通、预防瘟疫、压制罢工、查禁报刊、协助工巡捐局收费、管理汽车交通，等等。对于徐国梁任期内的淞沪警察厅而言，除了要应付日益严峻的治安形势（叛乱、暗杀、抢劫、谣言、赌博、鸦片等等），还要大大加强各种市政治理的职能。这严重影响了淞沪警察厅的效率，同时也加大了警察的财政负担。1914 年时每月警察费已高达 40000 元，稍少于绅商自治时南市警察的全年费用，当然这主要是因为淞沪警察厅的治理范围扩大了，已经遍布上海华界全境（闸北、南市、浦东），但每年高达 480000 多元的警察费，[⑥] 也足以说明这一时期淞沪警察厅机构愈发臃肿，治理陷入

---

① "Control of Printing Business," *The North - China Herald and Supreme Court & Consular Gazette* (*1870 -1941*), Nov 22（1919）：474.

② "Control of Motor Car," *The North - China Herald and Supreme Court & Consular Gazette*（*1870 - 1941*），Mar 6（ 1920）：602.

③ 《江苏省长公署咨第七六六号》，《江苏省公报》第 3329 期，1923 年，第 6 ~ 7 页。

④ 《徐国梁被狙击》，《清华周刊》第 295 期，1923 年，第 37 页。

⑤ 《内务部呈大总统为江苏淞沪警察厅长徐国梁因公殒命拟悬照警察官吏从优给恤文》，《政府公报》第 2809 期，1924 年，第 7 页。

⑥ 姚文枬、秦锡田等修《民国上海县志》卷 13《防卫》，第 3 页下 ~ 4 页上。

困境。徐国梁之死更说明了 20 世纪 20 年代的政治风气较之清末民初已经恶化了许多，日益残酷和逼仄。

（二）警察的职权及其与工巡捐局之关系

从 1914 年到 1923 年，以崔凤舞和徐国梁的视角来看，南市乃至整个华界警察面临的形势都比绅商自治时代更复杂了。由于军阀统治机构工巡捐局职能缩减的关系，淞沪警察厅被迫承担了原来自治机构承担的一些市政治理职能。那么，南市基层警察在这个军阀统治时代面临怎样的处境，与绅商自治时代相比他们的地位和职权又有怎样的变化，他们和沪南工巡捐局之间的关系如何？以下将一一解析。

首先是 1914 年淞沪警察厅沪南分厅的职员构成情况，[1] 文献中并未统计各职员的省籍以及毕业学校，推断其中一部分是跟随萨镇冰自北洋而来。然后是 1914 年淞沪警察厅沪南第一区第二警察分署的职员构成及月薪情况。[2] 由于史料不足，暂时不能获知 1914 年至 1923 年淞沪警察厅所有警察人数的历年变化情况；而经费方面，仅能获知淞沪警察厅每年领江苏省库银 486190.476 元，其余部分则通过罚款等来获取。[3] 当然，这些经费远远不够。

这一时期南市警察的职权可以分为两部分，一部分是执行原有的治安维持职能，另一部分则是大幅度增加了的新的市政治理职能，而后者又可以分为来自中央、省政府和军事长官摊派的任务以及与沪南工巡捐局合作的事宜。以下将分别介绍这两方面的市政治理职能。

首先是来自中央、省政府和军事长官摊派的社会管理任务。1914 年，浙江都督府和汉阳兵工厂从华兴军硝公司各订购硝十万斤，致函上海镇守使郑汝成请求保护运送。郑汝成就把这项任务摊派给淞沪警察厅沪南分厅办理。[4] 又，郑汝成从沪南分厅挑选十名巡警做巴拿马赛会会场守卫。[5]

---

① 《沪南分厅职员一览表》，《警务丛报》第 3 年第 11 期，1914 年，第 35 ~ 36 页。
② 《沪南第一区第二警察分署上下级职员姓名等项一览表》，《警务丛报》第 3 年第 11 期，1914 年，第 37 页。
③ 姚文枏、秦锡田等修《民国上海县志》卷 13《防卫》，第 3 页下 ~ 4 页上。
④ 《训令各署各分署保护军硝文》，《警务丛报》第 3 年第 11 期，1914 年，第 16 ~ 17 页。
⑤ 《训令各署各分署挑选十名警察来厅选择为巴拿马赛会会场守卫文》，《警务丛报》第 3 年第 16 期，1914 年，第 30 ~ 31 页。

又，郑汝成命令沪南分厅查禁迎神赛会活动，以之为迷信愚妄之举。① 又，江苏省命令沪南分厅核准报纸挂号事宜，并知会邮局共同办理。② 又，江苏省长鉴于上海粮食紧俏，命令淞沪警察厅禁止大米转销异地。③ 1921 年，内务部根据李齐民的建议要设立妓女救济会，帮助失足妇女重新就业，也委派给了淞沪警察厅等机构规划办理。④ 1922 年，财政厅印花税处命令淞沪警察厅等机构征收印花税。⑤ 1923 年，江苏省长命令淞沪警察厅等机构检查药店，查禁吗啡等违禁药品。⑥ 又，内务部要求淞沪警察厅等机构查禁戏园编排有关临城火车劫案的新戏。⑦ 又，江苏省长命令淞沪警察厅查禁名为奖券的变相彩票。⑧ 又，江苏省长要求淞沪警察厅妥善管理花炮店，避免火灾隐患。⑨

其次则是与沪南工巡捐局合作的市政治理职能。1914 年，上文已提及工巡捐局把清道、路灯两项市政交给淞沪警察厅处理，不过除此之外警察厅还要负责检查垃圾清理情况。⑩ 且路灯一旦损坏，工巡捐局就会致信警察厅进行责备。⑪ 又，工巡捐局认为天气炎热应该在路上洒水，此为路政之一种，于是请求警察厅督办添购水车以及修理旧水车;⑫ 不久工巡捐局

---

① 《令各署各分署查禁迎神赛会文》，《警务丛报》第 3 年第 16 期，1914 年，第 26~28 页。

② 《江苏省行政公署训令第五百四号（报纸挂号应归警厅核准照会邮局办理如无警厅地方归县知事核办）》，《江苏省公报》第 209 期，1914 年，第 6~8 页。

③ "Rice Export Prohibited," *The North - China Herald and Supreme Court & Consular Gazette* (*1870 - 1941*), Sep 19 (1914): 921.

④ 《江苏省长公署训令第八千七百十一号（内务部咨行李齐民呈请设立妓女救济会请饬属就现在情形讨论规划报部汇核）（不另行文）》，《江苏省公报》第 2774 期，1921 年，第 2~14 页。

⑤ 《江苏省长公署训令第三千一百三十六号（财政厅印花税处呈为遵章举行检查印花会同呈明祈核饬）》，《江苏省公报》第 3004 期，1922 年，第 2 页。

⑥ 《江苏省长公署训令第五四二〇号（上海违禁药品管理局呈请通令警政各机关随时协助进行）（不另行文）》，《江苏省公报》第 3425 期，1923 年，第 1~4 页。

⑦ 《江苏省长公署训令第六六二四号（内务部咨请饬属查禁戏园编演临匪劫车新戏）》，《江苏省公报》第 3442 期，1923 年，第 1~2 页。

⑧ 《江苏省长公署训令第七七一一四号》，《江苏省公报》第 3485 期，1923 年，第 1 页。

⑨ 《江苏省长公署训令第九〇七三号（不另行文）》，《江苏省公报》第 3509 期，1923 年，第 1~2 页。

⑩ 《署长员会议纪要》，《警务丛报》第 3 年第 11 期，1914 年，第 27 页。

⑪ 《路灯不明之责备》，《申报》1914 年 5 月 12 日。

⑫ 《呈请督办转饬工巡捐局添购新水车并修理旧水车文》，《警务丛报》第 3 年第 16 期，1914 年，第 36~37 页。

又说局里缺乏洒水车，需要洒水车和滚路机配合使用，于是请求把洒水车移给工巡捐局使用。① 又，警察厅接过清道、路灯的市政治理项目后，重新计算了夫役的工钱并重新发放。② 又，警察厅还要监督清洁工人将厕所的小便池清理干净。③ 又，警察厅还要查禁豫园的乞丐弄蛇致人围观之事。④ 又，淞沪警察厅因租界发现鼠疫，于是和工巡捐局商议，由工巡捐局筹拨经费，在警察厅卫生科设立防疫所预防鼠疫。⑤ 另外，工巡捐局的治理能力不足还体现在税捐征收困难上，于是只能委托警察厅协助征收地方公益税，以及纸烟店摊、茶馆、酒肆等捐。⑥ 又，工巡捐局发现有店铺违章搭建凉棚，于是请求警察厅前往勒令拆除。⑦ 1915 年，工巡捐局发现共和春茶楼已属危房，于是请求警察厅禁止其卖茶。⑧ 又，工巡捐局请求警察厅催缴船捐。⑨ 1916 年，工巡捐局请求警察厅协助禁止商贩出售死牛肉。⑩ 又，工巡捐局请求警察厅查禁堆积火油箱。⑪ 1917 年，《申报》报道，自治时代的电灯比现时明亮多了，警察厅和工巡捐局所办路灯市政实在有问题。⑫ 又，工巡捐局税务主任因为征税困难引咎辞职。⑬ 1919 年，警察厅负责的垃圾治理也出现问题，《申报》批评南市垃圾太多，不利卫生。⑭ 到了 1923 年，工巡捐局的收税还是毫无起色，淞沪护军使派人带警察挨户勒收。⑮ 最终工巡捐局收回绅办改为市公所。

① 《呈请督办洒水车子可否移还工巡捐局文》，《警务丛报》第 3 年第 19 期，1914 年，第 30~31 页。
② 《通饬各署各分署遵照改组清道路灯夫役工食额数办理文》，《警务丛报》第 3 年第 16 期，1914 年，第 20~26 页。
③ 《通令一二区警察署及所属各分署转饬清洁值日夫清理小便池文》，《警务丛报》第 3 年第 19 期，1914 年，第 23~24 页。
④ 《训令各署各分署查禁恶丐弄蛇文》，《警务丛报》第 3 年第 19 期，1914 年，第 24~25 页。
⑤ 《防疫卫生队实行出发布告文（沪南）》，《浙江警察杂志》第 11 期，1914 年，第 8~9 页。
⑥ 《工巡捐局致沪南警厅之公函》，《申报》1914 年 5 月 10 日。
⑦ 《工巡捐局函请派警勒拆凉棚》，《申报》1914 年 8 月 6 日。
⑧ 《共和春不许卖茶》，《申报》1915 年 3 月 6 日。
⑨ 《保护催缴船捐之司事》，《申报》1915 年 4 月 30 日。
⑩ 《咨请禁售病死牛肉》，《申报》1916 年 6 月 7 日。
⑪ 《查禁堆积火油箱》，《申报》1916 年 7 月 25 日。
⑫ 《华界电灯之今昔观》，《申报》1917 年 11 月 17 日。
⑬ 《工巡捐局税务主任辞职之批词》，《申报》1917 年 12 月 30 日。
⑭ 《南市之垃圾多》，《申报》1919 年 7 月 11 日。
⑮ 《工巡捐局收捐之纠葛》，《申报》1923 年 3 月 27 日。

当然，以上的这些市政治理职能，并不是淞沪警察厅白尽的义务。上文提及淞沪警察厅每年从江苏省库划拨经费480000多元，不足者以其他方式获取。1913年10月，警察厅经费吃紧，江苏民政长向财政部发电要饷，财政部给的答案是省里自己解决。① 警察厅只能自己多想额外的创收渠道。比如罚款，1914年，警察厅规定凡查获鸦片，罚金的五成奖励办案警员；② 再比如帮工巡捐局收取税费，警察署要有提成，如车捐③ 和调查户口经费④。

以上这些都说明，1914年至1923年的军阀统治时代，淞沪警察厅和沪南工巡捐局之间的关系，绝不仅仅是同僚之间公文往来的结尾那句"查核见复，足纫公谊"那么简单，两者之间互相利用，互相牟利。地方自治取消之后，原有的南市自治机构上海市政厅其中的多项市政治理功能仅被沪南工巡捐局继承了工程和卫生两项。军阀统治时代南市市政机能的衰退，结果就是清道、路灯、捐税、防疫、垃圾等这些市政不得不依赖警察会同办理，警察厅的事务前所未有地增加。例如防疫问题，工巡捐局明言自己承担的主要市政就是工程和卫生，但淞沪警察厅下面却也有卫生科，个中奥妙何在？工巡捐局想要筹划防疫或者路面洒水事务，就必须准备经费通过警察厅的卫生科来办理，而这些经费却同时需要警察厅来协助征收。这就是典型的多头治理，有利则互相寄生以求倍其利，无利则互相推诿以求避其害。两者共同造就了这一时期上海南市的官僚机构臃肿和财政困难问题。而南市的普通居民，则要遭受工巡捐局和淞沪警察厅的两层盘剥，以作为高昂的行政代价。有时候，这种代价会高昂到，没有暴力机器协助盘剥则市政机构就会被迫解散的程度，比如工巡捐局1923年的下场。

下文将对绅商自治和军阀统治不同时代语境下南市警察的运作情况，做出比较和总结。

---

① 《电致江苏民政长淞沪警饷应由该省支放文》，《内务公报》第2期，1913年，第108页。

② 《饬知各署各分署自三月为始拨厅烟案罚金以五成充赏长警文》，《警务丛报》第3年第16期，1914年，第31页。

③ 《署长会议纪要（沪南分厅）》，《警务丛报》第3年第16期，1914年，第48页。

④ 《发给调查户口经费》，《申报》1914年4月12日。

四 绅商自治与军阀统治时代警察运行之比较

表1 绅商自治与军阀统治时代的南市市政与南市警察

	南市市政	
时段	1905~1913 年	1914~1923 年
机构变迁	上海城厢内外总工程局、上海城自治公所、上海市政厅	上海工巡捐局（沪南）
性质	绅商自治	军阀统治
组织方式	民选	官办
组织形态	议会—参事会	上命下达
办事各科	文牍处、工程处、路政处、会计处、警务处，又于处下设三科，户政科、工政科、警政科	总务处、文牍科、统计科、庶务科、会计科、总务科、工程科、卫生科
办事范围	编查户口、测绘地图、推广埠地、开拓马路、整理河渠、清洁街道、添设电灯、举员裁判、办理学务及农工商事务等	工程、卫生，以及征收工程与卫生相关的捐税
收入来源	浦江船捐招商认包、地方月捐、工程借款、地方公债	征收工程与卫生相关的捐税，或依靠警察协助征收
	南市警察	
时段	1905~1913 年	1914~1923 年
机构变迁	总工程局警务处、自治公所警务处、上海警务公所、上海商埠巡警局、淞沪警察厅	淞沪警察厅沪南分厅、淞沪警察厅
经费	每年 20000 余元至 60000 余元，1912年以前由自治机构支出（仅限南市地区）	每年 480000 余元，由江苏省财政支出，不足者以罚款等方式补充（统合上海华界，包括闸北、南市、浦东等）
警长姓名	穆湘瑶与邵馥初	崔凤舞与徐国梁
警长省籍	江苏上海、浙江仁和	直隶天津
警长出身	南洋公学（举人功名）、南洋将备学堂	北洋警务学堂
警长退路	辞职、调任	调任、被刺

续表

时段	南市警察	
	1905 ~ 1913 年	1914 ~ 1923 年
警察职权	治安维持（逮捕罪犯、打击匪患、镇压叛乱等）； 有限度的市政治理（施救柴船、维持清洁所、查办僧尼杂居、稽查客栈、暂时留养迷路孩童或成年人、收敛路毙）	治安维持（镇压叛乱、破坏暗杀、打击抢劫、禁传谣言、禁止赌博、查获鸦片等） 大幅强化的市政治理（来自中央、省政府和军事长官摊派的任务以及与沪南工巡捐局合作的事宜，包括协助押运、会场守卫、查禁迷信、审查报刊、保证粮食安全、妓女救济、管理药品、审核戏园、查禁彩票、管理花炮、清道路灯、垃圾清理、卫生防疫、协助征税、购置水车、清理便池等）
与市政机构关系	自治机构与南市警察是上下级关系，科层制结构，专业化分工	工巡捐局与淞沪警察厅表面上是平级的同僚关系，实际是互相利用、互相寄生的共生关系。工巡捐局收税与办事须依靠警察厅，警察厅则凭借工巡捐局获取灰色收入，两者共同提高了上海南市的行政成本，直至工巡捐局入不敷出，收回绅办

　　如表 1 所示，绅商自治与军阀统治不同时代语境下，南市警察的人员构成、经费来源、警察职权及其与市政机构的关系均有很大的不同。绅商自治时代的南市警察主要是本地出身，经费支出则依靠自治机构的财政支出，警察职权以治安维持为主，并含有有限的市政治理职能，自治机构与南市警察之间是上下级关系，体现为一种科层制结构和专业化分工。军阀统治时代的南市警察则主要是异地出身（其中崔、徐两位警长均来自天津），经费支出则依靠江苏省财政支出（因辖区扩大到整个上海华界全境，包括闸北、南市、浦东），不足者以罚款等方式补充，警察职权面临着治安维持和市政治理的矛盾，在有限的警力条件下要承担原本市政机构应承担的许多职能；工巡捐局与淞沪警察厅之间表面上是平级的同僚关系，实际是互相利用、互相寄生的共生关系，工巡捐局收税与办事须依靠警察厅，警察厅则凭借工巡捐局获取灰色收入，两者共同提高了

上海南市的行政成本，且模糊了市政和警察之间的界限。本案例的研究也说明，有学者所提出的民国地方警察局成为本地自治机构或市政机构的观点，忽略了之前取消自治的复杂背景，以及警察局治理市政时的内卷化倾向。

作者：祁梁，郑州大学历史学院

（编辑：张利民）

城市基层治理中的社会冲突与政策转向

——以战后天津摊贩整治为中心的考察

张　萌　王先明

内容提要：战后天津的摊贩问题超越了单纯的摊商冲突，在中共动员和媒体渲染之下，发展成为拷问政府治理能力的社会冲突。为应对冲突，国民政府将其社会治理的主导话语由建设转为维稳，并不遗余力地调和摊商矛盾、防范中共动员。但在内战的背景下，社会整体呈现倾颓之势，社会冲突无法得到根治，政府的基层治理也必将陷入困顿之中。

关键词：战后天津　基层治理　摊贩整治　社会冲突　政策转向

抗战胜利后，如何重建基层秩序和实现对基层社会的有力控制，是困扰国民政府的重要问题。1946 年前后，上海、天津等地，在国民政府"市政建设运动"的号召下相继开展了摊贩整治运动，试图强化对城市社会的管理和对摊贩群体的控制。但在实际操作的过程中，不仅预设目标未达成，还触发了不同程度的社会冲突。摊贩整治运动是战后社会运动的一个缩影，它反映的是国民政府基层治理的整体性困局。近年来，已有学者试图通过对这一历史现象的分析，检视国民政府的基层治理，其中以胡俊修和魏晓锴的成果最具代表性。二人均以 1946 年上海摊贩运动为中心加以考察，胡俊修将此解读为政府执政理念与民生目标相背离而引发的城市暴动；[①] 魏晓锴关注的则是以公司商号为代表的坐商同以摊贩为代表的行商

[①] 胡俊修、田春丽：《城市治理视域下的 1946 年上海摊贩风潮探析》，《中共党史研究》2012 年第 11 期；胡俊修、李静：《近代中国城市民变的比较审视——以 1908 年汉口摊户风潮与 1946 年上海摊贩风潮为中心》，《武汉大学学报》（人文科学版）2013 年第 5 期。

之间的矛盾。① 但是仅从事件史的角度探究具体时期摊贩运动的起因、经过和影响，不能把握其中所体现的社会冲突的复杂性，也无法将战后政府政策的流变梳理清晰。基于此，本文以战后天津的摊贩整治为中心，试图揭示其中所反映社会冲突的复杂性、呈现政府为应对冲突而调试其管理政策的过程，并在此基础上讨论战后国民政府的基层治理。

一 摊商矛盾的发展与政府管理政策的出台

战后，天津街头摊贩数量增多。"旧法租界菜市一带、教堂前后、英租界黄家花园都不约而同的有若干摊子摆出"，② 其所卖物品种类也十分齐全，不仅有旧衣物家具、布匹呢绒、零食小吃，还有美国的黄油、纸烟、海军罐头等。此时政府出于恢复经济的考量，对摊贩采取不予取缔的态度，仅免发展，③ 在此形势下摊贩经济呈现欣欣向荣的景象。

市场上大量新增摊贩对旧有商户的利益造成冲击，双方为争夺有限的经济利益而发生冲突，这些冲突最先表现为商户和摊贩个体之间的矛盾。例如，天津第八区马路六吉里巷内，新增修车摊贩王二影响到了巷内修理铺的生意，双方发生争执；④ 西瓜摊贩张芝将干鲜果品商同业公会会员长发祥的摊位据为己有，导致发生互殴事件。⑤ 随着形势的发展，个体冲突逐渐上升为群体性的矛盾，双方相应生成利益组织，借此表达自身的经济诉求。

旧有商户群体首先发难，瓜菜商同业公会致信社会局称，第一区旧法租界菜市一带，"自本年春间突有担筐游售青菜小贩群集，市场外围公然摆设浮摊吆喊叫售。既不遵循公平交易复多诈取之术缺量短数，时有争吵之言便传遐迩。查该处附近住宅均为中上阶级及盟国友邦人士居住，每日购菜受欺诈，以致场内各商咸受牵累，营业损害不堪之状"。并且，"该菜

---

① 魏晓锴：《近代中国城市治理的困境：1946 年上海摊贩事件再探》，《史林》2017 年第 3 期等。

② 砚：《天津的摊贩》，《纪事报》第 27 期，1946 年，第 3 页。

③ 《各处摊贩事宜》（1946 年 9 月 27 日），天津市档案馆藏，档案号：J219 - 3 - 28318。

④ 《各处摊贩事宜》（1947 年 4 月 17 日），天津市档案馆藏，档案号：J219 - 3 - 29180。

⑤ 《各处摊贩事宜》（1947 年 4 月 17 日），天津市档案馆藏，档案号：J219 - 3 - 29180。

市场四周原为马路便道，行人往来顺序通行，今被该游摊占用，秩序紊乱、清洁卫生遑堪"。① 在控诉摊贩对其影响后，请求政府取缔附近摊贩。与此同时，一区菜市商人也向警察局第一分局表达了相似的诉求。他们除指责周围摊贩侵占便道、扰乱交通破坏卫生外，还严厉谴责"其中最恶者更有商家小同事及学徒等，多乘机辞退籍摊贩营业其本行货品，并利诱其他各家学徒等辞事，以致各商家同人心不稳。或要挟柜上特别加薪，否则辞退当小贩便可利市三倍"。②

针对商户的控诉，摊贩为自己辩解道："其妨碍交通之摊贩乃系背包袱售日用品之摊贩，而非蔬菜摊贩（商民等因亦摊贩而不便干涉他业摊贩）。"商户主张迁移摊贩，皆因"商民等价值公道，致彼等不能高抬市价，以满其把持垄断之欲而已"。③ 他们还借助自己本小力微、全家皆借此为生这个"弱者的武器"，恳请政府不予取缔。

1946 年，国民党政府号召各大城市开展市政建设运动，杜建时就任市长后，天津的市政建设运动大幅展开。杜就任后不久便宣称，"过去一年来本市施政重点是安定第一，今后应即步入建设时期"，并提出了"完成地方自治""推进市民福利""扶植工商""转移社会风气"四个市政建设的重点。其中"推进市民福利"的重点就是对道路、卫生等公共事业的建设，④ 道路、卫生建设即要求对马路摊贩进行治理。

在市政建设运动和商户频频上书相裹挟下，市政府对待摊贩的态度由不予取缔转化为严格取缔。其理由是："（摊贩）既逃铺捐而印花税所得各税收无从征收，致影响正当商人业务，而盟军被窃赃物亦竟充实其间，甚至不但售卖亦兼收买，不问来路影响治安，尤非浅鲜，亟应加以取缔以重市容交通充裕税收而维商业。"⑤ 为商讨整治摊贩的相关事宜，相关部门聚于政府开展市政会议，会议议决：此次摊贩整治工作主要由警察局负责，

---

① 《一区菜市众商人呈称请求取缔马路摊贩以免阻碍交通扰乱门市以维商业》（1946 年 5 月 16 日），天津市档案馆藏，档案号：J219 - 3 - 25668。
② 《一区菜市众商人呈称请求取缔马路摊贩以免阻碍交通扰乱门市以维商业》（1946 年 5 月 16 日），天津市档案馆藏，档案号：J219 - 3 - 25668。
③ 《为保留长春道食品摊事致天津市政府呈》（1947 年 8 月 21 日），天津市档案馆藏，档案号：J2 - 3 - 2161 - 61。
④ 《杜市长就职对市民讲词》，《天津市周刊》第 1 卷第 1 期，1946 年，第 2 页。
⑤ 《各处摊贩事宜》（1946 年 9 月 27 日），天津市档案馆藏，档案号：J219 - 3 - 28318。

社会局、公用局进行协助。还规定取缔的对象"以马路两侧为主要部分，其偏僻街巷及胡同内旧有摊贩，以不妨碍交通为原，暂准经营。晓市、夜市系指定为单街子、西广开及南市夜市等地带，其他处所暂不援以为例"。① 至此，天津的摊贩整治工作得以展开。

在制定政策阶段，警察局在三种方案之间徘徊。"第一，计划拟仿照北平天桥办法，将全市所有摊贩一律集中于旧法日英租界之西、南市之南部，于郊区空地上设立规模最大之摊贩市场，按营业种类分别划定地区排列整齐。""第二，计划拟规定全市街道不许摆设摊贩，就各区空地或庙宇分区零碎摆设。第三，计划各区指定交通不甚频繁之街道一处集中营业，指定地区外不准营业。"② 踌躇之际，警局召开临时会议听取摊贩的意见，代表们认为："集中一处不甚方便、敬请体恤。"③ 其后，市政会议同各局商讨后决定："于每一分局择定适当地点一、二处，并指定由各分局行政组长负责办理登记造册报局（十一月二十日前报局），经核准后即指令依限迁移。"④ 在摊贩市场的选址上，政府同摊贩几经周旋，最终选定以下几处作为摊贩市场（如表1所示）。

表1 各区摊贩市场

区别	第一区	第二区	第三区	第四区	第五区	第六区	第七区	第八区	第九区	第十区
临时摊贩市场地点	张自忠路胜利桥两侧	华安街旧奥莱市内	地道外中纺七厂前		郭庄子	八纬路	谦德庄义园前	西广开	城隍庙街、侯家后中街	营门东、营六西	上海道

资料来源：《关于各种车辆捐牌检查取缔临时摊贩办法等问题的训令》（1947年），天津市档案馆藏，档案号：J219-1-7603。

在具体的整治过程中，政府鼓励摊贩主动赴各区警察局申报，区警局按估衣、故物、布匹、米面零食、纸烟、日用品等分类制成《摊贩登记册》，呈报警察局汇总成《旧有摊贩种类数目统计表》，⑤ 借此对摊贩的情

---

① 《各处摊贩事宜》（1946年9月27日），天津市档案馆藏，档案号：J219-3-28318。
② 《管理摊贩规则》（1946年4月17日），天津市档案馆藏，档案号：J219-3-28515。
③ 《管理摊贩规则》（1946年4月17日），天津市档案馆藏，档案号：J219-3-28515。
④ 《管理摊贩规则》（1946年4月17日），天津市档案馆藏，档案号：J219-3-28515。
⑤ 《摊贩调查取缔》（1946年1月1日），天津市档案馆藏，档案号：J219-3-43717。

况有所掌握。在临时摊贩市场修建完成后，警察局令各区摊贩于半个月内自行迁移到指定临时摊贩市场，逾期不迁移者警局将予以取缔。① 同时还在《大公报》上刊登整理摊贩的消息，希望有关人员周知。②

二　各方力量的卷入与社会冲突的升级

（一）摊贩请愿与中共动员

迁址政令发布后，北门外、归甲胡同布商，估衣街、锅店街、上海道等处的摊贩，都曾组织代表向政府请求暂缓取缔，但均遭到政府的驳斥。③ 11月30日"上海摊贩事件"发生后，囿于生存危机的天津摊贩受其影响，也于11月30日至12月4日组织集体请愿活动，向政府施加压力。

11月30日下午，一区摊贩联合520多人组成"一区菜市全体摊贩跪哭请愿团"，跪于市政府前花园空隙，请求政府延期取缔。并公推代表4人要求面见市长，当天正值市长外出，由市长秘书梁子青接见。商谈无果后，摊贩请愿团便结队赴社会局请愿。一区警察局局长郑国斌、警察局督察孙飞闻讯后赶至社会局，同社会局局长胡梦华一起接见了摊贩代表，声称迁移摊贩是市政府命令，警察、社会两局无权更改，建议摊贩先行取缔，其后再商量善后办法。当时已至晚上7点，摊贩见坚持无益，便相约明天继续向当局请愿。④ 12月2日，一区摊贩代表继续向警察局、市政府、社会局、临时参议会、一区警察局请愿。12月3日、4日再次向社会局、临时参议会组织请愿，声称摊贩们并不想制造混乱，但恳请政府顾念民生，暂缓迁移。⑤

12月2日，十区黄家花园一带摊贩集结400多人手持黄旗向市政府请

---

① 《各处摊贩事宜》（1946年9月27日），天津市档案馆藏，档案号：J219-3-28318。
② 《临时市场准备妥当，十一月底马路摊贩一律迁往》，《大公报》（天津版）1946年10月12日，第5版。
③ 《调查摊贩业影戏业商运情况的报告》（1946年），天津市档案馆藏，档案号：J219-1-6148；《各处摊贩事宜》（1946年9月27日），天津市档案馆藏，档案号：J219-3-28318。
④ 《求见局长》，《大公报》（天津版）1946年12月1日，第5版。
⑤ 《摊贩向临参会请愿，声明无背景只是为窝头，地道外摊贩也要求不搬》，《大公报》（天津版）1946年12月5日，第5版。

愿，并推举代表6人请求市长接见，市长派交际科科长姚克安接见摊贩代表。摊贩代表声称此时取缔无异于断绝摊贩生机，请求暂缓迁移。并声明摊贩等不愿制造混乱，但是如若政府一意孤行，"挤出意外事件，如上海所发生者，代表等不敢负责"。姚克安解释取缔摊贩为市政府同警察局、社会局等机构共同商议的结果，市政府现在不能完全定夺。建议先解散摊贩，再推举代表向社会局声诉。摊贩代表转达市政府意见后，摊贩们却高呼："不见市长不解散！市府推社会局，社会局又推市府，简直是拿老百姓耍戏着玩，我们决定死在这里。"后来，政府保证近期给予答复后，摊贩请愿队伍才逐渐散开。①

12月3日，第二区万国桥西锦泰栈前面粉市场摊贩组织100多人向市政府请愿，请求收回成命或另觅摊贩市场。市内派报摊贩也通过派报业公会向社会局和市党部请愿要求予以援助。② 12月4日，地道外第四区王庄、郭庄、李家台庄、沈庄等处摊贩集结300余人，集于第四公所门前准备向市政府发动请愿。警察局第四分局在郭庄子派出所附近拦下请愿队伍，分局长王义宣劝诚摊贩"如执意请愿，可公推代表数人，切勿成群结队以防意外"。③ 于是，摊贩公推代表靳富林等人赴市政府请愿，其余集结摊贩分批散去。

针对摊贩此举，商户也不甘示弱进行批驳：此次摊贩请愿活动系有人操纵，摊贩包庇人（即秘密社会成员）想乘"上海风潮"活动起来向政府施压，借此达到强占马路的目的。且摊贩"多系惯练贩夫走卒，并商家想藉摊贩发财乘机辞退、贩营本行货品之皆同事及学徒人等"，而非所谓的难民。恳请政府坚持取缔摊贩的政策，切莫因听信宵小谗言而耽误天津商业。④

在国民党政府为摊贩请愿焦头烂额之际，中共开始介入摊贩问题中来。他们一方面通过《解放日报》等媒体，批判国民政府亲近美帝、不顾

---

① 《市长下了决心，摊贩走投无路，各处摊贩纷纷向各机关请愿，市府、社会局均无具体答复》，《大公报》（天津版）1946年12月3日，第5版。
② 《报摊面摊，各贩昨亦分别请愿》，《大公报》（天津版）1946年12月4日，第5版。
③ 《摊贩向临参会请愿，声明无背景只是为窝头，地道外摊贩也要求不搬》，《大公报》（天津版）1946年12月5日，第5版。
④ 《一区长春道张自忠路摊贩事宜（旧法菜市）》（1946年5月16日），天津市档案馆藏，档案号：J219 - 3 - 25668。

民众死活的腐朽，赞扬国统区民众争取自由、反对黑暗统治的精神。① 另一方面，意识到可以利用诸如摊贩请愿这种群众自发的联合斗争，将群众斗争和群众组织引领到更高的阶段。② 基于此认识，中共平津地区的领导叶剑英，"除令新闻处派专人担负搜集平津当局、摊贩双方之发展，藉以扩大宣传"外，还试图借助平津地区的摊贩请愿发动社会运动，在天津下令"特工队长高子厚、地工队长项佩五等，利用机会操纵摊贩、采取有效之行动"。③ 中共地下党是否得以深入摊贩进行动员，从既有史料中我们不得而知。但是，透过天津市警察局严令各局防范"共党工作人员乘此机会而化妆混作小贩，从中煽动各摊贩拟作举游行请愿、打倒市政府之宣传"，④ 可以窥见国民党对此还是相当忌惮。因为，若只是单纯的摊贩请愿，至多也就发展成诸如上海那样的骚乱，然而在国共相争的背景下，若是摊贩请愿活动与中共动员相结合，则很可能发展成为颠覆其统治的社会运动。

（二）媒体对摊贩问题的推演

近代报刊自诞生之后，在传播新闻、针砭时事等方面发挥了重要作用。摊贩整治伊始，政府便借助媒体刊登治理政策，"上海摊贩运动"发生后，不少报刊对摊贩问题做了持续跟进，除报道上海摊贩情况外，还关注了其他城市的相关情况。例如《工商新闻》报道："摊贩事件处处发生，上海摊贩事件未了，天津北平等地亦纷纷发生同样不幸事项。津市旧法租界菜市，为摊贩集中场所，自美货流入后，摊贩愈多，津市府以妨碍交通为名勒令迁移。摊贩组跪哭请愿团，群赴市府警局请愿，要求收回成命，惟市府坚持执行，表示如不遵令遣散将以妨害治安论罪。又北平市府藉故整理市容及交通，自本月份起严禁在沿马路摆设摊贩，并通令各商店自行负责驱逐浮摊，今后在任何商店前发现摊贩则以该店经理是问，迄今仍在僵持中。"⑤ 值得关注的是，这一时段媒体上刊登了大量针对摊贩问题的社

---

① 《上海摊贩惨案》，《解放日报》（延安版）1946 年 12 月 1 日、12 月 3 日，第 3 版。
② 吴砚农纪念文集编辑组编《吴砚农纪念文集》，天津人民出版社，1997，第 220 页。
③ 《警局关于对敌军游击战之判断与对策及防范特派员购买物资和防卫摊贩暴动等事之密令》（1947 年 10 月 2 日），天津市档案馆藏，档案号：J219 - 1 - 8520。
④ 《各处摊贩事宜》（1946 年 12 月 10 日），天津市档案馆藏，档案号：J219 - 3 - 28516。
⑤ 《摊贩事件处处发生》，《经济周报》第 3 卷第 24 期，1946 年，第 5 页。

评，将批判矛头直接对准政府，对其造成很大压力。

媒体首先质疑政府取缔摊贩的合理性。很多省市取缔摊贩的理由有二：其一，认为摊贩影响交通、市容；其二，指责摊贩所售卖物品系盗窃或走私而来。针对第一点，媒体反问为何"只见吉普车到处闯祸，而未见摊贩伤人？"[1] 为何政府不对肇事的美军加以制裁，却要借"影响交通"之名取缔摊贩？针对摊贩货物来路不正的罪名，媒体退后一步问道：倘若摊贩所售卖物品真为黑货，那么这些黑货从何而来？是不是从海关走私而来？海关是否比摊贩罪责更大，但为何政府不对海关予以整治呢？[2] 由此观之，政府取缔摊贩真可谓舍本逐末之举。

紧接着，媒体捕捉到一个关键问题：为何战后摊贩数量会激增，大量的摊贩从何而来。各媒体虽然措辞不一，但它们大多从美货倾销、内战、通货膨胀等方面对此加以解释。例如，《天风》杂志指出：中美商约名为两国平等，实则利于美货倾销；它导致农村破产、工厂倒闭、穷人集聚于大城市中，他们无以为生只得经营摊贩。[3] 《大公报》也对此发表社评："内战天天在打，难民及失业大群与逃役者颠沛困苦；外货涌涌在来，通货刻刻膨胀，工厂个个倒闭，商店日日萧条，国计民生整个成问题。"[4]《工商新闻》更是总结道："破了产的国民经济产生了一大批摊贩，而陈腐的官僚主义复因整饬市容、粉饰太平、拘押摊贩、酿成血的风潮，这不是偶发事件，这是中国政治的和经济的沉疴日益沉重的预兆。"[5]

最后，媒体指出政府若想彻底解决上诉问题，"（对外）必须要争取民族的彻底独立、关税自主，取消一切相关的不平等条约。对内，则必须立刻停止内战，解决农民的土地问题，保护劳工的生活和权利"。[6] 并再次提醒政府：国家是给大多数人谋求幸福的，政府是执行大多数人意志的，民主的国家和政府要保障"人民有生存的权利！"[7]

这些评论走出了摊贩和政府孰是孰非的泥潭，而将摊贩问题上升到批

---

① 青锋：《从摊贩事件说到中国经济的崩溃》，《青年与妇女》第 10 期，1947 年，第 10 页。

② 《关于摊贩问题》，《太平洋月刊》（北平）第 1 卷第 1 期，1947 年，第 41 页。

③ 《上海摊贩问题》，《天风》第 51 期，1946 年，第 6 页。

④ 社评：《摊贩问题的严重性》，《大公报》（天津版）1946 年 12 月 3 日，第 2 版。

⑤ 樵：《上海取缔摊贩风潮的预示》，《工商新闻（南京）》第 6 期，1946 年，第 1 页。

⑥ 青锋：《从摊贩事件说到中国经济的崩溃》，《青年与妇女》第 10 期，1947 年，第 11 页。

⑦ 《关于摊贩问题》，《太平洋月刊》（北平）第 1 卷第 1 期，1947 年，第 40 页。

驳国民政府政治经济的高度。他们对国民经济和官僚主义的批驳，实际上构成了对国民党执政能力的拷问，无疑会对执政当局产生很大的压力。

至此，摊贩问题体现的社会冲突，已经超出了摊商之间的利益冲突或政府与摊贩之间的市政民生冲突的界限，发展成为波及范围广、影响大的社会冲突。政府不仅要妥善处理摊贩问题，还要防范群众运动与中共动员相结合而引发的颠覆性后果，亦要回应社会舆论对其政治经济政策的质疑。

三　政府之于社会冲突的应对与管理政策的转向

国共内战的背景下，国民党不仅需要在前线同中共进行武装对抗，还需要防范后方因社会冲突而导致的动荡骚乱。因此不得不调试其管理政策，在应对基层治理问题上，由原先主导的建设话语转变为维稳话语。

国民党行政院通令各地，"易引起人民反感及受人煽动利用之行政措施应予避免"，还特别指出："如取缔摊贩、取缔人力车、拆除棚户等政令，易招人民反感，均宜酌缓办，更不得有强迫情事。"[1] 天津市警备司令部也提醒政府应以"上海摊贩事件"为戒，今后"凡我各重要城市之新政措施，事先应慎重周虑，勿过操切。而政府人员及警宪机关对民众之态度与作风尤须力图改善，勿予奸伪以可乘之机"。并提醒政府值此动荡之际，应该"严密监视奸伪行动，巩固后方治安、维护社会秩序"。[2] 天津市长杜建时在做市政工作检讨时，相对于就职时提到的"过去一年来本市施政重点是安定第一，今后应即步入建设时期"，[3] 此时只能无奈地宣称"安定第一、建设第二，把握重点，推进市政"。[4]

在摊贩问题的处理上，天津市政府一方面密切关注中共动向，严防其组织社会运动。警察局知会各区，如若发现异动，则将"摊贩运动操纵者

---

① 《避免引起人民反感政院令各地慎重行事取缔摊贩等均应缓办》，《大公报》（天津版）1947年3月8日，第2版。
② 《天津市政府警察局密令刑一字第358号令第十分局》（1947年10月2日），天津市档案馆藏，档案号：J219-1-8520。
③ 《杜市长就职对市民讲词》，《天津市周刊》第1卷第1期，1946年，第2页。
④ 《杜市长就职周年，就去年今日杜市长告市民书，检讨年来市政设施》，《天津市周刊》第4卷第11期，1947年，第3~4页。

之姓名住址准确具报，倘任何地方发生不幸事件，即将肇事者即操纵者予以逮捕，依法究办，毋庸另行请示"。① 另一方面，也转变了对待摊贩的态度，开始理会他们的呼声。在劝诫摊贩应有序迁往临时市场、不可轻举妄动的同时，针对第一区、第十区摊贩提出的临时市场狂风呼啸的问题，政府出资修建了篱笆墙来抵抗风沙。② 一区摊贩在迁往张自忠路临时市场后，一部分人以生意不好为理由，请求于大明戏院组建民生摊贩联合市场。政府在同各局商议之下，同意了筹建民生摊贩市场的请求。③

同时，为防止发生争端，天津市政府还积极参与到协调摊贩同其他群体的冲突中。在开设民生摊贩市场的问题上，起先，市场筹建工作因周围居民反对而停滞，市政府对居民多方劝导，才使市场得以开设。其后，摊贩代表以市场内容纳不下登记摊贩为由，请求在场外胡同内摆摊，此举引起附近居民震怒。政府只得再次出面调停，驳斥了摊贩场外设摊的请求，冲突才得以平息。④ 自 1947 年下半年起，一区旧法租界附近长春道菜市一带，菜商同菜贩发生了长达一年的纠纷，引起了多方关注。天津警备司令部向政府施压，令其尽快解决，但是警局深陷纠纷泥潭，公用局不愿触碰这个"烫手山芋"。最后政府饬令警察、公用两局联合调处，长春道菜市摊商纠纷才得以告一段落。⑤

虽然政府得以通过调试基层治理政策，短期内达到了维持社会稳定的目的。但是媒体此前提到的内战、通货膨胀、官僚腐败等根源性问题，此

---

① 《各处摊贩事宜》（1946 年 9 月 27 日），天津市档案馆藏，档案号：J219 - 3 - 28318。
② 《联合市场，全市已划出十五处》，《大公报》（天津版）1946 年 12 月 4 日，第 5 版。
③ 《为摊贩市场迅速颁修理执照事致天津市政府呈民生摊贩联合市场代表李凯旋等》（1947 年 5 月 6 日），天津市档案馆藏，档案号：J2 - 3 - 2161 - 35。
④ 具体内容见：《关于制止大明影院外设摊问题致杜市长呈》（1947 年 6 月 5 日），天津市档案馆藏，档案号：J2 - 3 - 2161 - 41；《为呈请市场四周设摊事致杜市长呈》（1947 年 7 月 12 日），天津市档案馆藏，档案号：J2 - 3 - 2161 - 51；《场外摆设管理草案》（1947 年），天津市档案馆藏，档案号：J2 - 3 - 2161 - 52；《民生摊贩联合市场场外设摊位置图》（1947 年），天津市档案馆藏，档案号：J2 - 3 - 2161 - 53；《关于为准在民生摊贩联合市场四周设摊问题致李凯旋等代表的批》（1947 年 8 月 8 日），天津市档案馆藏，档案号：J2 - 3 - 2161 - 54。
⑤ 具体内容见：《为请迅予解决长春道与菜市场摊贩纠纷致天津市政府函》（1948 年 7 月 1 日），天津市档案馆藏，档案号：J2 - 3 - 2522 - 24；《为会同调处第一区长春道菜市场商与摊贩纠纷一案致杜市长呈》（1948 年 8 月 12 日），天津市档案馆藏，档案号：J2 - 3 - 2522 - 45；《关于查明办理长春道摊贩纠纷一案致天津市参议会代电》（1948 年 9 月 21 日），天津市档案馆藏，档案号：J2 - 3 - 2522 - 48。

时仍没有得到具体解决。内战短期内无法停止，通货膨胀在"黄金风潮"发生后愈加严重。就天津而言，1947 年 1 月的物价高出战前 8200 多倍，12 月竟达到 130000 倍。① 无力应对战后经济的痼疾，行政院院长宋子文只得引咎辞职。在演说中他提到："当前的经济危机，是由于八年抗战和继续应付共党攻击，以致国库不能平衡所累积的结果"②。若不能结束内战或增加税源，则经济问题不可能得到彻底解决。整体危机化解无力，则在具体工作的执行中必然感到局促不安。天津市长杜建时在检讨工作时，不禁感慨："内忧外患、财政拮据，在这样的局面下谈建设，实在是一件大胆而又艰巨的抱负。"③ 总而言之，整体社会皆呈倾颓之势，政府自然处于困顿之局，基层治理更无法得到推进，社会危机也只是得以暂时抑制而已。

在战后特殊的社会背景下，激增的街头摊贩对原有社会格局造成冲击，并因"上海摊贩运动"而一度成为公众关注的焦点。自 1946 年下半年起，在市政建设运动和摊商冲突裹挟之下，国民政府开始了摊贩整治工作。具体的行政中，政府不仅要协调旷日持久并渐趋严重的摊商冲突，还得被迫防范中共动员与摊贩运动相结合而引发的社会动荡，以及正视媒体对其政治、经济政策以致执政能力的质疑。此时，摊贩问题已经超出了摊商矛盾走向社会冲突，对它的解决拷问着政府化解社会危机的能力和基层治理的效力。对此，国民政府在社会治理中，将主导话语由建设转为维稳，并不遗余力地协调摊商矛盾、防范中共动员。政策转向虽短期内得以缓和冲突、化解危局，但在国共相争的大背景下，整体的倾颓之势不能扭转，社会危机也就得不到根治，政府更是无法走出基层治理的困顿之局。战后摊贩整治运动所揭示的正是国民政府基层治理的困境。

作者：张萌，北京市第一○一中学

王先明，南开大学历史学院

（编辑：王静）

---

① 孙德常、周祖常主编《天津近代经济史》，天津社会科学院出版社，1990，第 306 页。

② 《行政院长易选》，《东方杂志》第 43 卷第 6 期，1947 年，第 82 页。

③ 《杜市长就职周年，就去年今日杜市长告市民书，检讨年来市政设施》，《天津市周刊》第 4 卷第 11 期，1947 年，第 3～4 页。

美国的城市腐败与反腐败*

王毓敏

内容提要： 在 19 世纪和 20 世纪初，美国经历了极其严重的腐败问题，其中城市腐败是美国政治体系中具有代表性的腐败形式。当时特殊的历史环境以及制度设计方面的不完善和缺失导致了城市腐败的泛滥。然而，经过进步主义和新政时期的改革以及其他方面的制度完善，美国已在很大程度上控制了腐败的滋生。从美国的经验可以看出，制度性的改革可以有效地将腐败的危害限制在一定范围内。城市的自治和监督机制的多元化都有助于遏制腐败，其中民众对于市政管理的参与至关重要。

关键词： 美国城市　腐败　城市老板

腐败是当今世界各国政治中普遍存在的现象，至今没有任何政治体系能够宣称已完全根除了腐败。虽然美国的民主政治发展得比较充分，但政治腐败仍然难以避免，而且美国历史上曾出现过腐败问题非常严峻的时期。腐败并不局限于城市，然而城市腐败是美国政治体系中具有代表性的腐败方式。大致从内战结束后开始，美国经历了严重的城市腐败。面对各种腐败问题的不断涌现，美国社会各界积极行动起来，从各个层面探求腐败的成因，寻找遏制其蔓延的途径，逐步构建了城市反腐的制度体系，并取得了较好的效果。

国外对于美国城市腐败的研究很早就已开始。自 1888 年英国历史学家詹姆斯·布赖斯声称当时的城市政府是美国的一项明显的失败以后，[①] 关

---

　　*　本文系河南省社科联、河南省经团联调研课题"美国城市腐败及其治理研究"(SKL – 2015 – 84)的阶段性成果。

　　①　James Bryce, *The American Commonwealth*, vol. 2 (London: Macmillan, 1888), p. 299.

于城市腐败的内容便进入了学者研究的范畴，且历久不衰，甚至最近还有相关的研究成果出版。

国外学者关于美国城市腐败的研究起步早，研究深入细致，尤其是一些个案研究达到了相当的高度，但是学者的研究一般侧重于城市腐败的某个方面，或者是腐败现象的本质特性分析，或者从城市史的角度展现历史上的城市腐败，或者是城市腐败的制度性研究，或者关注城市老板。研究比较零散，迄今尚无关于美国城市腐败的专门性著作出版。

至于国内，关于美国城市史的研究大致开始于20世纪80年代，从20世纪90年代至今，陆续有一些关于美国城市腐败的论文发表。研究者人数较少，基本上围绕着城市老板——美国这一独特的城市政治集团展开，其研究处于初步阶段，亟待深入。

一 美国内战后的城市腐败状况

美国建国初期，腐败现象很少。美国第一任总统乔治·华盛顿有明确的任命官员标准，其中官员的品德是重要的依据。此外，当时公众对政府作用普遍持怀疑态度，联邦政府的权力很有限，这些因素客观上限制了腐败。然而，政府内部很快出现了联邦党和民主共和党的争执，党派纷争为政治腐败提供了土壤。如第二任总统约翰·亚当斯在卸任前突击任命大批联邦党的支持者为法官和地方的治安推事；1829年第七任总统安德鲁·杰克逊上台后，开始施行"政党分赃制"，把政府职位作为奖赏分配给其支持者。"政党分赃制"虽然打破了上层精英对官职的垄断，但极大地腐蚀了政府道德。此后，腐败开始蔓延并呈现越来越严重的倾向。利益集团可以轻易地收买政府官员，甚至在内战后，出钱购买联邦职位也变得司空见惯。[①]

这一时期的政治腐败不仅局限于联邦政府，州和地方政府也存在严重的腐败，而社会生活的一系列发展变化更使得城市成为腐败的重灾区。内战结束后的美国，迅速推进城市化，大量人口涌入城市。但是这一时期的城市政府，普遍软弱无力，职责混乱，无法解决面临的诸多城市问题。一

---

① 周琪：《美国的政治腐败与反腐败》，《美国研究》2004年第3期。

些职业政客利用了这种情况，他们首先加入某个大的党派，然后在政党的标签下通过党派组织操控选举、分配官职、任命亲信等来把持市政，形成了"城市老板"及其政党机器。①

城市老板是美国特殊的历史现象，最早出现于内战后的新英格兰地区，后来在全国范围内都有活动轨迹。一般来说，老板们更容易出现在较大的城市。如根据布朗和哈拉比的研究，从 1870 年到 1945 年，美国有 63.4% 的大城市都有老板和其控制的政党机器的活动。②

虽然在一些学者看来，城市老板在一定程度上弥补了官方政府的不足，为公众提供了重要的服务，③ 但老板对市政的控制，使社会上盛行的腐败之风在各城市泛滥起来。老板们通过虚报账目、出售特许状和市政合同，进行股票和房地产投机，收受贿赂放任违法行为，聚敛了大笔财富。他们又拿出贪腐的一部分钱财，对新来美国的移民施以小恩小惠，以此换取移民们的选票支持，进而控制市或州一级政府。

这一时期最臭名昭著的城市老板是纽约市民主党的党魁威廉·M. 特威德。特威德及其同党被称为"特威德伙帮"（Tweed Ring），在历史著作家的笔下，其因对纽约财政贪得无厌的掠夺而著称于世。城市老板的普遍存在，使得行贿受贿、假公济私、贪污腐化成为美国城市的普遍现象。内战之后的二三十年里，美国几乎每个城市都存在程度不同的腐败现象。④ 历史学家哈罗德·津克考察了当时的 20 个城市老板，发现有 10 个都是百万富翁。⑤ 美国的城市政府成为腐败与无能的代名词。康奈尔大学校长安德鲁·怀特认为美国的城市政府是基督教世界里最糟糕的政府，花费最贵、效率最差而且最腐败。⑥

这一时期的城市腐败大致分为以下四种基本类型。

---

① 王旭：《美国城市史》，中国社会科学出版社，2000，第 15 页。

② M. Craig Brown, Charles N. Halaby, "Machine Politics in America: 1870 – 1945," *Journal of Interdisciplinary History*, 3（1987）：597 – 598.

③ Jon C. Teaford, "Finis for Tweed and Steffens: Rewriting the History of Urban Rule," *Reviews in American History*, 4（1982）：134 – 135.

④ Austin F. Macdonald, *American City Government and Administration*（New York: Thomas Y. Crowell Company, 1946），p. 54.

⑤ Harold Zink, *City Bosses in the United State*（Durham: Duke University Press, 1930）.

⑥ Richard Hofstadter, *The Age of Reform*（New York: Random House, 1955），p. 176.

其一，贪污公款。贪污公款是最简单，也是最容易敛钱的腐败行为，但是这种做法暴露的风险较大，所以并不常见。如特威德要求所有的公职人员虚报账目，最高虚报比例达到85%，以这种方式变相贪污市政资金。据估计，1867~1871年特威德伙帮控制纽约期间，他们从市政预算中窃取的金额为4000万~1亿美元。[①] 通过这种明目张胆的贪污行为，特威德集团迅速崛起，但当《纽约时报》公开纽约的市政账目后，特威德集团在几个月内就垮台了，特威德后来也死在狱中。此后这种公然贪污公款的行为很少发生。

其二，出售公共合同和特许权。在公共合同和特许权上的行贿受贿，回报更高。随着内战后美国城市的迅速发展，地方政府需要提供和安排的公共品和服务也越来越多。市政府有时把这些公共项目承包给私人企业，而私人企业则通过行贿和提供回扣来获取合同。其中，建筑合同是获利最为丰厚的，许多城市老板都投资于建筑企业。19世纪晚期出现的一些重要的新兴产业，如煤气、电力和电车，通常是在获得市政府的特许权后，由私人企业经营。这样，特许权的买卖也就成了城市官员牟利的重要手段。

其三，对犯罪活动收取"保护费"。这类犯罪活动包括卖淫、赌博，以及酒精饮料和毒品的销售等。在许多城市，只要妓院、赌场、酒吧的老板乃至某些罪犯向警察和官员提供一笔相应的"保护费"，就可以为非作歹，恣意妄为。据当时的著名记者林肯·斯蒂芬斯的报道，在纽约和其他大多数城市，警察敲诈勒索是腐败的主要形式，纽约的警察每年搜刮400万~500万美元。芝加哥每年犯罪收益为1500万美元，其中300万美元是用来贿赂警察的。而1919年的禁酒令颁布之初，很多市政当局通过容忍贩卖私酒获得巨额收益，从而强化了市政府与犯罪之间的密切关系。[②]

其四，内幕交易。当拥有私人信息的一方利用这些信息进行有利可图的买卖时，就发生了内幕交易。内幕交易在当时很普遍，而且不被看作违

① Seymour J. Mandelbaum, *Boss Tweed's New York* (Chicago: Ivan R. Dee Publisher, 1990), p. 65.
② 爱德华·L. 格莱则、克劳迪娅·戈尔丁：《腐败与改革——美国历史上的经验教训》，胡家勇、王兆斌译，商务印书馆，2012，第126~128页。

法。如纽约市的城市老板乔治·华盛顿·普伦凯特公开宣称："假如政府要新建一座桥。我通过内线获知了此事，我就会想尽一切办法，尽可能多地购置附近的资产。然后，我再以自己的价格卖出去……你难道不会这样做吗？这就类似于在华尔街或在咖啡、棉花市场上占卜未来，这是诚实腐败。"①

这样，大致在 19 世纪后半期和 20 世纪前期，美国经历了城市腐败极为严重的时期。根据丽贝卡·梅尼斯的研究，在 1820 年到 1850 年，美国城市几乎没有腐败；而从 1850 年到 1880 年，腐败上升；1880 年到 1930 年，腐败程度呈不规则的波动，但仍然保持在一个较高的水平上；此后从 20 世纪 30 年代到 70 年代，腐败现象稍减。腐败与地理位置并没有系统的相关性，东北部、中西部、西部和南部的城市，都经历过政府腐败时期。②

二　美国城市腐败的成因分析

腐败一般是多种因素结合的产物，通过分析腐败的原因可以更清晰地认识其本质，并且针对不同的诱因可以做出相应的安排来应对腐败问题。

内战前的美国，绝大多数人口居住于农村，基本上是个农业国家。内战后，随着国内工业化的展开，城市化也进入鼎盛时期，城市化速度突飞猛进。人口统计数据表明，1920 年美国的城市人口首次多于农村人口。但是，在此期间美国城市中的腐败问题也越来越严重，成为城市发展的巨大障碍。

首先，当时城市腐败最重要的原因是制度腐败，即制度设计方面的问题或制度不完善和缺失而导致的腐败。如"政党分赃制"的一个严重弊端就是会导致政治腐败。19 世纪后期城市化的快速推进需要建立与之相适应的市政管理体制，但是落后的城市管理却远远跟不上时代的要求。美国城市的历史较短，市政体制处于初创阶段，管理经验欠缺；联邦政府实行自由放任政策，不干预城市事务；各州对于城市的管理多种多样。市政机构

---

① William L. Riordan, *Plunkitt of Tammany Hall*（New York：Brandywine，1994），p.54.
② 爱德华·L. 格莱则、克劳迪娅·戈尔丁：《腐败与改革——美国历史上的经验教训》，第105～108 页。

最重要的特点是普遍软弱，管理混乱，权责不清。市政府不具有决策权力，权力分散在各级官员手中，并受到州立法部门的制约，而能够控制自身集团的老板们便建立了一个"无形政府"。于是，城市快速发展导致的权力真空与市政管理的滞后性为城市老板把持市政创造了条件。在老板们的统治下，城市中的各种寻租活动极其盛行。

其次，当时的腐败是整个社会层面的，城市本身不可能独善其身。19世纪中后期的美国，腐败现象极为普遍，不仅在城市政府，州和联邦也丑闻不断，腐败是那个时代的特征。在19世纪中后期腐败盛行的大环境下，公众逐渐适应并修正对于腐败的观感，甚至社会舆论对于腐败的政客也并不是特别反感。早在特威德之前，行贿受贿就充斥于从联邦到地方的整个政治和政府体系。如特威德一次在狱中会见记者时说："事实是纽约政治在我之前长久以来就是不诚实的，从未有过不能收买市议会的时候，而政治家将其视作理所当然。"①

再次，此时期城市的快速发展实际上为腐败提供了更多的机会和有利的环境。内战后美国城市经济的一个显著特点就是增长。这是一个城市大发展的时期，也是一个产业日趋集中和垄断迅速扩张的时期。工业的发展，技术的进步，城市设施的改善，使城市成为极具吸引力的所在，吸引了大批民众涌入，城市日益创造出更多的机会和收益，包括腐败的机会。如高速发展的城市需要交通运输、供水排污、公共卫生、公共安全、教育、道路桥梁、警察以及消防部门的改善，城市需要修建和完善大量的公共工程和公共设施，而这些工程和设施成为腐败的政客与企业家和投机商交易的筹码。城市老板把市政建设的特许权和公用事业承包合同给予大企业，而后者则以高额的回扣作为报酬，这样，二者构建了特权的利益同盟。如特威德把伊利铁路的控制权授予铁路业巨头杰伊·古尔德，古尔德以10万美元的高新聘请特威德为本公司董事和法律顾问。②

此外，城市老板能够把持市政，建立其政治利益集团还在于他们能通

---

① Charles N. Glaab, A. Theodore Brown, *A History of Urban America* (New York: Macmillan Publishing Co., 1983), p. 210.

② Alexander B. Callow, *American Urban History: An Interpretative Reader with Commentaries* (New York: Oxford University Press, 1973), p. 48.

过政治手段拉拢新来的移民，获取其选票的支持。19 世纪中后期，美国出现了新的移民高潮。这些新来者大多不懂英语，需要别人的帮助才能适应美国的生活、法律和习俗。虽然一些族群建立起自助团体，但对很多人来说，主要的救助来自城市老板。城市老板主动帮助移民解决初到美国所面临的诸多生活困难，如住房、工作等，甚至可能将罪行不重的人救出监狱。移民们则迫于生活压力，既无民主政治意识，也不关心资助者的道德品行，很自然地将手中的选票投向这些向他们施以恩惠的城市政治集团。这也使老板们能够轻易获得选票，长期把持市政，并利用部分贪腐所得收买新来者。

最后，通过对城市官员腐败行为的成本收益分析可以发现，此时期的城市腐败收益高而成本低，根据经济学的分析预期很容易出现腐败。腐败的收益取决于官员的牟利能力，成本则取决于腐败行为暴露后的预期惩罚。当时，政府官员的牟利手段主要有三种。一是慷国家之慨，通过挪用公款中饱私囊，或者以高于市场的价格支付公共开支，以获取回扣。二是出于自身利益的考虑，把政府资产转移给私人。如将政府土地转移给公共运输公司，或通过把持政府内幕消息获利。三是操纵执法或法律规制。如法律禁止赌博和卖淫，这就为官员创造了从赌博和卖淫者那里获取贿赂的机会。19 世纪中后期，美国政府规模不断扩大，公共资产不断升值，法律对社会生活的介入不断加深，司法诉讼涉及的金额不断攀升。这时，从各种腐败中可获取的收益都增加了。

与此同时，相对于当时腐败的高收益，其成本却很低。腐败的成本主要有三个方面：法律惩罚、职业或社会成本、道德因素。19 世纪，有关腐败的法律条文数量相当有限，导致对腐败的法律惩罚常常微不足道。现在许多被界定为腐败的行为，在 19 世纪均为合法。如政治家操纵内幕交易以此获利，即普伦凯特所宣称的"诚实腐败"，在今天属于犯罪，但在当时却是合法的。甚至把铁路公司的股票作为礼物送给国会议员和其他官员，在当时也是完全合法的。司法体系的软弱和法律制度的缺失，使得很多腐败行为得不到制裁。对于现在的政治家来说，如果其腐败行为被曝光，就意味着政治生命的终结。但在 19 世纪末，很多臭名昭著的腐败官员却一再当选。在大城市，媒体对许多腐败行为可进行曝光，但在众多的小城市，新闻媒体和地方权贵有着密切的联系，关于腐败的报道很少。官员因腐败产生的职业或社会成本很低，许多官员对于腐败行为完全有恃无恐。至于道德层面的约束，在整个社会风气败坏、腐败盛行的环境下，官员们竞相逐利，并未因此感受到心理负担。官员利用权力换取财富，财富拥有者通过收买官员获得更多利益在城市成为普遍现象。

三　美国城市反腐机制发展的历史考察

腐败的党魁政治造成市政管理的混乱。面对城市政治腐败的加剧，美国社会各界的不满也与日俱增。许多社会活动家、新闻记者、编辑和社会工作者纷纷行动起来，他们考察各个城市的腐败情况，并公之于众。在新闻界揭露城市黑幕运动的推动下，要求改革的呼声日益高涨，一场针对城市腐败的社会改革运动就此展开。它成为进步主义运动的重要组成部分。

19 世纪末 20 世纪初开始的进步主义运动，是美国历史上一个重要的转折点。该运动由贪婪和腐败引发，运动的主要目标之一也在于消除腐败。当时的改革者和历史学家本杰明·德威特认为，进步主义时期的改革有三种倾向：一是要求消除政府（包括联邦、州和地方政府）中的特权、少数派利益以及腐败的影响；二是对政府结构进行改造和限制，使更多的人参与政府治理；三是要求加强和扩展政府职能，以缓解面临的经济和社会问题。[1]

进步主义运动在很大程度上是一次反腐败的社会改良运动，市政体制的变革是其中的重要内容，它基本上遵循了德威特所阐释的改革方向。改革者们认为，消除腐败的关键是进行制度改革。要取缔城市老板及其政党机器，消除他们的生存基础；要加强公众对政府的监督，提高人民的政治参与意识；还要改革落后的城市管理体制，使城市拥有真正的自治权。这一时期的市政改革通过规制特许权和承包合同，改变了政府与企业之间的关系；将创制权、复决权、罢免权等直接民主形式引入政治过程，扩大了公民对政治的参与程度；通过市政自治运动，改变了州和地方政府间的关系。这些改革使得政府和企业具有了更大的灵活性，加

---

[1]　Benjamin Parke DeWitt, *The Progressive Movement: A Nonpartisan, Comprehensive Discussion of Current Tendencies in American Politics* (Seattle: University of Washington Press, 1915), pp. 4 – 5.

强了政府与经济之间的相互作用，并通过把权力分散于多数人手中，加强了民众对政府的监督。

改革运动为美国社会和美国政治的转型带来了重要变化。一般认为，进步主义时期的市政改革是有效果的。① 改革者的活动打击了以城市老板为代表的政治利益集团，其控制选举、任命官员、操纵合同的能力被极大削弱，虽然老板并未消失，但日益走向衰落；城市的贪腐活动受到一定程度遏制，政治的公开化和公众参与程度都有所提高；改革中也产生了新型的市政管理体制，如通过选举产生的城市委员会制和雇用专业人士的城市经理制等。这些改革弥补了美国都市政府结构中的机械化缺陷，推进了民众政治和责任制政府的发展。②

进入 20 世纪以后，美国政治与社会一系列的发展变化有效地制约了腐败。首先，城市政治集团逐渐衰落，最终退出了历史舞台。进步主义时期的市政改革使城市老板的生存基础日益缩小。一战后，外国移民数量开始减少，而第一代移民后代的政治觉悟、生活水平和受教育程度都在不断提高，这使老板们失去了赖以存在的群众基础。20 世纪 30 年代"新政"以后，美国逐渐向现代"福利国家"过渡，移民们不必再依赖城市政治集团的帮助。学者们普遍认为，"新政"极大地破坏了老板制的社会基础。"新政"后老板制迅速衰落。

其次，现代的反腐监督机制日益完善。为打击腐败现象，美国国会先后通过了多项法规，使反腐败有了完备的法律依据。同时为了促进法律的实施，政府设立了联邦选举委员会和独立检察官等反腐机构。政府也对人事制度进行了改革。在越来越多的领域，官员们的行为受到特定的规制，他们自由裁量的程度大大降低。不同层次的政府也能够有效地互相监督。

再次，政府行为的公开化，有效防止了腐败现象的发生。如对于市政账目的公开，是进步主义时期实施最早、争议最少，也最为成功的改革措施之一。该方法最初在个别城市实行，后在联邦政府要求下推广到全国。③

---

① Richard Hofstadter, *The Age of Reform*.

② Arthur S. Link, Richard L. McCormick, *Progressivism* (Illinois: Harlan Davidson Inc., 1983), p. 29.

③ 爱德华·L. 格莱则、克劳迪娅·戈尔丁：《腐败与改革——美国历史上的经验教训》，第119 页。

公众监督是对腐败行为的有力制约。进入 20 世纪后，美国政府通过一系列的法律规定，提高政府决策的公开化，不断提升政治透明度。这种做法增加了腐败和滥用权力所面临的道德压力和政治风险，有力地推动了政治民主和经济民主。

最后，新闻媒体充分发挥了腐败监督者的角色。进入 20 世纪后，美国新闻媒体的政治独立性日益提高，大众传媒在很多情况下扮演了政府批评者的角色。政府官员的渎职、贪腐和滥权行为，一经媒体曝光，往往对其形成强大的舆论压力，甚至结束其政治生命，水门事件就是极好的例证。大众传媒的这种作用，在很大程度上成为制约腐败的重要因素。

在多种因素作用下，尤其是政府在立法、行政、司法等方面的制度建设和完善，有力遏制了腐败现象的发生，19 世纪盛行的城市腐败现象在 20 世纪逐渐减少。美国也从一个贪腐充斥政治生活各层面的社会，进入当今腐败程度世界排名很低的国家行列。

四　结语

美国城市腐败的历史呈现一种特定的时间路径，在 19 世纪的大部分时间里，美国腐败盛行。进步主义时期的改革，有效遏制了腐败。在"新政"时期，尽管随着政府规模的扩大和职能的迅速扩张，腐败的"机会"更多了，但通过良好的政治规制和有效的监督，官员们很难从公共工程和政府合同中捞取好处。二战后至今，美国的腐败现象大幅减少。

通过对美国历史上城市腐败的考察以及对社会各阶层反腐措施和效果的审视，可以得到以下的规律性认识。首先需要明确，自有政府以来，政治腐败亦随之产生，腐败从未被彻底根除。因此，对腐败问题的治理在于尽力降低其发生的频率，而不是不切实际地追求完全杜绝腐败。其次，从美国的经验来看，经济的快速增长与城市化的迅猛发展有可能导致相应市政体制建设的滞后与脱节，从而产生腐败。再次，尽管无法消灭城市腐败，但通过合理的措施与安排，可以将腐败的危害限制在一定范围内。最后，美国的反腐败措施主要是通过制度性的改革，努力消除城市腐败产生的土壤。城市的自治和监督机制的多元化都有助于遏制腐败，其中民众对于市政管理的参与至关重要，而现代监督体制的完善和新闻媒体政治独立性的增强都使得官员腐败的社会成本日益高昂。

作者：王毓敏，郑州大学历史学院

（编辑：任云兰）

日本工业化初期的市政腐败 *

——以东京市上水道事件为例

郭小鹏

内容提要：19 世纪末，日本开始了工业化的进程。然而，明治政府实施的市政制度限制市长权力，排斥市民参与，形成以城市名望家为主体的地方自治。在以东京市上水道事件为代表的市政工程建设中，市政体制的不健全导致官员和政商之间权钱交易等腐败行为产生。对此，日本政府采取解散并改选市议会等对策，但收效甚微。日本工业化初期的市政腐败对城市发展产生了不利影响，使社会转型过程中积累了重重矛盾，"城市病"不仅未得到治理，反而随着市政腐败而日益加深。

关键词：日本市政腐败　工业化初期　城市病　东京市上水道事件

市政是城市政府管理城市社会事务的过程。由于东西方城市的内涵及其发展轨迹不同，近代市政多以欧洲为标杆，以谋求适应工业化的城市发展。① 然而，工业化初期的城市面临诸多挑战。前近代的城市规模相对较小，人口密度较低，依靠自身的新陈代谢尚可维持运转。随着工业化的发

---

* 本文为国家社会科学基金重大项目"20 世纪世界城市化转型研究"（16ZDA139）之子课题"20 世纪亚洲城市化的转型：多样化的路径和模式"的阶段性成果。

① 中世纪的西欧城市为"封建海洋中的非封建岛屿"，推动了近代社会的诞生。中世纪中后期的城市公社运动促进了市政机构的建立与完善。参见〔美〕简·德·弗里斯《欧洲的城市化 1500 –1800》，朱明译，商务印书馆，2014，第一章。而中国古代城市在农业文明的生态环境中具有非异质性特征，没有形成所谓的"城市共同体"，市政仅为"管理市集之事务"，为封建行政体系的附庸。参见涂文学《近代市政改革：影响 20 世纪中国城市发展的历史性变革》，《学习与实践》2009 年第 9 期；刘志琴《近 30 年中国市政史研究综述》，《河北大学学报》（哲学社会科学版）2012 年第 3 期。

展，城市规模扩大，人口增多，产生了交通拥堵、住宅不足和公共卫生恶劣等"城市病"，影响到市民的基本生活以及城市的生产功能。作为后发资本主义国家，日本在工业化初期面临着更为严峻的城市问题。在城市改造过程中，市政腐败频发，代表性的为1895年的东京市上水道事件。该事件反映出日本工业化初期市政建设存在漏洞，导致在市政工程建设中出现官员和政商之间的权钱交易等腐败行为。学界对于日本早期市政腐败的研究多集中于政党政治，[①] 本文则从城市发展史的视角予以新的解读。

一　工业化与日本近代市政的形成

进入近代社会之前，日本的城市为典型的政治权力中心。江户时代，日本主要的城市形态为城下町。幕府和诸藩设置了町奉行负责城市的行政与司法，是一种封建行政体系，与古代的中国别无二致。"市民"的生活规范大都依靠习惯法则，形成注重人情关系的城市社区。明治维新后，日本开始以国家权力为后盾，推行近代化路线。1871年到1873年，岩仓使节团出访欧美13国，"认识到城市基础设施的重要性以及从公共意识出发有计划地开发城市的必要性"。[②] 工业革命以降，依靠大规模生产，西方工业城市成为社会进步的引擎，以至于"在其国，观其道路之修美，即刻知晓政治之修荒，人民之贫富"。[③] 然而，明治政府仅仅关注西方的城市建设，还未能领会到其近代市政的要义。[④]

日本的工业化具有显著的后发性和人为操控性。明治政府的"殖产兴业"政策浇灌出制造业大规模发展的果实。19世纪80年代，日本开始了工业化的历程。工业化催生了城市的发展，明治初年人口在5万人以上的

① 代表性的研究有小原隆治「明治後期における東京市の市政腐敗と政党政治」『成蹊法学』34号、1992；中邨章『東京市政と都市計画』敬文堂、1993；等等。国内对日本的市政腐败研究较少，姚传德认为"水道疑狱"为生产商和市议会之间的腐败。参见姚传德《日本近代城市发展研究（1868－1930）》，苏州大学出版社，2015，第265页。
② 〔日〕芳贺彻：《岩仓使团与日本近代化》，张晓刚译，北京大学日本研究中心编《东亚近代化历程中的杰出人物》，社会科学文献出版社，2002，第33页。
③ 久米邦武编、田中彰校注『特命全権大使米欧考察実記』第1卷、岩波文庫、1972、199頁。
④ 郭小鹏：《日本近代城市建设的起步》，《世界历史评论》第6辑，上海人民出版社，2016，第149页。

城市仅有 10 座，1893 年达到 20 座。① 近代城市不只体现在人口和产业的集中，更摈弃了封建城市等级森严的秩序，因此需要配之以全新的管理体制。明治维新的设计师们迫不及待地试图追赶占支配地位的工业大国，优先考虑基础设施建设和西方科技的重要性。② 然而，城市化带来的并不全是财富和文明，也产生了诸如公共卫生、安全等社会问题，"阶层对抗的严重危险性、城市政府的复杂性、责任的多重性，都导致政府监管任务成为最困难的事情"。③ 为解决城市问题，明治政府一方面需要对城市基础设施进行改造和完善，另一方面则需要完善城市的管理体制，因此，日本近代的市政建设应运而生。

1888 年，日本政府颁布了《市制》，近代市政作为地方自治的一环而诞生。日本的市政效仿欧美，由议事机关市议会和执行机关市参事会组成。在城市政治方面，明确了市议会权限及选举资格。市议员从"公民"中选举产生。根据规定，"帝国臣民"中"拥有独立公权之男子"在某市居住满两年成为该市"住民"，住民中年满 25 岁，并且分担市内地租，或者纳税额度在 2 日元以上者方有公民资格。公民可以是自然人，也可以是法人。从"臣民"到"住民"再到"公民"，政治权利步步收缩，此举是"为不使对市町村制盛衰无利害关系之无知无产小民放任之"。④ 此外，为了提高"有产者"的权重，市会实施三级选举制，依据纳税多寡划分等级。东京市一级议员的标准为 78 日元，1889 年第一次选举，东京市小石川区和本乡区的一级议员全部为华族。⑤ 这表明市政的发言权由贵族、大小工商业者及在城地主掌控，也即所谓的"名望家集团"，构筑起"市政运营的有产者秩序"。⑥

在城市行政方面，由市长、助役及名誉职参事员构成参事会，负责执

---

① 梅村又次他『長期経済統計 13（地域経済統計）』東洋経済新報社、1983、201 頁。

② 〔美〕乔尔·科特金：《全球城市史》，王旭等译，社会科学文献出版社，2014，第 169 页。

③ 〔美〕布赖恩·贝利：《比较城市化》，顾朝林等译，商务印书馆，2014，第 10 页。

④ 山中永之佑監修『近代日本地方自治立法資料集成（2）』明治中期編、弘文堂、1994、374 頁。

⑤ 東京百年史編集委員会『東京百年史』第 3 巻、株式会社ぎょうせい、1979、100 ~ 101 頁。

⑥ 源川真希『東京市政——首都の近現代史』日本経済評論社、2007、20 頁。

行市议会议决事项和处理市政事务。市长应该官选还是民选，明治政府内部意见不一。山县有朋认为市长不过是市政执行者，城市事务较之农村事务重要且复杂，因此官选市长较为稳妥。① 然而，山县的意见并未被内阁认可，最终采取了折中方案，市议会选出 3 名候选人，经内务大臣裁可并任命市长。因此，市长具有双重属性——既是国家行政机构的一员，又是地方自治机构的一员。② 明治政府并不放心城市自治，以东京、大阪、京都地位特殊为由，规定三市市长由府知事兼任，助役由府书记官兼任，这便是所谓的三市特例。可见，日本在市制草创期有意强化市议会权限，形成强议会、弱市长的市政体制。

虽然日本近代较早进行了市政建设，但市政腐败仍然不期而至，东京市上水道事件便是其中的典型。

二　东京市上水道事件反映的市政腐败

1895 年 10 月，东京地方裁判所检视局接到一纸诉状。原告为东京市参事会及东京府知事三浦安，被告为日本铸铁株式会社的法人代表滨野茂。诉由为欺诈罪，诉讼书陈述如下：

> 被告于明治 27 年（1894）6 月 4 日中标，承诺供应铸铁管，以供东京市改造上水道所用。经检查其制品合格，遂订立契约，将制品搬运至指定场所并交付使用。合格品应有本市徽章做印记，不合格品应消除印记并摈弃之。……然明治 28 年 3 月以来，在该社仓库中，摈弃铁管又重新嵌入本市徽章，编号数字改为合格铁管，混入工程中使用，如此欺瞒使本市遭受损失，请求法律裁决。③

由诉讼书可知，这是一起承包商在市政工程建设中的产品质量违规事件。这里的市政工程，乃是东京市区改造事业中的上水道改造工程。工程质量丑闻被披露后，市政当局不得不做出反应。参事会做出解除合同、没

---

① 持田信樹『都市財政の研究』東京大学出版会、1993、116 頁。
② 田口昌樹「明治二十一年市制における執行機関」『中京大学大学院法学研究論集』16 号、1996。
③ 『東京百年史』第 3 巻、129 頁。

收保证金和法律诉讼的决定。市议会成立了"伪造铁管调查委员会"，调查发现有 10 余名议员与滨野社长有不正当往来。东京市检察机关调查至少 3 名议员有收受贿赂行为。10 月 24 日，日本铸铁会社社长滨野茂和董事雨宫敬次郎及该社相关负责人共 24 人，以及东京市水道改良事务所铁管检察科的 3 人，因涉嫌欺诈敛财罪和毁灭证据罪而被捕；已辞职的水道改良常设委员 3 人及水道改良事务所 2 人因涉嫌收受贿赂罪而被捕。[①] 至此，由市政工程承包商违约、造假而牵扯出来的市政腐败已真相大白。

东京市上水道事件暴露出市政工程建设过程中存在的几个问题。

首先，市政工程的招标不透明。

1890 年，日本政府颁布了《水道条例》，规定"水道非依赖市町村公费不得布设"。[②] 据此，上水道应由东京市政府铺设、运营和管理，以避免私人资本逐利行为侵害公众福祉。然而，市政府无法生产铁管，遂公开招标采购。

1892 年，东京市公布了甲号和乙号招标书，分别为英文和日文，意在吸引国内企业和外国企业公开竞标。彼时日本铸铁业技术落后，官营的釜石制铁所经营失败，民间的制铁企业无论是技术设备还是经营管理都难以服众。因此以参事员涩泽荣一为代表的意见认为采用进口铁管较为妥当。然而，日本铸铁会社采用多种手段迫使市政府就范。其首任社长远武秀行，曾经担任官营横须贺造船所长，是不折不扣的政商，为自身利益雇凶暗杀涩泽荣一。[③] 虽然未遂，但迫使参事会放宽条件，国内外企业皆可投标。结果，日本铸铁会社在与英国的麦克法兰等公司的竞标中败北。第二代社长雨宫敬次郎为甲州财阀[④]的代表人物，得到造船、机械等行业政商的支持，联合政商 24 人向府知事提交请愿书，请求为振兴国内产业而使用国产铁管。[⑤] 在兼任市长的富田府知事以及工事长古事公威的主导下，虽然已经选定外国供应商，但市议会公布的竞标结果为日本铸铁会社。

① 『東京市会史』第 1 卷、東京市会事務局、1932、652 ~ 653 頁。
② 『東京都水道史』東京都水道局、1952、129 頁。
③ 東京府地方改良協会編『東京市疑獄史』日本魂社、1928、31 頁。
④ 甲州（现在的山梨县）财阀兴起于幕末开港时期，以横滨和东京为活动舞台，随着市区改造的进行，将触角伸向市政工程。
⑤ 石塚裕道『日本近代都市論 東京：1868 - 1923』東京大学出版会、1991、98 頁。

其次，市政工程的监督不完善。

1892 年，东京市参事会设置了水道改良事业常设委员会，市议会则设置了监察委员。然而，两个机构未能协调，监督流于形式。在市政工程进行过程中，并未定期检查，以至于承包商以次充好的造假行为持续了半年之久。

1895 年 9 月，东京市议会收到一封署名为"东京市民"的举报信，揭发铸铁会社自同年 3 月滨野社长上任后，每晚将市徽章及编号文字嵌入不合格产品。① 市议会派出委员调查，方才查出铸铁会社的铁管欺诈行为。可见，日本的早期市政内部监督与外部监督同时存在漏洞。

再次，对承包商的违约行为惩处不力。

1892 年，东京市政府与日本铸铁会社签订了供货契约书。合约规定：承包方生产 2.1 万吨铁管，金额为 99.35 万日元，签约后 180 日内开始生产，之后每两个月至少供应 2000 吨合格产品。② 由于该社无法履约，1894 年 5 月，东京市参事会在没收一半保证金且免除违约金的前提下，与该社签订了新的合同。主要内容为铁管订货量为 1 万吨，价格同旧合同，交货期限为该年 6 月、7 月各 150 吨，以后固定交货。③ 由此可见参事会对承包商较为宽容。按照契约精神，双方本应该中止合同，东京市政府应该没收其全部保证金，并且重新招标。然而，东京市议会和参事会均施以援手，使其苟延残喘，这为市政工程质量问题埋下了伏笔。

在工程质量事件曝光后，该社依然负隅顽抗，大肆收买市会议员，以便以有利条件解约。9 月 6 日，市议会水道常设委员提出"关于对日本铸铁会社承包合同解约"的提案，铁管交货量削减为 6200 吨，退还保证金，之后无条件解约。④ 市政腐败程度可见一斑。

东京市上水道事件并非个案，在工业化初期的城市改造中，市政腐败层出不穷。1900 年，东京市再次爆发市议员贪腐的丑闻，此次腐败涉及水

① 東京都『東京市史稿』上水篇第 4 卷、臨川書店、1973 年復刻版、391 頁。
② 東京都『東京市史稿』上水篇第 3 卷、臨川書店、1976 年復刻版、963 頁。
③ 『東京市会史』第 1 卷、469 頁。
④ 『東京市会史』第 1 卷、608 頁。

道铅管采购、量水器采购、清扫招标等市政工程项目，稻田政吉等 8 名市议员被判处收贿罪。[①] 同年，仙台市 3 名书记官挪用税金计千元以上，被处以拘役。[②] 1909 年，横须贺市水道改造的铅管采购发生腐败丑闻，造成该市财政收支紊乱。[③] 1912 年，横滨市的上水道改造中也出现了承包商与市议员勾结、以次充好的腐败事件，过程与东京市上水道事件如出一辙。[④] 这一系列事件并非孤立存在，而是反映出一个时代的特殊现象。从时间范围来看，19 世纪末 20 世纪初是市政腐败的高发期。从空间范围来看，大城市的市政工程又成为市政腐败的高发领域。

三 工业化初期市政腐败的成因

工业化初期日本的市政腐败有一定的历史必然性。亨廷顿认为，腐化是国家官员为了谋取个人私利而违反公认准则的行为，处于变革时期的腐化现象比其他时期更为明显。[⑤] 对于腐败的衡量标准难以具化，在不同的国家、不同的时代有着不同的评价标准，公众对于腐败的认知和容忍程度也不尽相同。然而，有一点是相同的，那便是腐败违反了公共准则，特别是公共部门的腐败行为，往往伴随着渎职、贪污、腐化、贿赂、舞弊等行为。市政腐败反映出城市管理领域的混乱现象。工业化初期，城市化引发阶级流动和社会资源的重新配置，传统市政向近代市政转型成为城市发展的难题。

日本的工业化，是世界史上"晚产"但在日本史上早产的社会变革。在其资本主义经济的原始积累阶段，明治政府身兼两任，既是助产婆，又担负起产妇的职责。[⑥] 日本为了实现工业化的赶超，缩短了制度建设的历程。明治政府实施所谓的地方自治，出发点并非要建设主权在民的市民社会。相反，日本近代的地方自治是在明治初期不断地摸索之后，为了对抗

---

① 東京府地方改良協会編『東京市疑獄史』31 頁。

② 「仙台市疑獄事件」『東京朝日新聞』1902 年 4 月 25 日、第 3 版。

③ 「横須賀市政大紊乱（上）」『読売新聞』1909 年 4 月 15 日、第 2 版。

④ 「横浜水道疑獄事件再燃」『東京朝日新聞』1912 年 7 月 20 日、第 4 版。

⑤ 〔美〕塞缪尔·P. 亨廷顿：《变化社会中的政治秩序》，王冠华等译，上海世纪出版集团，2008，第 45 页。

⑥ 杨栋梁：《日本近现代经济史》，世界知识出版社，2010，第 28 页。

自由民权运动而采取的以退为进的策略，以消除地方上的不稳定因素，维护天皇的统治。内务大臣山县有朋是市制的积极倡导者，他在《市制町村制理由书》中力陈地方自治与分权的原则为"将来立宪制确立国家百世基础之根源"。① 本质而言，日本近代市政徒有其表而无其实。

首先，依赖城市名望家自治，而未能建立起成熟的市政官僚体系。所谓的城市名望家，主要包括中小资本家、实业家以及小经营者等阶层。② 市制规定参事员和市议员皆为无薪名誉职，以节约开支，力图利用传统社会的地方名望家维护统治。这就意味着市政管理者必须有一份稳定的家产和收入，需要兼顾市政和家业，不可能做到专职。这种无薪名誉职的市政产生了两大影响：一是市政官僚不具备专业化的市政知识和管理能力；二是市政官僚兼营实业，或者得到实业家的资助，从而导致官商不分。事实上，日本的早期资本家与政府有千丝万缕的联系，如东京市上水道事件便是政商与议员的权钱交易。在工业化初期，日本的政商进入市议会，成为操控市政的幕后老板。

其次，市长权威不足，市政管理混乱。"强议会－弱市长"体制在工业化初期的美国尤为典型，这种依据权力制衡原则采取立法、行政两权分立并相互牵制的市长－市议会制，与美国建国初期城市规模较小、发展水平较低、城市事务相对简单的历史实际相适应，但对解决现代城市所面临的诸多社会问题无能为力。③ 日本近代早期的市政体制与美国有着惊人的相似性。此外，市长和助役由上级任命，在三市特例下甚至由府知事和书记官兼任，不仅难以平衡城市和周边农村的利益纠葛，而且受到城市名望家集团的排斥，市长难以有所作为。本应成为城市管理中心的市行政机关权限不足，市议会把握地方政治的权柄，市长则沦为政治游戏的工具。④ 市议会和参事会关系紊乱，要么相互掣肘，要么相互推诿，使得监督弱化，给腐败以可乘之机。

再次，市民社会孱弱。现代化是一个"有机整体"，"城市化、工业

① 山中永之佑監修『近代日本地方自治立法資料集成（2）』401 頁。
② 原田敬一『日本近代都市史研究』思文閣、1997、10 頁。
③ 赵可：《近代欧美国家市政改革运动论述》，《城市史研究》第 22 辑，天津社会科学院出版社，2004，第 291 页。
④ 中邨章『東京市政と都市計画』5 頁。

化、世俗化、民主化、普及教育和新闻参与等，作为现代化进程的主要层面，如此地密切相连"。① 然而，日本工业化初期，正是社会阶层分化的关键时期。在城市名望家自治体制下，市民成为城市建设的不在场者。在市制的外衣下行地方贵族统治之实，市政由少数人把控，市民被排除在外。市制"把参与地方行政视作人民的义务"，而"没有保证人民自治民主的权利"。② 缺乏市民参与的市政弱化了对公共权力的外部监督和制约机制，降低了市政腐败的成本。

市政是一种内隐的制度，市政腐败多外在地表现在市政工程中。亨廷顿认为，现代化"开辟了新的财富和权力来源，从而进一步助长了腐化行为"。③ 日本的市政体制刚刚创建，旋即面临大规模城市建设的考验。在城市建设中，市政官员与利益集团为满足私欲而进行权力与金钱的不正当交易，从而导致公共利益受损。日本工业化初期的市政腐败一方面源于市政体制的漏洞，另一方面来自大规模城市改造提供的权力寻租的机会。

在城市化过程中，伴随着乡村人口的涌入，传统城市的组织机能遭遇严峻挑战，在基础设施等"硬件"方面尤为突出。明治政府决定以奥斯曼的巴黎改造为范本，对东京实施城市改造，并推广到全国大城市。1888年，日本颁布了《东京市区改造条令》，包括以道路、铁道、水路为内容的交通计划，以及游园、市场、剧场、火葬场等设施计划。翌年5月，新成立的东京市区改造委员会追加了筑港、市街铁道、上下水道等计划。④ 如此大型的城市改造需要巨额开支，初步预算为2185万日元，资金来源主要为发行市债、出售河岸地和征收特别税。⑤ 国家出于扩军备战的需求，难以拨付国费，因此元老院调查委员会鼓励中小工商业者和地主支持市区改造。由此，政商进入市政工程领域。

市政工程建设过程中，市政当局本应严格审核，确定合格的供货商，并全程监督和跟踪。然而，城市名望家操纵市政，排斥了民众的参与，利

---

① 〔美〕塞缪尔·P. 亨廷顿：《变化社会中的政治秩序》，第25页。
② 郭冬梅：《日本近代地方自治制度的形成》，商务印书馆，2008，第159页。
③ 〔美〕塞缪尔·P. 亨廷顿：《变化社会中的政治秩序》，第46页。
④ 藤森照信『明治の東京計画』岩波書店、1982、204、207頁。
⑤ 『東京百年史』第3卷、123頁。

用政治资源而授予某些经济集团以特权。民间的政商则通过贿赂、收买市政官员影响市政决策。两者一拍即合，大规模的城市改造成为市政腐败的温床。

四　市政腐败与"城市病"

近代市政的产生和完善在日本是一种被动的应对，旨在解决工业化初期的各种城市问题。然而，市政腐败破坏了社会的公平正义，扭曲了城市管理机制，在某种程度上甚至加剧了"城市病"的爆发。

频繁发生的市政腐败阻滞了近代城市建设的进程，损害了公众利益和社会福祉。东京市上水道改良事业比预定工期推迟了4年，至1898年12月方才完工，费用也增加了200万日元。[1]这对于捉襟见肘的市财政而言不啻雪上加霜。东京市区改造事业从1889年开始，到1918年方才结束，历经30年，可用"旷日持久"来形容。然而，充裕的时间却未能保证工程质量。尤其在1903年以后，在"速成"的压力下，工程不得不大幅缩减，其中原计划的316条道路压缩为88条，[2] 大有虎头蛇尾之意。在市政腐败的影响下，市区改造遗留下诸多问题，最受重视的是干线道路、桥梁，其次为上下水道，而公园等设置排在最末，遑论贫民窟改造、垃圾设施完善等"枝节"问题了。[3]

19世纪末20世纪初的日本，在工业化的助力下，城市化暗潮涌动，传统城市向近代城市急遽转变。这种变化如果不经市政当局的科学管理与规划，其结果可想而知。市政腐败造成的管理混乱直观地反映在城市改造中。作家田山花袋写道："昔日的江户日趋破败，新的都市日益扩张。水道工事何其复杂！山手的街道逐一被挖开，全部成了泥泞之地，脚蹬木屐艰难跋涉。"[4] 市区改造为破旧立新的基础设施更新，给普通民众的生活带

---

① 石塚裕道『日本近代都市論　東京：1868 - 1923』98頁。
② 藤森照信『明治の東京計画』217頁。
③ 此时的市政排斥民众的参与，漠视市民的权益。东京府知事松田道之提出的市区改造思想为"道路、桥梁、河川为本；上水、房屋、下水为末"，随后的市区改造方案基本执行了这一思想。见石田赖房『近代都市計画の百年』自治体研究社、1987、91頁。
④ 『東京百年史』第3巻、123頁。

来不便，也是城市新陈代谢的阵痛。田山的遭遇具有普遍性。在市政工程建设过程中，市民不仅负担了高额的特别税，而且需要忍受眼前的种种不便，却无法预见城市改造后得到的好处，因此市政工程曝出腐败丑闻后，民众对市政产生了种种不满。随着市政腐败的集中爆发，城市政府的威望一落千丈，市政工程频频遭到市民的抵制。1912 年，大阪市发生电路问题，被揭发出瓦斯公司与市议会监督官之间相互勾结，激起市民的愤慨，市民会发起人 47 名在市政府前集会，发起抵制运动，引起瓦斯公司的恐慌。① 事实上，以 1905 年的"日比谷骚乱"② 为标志，城市中的草根群体开始发出声音，成为一支不容忽视的政治力量，对市政产生了一定的影响。③

城市建设表面上是通过基础设施的更新和完善来完成空间秩序的重建，实质上是城市社会秩序的重构过程。日本工业化的后发性体现为原始积累的滞后，因此，传统社会秩序解体过程中产生了剧烈的阶级分化。城市下层民众集中居住的贫民窟是近代工业城市的产物，也是产业公害、恶劣的公共卫生和住宅状况等"城市病"的"病灶"。在日本近代市政体制下，产业资本家等"城市老板"控制了市政，使得市政工程实质上仰赖于私人经营。作为城市社会基石的中产阶级力量弱小，因此近代日本最终走向了精英政治与暴民政治激烈冲突的城市发展模式，这也成为明治之后大正城市文化的主旋律。这表明，城市化不只带来了便利和文明的生活方式，也促成了民众思想的转变。在各种城市问题的催化作用下，个别的不满犹如星火之势被点燃，最终促成类似于街头政治的城市骚乱，体现出社会学意义上的"集合行动论"。④

市政腐败的频繁发生为城市管理和市政运营敲响了警钟。根据市制规

① 「大阪市電路問題」『東京朝日新聞』1912 年 7 月 26 日、第 2 版。
② 1905 年日俄战争结束后，民众聚集在日比谷公园庆祝。然而战后的《朴茨茅斯和约》并无赔款和领土补偿要求，消息传来，狂热的草根民众从"迷梦"中惊醒，开始攻击政府部门及城市公共设施，演变成一场街头政治，明治政府动员军队方才镇压下去。但由此，社会呈现向多样化时代发展的端倪。参见周颂伦《日本近代社会转型期研究（1905 ~ 1936）》，东北师范大学出版社，1998，第 45 ~ 49 页。
③ 参见郭小鹏《日本近代城市改造中民众角色的变迁》，《都市文化研究》第 16 辑，上海三联书店，2017，第 57 ~ 59 页。
④ 中筋直哉『群集の居場所 都市騒乱の歴史社会学』新曜社、2005、143 頁。

定，内务大臣在必要时可以解散市议会。作为东京市上水道事件的最终处理结果，1896 年，东京市议会被解散。然而，市议会改选后市政并无起色，甚至在 1900 年前后发生了市政腐败窝案。① 当时的舆论认为市政腐败的原因在于议员的腐化堕落，主张通过改选"善良的议员"以达成"市政刷新"。② 然而，公职人员的道德水准不仅难以考核，而且很难不受金钱的侵蚀。在市场经济条件下，"为谋求巨大利润的个人竞争导致牺牲公家利益、不择手段的垄断做法变本加厉"。③ 截至 1943 年，日本共有 22 次市议会被解散的情况，其中东京市有 3 次。④ 这充分反映出战前日本各地的市政乱象。战前日本饱受"城市病"的困扰，这与市政腐败有莫大的关联。

美国学者刘易斯·芒福德认为，19 世纪在城市发展史上是一个不堪回首的时代，"大城市里的破坏和混乱简直与战场上一样"，雪上加霜的是，"工业城市的市政设施姗姗来迟"。⑤ 工业化和城市化深刻地改变了人类的生活方式和历史进程。早期工业化在很大程度上形塑了城市空间，功利主义常常导致城市发展处于无序状态。市政腐败和混乱成为早期资本主义列强挥之不去的顽疾，并传染到渴望"脱亚入欧"的日本。所谓物极必反，19 世纪以来，为了对抗包括市政腐败在内的城市问题，欧洲先进国家开展了市政体制改革，赋予城市自治权力，从而使城市政府具有活力和主动性。⑥ 美国也于 19 世纪末 20 世纪初在市政中推行民主政治和科学管理，收到一定效果。⑦ 然而，日本的市政改革运动较为迟缓，直到 20 世纪 20 年代才形成城市专门官僚，开始取代城市名望家自治。战后，随着日本城市治理主体的多元化以及公众的积极参与，日本的市政腐败得以遏制，"城市病"也得到有效治理。日本工业化初期的城市问题也是今天众多发展中国家面临的困境。市政腐败是市政紊乱的产物，解决市政腐败的

---

① 小原隆治「明治後期における東京市の市政腐敗と政党政治」『成蹊法学』34 号、1992。
② 「社説　区会議員選挙」『読売新聞』1901 年 11 月 4 日、第 2 版。
③ 〔美〕刘易斯·芒福德：《城市发展史——起源、演变和前景》，宋俊岭、倪文彦译，中国建筑工业出版社，2004，第 467 页。
④ 都丸泰助『地方自治制度史論』新日本出版社、1982、77～78 頁。
⑤ 〔美〕刘易斯·芒福德：《城市发展史——起源、演变和前景》，第 462、464 页。
⑥ 赵可：《近代欧美国家市政改革运动论述》，《城市史研究》第 22 辑，第 291 页。
⑦ 王旭：《美国城市史》，中国社会科学出版社，2000，第 134～140 页。

难题，有赖于建立健全市政制度，强化市政运营的监督机制，鼓励市民的参与。健康的市政有助于实现城市的善治，推动城市的可持续发展。

作者：郭小鹏，山西师范大学历史与旅游文化学院

（编辑：万鲁建）

运河城市临清历代城址变迁考略*

周　嘉

内容提要：临清"因水而名"，"因河而城"，后又"因漕而兴"。由于水患、兵燹、政治、经济等因素，临清县名几度变更，城治数易其位，城址也多次变迁。临清城的历史发展脉络可以从早期历史、建置时代和漕运盛时三个宏观时段来考察。临清城址始终在河水两边转换，其命运系于"水"。临清成为运河商业都市之后，对城池进行了大规模的改造与扩建，突破了治所城市的局限，并最终定型为砖、土二城相连的"宝瓶城"。

关键词：运河城市　临清古城　城址变迁

临清是山东省历史文化名城，有着悠久的历史和深厚的文化底蕴。它在远古时代为"有鬲氏"部落范围，[①] 在夏朝时为古九州之一的兖州之域。《尚书·禹贡》有"沛、河惟兖州"的记载，"沛"指济水，"河"指黄河，"言此州东南据济水，西北距河"，[②] 而临清即在此范围内。商末属纣畿内地，史载殷纣王"盈钜桥之粟"，[③]"聚乐戏于沙邱"。[④] 钜桥始建于商代，位于今河北省曲周县东北，横跨漳水，临清西境即与曲周接壤。临清又为古沙丘

＊　本文系教育部人文社会科学研究青年基金项目"运河城市的空间形态及生命历程研究——以临清为中心的历史人类学考察"（项目编号：15YJC840049）的阶段性成果，同时亦得到山东大学博士后日常经费项目的资助。

① 李白凤：《东夷杂考》，齐鲁书社，1981，第20页；谭其骧主编《中国历史地图集》第1册，中国地图出版社，1982，第10页；民国山东通志编辑委员会编《民国山东通志》第1册，山东文献杂志社，2002，第227页。

② （汉）班固：《汉书》卷28《地理志》，中华书局，1962，第1525页。

③ （汉）班固：《汉书》卷28《地理志》，第1265页。

④ （汉）司马迁：《史记》卷3《殷本纪》，中华书局，1982，第105页。

地,《毛诗谱》曰:"邶鄘卫者,商纣畿内,方千里之地,其封域在禹贡冀州太行之东,北逾衡漳,东及兖州,桑土之野。"① 春秋战国时期隶属齐州卫地,后属赵国。秦时属巨鹿郡,汉承秦制始置县,隋唐以来废置相寻。明代为东昌府属县,弘治二年(1489)升为州。清顺治元年(1644)为临清州,乾隆四十一年(1776)升为直隶州,民国降州为县。

临清境内有三条古河流经:清河从西南向东北沿西部边境而过,会通河由东南而西北从境域中部穿过,马颊河自西南向东北沿东部边境而去。黄河主、支流亦曾数次流经此地,清河、会通河多次与黄河合流。自明代黄河南徙后,清河、马颊河皆与海河汇流入海。自古以来,临清就与"水"结下不解之缘,"临清"之名缘于古代清河,有"临近清河"之意。历史上的几个古城均傍河而建,临清可以说是"因河而城"。随着元、明、清三代对会通河的开挖与整治,临清成为漕运咽喉之地,逐渐成长为运河沿岸工商业发达的城市,临清又是"因漕而兴"。由于水患、兵燹、政治、经济以及决策等原因,临清县名几度变更,城治与城址位置也数易其位。考察历史时期临清城址的变迁脉络(见图1),对于古代经济城市的研究具有重要的价值和意义。古城址的探索也是古城遗址大面积发掘的准备工作,笔者利用相关文献资料,结合田野调查以及出土文物,对临清古城名城、位置、规模和布局等提出初步意见,以期抛砖引玉。

一 早期 (春秋至汉代) 临清城址的起源

春秋时期,临清境内出现了历史上第一个有人聚居的城镇,史称"贝丘古城",其遗址在今天山东省临清市大辛庄街道办事处近古村西南约200米处。据该村《常氏家谱》记载,常姓于明万历三十九年(1611)在此开设店铺,命村名为"常店"。至清雍正九年(1731),因村址紧靠贝丘古城遗址,村民集议将村名改为"近古村"。② 贝丘又作"贝邱",《说文解字》解释"丘"为"土之高也",《尔雅》又云"四方高中央下亦曰邱也"。在古

---

① (汉)郑玄:《毛诗谱》,清光绪四年(1878)淮南书局刻本。
② 临清市地方史志办公室编《临清乡村概况》,五洲传播出版社,2003,第411页。

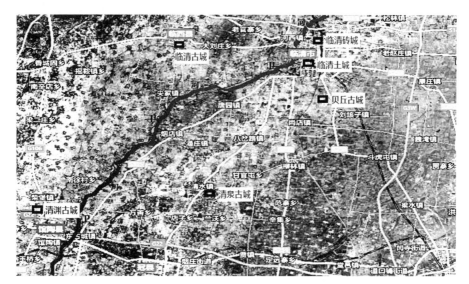

图1　临清历代城址位置示意

资料来源：基于百度地图笔者自绘。

代，人类聚居的地方多称为丘，仅见于《春秋》和《左传》记载的就将近
40个，① 如春秋时期的清丘、葵丘，战国时期的沙丘、废丘、宛丘、顿丘，
不胜枚举。这里涉及一个重要的水与城建历史问题：城郭建于"丘"，既因
据水利，亦因防水患。换言之，所谓城"丘"者，乃因近水之高地而建。

　　黄河泛滥是危害临清境内居民生存的最大天灾，人们以高地土阜聚居
避之。"周定王五年（前602），河决宿胥口，在今濬县西南，出濬、滑之
间，循今之卫河即漳水，掠大名、临清，循南运至天津入海，是谓初
徙。"② 这是黄河的首次改道，在今淇河与卫河合流处，行经路线大体似今
卫河左右，史料同时也指出流经的几个重要城镇，其中就有贝丘。③ 汉代
又在此置城，时封清河王于清河郡，于是改清河郡为清河国，治所由今河
北省清河县境迁入此处。《太平寰宇记》云："贝丘在今县东南十五里，有
汉贝丘县故城存，城中有贝丘，高五丈，周回五十步，兼有后汉贝丘长博
陵刘伯言、北海苑盖兴二碑，并文磨灭。"④ 据当地老人讲，50年前遗址

---

① 辛德勇：《黄河史话》，社会科学文献出版社，2011，第93页。

② 杨启东修，赵梓湘纂《青城续修县志》，民国24年（1935）铅印本。

③ 张含英：《明清治河概论》，水利电力出版社，1986，第13页。

④ （宋）乐史：《太平寰宇记》卷54，四库全书本。

高出地面数尺，南北有几十丈长，面积约存 500 亩，东、南两段还可看出城的规模，砖瓦块亦随处可见。①

临清境内的贝丘虽史料记载无多，但自两汉迄宋历代均对其记忆犹新，概因之为黄河故道和今道分流处的地理界标。正如宋人张洎所说："禹以大河流泛中国，为害最甚，乃于贝丘疏二渠，以分水势：一渠自舞阳县东，引入漯水，其水东北流，至千乘县入海，即今黄河是也；一渠疏畎引傍西山，以东北形高敝坏堤，水势不便流溢，夹右碣石入于渤海。"②

二 建置时代（西汉至金元）临清城址变迁

（一）清渊古城

临清置县始于西汉，汉高帝年间（前 206～前 195）置清渊县，隶属于冀州魏郡。后历两汉、三国、西晋至十六国后赵建平元年（330），存在时间长达 500 多年。古清渊县治所当在今河北省馆陶县的青阳城（今青城村）处。《山东通志》载："青阳城在县（馆陶县）西十里马头渡，相传汉冯异追铜马贼于此。"③《馆陶县志》载："清渊县故城在县西北十三里，汉置县，属魏郡，俗曰青阳城。"④

实地调查可发现青城村附近地势高亢，有一条明显的河流痕迹绕其侧自西南而东北流过，这条河流就是历史上的清水河。据《水经注》记载："清水出河内修武县之北黑山"，"东北过获嘉县北"，"又过汲县北"，"又东入于河"，"又东北过馆陶县北"，"又东北过清渊县"。⑤ 结合考古发掘，这里曾集中出土了一批汉代陶器，数量之多、品位之高实非普通民众所能拥有，说明了青城村一带确系汉代政治活动中心，也有力地证明了此地为古清渊县治所的可能性。

---

① 中国商检报社聊城出版发行中心编《大京九博览》，中国城市出版社，1997，第 255 页。
② （元）脱脱：《宋史》卷 93《河渠三》，中华书局，1977，第 2318 页。
③ （明）陆钱等纂修《山东通志》卷 9，明嘉靖十二年（1533）刻本。
④ （清）郑先民修，耿愿鲁纂《馆陶县志》卷 1，清康熙十四年（1675）刻本。
⑤ （北魏）郦道元：《水经注》卷 9，四库全书本。

那么，清渊县因何而得名呢？"淇水又东径清渊县故城西，又历县之西北为清渊，故县有清渊之名矣，世谓之鱼池城，非也。清渊县有清渊城。"① 淇水本是黄河支流，在今河南淇县以东汇入黄河，清水从西南来与淇水汇合流向东北。河水流至此地，聚而成渊，城之西北有清渊潭。因河水在此地域分流汇集，形成水内有城、城中有水的景观，"清渊"之名由此而得。

（二）清泉古城

西晋咸宁年间（275～280），改清渊县为清泉县，隶属司州阳平郡。后赵建平元年（330），又改清泉县为临清县，隶属司州建兴郡。"临清"之名始于此，有临近清河之意义。《水经注》载："置临清县于水东，自赵石始也。"② 临清县城在"水东"，也就是在卫河以东，俗曰"水东临清"。卫河古称"清河"，在馆陶境内漳河与卫河交汇后合称"卫运河"。③北魏孝文帝太和二十一年（497），复设清渊县，隶属司州阳平郡，治所在今冠县东北 40 里的清水镇。隋开皇六年（586），析馆陶县、清渊县各一部分置冠氏县（今冠县），这样清泉城便从临清行政区划中析出。

清水镇曾有清渊泉，又称清水泉。"清渊泉在临清县清水镇，今州东四十五里"，④ 水清甘冽，而清泉县、清水镇均因之得名。如今在该镇尚可寻到残存的围子和城垣，据当地老人讲，民国时期古城围子颇为壮观，城墙上尚能跑马。当地农民在挖地窖子的时候，还能挖掘出古时的残砖墙基和陶瓷瓦片。清泉古城的城垣在道光年间进行过重修，只是到清末逐渐颓圮。《冠县县志》记载了民国时期的修筑情况："民国六年重修，围廓墙濠悉如旧制，惟添修东西门各一，南关及西关门各一，南北门上均有门楼，南门仍名关洛要径，北门仍名燕冀亨衢，南关门曰丽泽，南东门曰映岱，

① （明）王命爵等修，王汝训等纂《东昌府志》卷 43，明万历二十八年（1600）刻本。
② 陈桥驿、叶光庭、叶扬译《水经注全译》，山西人民出版社，1995，第 328 页。
③ 徐登阶：《卫运河演变初考》，《临西文史》1989 年第 2 辑。由于历史上多次变迁，卫运河历代名称不一，战国前称"清水""清河""卫河"，汉魏时称"白沟"，隋代称"永济渠"，唐宋时称"御河"，元明清称"卫河""御河"，共和国时称"卫运河"。
④ （明）姚本纂修《冠县志》卷 1，明嘉靖二十四年（1545）刻本。

北东门曰怀安，南西门曰信成，北西门曰悠久，西关门曰阜财，南关围墙一百丈，西关围墙一百丈，高与大墙等。"①

（三）临清古城

在北魏太和二十一年复设清渊县的同时，另于县西40里置临清县，治所在今临西县仓上村东一带。仓上为北魏临清县城的粮仓重地，古城遗址内地势平坦，土地肥沃，非常适合粮作种植，素有粮仓之称。当时，清水镇的清泉古城与仓上村的临清古城并存。《水经注》云："（北魏）又别置临清县于水西，与后赵之临清并非一地。"②康熙《临清州志》载："（临清）旧城自后魏始，在卫河西，土人曰旧县集者。"③北魏时期的临清古城俗称"水西临清"，与"水东临清"遥相呼应。

"水西临清"到唐宋时期盛极一时，此时的临清城东西宽1.5公里，南北长3公里，面积约计4.5平方公里。遗址范围东至跃进渠（古永济渠），南至联结渠南300米，西到县官仓，北到古城墙。城西紧邻隋唐大运河北段的永济渠，因而此地也是古代建仓储粮的好地方，当时永济渠东河沿建有大型码头和官仓。官仓之东现称"堂台子"的地方为县城署衙所在，④在考古调查中，这里曾出土大量隋、唐、五代和北宋时期的砖瓦、瓷器、陶皿等，足以证明这一点。县衙北建有钟鼓楼、文庙、武庙、奶奶庙等。如今，北城墙、北城门遗址尚存，且有一段半米多高的城墙残垣，夯土层明显。

"水西临清"古城存在时间长达600多年，不过在这期间，临清县治曾有一段时间划归宗城（今威县）。宗城始建于隋仁寿元年（601），金天兴三年（1234）废。宋熙宁四年（1071），黄河在大名决口，"七月辛卯，北京新堤第四、第五埽决，漂溺馆陶、永济、清阳以北"。⑤大名时为陪都称"北京"，三省六部一应俱全。史载："宗城，畿，熙宁五年省临清县为

---

① 陈熙雍等纂修《冠县县志》卷2，台北，成文出版社，1968，第216~217页。
② 陈桥驿、叶光庭、叶扬译《水经注全译》，第328页。
③ （清）于睿明、胡悉宁等纂修《临清州志》卷1《城池》，清康熙十二年（1673）刻本。
④ 杨遵义：《关于临清古县衙"堂台子"遗址的调查》，《临西文史》2002年第5辑。
⑤ （元）脱脱：《宋史》卷92《河渠二》，第2281页。

镇入焉，当年复旧，寻以永济隶临清。"① 黄河洪水将临清县城淹没，县衙也被冲毁，不能正常办公，遂暂时降县为镇并入宗城县，当年末待县衙修好后，又恢复了临清县。

仓上村所在区域地势较低，"其地洼下特甚"，② 俗传叫"月洼"，③ 现今仍能见其轮廓。此处曾建有一寺叫"月洼寺"，尚有遗址可考。同时，由于几条河流在此相汇，这里一直是水灾最严重的地方。北宋末年，黄河决口，多次从县境北流，临清古城本来处于洼地，再加上黄水泛滥，以致尽败庐舍，城内倒塌殆尽。金天会五年（1127），为避水患，临清县治所自仓集镇迁至卫河东岸的曹仁镇（今临清市旧县村），在此设河仓以储粮粟，逐渐发展成为御河上的经济大县。《金史》载："临清有河仓，镇一曹仁。"④ 曹仁镇为运河岸边的漕运粮仓所在地，这当为迁治的另一重要原因。不过，值金元之交的战乱，如此经济大县渐趋萧条。有关元代临清县治的记载只见于《寰宇通志》：熙宁间，"废临清为镇，寻复置，后徙于县东南四十里曹仁镇，元因之"。⑤ 则元代临清亦治曹仁镇。

三 漕运盛时（明清至近代）临清城址的拓建

（一）临清砖城

元朝建都大都（今北京）后，"百司庶府之繁，卫士编民之众，无不仰给于江南"，⑥ 遂于至元二十六年（1289）开凿会通河，"起东昌路须城县安山之西南，由寿张西北至东昌，又西北至于临清，以逾于御河"。⑦ 会通河在曹仁镇以北约五公里处与御河交汇，这个交汇点遂成为南北水运之枢纽，于是商贩之夫日益屯聚，迅速发展成为一个新兴的集镇，因位于会通闸之侧，命名为"会通镇"。永乐九年（1411），明王朝重新疏浚会通

---

① （元）脱脱：《宋史》卷86《地理二》，第2122页。

② 陈桥驿、叶光庭、叶扬译《水经注全译》，第328页。

③ 临西县地名办公室编印《临西县地名志》，1983，第55页。

④ （元）脱脱：《金史》卷26《地理下》，中华书局，1975，第629页。

⑤ （明）陈循等纂修《寰宇通志》卷72《东昌府临清县》，玄览堂丛书本。

⑥ （明）宋濂：《元史》卷93《食货一》，中华书局，1976，第2364页。

⑦ （明）宋濂：《元史》卷64《河渠一》，第1608页。

河，漕粮悉由大运河运往京、通二地，"从徐州至临清几九百里，过浅船约万艘，载约四百石，粮约四百万石，若涉虚然"。① 临清地位更加突出，成为"挽漕之咽喉，舟车水陆之冲"。②

会通镇经过近十年的发展，其繁华程度已远超当时的县城曹仁镇，因此，明洪武二年（1369）遂迁县城至会通镇。当然，迁城的目的也是躲避水患，同时方便管理漕运、督造粮仓。"徙县治汶、卫环流之中"，③ 临清县治所自曹仁镇北移至中洲（当时属于会通镇）临清闸处（今市区考棚街纸马巷），"自鳌头矶迤西，凡在汶、卫二水之间者曰中洲"。④ 由于临清所处的战略和经济地位非常突出，又因正统十四年（1449）"土木之变"发生，出于防务之需，景泰元年（1450）始筑临清砖城，选址在会通河北支流东北方向地势高亢之处，遗址范围为今市区曙光路、红星路、大众路和解放路所围成的区域。纸马巷遂成为县治遗址，如今仍有古建筑门楼一座，其上为挑檐阁楼，其下专设砖门，门楣上镶嵌"县治遗址"字样。当时，砖城的城墙"高三丈二尺，厚二丈四尺，围九里一百步"，城门"东曰武威，南曰永青，西曰广积，北曰镇定"。⑤ 城墙上设戍楼8座，戍铺46处，为方便守城人马上下城墙，还特设蛾眉甬道。城墙外绕以护城河，深、宽均为9尺。临清市文博专家马鲁奎先生曾实地考察，发现所用城砖多系明代临清砖窑制造，每砖都引有"临清城砖"字样。砖城肇建告成后，治所遂又迁至砖城内居中偏西南处，并以此为营建坐标参照点，"左建帅府，以居总戎，其余藩宪、分司、卫所、县邑、学校、仓廪，凡百司局，各以位置"。⑥

砖城奠定了明清两代主要作为行政空间的临清城郭的格局，其后虽屡有维修，但城郭形态并无太大改变（见图2）。明清以来迄民国时期，临清砖城的维修主要有如下数次。明弘治八年（1495），兵备副使陈璧增对城墙增建矮墙，修筑月牙城，即城外用来屏蔽城门的半圆形小城，并在城门

---

① （明）何乔远：《名山藏》卷49《河漕记》，《续修四库全书》第425册，上海古籍出版社，2002，第436页。
② （清）张度、朱钟等纂修《临清直隶州志·邓希曾序》，清乾隆五十年（1785）刻本。
③ （清）于睿明、胡悉宁等纂修《临清州志》卷1《城池》。
④ （清）王俊、李森等纂修《临清州志》卷2《山川》，清乾隆十四年（1749）刻本。
⑤ （清）王俊、李森等纂修《临清州志》卷3《城池志》。
⑥ （清）于睿明、胡悉宁等纂修《临清州志》卷4《艺文》《临清建城记》。

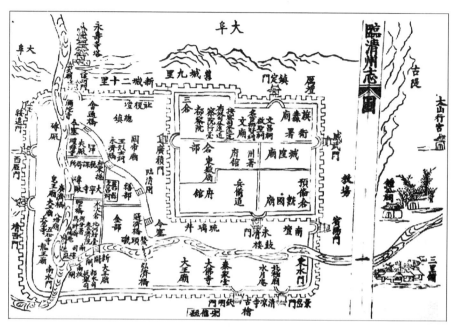

图 2　康熙年间的临清州城

资料来源：《临清州志》，清康熙十二年刻本。

处修建石桥，桥随城门名分别称为武威桥、永青桥、广积桥、镇定桥。明
正德五年（1510）兵备副使赵继爵、正德八年（1513）兵备副使李充嗣、
嘉靖十五年（1536）兵备副使张邦教，清顺治十年（1653）副使傅维鳞、
康熙二十四年（1685）知州佟世禄等人，先后对部分倒塌的城墙、毁坏的
城楼、堵塞的城濠等进行修缮和疏浚。清乾隆三十二年（1767），知州戴
知诚大规模重修城墙，除保持景泰元年初修城墙时所采用的城垣内外由城
砖镶包、中间用土夯填之法外，还将城墙改建为高三丈一尺、下厚二丈五
尺、上厚一丈五尺的金字塔式样梯形城墙，使城墙的稳定性和坚固性得到
加强。清同治十一年（1872），州牧王其慎兴工修葺城墙。民国 5 年
（1916），县知事阮忠模小规模修葺城墙，并在东西隅增建魁星戍楼。民国
21 年（1932），县长徐子尚在西南隅另辟博源门。[①] 凡此兴修，主要是修
补城墙，重修、改建或增建城楼，加修防御设施，于城垣则并无改变，因

---

① 以上参见马鲁奎《临清城墙》，《临清地方史志》1988 年第 1 期；张旋宇主编《运河名
城·临清》，中国文史出版社，2010，第 107 页。

而也就不会改变城垣外郭形态。

（二）临清土城

明弘治二年（1489），临清县升为直隶州后，"城西及南隅，商贾丛集，自弘治而后，生聚日繁，城居不能什一"，① 因而在中洲与运河两岸地带，逐渐形成新的居住与商业空间。明正德五年（1510），以刘六、刘七为首的农民起义军由河北攻入山东，先后重创济宁、博平、夏津，并攻陷武城、高唐，对临清形成半月形包围。于是，兵备副使赵继爵组织军民在会通河与砖城之间掘堑濠、筑土围，当时这道土围子称为"边城"，亦名"罗城"，此为营建土城之始。

嘉靖二十一年（1542），大学士丘浚曾分析临清地理形势道："临清乃会通河之极处，诸闸于此乎尽，众流于此乎会，且居高临下，水势易泄而涸速，是凡三千七百里之漕河，此其要害也……东控齐青，北临燕赵。"② 为此，他提出占据中洲、跨河为城的构想，请求进一步修筑土城，后来经过46天的时间得以竣工。这次修筑是在原边城围墙基础上拓而广之，起于砖城东南隅，止于砖城西北隅，延袤20多里，跨汶、卫二水，呈一弯月形，俗称"玉带城"。城门有6个："东曰宾阳、景岱，西曰靖西、绥远，各有月城，南曰钦明，北曰怀朔。"③ 同时，还开辟了3个水门，分别为东水门、南水门和北水门。无论城门和水门，其上"各建戍楼，对峙其上，为戍铺三十有二"。④ 上下城墙的通道、守城士兵战守之屋室、护城河的深阔和城墙的高厚，均与砖城相差无几。相对于新城，史称原先的砖城为旧城，故砖、土二城亦有旧城与新城之称。

清乾隆三十九年（1774），王伦起义军血战临清月余，土城损毁严重。叛乱平息后，土城得到一定程度的修复。咸丰四年（1854），太平军将领林凤祥率军攻陷土城，再次重创城墙。同治二年（1863），黑旗军领袖宋景诗率军也曾攻破土城。百年内，临清"迭经兵燹，元气不复，城中人烟

① （清）张度、朱钟等纂修《临清直隶州志》卷2《建置志》。
② （明）陈子龙辑《皇明经世文编》卷71《漕运河道议》，明崇祯十六年（1643）刻本。
③ （清）王俊、李森等纂修《临清州志》卷3《城池志》。
④ （清）王俊、李森等纂修《临清州志》卷3《城池志》。

寥落，非复当年繁盛矣"。① 20 世纪以来，特别是 1937 年抗日战争爆发前后，劣绅土豪乘机肆意破坏城墙（见图 3）。1945 年临清解放后，政府号召拆除城墙，临清城墙逐渐消失。

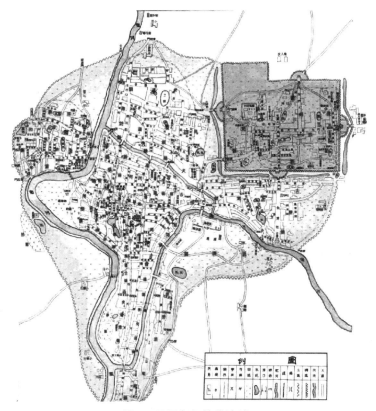

图 3　民国年间的临清城

资料来源：张树梅、王贵笙等纂修《临清县志》卷 7《建置志》，民国 23 年（1934）铅印本。

四　余论

临清城址变迁的历史已如上述，现从城址迁建、商业都市以及城市造型等方面，对临清运河城市的特点进行整体性探讨。

---

① 张树梅、王贵笙等纂修《临清县志》卷 7《建置志》。

（1）临清城址的迁建。临清城址之所以多次迁建，地理环境起到的作用较为突出。《管子·乘马篇》云："凡立国都，非于大山之下，必于广川之上，高毋近旱而水用足，下毋近水而沟防省。"这是古代城市择址时对地理环境提出的要求。此地河水资源相对丰富，古清河从其腹地穿过，《战国策》载苏秦说齐曰"西有清河"，说赵曰"东有清河"，即指此河。城治与水体之间的地理空间关系，从地名上亦可反映出来，"临清""清渊""清泉"等称谓皆因水而名。临清城的历史因河而兴，得水而灵。不过，临清地处黄河下游平缓低洼地带，凡有水患定会首当其冲，暴虐的黄河历史上几经光顾。而卫河河床弯曲狭窄，行洪能力有限，每遇上游地区连降暴雨，行洪超过河道容量，就泛滥决口成灾。所以，临清一域从聚落发展为城市，城址几经迁建，始终在河水两边转换，其命运系于"水"。

（2）典型的运河商业都市。临清是隋、元两代大运河的交汇点，其地理位置相当重要。大运河始经临清在隋炀帝大业四年（608），由洛阳经临清到天津直抵涿郡（今北京），是谓"永济渠"。元代对大运河进行"弃弓走弦"的线路改造，开通了从济宁到临清的会通河，从此开启了漕运的繁盛时代，临清成为南北水运的枢纽。临清在明朝嘉靖、隆庆、万历年间最为兴盛，是全国著名的商业城市。临清繁荣的另一个重要原因是对城池进行了大规模的改造与扩建。景泰年间始筑砖城于会通河之东，正德年间扩城范围未见记载，"据地望判断，不会超出会通河东"，[1] 一直到嘉靖年间扩筑土城后，临清城的规模才最终定型。

砖、土二城形成了界线相对分明的两个社区，一个是以官署、粮仓为主体的行政社区，一个是中洲地区与砖城紧密相连的商业社区。社会学家费孝通认为传统中国的城市可以分为两类：一类是以行政、军防为主要功能的"城"，另一类是在"城"之外发展起来的经济市镇。[2] 美国人类学家施坚雅认为这两类是一体的，只不过市镇是"城"得以形成的基础。[3] 临清的城市发展史基本上支持了施坚雅的看法。按照城市空间形态方面进行考察，临清当属复式城市类型之一种，是在运河两岸的沿河集合城市，

---

① 杨正泰：《从地理条件的变化看明清临清的盛衰》，李蓝生、杜明德主编《运河明珠——临清》，山东省地图出版社，2001，第15~22页。

② 参见费孝通《中国绅士》，中国社会科学出版社，2006，第61页。

③ 参见〔美〕施坚雅主编《中华帝国晚期的城市》，叶光庭等译，中华书局，2000，第327页。

带有砖城和土城两个都筑有城墙的组成部分。如果从城市形成过程中职能扩张与整合的角度出发，临清又可以被视为一种拓展型城市。临清先是因应军事、政治或行政管理的需要始筑砖城，同时，由于商业发展在原城郭之外逐渐形成商埠，土城是在砖城附近逐步拓展而形成的，因而突破了治所城市之局限的意义。

（3）临清城市的造型。在中国古代城市发展史中，县城、州城的营造均有一定的体制，大略为四方形，这是政治城市的特色。临清自明代以来，转变为全国性商业都市，其城池因地制宜，顺应河势，不拘一格，形制为二城一池，防御体系日臻完善。砖城以广积仓为基础，"故其西北凸出，俗谓之幞头城"，① 当地百姓又称之为"纱帽城"。砖城四座城门均不相对，四条大街皆不直通，因而形成一个"卍"字形。砖城四周掘以又宽又深的护城河，并建筑四座桥对应于城门，桥名以城门名命之。护城河里的水主要来自运河，护城河通过月河与运河相连。月河即小型水柜，当运河水涨之时，河水流入月河，枯水之际月河里的水再补给运河。土城横跨运河两岸，按照卫河以及会通河两条支流不规则的弯曲形状，在河外加阔开深堆筑而成。二城相连形似"葫芦含丹系玉带"，因而临清城市造型是一个"宝瓶城"。

作者：周嘉，聊城大学运河学研究院

（编辑：张献忠）

① （清）张度、朱钟等纂修《临清直隶州志》卷2《建置志》。

现代城市化：孙中山的战略构想及南京国民政府的政策抉择[*]

涂文学

内容提要：近代中国城市化运动的突出特点是政府主导，自上而下。孙中山先生是中国现代城市化运动最早的倡导者和设计师，南京国民政府时期，城市发展和市政建设成为国家战略并上升为中央政府的决策意志，中国现代城市化蹒跚起步。然而由于时代和认知的局限，国家层面对城市化的推力总体有限，领导人对城市化发展缺乏战略意识，国家决策层面亦无此一方面的顶层设计，有关城市问题的法律、政策模糊不清，措施、行动摇摆不定，20 世纪前半叶中国城市化长期在低水平上波动起伏，徘徊不前。

关键词：孙中山　南京国民政府　城市化发展战略　政策抉择

晚近以来，随着沿海沿江沿边城市被迫开埠和早期工业化运动的开展，中国现代城市化蹒跚起步。作为一种外源性次生型城市化运动，近代中国城市化的一个突出特点是政府主导，自上而下，即国家和政府成为城市化运动的主要设计者、决策者和推动者。本文在系统梳理孙中山先生关于中国城市化发展的战略构想和南京国民政府的相关政策、决策与举措的基础上，着重探讨国家和政府在城市化发展道路和城市现代治理上的经验、得失和历史局限性，以期对当下中国城市化发展提供有益借鉴。

---

[*]　本文系国家社会科学基金一般项目"20 世纪前半叶中国城市化研究"（13BZS075）的阶段性成果。

一 "建国必先建市，建市必先建制"

将城市建设与城市发展作为一项国家战略引起社会各界关注，应该是民国以后的事。孙中山先生不仅是近代中国民主革命的先行者，也是中国现代城市化运动最早的倡导者和设计师。"我们若果把中山主义精神和都市建设对于现代及将来的要求与市政的真谛和市政对于'救国''建国'的相关点，便是市政和'三民'的出发点，过细研求一下，恐怕是任何人也知道'市政'这桩问题在三民主义下尤其是重要的基础，不可一日废弃和停止的，所以市政的目的，就可以说完全是民有、民治、民享，市政上的百端建设，直接是和三民主义相系属的。"[①]

在《实业计划》中，孙中山提出了通过发展现代交通、现代工业来建设一大批交通枢纽城市和工矿城市以推进中国现代城市化的设想，并对上海、广州、武汉等国际性大城市的发展前景做出了富有预见性的描绘。关于交通枢纽城市，包括港口城市、铁路枢纽城市、现代公路交通枢纽城市等。对于港口城市，孙中山将其分为沿海港口城市和内河港口城市。沿海港口城市，包括三个大港、四个二等港、九个三等港、十五个渔业港，共计三十一个港。对于内陆城市建设，孙中山把着力点放在了长江中下游地区，而且对于长江中下游城市化发展寄予厚望并充满信心。"在扬子江此一部建设内河商埠，将为此发展计划中最有利之部分，因此部分在中国为农矿产最富之区，而居民又极稠密也。以整治长江工程完成之后，水路运送，所费极廉，则此水路通衢两旁，定成为实业荟萃之点，而又有此两岸之廉价劳工附翼之。则即将来沿江两岸，转瞬之间变为两行相连之市镇，东起海边，西达汉口者，非甚奇异之事也。"[②] 关于铁路、公路枢纽城市："实业计划有六大铁路系统与一六〇万公里之公路计划，自建设路政之意义而言，铁路为干，公路为枝，两者相辅而行，共存共荣，除基于军事政治之需要外，经济之关系亦切重要，盖在平时铁路与公路均须负担调剂民生与繁荣地方面之使命，尤当达到以路养路的目的，所以，铁路与公路所

---

① 蒋小秋：《在三民主义下的市政问题》，陆丹林编纂《市政全书》第 1 编，道路月刊社，1931，第 59 页。
② 孙中山：《建国方略》，三联书店，2014，第 191～192 页。

经串联者，必为重要城市……要之，铁路与公路所经过者都系重要商港和都市，旧有的尚待改进，而更交的新市则待吾人有计划的积极建设……吾人深信新的交通系统有赖于新的都市来促进，新的交通系统没有新的都市是不能生存的!"[1]

关于工业城市，孙中山从轻工业城市和重工业、矿业城市两个方面进行规划与设计："实业计划第五计划为食粮衣服居屋行动和印刷五种工业，后四种工业集中于城市间乃显而易见者，今仅就必须赖广大农村所生产的粮食工业而言，出产在农村，固矣。而加工以及售销必多赖城市，我国碾米工厂集中上海汉口无锡与芜湖四大米市者，占百分之八十以上，可见必须在城市谋取粮食工厂及销售之增加，而后才能诱发农村的增产。"[2] "最后讨论到第六计划之重工矿业，由于产地限制当不致集中于都市，但其运销亦必在若干都市进行。并且，由于产地分散，正宜实现田园都市之理想，以免都市膨胀之流弊，使多数之田园式的工业都市集而为都市连结化（Conurbatirl），如英国之七个都市连结区，日本之京滨京阪等四个都市连结区，使都市达到连结化，则国家完成工业化。"[3] 特别值得称道的是，孙中山先生对于工业化、交通现代化与现代城市发展具有整体性战略思维，即"筑港、建市街、起江河堤岸诸大工程同时并举"。孙中山预见中国将来必然会有一个城市化高潮，因此必须发展钢铁和水泥工业，以应城市发展之必需。"钢铁与士敏土为现代建筑之基。且为今兹物质文明之最重要分子。在吾发展计划之种种设计，所需钢铁与士敏土（即水泥）不可胜计"，"筑港、建市街、起江河堤岸诸大工程同时并举，士敏土市场既如斯巨大，则应投一二万万之资本，以供给此士敏土厂矣。而此业之进行，即与全盘其他计划相为关联，徐徐俱进，则以一规划奖进其他规划，各无忧于生产过剩与资本误投，而各计划俱能自致其为一有利事业矣"。[4]

孙中山先生关于中国现代城市化的诸多设想，不仅开启了民国政、学

---

① 陈先道：《从实业计划论工业化与建市之关系兼评宪法对于市自治之规定》，《市政评论》第 10 卷第 4 期，1948 年。

② 陈先道：《从实业计划论工业化与建市之关系兼评宪法对于市自治之规定》，《市政评论》第 10 卷第 4 期，1948 年。

③ 陈先道：《从实业计划论工业化与建市之关系兼评宪法对于市自治之规定》，《市政评论》第 10 卷第 4 期，1948 年。

④ 孙中山：《建国方略》，第 206 页。

两界城市发展战略思考之先声，而且直接影响了南京国民政府的城市政策，可以视作国民党推进中国工业化、城市化的纲领性文件。"中国之都市建设计划纲领，总理既曾以极天才的考虑，而作上述简明之提出，使吾人对于都市建设获有向导。"[1]

南京国民政府成立后，城市化与城市现代化发展在国家发展战略中开始占一席之地。"市政为国家政策之一，所以谋增进地方人民幸福也。"[2]"新中国的建设工作发轫了。市政的整理和设施，在新中国建设事业中，占了最重要的位置。"[3] 国民党及南京国民政府对于城市化及都市现代化建设在国家发展中的先导作用有较明确的认识："市政的目的，可以说完全是民有、民治、民享，市政上的百端建设，直接是和三民主义完全相系属的。故所以只要是一个都市里，把整个的崭新的市政实际上开发了，那么，但凡关于都市的政治、教育、社会、风俗、经济、道德、生计等等，确实表现了充分的福利，便是国民党党义上所希望的全民觉醒、全民组织、群众运动、文化建设、社会革新，一概能先由都市方面涵育而养成，一国的群众，从此可以上了新的轨道，实现了新生命，'救国''建国'上一切期待，在基础上严格的解释，确要从都市来作出发点咧。"[4] 蒋介石亦曾表示重视市政。"吾人革命之目的，在排除障碍，建立新治，俾民众享受真正之幸福。故扫荡以后，急须建设，不容有一刻之游移。建设之事万端，唯市政最为先务，诚以都市者，人民之所集中，文化于以胎息，政治效用，切近易睹，民生福利，非此无以筑其基。民权运用，非此无以植其始也。"[5]

"建国必先建市"，将建设城市、发展城市列为国家战略并上升到国家决策意志，民国朝野几成共识。

首先，发展城市关乎救国与建国，"对于救国与建国的相关点，便是市政和三民主义的出发点"。[6]"要想国家长治久安，必先以建市为其手段，作其桥梁，方能达成建国必成的理想。"[7]

---

① 郑樑：《实业计划的中国都市建设》，《新市政》第 1 卷第 1 期，1941 年。
② 陈良士：《国民市政常识之培植》，陆丹林编纂《市政全书》第 1 编，第 68 页。
③ 杨哲明：《现代市政通论》，上海民智书局，1929。
④ 蒋小秋：《在三民主义下的市政问题》，陆丹林编纂《市政全书》第 1 编，第 59 页。
⑤ 转引自蒋小秋《在三民主义下的市政问题》，陆丹林编纂《市政全书》第 1 编，第 56 页。
⑥ 蒋小秋：《在三民主义下的市政问题》，陆丹林编纂《市政全书》第 1 编，第 55 页。
⑦ 参见赵可《市政改革与城市发展》，中国大百科全书出版社，2004，第 83 页。

其次，现代化必须城市化。"中国目下的问题，概括的从根本处着眼，当然是如何'现代化'的问题。这似乎是没有人可以否认的吧。……孟禄MunrO教授说：'高等文化是都市的产物'，我们根据事实，应相信这句话的正确，果如此，便可证明中国'现代化'须先建设文化之产地的都市，同时，在近二十年内，中国乡村的农民也有极大的数目自乡村奔赴城市，这吾人从近十余年来的各大市之人口统计就可得到证明的……我国要现代化，对于这文化产地之都市必须'迎头赶上去'，方有办法。"①

再次，城市化与城市现代化关系文化的传承与发展。"都市为文化之母，文化为都市之花。凡一国都市，不能积极建设者，其文化必无进步可言；文化无进步之国家，不能存立于二十世纪之竞争世界也。我国民政府，定都南京后，首以创办市政建设都市为急务，亦所以促我国文化之进展。"②

最后，城市化是训政时期一项重要任务。"训政"是孙中山先生"革命秩序论"中推翻专制政府、建立现代民主社会的重要历史阶段。"训政"既是民主政治培育过程，即"训练清朝之遗民，而成为民国之主人翁，以引此直接民权也"，③又是通过推行民生主义政策主张，促进传统农业社会向现代工业社会转型的过渡时期。南京国民政府名义上统一中国后，1928年8月国民党二届五中全会公布"训政"开始，1931年5月召开国民会议通过《中华民国训政时期约法》，"国民政府本革命之三民主义五权宪法以建设中华民国既由军政时期入于训政时期，允宣公布约法共同遵守以期促成宪政，授政于民选之政府"。该约法凡8章89条，要义一是通过以宪治国的体制机制建设和实行国民教育，培育"民国之主人翁"，并"移官治为民治"，为实现"主权在民"宪政打下基础。二是通过奖励工商、鼓励人民自由营业和自主择业，尽快实现国家工业化，以期有效改善国计民生。要实现"训政"时期的上述任务，推动现代城市化当是重要途径之一。现代城市是民主政治产生的温床，现代都市文化对于涵养国民民主政治观念，提高国民参政议政水平有重要作用。"至于市政的真谛就是革新旧城市改造为新都市了，那民生主义的真精神，由此可以贯彻，国民政治能力也由他可以容易养成的，所以近代学者，都认为都市市政这件

① 姜春华：《城市建设中的几个建议》，《市政评论》第2卷第10期，1934年。
② 刘文岛：《汉市之现在与将来》，《中国建设》第2卷第5期，1930年。
③ 《孙中山全集》第5卷，中华书局，1985，第189页。

事，是近世文明发酵的酵母，是二十世纪的唯一鲜花，影响到国家或社会的前途是非常巨大。因为这样，所以一个国家的文化表征，都可以从都市方面的建设来测试，都市的盛衰，就是一国文化隆替的关键。"① 现代都市工商繁盛，人口密集，不仅可以有效解决经济发展、民生改善和社会进步等诸多问题，而且便于组织动员民众参与社会活动，改变乡村社会无组织之散漫状态，培育出有公共观念、有社会责任感的现代公民。"都市与健全之农村相对待，而支配一国之国运，形成一大社会之组织，俾多数国民得以安居，成一大经济组织，为一国国力之中坚，又为政治之中心、文化之魁首。由此可见，都市方面举办的效率，是达到什么样的程度了。而且，都市地方因为是群众萃处，容易从这共同生活上利害相调点，加以适当的训练，建国上政治运动极能普遍的，因其为商工业繁盛的地点。从劳动阶级聚集的关系上，建国上社会运动，也容易宣传的。况且市政机关全部工作概行从民众立场上来谋公共间幸福和利益，可知是完全为民众服务，和市内民众最为直接。但凡一切行政上事业上给予民众参与的机会非常之多，阅历和熟练的效率自然是宏大。"鉴于此，有人干脆提出"训政时期中的地方行政就是市政"，"只要训政时期中把市政极端开发了，一旦到了宪政的时期，那种种进步的完备的美善的策略，也自然容易做到全部成功了"。"我们对于这种种之关系加以研究，愈更知道'市政'这桩问题，不仅止是'三民主义'中认为必要的，而且是在一定时期以后，就是从训政到宪政，绝对认为最必要而不可缺乏的建设了。"②

城市发展在从传统农业国到工业国、从传统乡村社会到现代城市社会、从传统专制政治到现代民主政治转型过渡中的这种重要性，使得"市政为训政时期重要工作之一，各地莫不争先恐后的一致进举，实是训政期中的一个良好现象"。③ 城市建设风靡全国，"近代市政之进步，可谓物质文明最著之征象。溯自国民政府成立以来，通都大邑，俱追逐于此潮流之中，皆有相当成绩。广州之焕然一新，首都之干路如砥，此其尤为彰彰在人耳目者。此外较为繁庶之县镇，凡财力所许，亦竟为建设"。④

---

① 蒋小秋：《在三民主义下的市政问题》，陆丹林编纂《市政全书》第1编，第58~59页。
② 蒋小秋：《在三民主义下的市政问题》，陆丹林编纂《市政全书》第1编，第59~60页。
③ 刘郁樱：《谈市政管理》，《道路月刊》第32卷第1号，1930年。
④ 刘郁樱：《为筑路者进数解》，《道路月刊》第31卷第1号，1930年。

南京国民政府按照"建国必先建市，建市必先建制"的思路，首抓城市"建制"，通过立法，建立起独立的城市市政管理体制，提高城市的政治地位，在法律上保证城市的独立自治与发展。中国市制以法律的形式正式确立并真正付诸实施虽然是在南京国民政府正式成立之后，但其端绪则可追溯到清末"新政"所推行的城镇乡自治。中国行政序列向来没有市的建制，"中国自周以降，虽亦有市政，但历代都市均在国家行政隶辖之下，无市自治可言"。① 光绪三十四年十二月二十七日清廷颁布《城镇乡地方自治章程》，对城、镇、乡以明确划定，并赋予了一些自治权利，"当时之所谓城，实即现在通称之市，为县属或直隶州、直隶厅属之自治团体，受各该管地方官监督"。② 辛亥革命后，江苏率先暂行市乡制，北京政府颁布《地方自治试行条例》。1921 年 12 月广州建市，同年 7 月北京政府颁布《市自治制》，改市为特别市与普通市两种。1925 年 5 月北京政府又颁布《淞沪自治制》。南京国民政府成立后于 1928 年颁布《特别市组织法》和《市组织法》，1930 年 5 月又颁布新的《市组织法》，"国内市制差告一统"。③

上述林林总总之市制，从赋予城市独立地位角度看来，确有不少亮点：一是清廷颁布的《城镇乡地方自治章程》，第一次以政府的名义，明确了城市为一政治单位，规定府厅州治城厢为城，即今日之市；二是《江苏省暂行市乡制》，第一次确立"市"之名称，即"将城之名改易为市"；三是《广州市暂行条例》第一次将市的行政管辖权从省、县行政管辖范围分离出来，赋予城市独立的政治地位，"市之脱隶于县，要自此始"；④ 四是《市自治制》将市分为特别市和普通市，"中国特别市与普通市之分实始于此"，⑤ 并第一次明确市为独立法人，"市自治制明定市为法人，截止民十九年市组织法，市制中明定市为法人者，仅有市自治制"；⑥ 五是南京国民政府于民国 17 年颁布的《特别市组织法》和《市组织法》（民国 19

① 钱瑞升：《民国政制史》下册，上海世纪出版集团，2008，第 683 页。
② 蒋慎武：《近代中国市政》，中华书局，1937，第 14 页。
③ 钱端升：《中国政制史》下册，第 685～686 页。
④ 钱端升：《中国政制史》下册，第 690 页。
⑤ 张锐：《中国政制史》，《中国建设》第 2 卷第 5 期，1930 年。
⑥ 钱端升：《中国政制史》下册，第 695 页。

年又颁布新的《市组织法》），总结了晚清以来市制建设的经验，不仅第一次将城市法律地位和组织架构以法律形式予以明确，而且真正在全国范围内加以施行。这两部法律，以中央的名义正式将城市纳入国家行政序列，中国城市至此终于有了一个正式的名分。

20 世纪 20 年代末 30 年代初兴起的"市政改革"，是一场由知识界发起、由官方主导的城市改革运动，其最主要的成果便是城市立法和城市自治。一些城市取得了和省、县一样的行政地位，这就从法律和制度上扫除了城市发展的体制障碍，有利于城市建立和发展，全国各地纷纷谋求市政独立，建市热情一路高涨。早在北洋政府时期，不少城市就纷纷谋求建立现代自治市制，"南通、广州、吴淞、杭州、昆明、青岛等处皆先后实施市制，蓬蓬勃勃，状况良佳"。[①] 1928 年《特别市组织法》和《市组织法》颁布后，建市热潮更加高涨，据统计，1927 年至 1936 年十年间，先后建立特别市（院辖市）7 个，普通市（省辖市）18 个，以市政筹备处等组织机构行使市职能的城市有 8 个。截至 20 世纪 40 年代初，"直隶于行政院之市，现有南京、上海、北平、天津、青岛、西安（市政府未成立）及重庆，威海卫行政区直属于行政院……隶属于省政府之市，有广州、汉口、杭州、汕头、济南、成都、贵阳、长沙、兰州、厦门、昆明、开封、桂林、衡阳、南昌、韶关及自贡；设市政筹备处者，有包头、武昌及连云港；设市政委员会者，原有九江及郑州，现九江市政委员会已裁撤"。[②]

城市建制和城市治理的相对独立，对于城市化的推进意义重大。它改变了"城乡合治"的传统国家治理格局，由重乡治开始向重视城市治理转变，并建立起适合城市特点和城市发展规律的组织管理体制机制。"我国自来以农立国，故无近代的市制产生。其有设市之举，乃是近数十年的事。在民国初年，我国现代的市政制度，已经萌芽。国民政府成立后，复有组织法的公布，五五宪草地方制度中，亦有市的规定；虽说其规定者，并不如人意，但这均可以证明：'欲使城市适应工商业社会，必须与农业社会有不同的政治组织不可'。"[③] "重市政"既是城市进化之因，也是城

---

① 张锐：《市制新论》，商务印书馆，1926，第 1~2 页。
② 钱端升：《中国政制史》下册，第 732 页。
③ 文学诚：《论宪法市制》，《市政评论》第 10 卷第 4 期，1948 年。

市繁盛之果。城市政府按照城市自身的发展规律，更新城市治理理念，制定有别于传统"乡治"的城市治理方略，发展现代工商业以繁荣城市经济，大批乡民因此而涌入城市，从而带动城市化的快速发展。

南京国民政府推动城市化发展的另一个重要举措是城市政府重视市政建设，按照现代方式规划城市，扩展城市空间，使城市能够容纳更多的外来移民，为将要到来的城市化浪潮做准备。"都市计划问题，近数年来，其声浪之高，既达极点。……现吾国各大都市，处此变迁之际，求其立有一定之计划，作远大之眼光，为数寥寥，大抵皆在其自生自灭而已。但今日物质文明，日益进步，人口增加，年以倍计，若再任其自由发达，则社会之安宁不保，市民生命时危。"①

广州作为最先启动现代市政改革的城市，把修筑马路、拓展新市区作为市政建设的首要任务，"本市海岸交通，商务繁盛，人口亦日渐增加，自非展拓市区范围，不足以资容纳而维久远"。② 规划对广州市区予以重新划定，将广州四周广大郊区划入城市范围，市区面积大大扩展。

1929 年武汉特别市成立后，市政当局有 1929 年、1930 年和 1936 年 3 次武汉和汉口城市规划，这些规划均按城市发展的长远预期对市区范围进行重新划定。如 1929 年武汉特别市城市规划"以从事科学之建设，谋产业之发达，并预防无秩序的人口膨胀"，对武汉城市人口规模、分区、交通、公园绿化、上水排水、街道之放宽及建筑之限制、修建全市各处江岸、建筑平民住宅和关于设计之各项基本调查及测量等方面提出了大胆的设想。"其所规划的武汉三镇行政区范围，是依据孙中山《建国方略》论述之精神，结合三镇原来的天然界线以及预测 60 年间人口增加所需的城市建设空间和四周与中心之距离务求相等为原则，加以划定，面积共 669600亩。其规划人口数量，是按每年 3% 增加和按《都市设计通则》预测 60 年后城市人口规模，同时依据市区总面积除去江河、湖泊、山地和规划的公园绿化系统等面积后，每市民应占有 50 平方米推算，可容纳 594 万人。"③
1936 年的《汉口市都市计划书》对于汉口城市面积和人口规模做出较为详

---

① 《广州展拓市区》，陆丹林编纂《市政全书》第 3 编，道路月刊社，1928，第 51～52 页。

② 《广州展拓市区》，陆丹林编纂《市政全书》第 3 编，第 51～52 页。

③ 武汉市地方志编纂委员会：《武汉市志·城市建设志》上卷，武汉大学出版社，1996，第120 页。

尽的规划，该计划书指出，除江河所占面积约 15 平方公里外，陆地和湖塘约占 119.14 平方公里；人口规模为商业区人均 30 平方米，可容 80 万人，工业区人均 50 平方米，可容 84 万人，住宅区人均 80 平方米，可容 67 万人，共 231 万人，每年人口增加率按 3% 计，39 年后即达到饱和。

20 世纪 20～30 年代都市扩展的潮流，既是现代城市化运动初兴的必然反映，更是南京国民政府顺应潮流的一种主动作为；它既为蜂拥而来的城市新移民准备了工作和生活空间，更直接将大片农舍田畴改造成楼宇烟囱，使大批乡民在须臾之间转化为城市居民。对此，著名社会学家吴景超给予了积极评价："都市人口增加的第三个法子，便是扩充市区。譬如现在的上海，已经不是一百年前的上海了。从前的上海，不过占有现在城厢附近的一带。现在的上海市，不但把公共租界法租界包括在内，而且还有吞并吴淞浦东以及附近各乡村的趋势。以前凡是吴淞的人，将来也许在统计上，都要变成上海人了。别的都市，也有并吞附近小镇小村的办法。譬如南京市，以前只在江南的，现在把江北的浦口，也算在南京市的范围之内，从前的浦口人，以后在统计上，也要变成南京人了。"①

20 世纪 20～30 年代的"市政改革"对城市化的推力作用显著，城市数量和城市人口空前增长。南京"自改为首都以来，更为全国之重心，政治机关林立，居民人数激增，将来工商业之繁盛，更可预期"。② 1912 年中华民国成立之初，该市人口为 27 万人，1937 年增加至 100 万人。全国城市人口总量亦有较大增长，据《申报年鉴》的统计，1932 年，全国十万以上人口的城市总计 108 个，城市总人口为 3076 万人，较之 1900～1911 年全国城市总人口 1464 万人，增加近 1600 万余人。

二 "中国工业化第一期内应列城市建设为首要工作"

现代工业化与现代城市化互为因果，既相互促进，亦相互制约。孙中山先生对中国工业化与城市化的倡导和设计不遗余力，泽荫后人。孙中山认为中国要实现现代化，首先要实现工业化，而工业化与城市化相辅相

---

① 吴景超：《都市社会学》，世界书局，1929，第 31 页。
② 陆丹林编纂《市政全书》第 3 编，第 7 页。

成，为现代化不可或缺之两翼。对此，民国时期的学人曾有过明晰解读："我们主张以城市为工业化的手段，即以中国工业化的第一期内，应列城市建设为首要工作……何以当列城市建设为第一期之首要工作？答曰：请看中国工业化的图案——实业计划，即有对于中国工业化的设计，我想未有完善过于国父此部巨著的。"①《实业计划》开宗明义："发展中国工业，不论如何，必须进行。"② 孙中山认为，作为农业国的中国，现代工业不发达，使权益外溢，受到发达国家的盘剥，中国要富强，发展现代工业为不二之途。"我国近百年来所以积弱不振，其主要原因，可以说是因为工业没有建立起来，国防工业的基础固然没有树立，民生日用的物品，亦大多倚靠外国制造运输而来。致利权外溢，国弱民贫，总理在民生主义第二讲中，曾很恳切地告诉大家说：'中国的工业非赶快振兴不可，中国人虽多，但系没有机器，不能和外国竞争，全国所有的货物，都是靠外国制造运输而来，所以利权外溢，我们要挽回这种利权，便要赶快用国家的力量来振兴工业……'"③

发展中国工业先从哪里着手，孙中山先生把现代工业分为"关键及根本工业"和"工业本部"两大类。所谓"关键及根本工业"包括交通、矿业、燃料、动力等基础工业，即重工业；"工业本部"包括满足人们衣食住行及文化需要的工业，即轻工业。孙中山主张国家工业化应首先注重建设交通、市政等基础性设施，"予之计划，首先注重铁路、道路之建筑，运河水道之修治；商港市、街之建设"；其次把发展基础工业放在突出位置予以高度重视，"注重于移民，垦荒，冶铁，炼钢。盖农、矿二业，实为其他种种事业之母也，农、矿一兴，则凡百事业由之而兴矣。且钢铁者，为一切实业之体质也。凡观一国之实业发达与否，观其钢铁出产多少可知也"。④ 孙中山先生认为注意发展"工业本部"（即轻工业），既可促进工业化运动快速进行，又有利于改善民生。"欧美二洲之工业发达早于

---

① 陈先道：《从实业计划论工业化与建市之关系兼评宪法对于市自治之规定》，《市政评论》第 10 卷第 4 期，1948 年。

② 孙中山：《建国方略》，第 342 页。

③ 朱子爽：《中国国民党工业政策》，国民图书出版社，1943，第 2 页。

④ 孙中山：《中国实业当如何发展》，《总理遗教全集》，国民政府军事委员会政治部，1943，第 683 页。

中国百年，今欲于甚短时内追及之，须用其资本、用其机器。若外国资本不可得，至少亦须用其专门家、发明家，以为吾国制造机器。无论如何，必须用机器以辅助中国巨大之人工，以发达中国无限之富源也。"①

南京国民政府时期，国民党秉承孙中山《实业计划》发展工业以振兴国家，改善民生之精神，大力发展国营工业，并对民营工业予以扶持与保护。蒋介石曾经指出：中国要在世界上独立生存，"第一重要的条件就是工业发达"，1935 年 5 月，他在云南省党部做题为《建设新云南与复兴民族》的演讲时，对于发展中国现代工业的重要意义做了较为明白的阐述："大家要晓得，现在一个国家要在世界上独立生存，始能与各国并驾齐驱，获得自由平等的地位。第一重要的条件，就是要工业发达。所以我们中国要能和人家讲平等，争自由都无益处，因为农业国家作一天的工作，工业国家不到一小时就可以做好。农业国家多量的原料，只能换到工业国家极少的制造品。由于此种生产力与生产品价格的悬殊，农业国家在经济上总居于被剥削的地位，同时在政治上每每陷于被压迫者的地位。外国人常说我们中国是农业国家，表面虽没有什么轻侮的意思，而实际的含义，就是说我们农业国家，应当将所有的生产品和劳力，供给他们工业国。更明白的讲他们工业国，就是我们农业国的主人，我们农业国，就不能不做他们工业国的附庸。我们明白了这层道理，就可以知道今后我们要救国，要求得自由平等，必须赶紧使我们的国家由农业国进为工业国。"② 这里，蒋介石看到了中国与西方先进国家存在的跨时代的巨大差距，他认为只有通过发展现代工业，实现国家从传统农业社会向现代工业社会的全面转型，才能缩小这种差距，步入世界先进国家行列。国民党四届六中全会通过的《努力生产建设以图自救案》，阐述孙中山现代工业化思想，秉承蒋介石变农业国为工业国之旨意，确立工业建设在国家经济建设中的主导地位。"总理在《建国方略》物质建设篇，主张先设农具等工厂，用意至周。又如苏联第一个五年计划，亦倾注全力从事机械工业之设置，而置轻工业于辅助地位，故能树立工业基础，生产因而猛进。我国轻工业，近来略具萌芽，惟所需机械，及金属原料，十九购自外国，产业失其独立，致受外人

---

① 孙中山：《建国方略》，第 314 ~ 315 页。
② 朱子爽：《中国国民党工业政策》，第 37 ~ 38 页。

挟制，前途殊为可虑。故为工业发展计，对于重工业，应特别注意，一方面应择要由国家经营，一方面尤应奖励人民投资兴办。其现有民营具有成绩之重工业，应设法扶助扩充，庶五年十年之后，生产工具或可自给。"① 随后不久召开的国民党"五大"又进一步强调了上述工业发展指导思想及其原则："振兴工业，凡一切与国利民富关系重大之事业，应以国营为原则，一切国有营业应以原有之整理与新兴之事业并重。同时对于一般工业，则应力除与民争利之弊害，并与之积极之扶助与保护，协调劳资关系而助其发展。"② 1935 年 12 月，国民党第五届中央执行委员会第一次全体会议上通过的《确定国民经济建设实施计划大纲案》中对于工业如何布局有了新的设想："基本工业由政府经营或监督之，并以适当之条件或'租营'之办法，奖励国内外资本家之投资。""在可能范围内广设小规模工厂于各农业中心区域，便于农民参加制造工作。如是，则乡村不至因人口减少，而呈萧条之状态，城市不至因工厂过多，而人口拥挤，烟雾弥漫，有害于社会之卫生，及造成社会之恶劣之环境，而户口之分布，亦得以均衡，各地富源得以普遍开发，即遇暴力摧残，亦得不致全部被毁。"③ 1938 年国民党临时全国代表大会通过的《宣言》中揭露了日本侵华的经济目的，主张发展战时经济以增强抗战经济实力："中国为农业国家，大多数人民皆为农民，故中国之经济基础在农村，抗战期间，首宜谋农村经济之维持，更进而加以奖进，以谋其生产力之发展。至于新兴工业，直接间接关系抗战至深且巨，必须合政府与人民之力，于最短期间谋其复兴，凡此增进战时农工生产，以奠立战后经济基础。"会议通过的《抗战建国纲领》，对于工业建设有许多具体意见："开发矿产，树立重工业基础，鼓励轻工业的经营，并发展各地之手工业"；"值此抗战期间，工业用品，需要陡增，益以交通运输之困难，国外货物不易大量输入，因此工业用品，不免渐行缺乏，补救之道，厥唯极力提倡工业"。④ 国民党及南京国民政府既注重发展重工业，又兼顾轻工业，既重点发展国营工业，又鼓励民营资本投资工业，既发展都市工业，又支持乡镇工业的布局和发展。尤有甚者，国民

① 朱子爽：《中国国民党工业政策》，第 62 页。
② 朱子爽：《中国国民党工业政策》，第 64 页。
③ 朱子爽：《中国国民党工业政策》，第 68～69 页。
④ 朱子爽：《中国国民党工业政策》，第 72～75 页。

党注意到传统中国以农立国、农民占全国人口 85% 以上的国情，提出通过发展都市工业和乡镇工业，使人民就业职业结构得以改善，走一条"户口之分布，亦得以均衡"的不同于欧美人口过于集中于城市的新的城市化道路。

南京国民政府在推动现代工业化、扶助国营及民营企业方面有不少政策举措。其一是法律保障。1931 年 5 月公布的《中华民国训政时期约法》明确规定，"国家应创办油、煤、金、铁矿业，并对于民营矿业予以奖励及保护"。从 1929 年起，南京国民政府先后颁布《公司法》、《公司施行法》、《矿业法》和《工厂法》等一系列法律法规，鼓励、支持和规范工商企业经营活动，保证工业化运动健康有序地开展进行。其二是设立机构。1928 年 2 月，成立工商部、农矿部以及中华民国建设委员会，1931 年，工商部与农矿部合并组建成实业部，领导和指导国家工业建设。其三是制定奖励政策。先后制定出台《特种工业奖励法》《小工业及手工业奖励规则》《奖励工业技术暂行条例》《工业奖励法》《特种工业保息及补助条例》《奖励工业技术补充办法》《小工业贷款暂行办法》等。关于特种工业的奖励，民国 18 年 7 月即公布《特种工业奖励法》，民国 19 年 2 月 27 日由行政院公布《奖励特种工业审查标准》，扶助和鼓励民营企业参与国家现代工业化运动。其四是对全国工厂进行统一登记并订立工业标准。从 1931 年 2 月起，国民政府公布实施《工厂登记规则》，规定凡本国境内有工人三十名以上的工厂，均应依法登记，并每年报告厂务情形。截至 1936 年，全国核准登记工厂约 260 家。其五是推广国货，激励民族工业提高产品质量。其措施包括举办国货展览会、积极参加各国博览会、促进国货产销合作等。①

政府鼓励工商业发展的政策措施，使中国现代工业有了长足发展。1928 年至 1936 年，工业增长率为 8.4%。企业数大幅增加，1933 年，全国企业总数 3450 家，1928 年至 1934 年，全国新设工矿企业 984 家，平均每年 141 家。1936 年国统区民族工业资本总额约为 13.76 亿元，其中民营资本总额约为 11.7 亿元，约占整个资本总额的 85%。工业化程度亦有明显提高，1936 年，现代工业产值为 33.19 亿元，相当于当年工农业总产值的 10.8%，如果再加上传统手工业产值，则可占到工农业总产值的 20.5%。② 在铁路建设方

---

① 参见朱子爽《中国国民党工业政策》，第 113～117 页。
② 参见吴承明《中国资本主义与国内市场》，中国社会科学出版社，1985，第 127、132 页。

面，1927年至1937年，全国（不含关外）共修建铁路3795公里。

现代工业化与现代城市化相辅相成，互为表里，相互促进。工业化结果是改变国家落后的面貌，变农业国为工业国，变乡村社会为城市社会，直接推动城市化发展。"工业政策，虽为城市经济政策的主体，而是现阶段国家努力的目标，但若与其他城市经济政策和计划建市的政策不相配合，工业也是难于孤独发展的。……所以城市政策还要包涵计划建市这一政策，才不会各市各自为政，致使工业相互脱节……"①

工业化运动主要在城市展开和进行，现代工业本质上是一种都市工业。"盖工业与都市在今日已有不可分离之趋势，因都市之工业化，工业即因之都市化，又工业之都市化，都市往往随之工业化焉。故凡重要之工业，无不集中于都市，而重要都市，亦即工业发展之中心也。例如上海、天津、武汉、青岛、无锡、大连、济南、广州、哈尔滨等处，为工业发达之地，中国今日之重要工业，亦以此等都市为集中点也。"② 现代工业不仅需要建工厂，需要大量的产业工人，而且需要与之配套的交通和物流，需要与主导产业相配套的产业链，总之，现代工业的产生和发展必须要有相应的城市化氛围和城市设施予以支撑与配合，因此，都市在20世纪前半叶中国工业化运动中扮演了举足轻重的角色。民国学者龚骏在《中国都市工业化程度之统计分析》一书中，曾从工厂、资本、工人、机械等四个方面对此有较为详细的介绍，其中工厂、工人两项是最重要的指标。如工厂："我国各大都市之新式工厂，究竟占全国多少之百分比，一业与一业不同。大概言之，仅就其制造中心而论，即至少占全国百分之五十以上，最多百分之八九十。若以次要之都市包括在内，则百分比数，自更将提高若干也"；"我国都市工业，在工厂方面，约占全国百分之五十三至八十九也"。如工人："都市工厂工人所占全国之百分比，亦较厂数所占者为高。据民十九统计纺纱业六大中心，其厂数占全国百分之七十四，工人则占至百分之八十又三。其他各业，虽无统计可考，然都市之工厂资本，既已比较的巨大，则其雇佣之工人，自亦较多，以此度之，大概情形亦多仿佛也。"仅从这两项指标，"可见我国都市之工业，在全国已占重要之地位。无论

① 邱致中：《城市政策的研究》，《市政建设》第1卷第3期，1949年。
② 龚骏：《中国都市工业化程度之统计分析》，商务印书馆，1933，第3~4页。

以厂数，资本，工人，抑或机械观察之，至少超过全国总额的百分之六十，甚至有全数集于都市者"。①

发展工商业，改善城市的功能结构，既是国家决策层面的主观意志，也是每一个城市当权者的主动行为。如汉口特别市市长刘文岛把发展城市工商业放在优先位置，并予以高度重视，"工商业，为发展都市之唯一要素，舍此其都市既无发展可言。是以本府对于工商业之提倡，与振兴，特别重视"。刘文岛在其任内大力招商引资，创造就业机会，吸引大批人士到汉口兴业就业："招请华侨，到本市创设工厂、商店，以容纳本市之失业工人，并予华侨种种之便利，使华侨乐于到本市创办实业。""集合本市资本家，及在外埠避居之资本家，回汉，创办实业，予以种种之便利，以便容纳本市失业之工人。"② 北平乃传统古都，工商业不甚发达，生之者寡、食之者众的现象十分严重。30年代，北平产业工人不到7000人，商店亦仅占总户数的1/8，市民中的95%都只能消费而不能生产，导致赤贫者达18万人以上，有人提出要竭力保护并奖励各种小工商业，政府贷款于市民，帮助市民发展生产，③ 并有人力图改变北平的经济结构，将其改为工业区，"香港威海卫等地，数十年前，不过一荒村耳，今俱成为商业辐辏之区，岂有建筑伟大，市民云集之平市，反不能改为工业区者哉?"④ 这些规划者对北平提出的改造方案，就是力图通过改造北平的传统经济结构将其由一个消费型传统城市变为一个建立于现代工商业基础之上的生产型城市。

城市工业化的一个直接后果，便是吸纳更多的乡村人口到城市就业。"今日工业化的推进已成为全国舆论一致的要求，则转移一部分农业人口为工业人口是当然之事。"⑤ 现代城市密集区和工业化发展较为充分的城市周边乡村人口必然向其转移和集聚，带来人口城市化的快速发展。龚骏曾描述过20世纪20年代末30年代初期江苏、浙江、安徽、山东、湖北等地农民因上海、青岛、汉口等城市工业发达所发生的离村现象。"都市工业

① 龚骏：《中国都市工业化程度之统计分析》，第15~28页。
② 刘文岛：《汉市之现在与将来》，《中国建设》第2卷第5期，1930年。
③ 张又新：《北平市之缺点及其救济》，《市政评论》第1卷，1934年6月。
④ 黄子先：《繁荣平市之我见》，《市政评论》第1卷，1934年6月。
⑤ 马寅初：《中国工业化与民主是不可分的》，《民主与科学》第1卷第1号，1945年。

化后，其影响于农村，亦极重大。盖都市工厂之增加，势必吸引一部分农民充作劳工。结果农民逐渐向都市移动，使农村陷于空虚状态。……在江苏方面，仪征农民之离村率，每年为百分之一又四四，江阴为百分之二又三四，吴江为百分之四又八八，金坛（王母观村）为百分之八。浙江方面，萧山为百分之七又五八，关山（三七七村）为十八又五。安徽宿县为百分之三又〇二，山东沾化为百分之八又七。河北方面，邯郸为百分之一又二八，遵化为二又六五，唐县四又五五，定县（大王耨村）五又六六，盐山八又七二。湖北武昌之南湖濠沟，则为百分之二十。可知各地离村率，最多竟有达百分之二十。此足以表显农村若何之不安！若从都市人口增加，以及东北及海外移民之数字观察之，更足以证明农民离村数量之巨大。"①

工业集中于都市，促进了城市功能的现代转型。工业都市化与都市工业化互为因果，使中国现代都市经济现代化、人口都市化乃至社会生活城市化快速推进。著名经济学家何廉、方显廷认为，工业化运动的发展对中国现代城市化产生了积极影响，催生了一批现代工业与商业中心，"上海、无锡、通崇、武汉、天津、唐山、青岛、济南、大连、辽宁、广州。近来均变为工商业中心城镇……各城之工业，均渐行地方化。如上海、无锡、通崇、武汉、天津、青岛之为棉纺织业中心，上海、无锡、天津之为面粉业中心。缫丝业则分集中于上海、无锡与广州。大连则榨油业独盛。唐山为产煤要地，武汉则以钢铁著称。余如天津北平之地毯，上海天津之提花布，天津北平武汉平湖等处之针织业，以及杭州绍兴之锡箔，均成为该地方之重要工业。工业中心若在沿海或处陆地交通便利之地位，亦往往同时为商业之中心，如上海为中国工业中心，同时亦为中国商业中心，其余如天津、大连、广州、武汉等埠亦莫不然，各商业中心之重要，从各埠每年之贸易额及其与外国直接之贸易额可以见之"。由于工业化催生了一批工业和商业中心，带来人口向这些城市中心大量集聚，涌现了一批大城市或中等城市。"各工商业中心重要之比较，亦可从各埠人口之多寡见之。"根据作者列举的"中国二十万人口以上之城镇"的统计，20世纪20年代末全国20万人口以上的城市已有15个，其中武汉150万人，广州74万人，

---

① 龚骏：《中国都市工业化程度之统计分析》，第13～14页。

苏州50万人，福州31万人，宁波28万人，上海150万人，重庆62万人，杭州38万人，青岛30万人，大连22万人，天津80万人，长沙53万人，南京36万人，厦门30万人，温州20万人。人口的集聚、大城市数量的增加，尤其是城市经济功能的转型，使城市现代化有了实质性进展，"工业与商业中心之兴起，亦为经济蜕变中一重要现象。……中国人民之城市生活，因之亦日进千里，城市化已成为重要问题"。①

三　市政科学及市政建设"未受国人重视"

尽管民国时期国家和政府在推进城市化方面出台了一些政策，并取得了一定成效，但是由于时代与认知的局限，国家层面对城市化的推力总体有限，领导人对城市化发展缺乏战略意识，国家决策层面并无此一方面的顶层设计，有关城市问题的法律、政策模糊不清，摇摆不定……所有这些都直接影响到20世纪前半叶中国城市化的平稳推进，因此为时人所诟病。

孙中山先生对于发展中国现代工业、现代交通，建设新型工矿、交通枢纽城市有许多预见和设想，但是他对于城市制度和城市治理却并无系统设计与建构，甚至在他关于地方自治的学说中也没有明确提出"市"这一行政组织机构的概念。孙中山对于城市发展和市政制度建设的这种模糊性，使时人对城市建设和发展在国家发展战略和政权体系建设中的地位和作用产生误解，并直接影响国民党和国民政府的决策意志。曾经有学者质疑，"为什么在中山先生的《建国大纲》中，完全没有提及过'市政'两个字？"在国民党和国民政府初期政纲中，关于地方自治只有省和县，而无"市"之设计与规定。"国民革命的全部计划，从破坏到建设的完成时期止，对于一国中的均权主义，只有说中央和地方，对于地方行政区划单位，只说到'县'，不有提过都市。便是自治，也只有说县地方自治。可见'市'的这一阶级，将来或许是不必要的，或者是市政府归在官治统系……"② 关于国家建设，在孙中山的《建国方略》和国民党相关文件所列事项中，亦并无市政之单列，即或有之，也是和其他事项混为一谈。民国学者蒋小秋曾

① 何廉、方显廷：《中国工业化之程度及其影响》，《工商半月刊》第2卷第2期，1930年。
② 蒋小秋：《在三民主义下的市政问题》，陆丹林编纂《市政全书》第1编，第55页。

著《在三民主义下的市政问题》专文为之辩解，但比较县制与市制、县治与市治，市政建设与城市治理在孙中山和国民党高层那里未能予以足够重视则是不争的事实，如孙中山《建国方略》中所列涵盖国家经济、社会、文化建设方方面面，但除警察、教育、道路、平均地价及整顿税务、企业等项与城市有关外，其他主要是农村与农业、农民事务，而且关于市政事务并无明确的、系统的城市指向和城市导向。

重视农村，忽视城市，既是传统农业社会"以农立国""重本轻末"的余韵流风对近代中国统治阶层治国理念方略的浸润和影响，同时也是20世纪20~30年代在农业衰微、农村凋敝、农民破产的严峻背景下，政府和社会一种不得已的应对之策。蒋介石1931年发表的《国民经济建设运动之意义及其实施》论及"国民经济建设运动之实施要项"立足点在振兴农业，所涉及五个方面内容，只有一条明确谈到工业问题，而且主要是以工业救济农业："促进工业对农村简易工业，及农产品加工制造之简单工业，提倡就农村或其附近，按合作系统经营之，对于一般工业，由政府分别保护并奖励之。"[1] 但是救济乡村，发展农业，是回归"以农立国""重本轻末"的传统老路，还是通过工业化、城市化的现代发展方式振兴民族经济？民国政府和不少社会精英显然已误入歧途。"农村破产，在中国已经成为有目共睹的事实，社会上已有许多热心的人士，在那儿作救济农村工作，有的从政治入手，有的从教育入手，有的从自卫入手，还有许多走别的途径，去帮助农民的。可是在救济农村的潮流之下，很少有人从发展都市着眼，去救济农村的。不但如此，社会上还有许多人，误认都市为农村的仇敌。他们以为都市对于农村，不但没有贡献，反可使农村的破产加深。"[2] 为此，政府和社会精英阶层对发展城市化的态度暧昧、行为消极：一是没有"都市意识"，二是政策举措上重视农村建设而忽略城市发展。所谓"都市意识"，民国著名社会学家吴景超这样认为："中国的领袖，与别国的领袖一样，无疑都集中在都市里面。但中国的领袖，似乎缺少了一种'都市意识'。譬如天津工商业的领袖，有几个人知道天津的势力范围，包括一些什么地方？他们有几个人知道东南到什么地方，便侵入济南，南

---

[1] 蒋中正：《国民经济建设运动之意义及其实施》，《汉口商业月刊》第2卷第11期。

[2] 吴景超：《发展都市以救济农村》，《农村经济》第1卷第12期，1934年；《中国工业化之程度及其影响》，《工商半月刊》第2卷第2期，1930年。

京，或上海势力范围，西南到什么地方，便侵入郑州，或汉口的势力范围，晓得那些地方，是他的都市的势力范围，因而出全力去经营这些地方，使这些地方与他的都市，共存共荣，便是我们所谓的都市意识。假如每个都市中的领袖，都有这种都市意识，然后根据这种意识去努力，那么中国现在虽然经济萧条，农村破产，将来总有繁荣的一日。"① 这里的"都市意识"就是一种以都市为中心的意识，通过城市化带动乡村的现代化发展，彻底改变乡村积弱积贫的落后状况。然则政府并没有超越传统"农本""乡治"的思维定式，缺少跳出乡村看乡村，以发展工业化、城市化带动乡村现代化发展的全新的战略思维和施政方略。"现在全国的声浪，都仅着眼于农村复兴的问题，诚如吴先生说的'不但很少有人从发展都市着眼去救济农村，反而社会上还有许多人，误认为城市为农村的仇敌'，这种误解，已在事实上表现出来了，在中央方面，行政院设有全国农村复兴委员会，是一个专门从事农村调查设计的机构，国民政府之下，还有一个经济委员会，最重要的工作，也是供给物质去恢复农村建设的机关，可是对于全国城市的经营设计，还没有一个专门机关，也没有听见中央用财力，或人力去辅助任何城市从事市政建设的事。至于民间方面，也只听见复兴农村运动，和救济或研究农村的消息，可是研究市政的团体或发展城市的组织，除我们几位同志于去年冬成立一个市政问题研究会，此外全国也就没有一个较有成绩的会所。就是出版书报杂志，对于农村问题，真是汗牛充栋，可是市政文字，再也不易见到，难道城市真有不值得建设的地方吗？"②

正是囿于这种"以农立国""乡治为本"的传统治国理念，无论是晚清时期的清政府，还是民国时期的北京政府、南京国民政府，在国家决策意志层面并没有把握和顺应现代化、城市化时代潮流，将城市发展确立为基本国策，对于城市治理亦缺乏顶层设计。何为城市发展和建设的顶层设计？民国著名市政学家邱致中曾在一篇文章中向当局如此建言："建国要先建市，建市要先建制，建制既需设立'市政部'，起草'都市法'，然后才能达到全世界第一理想的'计划都市'之出现，而都市建设趋向，方可

---

① 吴景超：《发展都市以救济农村》，《农村经济》第 1 卷第 12 期，1934 年。
② 殷体扬：《我国都市化问题》，《市政评论》第 2 卷第 11 期，1934 年。

以由过去的'点'，越过'线'，越过'面'飞跃而成'体'。这样，市政才不是装点门面的，真正造成军事上，经济上，政治上，文化上，有极大使用价值的东西了。"① 这就是说国家必须把城市建设（建市）放在建国之优先地位，而建市的保障是"建制"，要通过立法（《都市法》）来确立城市的地位，使城市发展与建设在法律许可和保障下有序进行；国家要建立专门的权力机构，推进和管理城市建设；城市发展的总体目标是由点到线、由线到面，最后建成现代城市社会（体），使国家成为军事、政治、经济、文化上的现代化强国。反观南京国民政府的城市政策，至少有两个严重缺陷：一是领导决策机构始终阙如，二是城市法制极不完善。"我国过去和现在，不惟市政制度不健全，尤其中央机构几等于零；而市政法规，也零落不完，市与市所定的单行办法，又彼此不同，甚至互相矛盾，所以严格地说来，法制也没有，'制'也没有。"法制几等于零，那么城市领导管理机构又是怎样的呢？答案同样不乐观。"惟独都市中央机构，则不但没有一个专管市政的部会，而且没有一个专管市政的司！寻来寻去，只见内政部民政司列有'地方自治'为其主管范围之一。但市县同为地方自治体，县多市少，所以在中央真正主管市政的，只有民政司内一个科，此外有关系的，也仅社会部一个劳动局，和内政部一个卫生署罢了。"②

　　说城市立法"几等于零"，显然是极而言之，并非事实。南京国民政府成立之后，即于1928年7月颁布了《特别市组织法》和《市组织法》两部城市法律，1930年5月3日，国民政府立法院第87次会议通过了新的《市组织法》。此法"将特别市之名称取消，而统名之曰市，但分隶于行政院之市与省政府之市而已。此市组织法者，即现行之市制"。③《市组织法》规定人口达到20万人方可设市（省辖市）。这一设市标准，使中国大量城市不能取得城市"许可证"，学者对此批评意见尤多。"东西洋各国，其政府为中央地方二级的，如英如日，其城市也分直辖县辖两种。其政府为三级的，如美如法，其城市也分直辖、州（省）辖、县辖三种。其政府为四级的如苏如德，其城市也分直辖、邦辖、省辖、县辖四种。独我国过去政府为中央、省、县三级，而市只有直辖、省辖两种，缺少世界各

①　邱致中：《都市建制论》，《市政评论》第9卷第1期，1947年。
②　邱致中：《都市建制论》，《市政评论》第9卷第1期，1947年。
③　张振东：《中国现行市制之分析》，《市政期刊》创刊号，1934年。

国皆有的'县辖市'一种，这何异一只鼎仅有两条腿，它还能站得稳么？所以过去我们除去设了十二个直辖市（有四市不足百万人口），即十万到百万人口的一〇四城，也只设了五十六个省辖市，还有很多应设的地方未曾设市，至一万到十万人口的四五二八个城镇，更没有谈到设市了。"①由于《市组织法》设市门槛过高，不少初具城市规模和城市属性的市镇因为不能取得城市身份而束缚了其发展的手脚，更有甚者，广大中西部尤其是西部地区因为人烟稀疏，城市人口集聚较少，城市化发展在法规框框限制下裹足难行。对此，西北学者在表示出强烈不满情绪的同时提出建议，希望中央政府考虑西部边省的特殊情况给予城市发展之特殊政策："然因中央公布市组织法之限制，西北各省之省会，如甘肃、宁夏、青海、西康、绥远、察哈尔、热河、新疆八省，均以省会人口不能满二十万之数，不得依法组织普通市之市政府，则八省省会之市政，即将责之于省会之县府负全责矣。夫以一省省会之大，市政纷繁，一县府之职权，与其力量，均难胜此重任而愉快，只有因循不举，听其废弛之一法，于是西北边省之进化，因而大受影响，难期长足之进步矣。再西北各省省会，人口渐增进，实因旱灾、失业之农民，易谋糊口之工作，与百政施设之进展，雇用多数之劳力，工商各业，日见发达，故人民大有集中省会之势。又西北各省五族人民之交易，凡在省城及县城大埠者，每次交易，如同赛会一般，百物陈列，五族莅止，名之曰'会'，会开与会闭，恒逾半月，少亦旬日。又在县城及乡镇者，又同日中为市，交易而退，名之曰'集'，每五日一集，或三日一集，此西部交易，聚会虽非固定，久居之人口亦长久，莅止之会集，实因西北各省，地广人稀不易集居多数人于省会，而一省中多数人民一生之会集，与其开拓见闻，增长智识者，仍以省会为唯一教化培养地也。准此以观，西北各省省会之市政，虽依市组织法人口之规定，不能成立普通市之市政府，更应于此市组织法之外，另定一种西北八省省会办理市政之规章，方足以为促进西北地方之进化，而八省省会首善之区，不至无市政之可言也。"②

在西北八省苦于人口数额不够法定人数不能设市的时候，远在西南的

---

① 邱致中：《城市政策的研究》，《市政建设》第 1 卷第 3 期，1949 年。

② 魏鸿发：《西北边省市政之商一榷》，《道路月刊》第 31 卷第 1 号，1930 年。

云南省会昆明，亦因同样原因正遭遇撤市改县的危机。早在1922年即民国11年8月，昆明就成立了市政公所，历经八载，至1930年，市政成绩斐然，云南地区城市化获得较大发展，昆明近郊不少村庄纷纷舍县趋市，要求划归省会城市管辖，引发县市矛盾。昆明县政府向云南省政府提出，按照新颁布的《市组织法》，昆明正式建市在人口、税收等方面并未达到法定标准，希望撤市归县。"查新颁市组织法第三条第二项规定，设市地方，一须人口在三十万以上，二须人口在二十万以上。所收营业税牌照费土地税每年合计占该地总收入二分之一以上，职市现在管辖区域内，人民聚居情形，据此次清查户口结果，共有人口十六万六千七百有奇，较第二项尚不足三万有余。至营业税牌照费土地税等，多尚未经举力办，昆明县认为尚无设市资格，洵属实在。"对此，昆明市政公所呈文云南省政府，据理力争，表达要求建市的强烈诉求。"当兹训政时，市政极关重要，新颁市组织法，且明定市与县同为自治单位，各省中凡属省会及繁盛商埠，多已改设为市，就中人口税收与市组织法第三条一二两款之规定相符者固多，不相符者亦复不少。……职市自民国十一年八月一日，奉前云南省公署令发暂行条例，成立昆明市政公所以来，迄今阅时已逾八稔……几经嬗变，始有今日。而历任督会办市长，莫不苦心孤诣，惨淡经营，虽不能谓为建设完备，规模则已初具，凡中外人士之关心市政者，殆莫不知有昆明市，历史不可谓不久。省会为全滇首善之地，中外观瞻所系。自滇越路通，开辟商埠以后，不但为全省政治中心，抑且为全省经济中心。滇西接英缅，南连法越，东北两方，又与黔桂川湘比邻，将来西南铁道之粤滇线或湘滇线通，再进而达腾越英缅，省会一地，不但为西南交通中心，抑且为欧亚交通中心，地位不可谓不重。前之所以亟于设市理由，即基于此。过去之历程既如彼，将来之趋势又如此，废市归县，前功尽弃，固无足惜，而昔在军政时期，尚且汲汲于筹办，今值训政开始，反又废置不理，轻重倒置，遗讥大雅，则殊可虑。职市成立，已逾八稔，旧市组织法，亦经公布数年，职府并已遵照改组两年有余，虽经先后呈奉钧府核准，迄未蒙转呈中央立案，以致引起中央及各方责难怀疑。现奉饬查复，人民聚居情形，及设市理由，似尚充分。贵阳之地位历史，皆较逊于职市，尚蒙核准设立。可否咨请内政部，姑念职市成立较早，地位特殊，实有设市必要。援照贵阳市成案变通，特准设立，纵有稍与市组织法不符之处，俟后再行设法补救，庶乎事实法理，兼顾不悖。"① 经过一番据理力争，昆明市政会所总算保留下来，1935 年 3 月，昆明正式被批准设市。但是南京国民政府失之偏颇的设市规定，不仅使中国城市化进程迟滞缓慢，而且使近代以来形成的城市布局东多西少的现象更为突出，抗战前批准的设市城市，8 个直隶于行政院的城市中，西部只有重庆和西安 2 个城市，且没有成立市政府；18 个省辖市中，西部只有成都、贵阳、兰州、昆明、桂林 5 个城市，3 个设市政筹备处的城市中，西部有包头 1 个城市。东中西部的差距因为工业化、城市化程度悬殊日益扩大，直至抗战爆发后因偶然因素才有所改观。

城市作为国家的一个政治实体，其政治地位和权利保证，应该在国家根本大法——宪法层次上予以规定和体现。但是，南京国民政府颁布的数部宪法及宪法草案对于市的行政地位以及自治权限一直语焉不详，"稽诸史料，我国南宋即有点检司及对市令之吏制，专理市政。第市政科学之东渐及市政建设之经营，则为近二三十年事。较诸欧美，尚属草创。惜乎此一新兴大业未受国人重视！政府关于市政之立法，或草草制订，语焉不详；或定而不行，徒为其文。五五宪草曾将市县政制列为专章，规定勉称简明。立院并于同年通过市自治法及其实施法规。内分市自治事项，市之设置，市公民，市民大会，市议会，市政府，市财政，市区及附则等九章六十八条，大致可行，未可厚非。惟未几抗战军兴，全国集中力量，共赴国难。市政经营，未遑兼顾。胜利之后，继之以戡乱，百端待举，人心思治。政府遂于客岁召开国大，颁制新宪。其中的制度一章规定省为地方自治团体。即为高级地方自治单位，与为地方自治单位之县合为省县两级之地方自治制度。市仅有直辖与省辖两级，未列专章，分隶于省县即内而降为附庸矣！亦即市在国家根本大法中几失立足地位，其利弊得失不无商榷余地"。② 该文说的"新宪"，是指 1947 年国民政府颁布的《中华民国宪法》，这部宪法关于市制和市政较之《中华民国临时约法》、1936 年即民国 25 年 5 月 5 日颁布的《中华民国宪法草案》（即"五五宪草"）和民国 26 年（1937）国民政府正式公布的《中华民国宪法草案》，显示出全面倒

---

① 《昆明市呈复省政府画定市区设市理由与市府存废等问题及附近各村呈请划入市区情形》，《道路月刊》第 32 卷第 1 号，1930 年。
② 张福华：《国际市制与我国宪法市制比较观》，《市政评论》第 10 卷第 4 期，1948 年。

退的趋势，即对市的法人地位和自治权限语焉不详，只在第118条和第128条有模棱两可之含糊表述。第118条："直辖市之自治以法律定之。"第128条："市准用县之规定。""新宪"对城市法人地位的漠视，理所当然地引起学界不满，市政学者纷纷撰文抨击，《市政评论》出版专号，在收到的76篇文章中选载了19篇，"可见学术界对宪法市制的重视"。据该刊主编殷体扬卷首《编者的话》介绍，专号所载文章主要观点概括起来有五点："一、宪法第十章中央地方权限的划分，未予市以应得地位而与省县平行，使市的法人资格，不能确定，故大家主张增列由市立法并执行的自治事项一条，使成完整。二、宪法第十一章地方制度，基于上项缺陷，便将直辖市的自治视为例外，而规定与蒙古西藏同样另以普通法律间接设立的办法；至省辖市更无独立地位可言，只制定了准用县之规定的办法。各学者专家，引经据典，全体认为应予修正，为市增列专节，俾成完备的地方制度，而为省市县平行的宪法。三、国际公有的'县辖市'，以其能发挥据点领导使用，以点控线，以线制面，促成全国农业工业化，故多主张吾国增设。四、宪法即为市制增设专节，亦不能将设市条件程序和市自治机关，自治方针，自治事业等项，详予规定，而过去政府亦知对同一性质之市，划定特别市组织法和市组织法两项法规之不等，今后如有三种市，更不能分制三种组织法。故专家们均主订定适于作各级市自治母法的市自治，以为各市订定市自治法的根据。其理由与同为农业社会之省县，虽面积人口悬殊，宪法亦规定其订一通则者正同。五、市为工商业性质，与省县为农业性质者根本不同，故其自治机关，不能适用省县一条鞭的形式，而咸主因地制宜并采国际各项进步市制。"[1]

《中华民国宪法草案》延续"重乡治而忽市政"的旧的体制传统，只有省县政制规定而无市制之单列，而且忽视城市社会的客观存在和城市治理的客观规律，对市自治仅以"准用县之规定"一带而过，用传统的行政体制统辖城市和乡村，典型而深刻地反映了统治阶层基于农业和乡村社会的传统治国理念和法制思维。"如此省县制度，均有专节之规定，市则无之，显见市之地位已遭忽视，此点可知仍系受过去旧观念之支配，忽略市政建设之重要。"[2]

---

① 体扬：《编者的话》，《市政评论》第10卷第4期，1948年。

② 周维恭：《宪法市制平议》，《市政评论》第10卷第4期，1948年。

《中华民国宪法草案》对市制及自治权利的忽略，势必严重阻碍城市化的有效推进和城市现代化的深入进行。这种阻碍既是民国主政者的主观意志，同时也是法律制度规定带来的客观效果。关于前者，"过去的立法与行政，有两个严重的错误。（一）立法上限制地方的都市化，而使一地方人民非在十万二十万以上不得设市……（二）行政上不选用市政专家管理市政，而以市政首长为酬庸之地位"。[①] 由于法律与政策对设市严加限制，设市城市数量极少，与省县行政单位相比，市当然是弱势群体。这种县多市少的格局给当局"重乡治忽市政"提供了借口，"或谓：'我国有三十五省，二千〇十六县，而直辖市不过十二个，省辖市不过五十七个，是则省县占了压倒的多数，所以宪法上便只能视直辖市为与省同性质的例外地方自治团体，省辖市为与县同性质的地方自治团体，其与中央权限划分，固可包省县之内，而其自治亦可借用省县的规定了'。但是，我们知道市较省县数量为少，乃有设市资格的地方尚未设市的原故，据统计全国百万以上人口的地方有八，十万到百万的一〇四个，一万到十万的四五二八个。若照我们建议，分别设为甲乙丙三种市，其数量便达四千六百四十市之多，已超省县数一倍以上了。且照前面所举杰佛生统计，我国都市人口集中数，仅及英美六七分之一，就全设四六〇四市，尚恐不能在一千余万方公里的庞大面积上，发生据点领导作用，所以上述四千多地的设市，不是需要不需要的问题，而是执政者的态度和时间问题，宪法为国家根本大法，是领导中国进步的象征，对于地方自治基本单位的市，似不应扭于过去的错误事实，将错就错，而不予以省县同等的地位"。[②] 只有在宪法这个根本大法中重视城市在国家现代发展中的重要甚至中心地位，承认市作为一级行政组织的法律地位并赋予其高度的自治权利，才能迈向现代工业社会和城市社会，迎头赶上欧美先进国家。反之则只能永远在落后的农业、乡村社会的故道上踽踽独行。"我国宪法中关于市自治之规定，仅有一一八及一二八两条。一向只有直辖市及省辖市两级制度，似以市政之设施惟十万人口以上之通都大邑有之，否则不得问津。而我国够此标准合此条件之地，寥若晨星，实不足以发挥市之领导作用。此制不改则市政永无发展

---

① 卫挺生：《从市制说到县》，《市政评论》第 10 卷第 4 期，1948 年。
② 邱致中：《我们对宪法市制的具体意见》，《市政评论》第 10 卷第 4 期，1948 年。

之日，绝大多数同胞永营农村社会生活，似此充满农民落后意识之国家，实难生存于高度工业化之今日而与列强并驾齐驱。"①

作者：涂文学，江汉大学城市研究所，
华中师范大学中国近现代研究所

（编辑：任吉东）

---

① 张福华：《国际市制与我国宪法市制比较观》，《市政评论》第 10 卷第 4 期，1948 年。

观念转变与城市创新：基于天津
贫民工厂的社会空间分析[*]

陈旭华　宣朝庆

内容提要： 城市发展过程中人口集聚所导致的空间矛盾，是城市化过程中产生的问题之一。民国时期贫民工厂这一公共空间所承载的社会救助实践揭示了贫民工厂建设的内在逻辑，即建设主体随着观念层面对贫民认知的转变，不断创新其实践逻辑。国家与社会力量在建设贫民工厂的过程中，经历了从授予贫民技艺到保障个体权利的变化；从空间发展的角度来看，经历了从建构教养空间到构筑良性的生存空间的改变，这种改变背后是对城市空间治理逻辑的不断体认。该过程蕴含了中国城市建设早期城市伦理、国家责任及公民权利的发轫与进步，厘清它有助于在城市发展中加深对以人为本理念的认识。

关键词： 贫民工厂　以人为本　空间正义

城市发展过程中人口集聚所导致的空间矛盾，始终是城市化进程中的重要问题。习近平总书记 2014 年 6 月在中央全面深化改革领导小组第三次会议上，指出要推进人的城镇化，促进以人为本的城镇化的发展，这为城市空间矛盾的解决指明了方向。以人为本的城镇化发展必须服从空间正义，照顾好不同群体的利益，尊重居民的基本权利，提供平等共享的公共服务和发展机会。[①]

---

* 本文为南开大学亚洲研究中心项目"平民工厂与天津城市治理现代化研究"（AS1523）的阶段性成果。

① 文军：《空间正义：城市空间分配与再生产的要义——"小区拆墙政策"的空间社会学》，《武汉大学学报》（人文科学版）2016 年第 3 期；陆小成：《新型城镇化的空间生产与治理机制——基于空间正义的视角》，《城市发展研究》2016 年第 9 期；任政：《当代都市社会语境中的正义转型与重构——一种空间正义构成维度的反思》，《天津社会科学》2017 年第 3 期。

遗憾的是，当前部分城市在治理中迫于人口、环境以及交通造成的空间问题压力，往往忽视底层弱势群体及外来人口的利益，甚至牺牲他们的基本权利，不惜让他们丧失生计，进而将他们排挤出城市。从空间角度厘清中国早期城镇化以人为本理念的实践传统，探讨城镇化进程中所遭遇的空间矛盾与化解路径，对实现"以城为本"到"以人为本"城镇化的转变，推进人的城镇化具有重要意义。

一 社会空间分化与整合：民国时期的城市实践

空间资源是城市化进程中不可或缺的要素。近代以来中国城市发展面临空间急速扩张、人口迅速增长等空间的竞争与整合问题，这些问题导致城市社会空间本身呈现复杂的特征。由于动荡的社会局势以及西方资本的涌入，社会经济结构发生剧烈变化，传统的乡村经济破产，以工业为基础的近代城市经济迅速发展，大量剩余劳动力涌入城市，20 世纪初到 20 年代末成为城市人口发展的高峰期。以天津为例，1911 年到 1917 年，平均每年增加 18128人，年均增长速度为 27.67%；1917 年到 1925 年，天津由 71.9 万余人增加到 107.3 万人，平均每年增加 44099 人，年均增长速度为 5.1%。[①] 城市社会畸形繁荣之下，贫民数量急速增加。据 1929 年天津市公安局的调查，市区华界的贫民人数达 95509 人，占华界总人口的 10.16%，[②] 足见当时贫困人口数量之多。城市底层群体的增加加剧了城市空间分化，从实体的生存空间来讲，底层群体多聚集于贫民区、棚户区等边缘地带。混杂居住状态不仅增加了空间分化，加剧了城市社会的复杂性，而且贫民区、棚户区的治安及卫生状况很差，各种违法犯罪行为频发，他们由此被视为城市社会的威胁。为此，国家与社会各界积极通过公共空间的实践来整合分化所导致的碎片化空间，化解空间矛盾。比如，沿袭传统的慈善事业，建立育婴堂、习艺所；借鉴西方的住房福利思想与政策，推动住房事业的制度创新，[③] 以及融

---

① 周俊旗：《民国天津社会生活史》，天津社会科学院出版社，2004，第 10~11 页。
② 罗澍伟：《近代天津城市史》，中国社会科学出版社，1993，第 591 页。
③ 宣朝庆、赵芳婷：《工业化时代的住房保障——基于民国时期劳工住宅问题的分析》，《南开学报》（哲学社会科学版）2011 年第 4 期；吴珂：《中国城市住房保障事业的最初纪元（1919~1949）》，《城市发展研究》2010 年第 7 期；唐博：《民国时期的平民住宅及其制度创建——以北平为中心的研究》，《近代史研究》2010 年第 4 期。

合中西方思想与实践尝试养老保障的现代化转型[①]等。

空间理论认为，社会空间是社会的产物，[②] 城市发展除了建设和维系一系列的建筑和场所等物质性空间之外，[③] 另一重要任务是构建在此物质空间基础上弥漫着社会关系的关系空间，两种空间的复合才能构成所谓的现代城市社会空间，后者尤其值得重视。城市作为一种超越物理实在的社会空间，其复杂的社会行为和空间结构关系长期以来都是该领域学术共同体关心的重要议题。社会成员的各种感性实践和理性行动，在物理空间中展现社会关系，并与时俱进地建构新的社会关系，使社会空间始终处于社会关系的展开与构建之中。社会空间既是行为的领域，也是行为的基础。[④]社会成员以其不同的阶层特性，在社会空间利用上择取资源、工具、场域等不同取向，成为城市空间分化、整合与不断变迁的内在原因和动力机制。

本文拟以民国时期贫民工厂这一公共空间所承载的社会救助实践为例，通过厘清贫民工厂建设的内在逻辑，探讨城市社会救助实践对社会空间整合的意义。在民国特殊的历史背景下，单纯依靠传统以养为主的公共品供给并不能满足城市现代化过程中的救助需求，救助资源供需之间的巨大脱节呼唤着全新的社会救助形式。贫民工厂[⑤]作为一种与城市社会空间结合的社会救助实践应运而生，其建设与发展过程中各方力量的互动对城

---

① 林顺利：《民国时期社会养老发端与机构养老转型》，《中国社会工作》2013 年第 24 期；高和荣、张爱敏：《中国传统民间互助养老形式及其时代价值——基于闽南地区的调查》，《山东社会科学》2014 年第 4 期。

② 〔法〕亨利·列斐伏尔：《空间：社会产物与使用价值》，包亚明主编《现代性与空间的生产》，上海教育出版社，2003，第 48 页。

③ 周锡瑞：《中国城市的现代性与民族性》，贺照田主编《后发展国家的现代性问题》（下），吉林人民出版社，2011，第 510 页。

④ 车飞：《北京的社会空间性转型——一个城市空间学基本概念》，中国建筑工业出版社，2013，第 8 页。

⑤ 贫民工厂指的是在教养结合理念指导下，对城市边缘群体进行救助，并对收容对象进行技能培训，使其出厂之后具备生存技能的救助机构，具有一定职业教育的性质。民国时期，贫民工厂经历几个阶段的发展，在不同时期有不同称呼。开设之初，由于其收容对象主要是贫民，因此称为"贫民工厂"；随后，收容范围扩大，将失业工人也纳入其中，部分地区名称改为"平民工厂"或"民生工厂"；抗日战争时期，部分地区将名称改为"赈济工厂"。尽管不同时期有不同名称，但作为自上而下推行的社会救助，国家在推行过程中使用"贫民工厂"一词，在建立的理念和组织形式上存在继承性，收纳的对象也多以城市底层贫民为主，因此，本文在概念上采用"贫民工厂"一词。

市社会的整合不仅改变了实体空间，更重要的是改变了城市社会的关系空间。对社会空间的分化与整合问题的分析关涉国家、社会与个体三方面。从国家与社会的层面来看，国家与社会的互动在城市社会空间再生产中扮演重要角色，二者之间的博弈推动城市社会空间的发展。从个体层面来看，处于特定空间格局中的个体既是城市社会空间生产的基础，也是城市社会空间塑造的综合结果。与卫生在现代化发展过程中作为区隔话语将精英与大众、上层与底层区分开不同，① 社会救助是上层与底层联系的桥梁，是社会空间分化背景下的策略性整合过程，它从另一方面体现了国家与社会利用社会空间的再生产实现社会治理的内在逻辑。

二 教养贫民与空间创新：国家主导的社会治理

近代以来，舆论普遍承认，大量贫民的存在对政治及经济都是极其危险的事情，也与现代化城市的图景相背离，无业游民作为"消耗者"，是城市发展的巨大威胁。"想要社会安定，必然要注意游民，稳健的把他们安插，最好厉行强迫的职业教育，那么游民自然天天减少，社会也就逐渐安定了。"② 在民族危亡的历史大背景下，"民贫"常与"国弱"的宏大主题相关联，而现代城市建设又常与现代化强国的建设相关联，这成为知识分子关注的重大问题。他们主张，"国弱之源在民贫，民贫在无业者多"；③ "官之所以迫，饥之所以驱，实始于无业，无业之原因实始于无教"。④ 因此，对民族国家内外的安定秩序的建构成为理想追求，而贫民也自然而然成为一个无法规避的议题。新成立的民国政府亟须安定的秩序为发展经济做基础，进而巩固政权。然而，城市底层的贫民却与现代性城市的想象相背离，城市中人数众多的无业游民作为"消耗者"被看作游离于城市社会

---

① 罗芙芸研究了通商口岸天津公共卫生的发展，指出精英对卫生的占有使他们能够把自己与大众区分开，并分析了卫生是如何被精英利用来改造一个城市并建立他们自己的作为"现代人"的身份。参见〔美〕罗芙芸《卫生的现代性——中国通商口岸卫生与疾病的含义》，向磊译，江苏人民出版社，2007。
② 《游民》，《饭后钟》第 19 期，1921 年。
③ 《关于提倡家庭工艺意见书》，天津市档案馆藏，档案号：401206800 - J0128 - 2 - 000561 - 033。
④ 《论教无业游民宜多设工艺局厂》，《东方杂志》第 5 期，1905 年。

空间的威胁。随着国家与社会逐步认识到贫穷者众多的社会危害，加强城市社会空间整合成为国家层面的重大需求。在此背景下，社会救助这一公共品供给的现代化成为改善国弱民穷这一现实诉求的策略性回应之一。

基于当时城市社会空间整合的迫切性，贫民工厂这一从空间角度创新的策略性回应在民国初期便发展为一种自上而下的社会救助运动。1913年工商部部长刘揆一根据临时工商会议决议，发布了各地普设贫民工厂事宜令，指出由于国民生计日蹙，无业者众多，地方应根据财力设立贫民工厂，分科习艺，供社会需要，是一种具有社会救助性质的生产单位。① 贫民工厂的组织方式主要分为两种：一种由地方实业行政机关以地方公共经费组织，可借用公共地址，不纳租金；另一种由本国人民各出资本，按照有限公司办法呈报地方实业行政机关组织，也可借用公共地址，但须缴纳租金，若营业不旺，可由组织人提出免租请愿书，由地方行政官提交地方议会公议豁免。② 这种组织不同于施粥、发放钱粮等"以养为主"的传统救助，而是通过收容贫民并教导他们学习各项技术，以期教养兼行、振兴工商实业。通过资本家、商人在商埠或重要城市设立工厂，聚集技师，教授贫民技艺，既可以满足贫民生计，也可以充分供给国货，以抵制外货。③ 因此贫民工厂一方面通过收容、教养贫民达到利用空间整合城市社会秩序的目的，解除无业游民众多对城市社会治安的威胁；另一方面则从振兴实业的角度出发，通过教导技艺以推动城市工业的发展。从此，国家开始在顶层设计层面，以教养结合为主导理念，构筑"教养空间"，探索有别于传统的新救助形式，建立现代化的社会救助体系。

工商部贫民工厂事宜令发布之初，天津地区的贫民工厂建设除了有国家的推动外，还与工商界人士、社会团体的积极参与密不可分。1915年，在宁世福、王贤宾等22人的倡导下，天津教养院创办。④ 同年2月天津商务总会实业所研究员韩锡璋联合友人孙凤熙、张月丹、雷振声、李星北、

---

① 天津市档案馆等编《天津商会档案汇编（1912~1928）》第3册，天津人民出版社，1992，第2470~2471页。
② 天津市档案馆等编《天津商会档案汇编（1912~1928）》第3册，第2472页。
③ 张破浪：《救济贫民莫先组织工厂议》，《富强》第1期，1915年。
④ 该教养院和直隶巡按使与财政厅厅长、直隶银行行长曾经拟筹设的天津贫民工厂名异实同，是由地方精英提议建设的官办贫民工厂。

李六更、纪玉书自筹费用，请求设立天津慈善贫民孤儿工艺传习所。1919年5月，红十字会用赈灾余款在天津地区筹设贫民工厂，这是首家由社会团体创办的贫民工厂。① 1921年2月，故城县人周子彬由京旗生计维持会出资集股银洋两万元，在天津河北三条石东口大经路创办博爱第一工厂。② 与官办贫民工厂相比，个人或社会团体所办的工厂具有以下特征：首先，其规模较小，一般招收10～20人，尤其是年轻贫民或孤儿；其次，天津商会在这些贫民工厂建设过程中扮演重要角色，由商会负责与政府的机构沟通。如韩锡璋创办的传习所的申请和简章等文件，均由商会转天津警察厅、天津县行政公署等部门立案；③ 传习所请求捐务处以其慈善性质免收铺捐，或面临突发状况时所做临时救济（1917年洪水影响）等事项，都由商会出面与政府部门沟通。此外，天津商会在贫民工厂建设经验的城市交流中也起着积极作用，如1925年4月至5月大连华商公议会为组设平民工厂，来信与天津总商会交流，商讨组织方法。④ 这展现了现代化初期社会层面对教养空间的关注，反映了当时社会对贫民问题的高度关注，也从侧面体现了贫民工厂对社会空间整合的功用，因此时人乐意投入贫民工厂建设。

不过，当时社会舆论对贫民的认知带有污名标签，导致处于发展初期的贫民教养空间污名化特征非常明显。以1915年7月天津县绅民宁世福、王贤宾等22人提议设立的天津教养院为例，该教养院专收男女乞丐，分院教授技术，包括织毯、织布、柳编、绳纲、牙刷、牙粉等技术。⑤ 1916年初，天津教养院收取贫民数达到3200多名，除教养院本院外，还设有3处分院。⑥ 教养院收容能力可见一斑，然而从其设立的宗旨和章程可以看出，教养院的救助更像是一种带有规训性质的管制。首先，《天津教养院试办

---

① 《善哉贫民工厂》，《大公报》1919年6月1日。
② 天津市档案馆等编《天津商会档案汇编（1912～1928）》第3册，第2698～2699页。
③ 天津市档案馆编《北洋军阀天津档案史料选编》，天津古籍出版社，1990，第252～254页；《为创设慈善贫民孤儿工艺传习所请发布告以资保护致警察厅天津县公署函》，天津市档案馆藏，档案号：401206800－J0128－2－002801－002。
④ 《为组设平民工厂调查组织方法给天津总商会的函（附调查项目单）》，天津市档案馆藏，档案号：401206800－J0128－2－002304－077。
⑤ 天津市档案馆编《北洋军阀天津档案史料选编》，第79～83页。
⑥ 吕帅：《民国时期天津教养院的现代化研究（1915～1929）》，硕士学位论文，天津师范大学，2014。

简章》第一条宗旨性条例便赤裸裸地给救助对象"街巷乞讨无业游民"贴上"为社会人群之累"的污名化标签；其次，从该简章第七条办法中还可以看出，收容对象进入教养院并非完全自愿，而是带有浓厚的强制色彩，"凡大街小巷见有乞丐，即由该管警察送院习艺"，"凡住家铺户遇有乞丐即指交就近岗警送院习艺"；"工人如未将衣食费补足私自逃跑者，得移知各警区寻获到院，施以相当苦工"，"工人不听本厂管束时，由管理董事上报院长，送入惩戒室，并施以相当之苦工"。从以上规定中强制性"送院"和针对私自逃跑及不听管束施以"苦工"的惩戒可以看出，教养院所谓的教与养明显带有一种针对越轨行为的管制色彩，是对上述污名化标签的行动体现。唯一有所进步的是，它规定"贫民如安分守己能以自立时，准其婚配"，能稍稍体现出与单纯惩治越轨行为的区别。所以，教养院的目标选择仍是通过规训的手段，使其中的边缘群体成员避免成为城市的威胁因素，进而能够成为合格的市民，融入城市空间。在规训目标的影响下，贫民对进教养院有很大的抵触，虽然该教养院收容贫民数量较多，但学成出所的人数不到一半，出所就业的人数更是少之又少。可见，用简单粗暴的规训手段将城市边缘群体纳入教养空间，并没有带来良好的社会效果，这使得清除社会潜在不安分因素的短期目标难以达到，更难以满足民族国家建设初期对国家秩序的需求。这种整合模式反映了现代化初期城市治理缺乏远见及策略的特征。

整体来说，民国初期国家与社会都意识到由贫民带来的城市社会空间矛盾，因此，以空间创新的方式，建构贫民的教养空间，其本质在于加强社会空间秩序的整合。因而贫民工厂建设包含着国家对现代化城市社会空间的想象及建构，通过贫民工厂建设，以收容贫民扩展救助功能，把教授贫民生存技能作为救助的重要内容，力图将底层贫民纳入城市现代化发展进程之中，以改造贫民的方式，促成他们向市民的转变。不过，囿于现代化初期的国家与社会在城市治理中尚未考虑城市发展的伦理问题，在观念层面对贫民的认知还带有污名化标签，因此在具体治理中表现出不太成熟的特征。

三 公民权利与国家责任：构筑良性生存空间

贫民工厂作为一种承载社会救助实践的公共空间，其建设策略与城市社会对贫民的认知紧密相关。如前所述，贫民工厂建设初期，舆论关于贫民的定义及认知都带有污名化标签，这直接导致该时期贫民工厂建设中普遍采取带有规训性质的强制措施。随着时间推移，人们对贫民的认识发生好转。1925 年，有评论为贫民正名，认为贫民不一定是坏人，而是无职业、无生路的人，贫民救济应采取贫民工厂、贫民职业介绍所等方式。[1]对城市贫民的正名是对贫民身份的重新定义，这种再定义体现了城市伦理观念的进步，同时也有利于贫民权利的争取。加之此时建设"进步"城市的诉求越来越强烈，城市社会空间策略性整合需求被进一步加强，笨拙的"进步"经验迎来了升级版，在此基础上，贫民工厂建设开始呈现新的特征。1929 年，天津社会局局长鲁荡平提议在天津设立贫民职业工厂。他认为，天津这座城市是中外的重要观瞻点，必须重视救济事业，不能日日提倡民生主义而不顾贫民生活。[2] 在社会局的推动下，教育局、土地局、公安局、特别一二三区公署等部门组成筹备会，建设官办贫民工厂。[3] 与之前相比，此时贫民工厂的组织规则、监察规则更为清晰。从贫民工厂的章程草案中可以看出，天津贫民工厂设计相当宏大，建设的目的不只是灌输工人知识，更将增进工人幸福纳入其中，并且关注贫民工厂内部个体的全面发展，建设内容也从初期的习艺部扩展到工人补习学校、盲导学校、党义研究会、书报室、体育场、病院、浴池、娱乐场、消费合作社、公共坟地等多元化空间，[4] 意欲打造一个真正教养结合的复合空间。虽然由于经费短缺，这种宏大的设计并未得以全部实现，但从政府将收容对象扩大至失业工人和无业贫民，并将孙中山的民生主义纳入贫民工厂建设宗旨中，可以看出国家建设贫民工厂的理念已由单纯的教养规训转变为对贫民的责任感。[5]

从教养院到贫民工厂的建设思路转变，反映出国家救助理念的改变。

---

[1] K. S：《地方上救济贫民的方法》，《北方杂志》第 2 期，1925 年。

[2] 鲁荡平：《建议市政府请设天津贫民职业工厂》，《天津特别市社会局政务汇刊》第 2 期，1929 年。

[3] 《天津特别市贫民工厂筹备处章程》，《天津特别市社会局政务汇刊》第 2 期，1929 年。

[4] 《天津特别市贫民工厂组织章程草案》，《天津特别市社会局政务汇刊》第 2 期，1929 年。

[5] 民国时期，中国社会救助实践中国家责任理念的形成处于缓慢发展状态，1935 年陈凌云在其所著《现代各国社会救济》一书中指出，近年来西方社会救济事业中的慈善和施惠观念已经根本转变为一种政府对人民的责任理念，在人民一方，救济成为一种应享的权利观念。

刚刚成立的南京国民政府急于在国家与公民关系层面树立新的典范，以体现三民主义的进步性和国民党统治的合法性。所以，它顺应舆论呼声，将救助贫民的慈善理念向责任理念转变，① 建构国家对公民的责任观念，并有意识地将官办慈善与民办慈善区别开来，以"社会救济"一词来取代"慈善"表述，将社会救济作为一项制度化的国家政策。② 在此背景下，贫民工厂建设一改初期的规训、管制观念，以官办的形式加快了建设步伐。1929 年，贫民工厂建设被纳入城市建设的物质建设部分，以期推动社会进化，进而推动民治、民享的新国家建设。③ 到 1935 年，救济事业成为政府施政计划中城市建设的重要组成部分，而贫民工厂建设则作为救济事业的重中之重出现。④ 民国时期国家层面为解决城市社会空间矛盾，策略性地提倡建立贫民工厂，其建设的内在逻辑是关注贫民与城市的关系。正如列斐伏尔所指，空间是政治性和策略性的，是一种充斥着各种意识形态的产物。⑤ 国家最初在意识到贫民对城市社会威胁的情况下，采取管制的方式将贫民纳入贫民工厂，以改善城市社会秩序，南京国民政府时期国家将贫民救济作为一种责任，把贫民工厂纳入城市社会建设。这个过程并不是简单地将贫民排除在城市社会空间之外，而是通过观念创新、政策创新，积极推进教养空间建设，使之融入城市社会，做到共享发展，彰显了城市伦理的进步。

贫民工厂为国家、社会和个人以及社会各阶层提供了一个承载复杂社会关系的公共空间，在积极地参与整个社会生产的过程中，空间关系本身也被再生产。社会空间关系的再生产体现在社会对贫民个体权利的关注上，这是贫民工厂在公共空间上作为社会阶层联系桥梁的集中体现。20 世纪 30 年代，受工人运动的推动，不断有人提出要提高工人待遇，工人工作时间平均每天不得超过十小时，并从精神和物质两方面奖励工作的优劣和技术的优劣。⑥ 1934 年，关于贫民工厂问题的调查指出，贫民工厂需包括

---

① 远钦：《贫民与政府》，《银行月刊》第 11 期，1927 年。
② 蔡勤禹：《南京政府时期慈善观念向社会救济观念的转变》，《东方论坛》2017 年第 2 期。
③ 沈开寨：《训政时期的城市建设》，《社会》第 1 期，1929 年。
④ 《三年施政计划规定：关于城市建设的救济事业》，《新村半月刊》第 41 期，1935 年。
⑤ 〔法〕亨利·列斐伏尔：《空间政治学的反思》，包亚明主编《现代性与空间的生产》，第 62 页。
⑥ 赵毓岱：《第二次演说题：各地贫民工厂历次失败之原因以后改进应注意之点何在》，《湖北地方政务研究周刊》第 16 期，1933 年。

直接生产设备和间接生产设备，直接生产设备包括建筑厂屋，安置机器，间接生产设备则包括劳工需要的健康、娱乐、卫生、安全等一切设施。该调查批评此前的贫民工厂多注重消极的慈善，忽略积极的生产，呼吁制定贫民工厂管理规则。① 有关保护个体权利的呼声很快在一些地方实践中得到响应。1935年，留德学习回国的福建人陈新周发起组织福建平民生活救助社，这种平民生活救助社与贫民工厂性质相同，陈新周联合海外华侨拟筹款200万元，兴建各种生产事业。他事先斥资开办四家女工厂，雇用女工1000多人。与资本家的营利工厂不同，这些女工厂属非营利性质，厂内设托儿所，为有小孩之女工解决育儿问题，同时为不愿出门做工者分发原料及机械，使其在家中工作，每日派人分配原料并收成品。陈氏还扩充平民生活救助社计划，项目包括：施医事业、教养孤儿、收容残废、扶助渔民、扶助农民、兴办工厂、妇女托儿、贷款平民、平民储蓄、社会教育、职业介绍、促成合作社、提倡森林牧畜及其他社会所需事业等。② 这种新型的贫民工厂不单是培养技能，还关注个体的权利，并追求较为完整的保障体系，保障工人生活的各个方面。

总之，南京国民政府成立之后，随着对贫民认知的变化，国家与社会力量在建设贫民工厂的过程中，经历了从教授贫民技艺到保障个体权利的变化，其目的在于构筑良性生存空间，这种变化的背后是对城市空间治理逻辑的不断体认，从而在解决能力不足和解决权利不足两个方面推进贫民工厂的发展，积极推动良性的城市贫民生存空间不断被生产，从而推动个体现代性的发展，进而实现他们融入城市的诉求。反过来看，城市贫民的产生恰恰是能力不足和社会权利不足的双重缺失造成的，基于社会排斥视角的贫民认知和相关措施，只能进一步加重贫困。只有重视、落实城市居民的社会权利，才能更好地解决由社会空间分化带来的空间矛盾。

四　结语：人与城市关系的再造

本文以民国时期贫民工厂建设为例，厘清了这一教养空间的建设过程

---

① 直成：《贫民工厂问题研究》，《工界》第5期，1934年。
② 《福州创办平民工厂》，《妇女月报》第8期，1935年。

及其发展。研究发现，贫民工厂建设的内在逻辑首先在于观念层面对贫民在城市社会中角色认知的变化，这直接决定了贫民工厂建设思路的转变与社会救助效果的提升。起初国家视底层贫民为城市化进程的障碍，在贫民工厂建设初期以规训手段建构教养空间，随着国家责任观念的形成，国家通过观念与政策创新，积极推进新型教养空间的多元化建设。社会人士和社会团体则起到先行者作用，不断去填补国家力量的缺失，为解决城市化所面临的问题做出努力。两者殊途同归，最终都在一定程度上摆脱了发展初期所带有的"排斥"色彩，力图将底层贫民纳入城市社会空间，使其融入城市。该过程所蕴含的更深层次的经验性要素是城市伦理观念的发展，城市伦理作为一种价值选择，内化于城市建设政策之中。从贫民工厂建设中可以发现，其建设主体逐渐转变早期对贫民的规训与管制观念，在冰冷的实体空间之内逐渐突出人性化因素，使人在城市社会中具有置于城市之上的主体地位而非相反，即城市在吸纳、承载贫民的功能之上逐渐发展出包容的态度和扶助的责任，这使得城市社会不仅是作为承载意义上的实体空间，为个人提供栖居之所，更是要创造出一种富有温情的空间。唯有赋予贫民一定的市民权利与主体地位，改善弥漫其间的社会关系，方能保证城市机体的健全与发展。

民国时期城市伦理观念的发展，受中西方观念的交织影响。一方面，中国传统文化包含丰富的互助思想。中国传统的价值观念强调个人对他人和社群的责任，同时，中国思想尤其是儒家思想特别强调义务观念，[①] 这些思想必然会影响到城市社会治理的相关参与者，促使他们明确自身的角色定位，自觉参与到城市建设之中，并进行相应的制度创新，对城市伦理观念发展起到了先行者和推动者的作用。另一方面，近代以来，随着西方文化的传入，国家责任观念被纳入城市伦理之中。在此基础上，从"民权"思想产生到政治实践，从君权的瓦解到民权的伸张，经历漫长曲折过程的民权运动在一定程度上成为一种集体意识，这催生了国家责任理念的形成，进而对城市伦理观念的发展产生结构性影响。贫民工厂作为实体空间，其建设政策的转变正好体现了城市伦理观念的发展及其对民国时期城

---

① 陈来曾指出，中华传统价值观念的四个特点是责任先于自由、义务先于权利、群体高于个人、和谐高于冲突。参见陈来《中华文明的核心价值：国学流变与传统价值观》，三联书店，2015。

市建设进程的影响。贫民工厂从规训的教养空间到良性生存空间的转变，蕴含了丰富的以人为本的城市建设经验，厘清贫民工厂建设的内在逻辑，对新时期城市建设指导思想下重塑人与城市关系具有借鉴意义。

当前城市化进程中，城市社会发展的基调是人为城市的发展服务，城市在形式上为满足经济与技术功能服务，城市发展的物质层面受到极大关注。在此过程中，随着城市空间的不断扩大，忽略平民利益的倾向依然存在。面对利益多元化的挑战，对于城市化带来的空间挤压、剥夺等矛盾，以简单粗暴的方式将底层群体排挤出城市的现象仍未彻底解决，这不仅与以人为本的城镇化发展理念相背，而且阻碍了新时期城市社会的全面发展。上述问题妥善解决的关键仍在于正确处理人与城市的关系。当前城市化建设过度关注城市的发展，忽略了人的主体性。与之相反，以人为本的城市化建设恰恰应当建立人的主体性，即重塑人与城市的关系，使城市建设及所建设城市为人自由而全面的发展提供空间与服务，这既是当今城市发展的需要，也与十九大精神相契合。随着十九大的召开，中国进入决胜全面建成小康社会的阶段，中国社会的主要矛盾也被重新定义，即人民日益增长的美好生活需要与不平衡不充分的发展之间的矛盾。"全面"与"美好"成为中国社会发展新时期的理想追求，这既是中国人自古以来追求"十全十美"观念的延拓，也为未来社会发展指明了全新的方向。因此，构筑新型人与城市关系，应成为当前城市化建设的重中之重。

构筑新型人与城市关系，使城市为人的发展服务，其关键在于加强城市伦理建设。近年来，学界逐渐意识到城市化不仅是一个具有经济和技术意义的概念，更是一个具有人文和社会意义的概念，城市化战略的出发点和落脚点都应该体现在作为主体的"人"身上，[1] 城市空间创新的根本意义在于人的需要的满足以及人性的完善，[2] 这些研究都指出城市化发展进程中以人为本的重要性，但缺乏对如何推进以人为本城市化进程的经验性探讨。从本文出发，笔者认为现阶段城市化进程中伦理价值建设更为紧迫和重要。城市发展本身是不断完善的过程，面临城市发展进程中的各种新问题、新需求，不可避免会出现历史现象的重复，以至于忽略人的主体

---

[1] 文军：《回到"人"的城市化：城市化的战略转型与意义重建》，《探索与争鸣》2013 年第 1 期。

[2] 陈忠：《城市社会的"创新陷阱"及其伦理应对》，《天津社会科学》2017 年第 3 期。

性，因此，有必要加强城市伦理建设，使以人为本理念内化到城市建设参与者的思想之中，进而转化为建设城市的自觉。为加强城市伦理建设，需要从传统文化中汲取思想资源，激活时空延续的文化自信，使传统文化与时代需求相结合，正视空间正义等社会伦理的价值诉求，摆脱城市发展单一的经济思维。在此基础上，将以人为本的价值观念贯彻到人与城市关系的体认与再造之中，不断发掘城市内在的包容态度和扶助责任等伦理精神，推进城市创新和城市发展，使以人为本的城市化真正做到城市为人的发展服务。唯有如此，才能更好地推进以人为本的城镇化建设，寻找新时期社会主要矛盾的化解之路，满足人们对"美好生活"的追求。

作者：陈旭华，南开大学周恩来政府管理学院
宣朝庆，南开大学周恩来政府管理学院

（编辑：成淑君）

民国时期杭州的新市场与商业中心的转移

张卫良　王　刚

内容提要： 新市场是辛亥革命后杭州市政当局在旗营旧地上开辟的新商业区，当局期望新市场能够改变杭州的商业格局，繁荣湖滨一带的商业经济，形成新的商业中心。通过对民国时期杭州商业数据的量化分析发现，杭州新市场的商业兴盛仅仅局限于休闲商业，商业中心并未从清河坊、羊坝头一带向新市场转移，其中的原因与杭州的城市格局、人口密度以及市政当局的政策措施等有十分紧密的关系。

关键词： 民国时期　杭州　新市场　清河坊　羊坝头

现有的关于杭州新市场的研究大多认为，新市场的商业在民国时期取得了显著发展，杭州的商业中心已经从传统的清河坊、羊坝头一带转移至新市场。[①] 例如，汪利平的《杭州旅游业和城市空间变迁（1911～1927)》、潘雅芳的《民国时期杭州旅馆业的转型及其社会根源探析》和其他一些文章基本持这样的观点。然而，民国时期的杭州商业中心真的发生了转移吗？笔者以民国时期杭州的社会经济调查报告为基础，结合《浙江省政府公报》《杭州市政月刊》《申报》等报刊资料，通过对新市场与清河坊、羊坝头一带两个区域商业状况的量化研究和比较分析发现，民国时

[①] 汪利平：《杭州旅游业和城市空间变迁（1911～1927)》，朱余刚、侯勤梅译，《史林》2005 年第 5 期；潘雅芳：《民国时期杭州旅馆业的转型及其社会根源探析》，《史林》2016 年第 6 期；姚一哲：《试论民国前期（1912～1937) 杭州"新市场"的土地开发——兼论杭州城市中心区的移动》，硕士学位论文，浙江大学，2011；葛程思：《民国时期杭州湖滨新区研究（1912～1937)》，硕士学位论文，杭州师范大学，2016。

期新市场的商业兴盛仅仅局限于休闲商业，其他商业部门未有明显的发展，而清河坊、羊坝头一带的商业中心地位未见衰落迹象，因而"商业中心转移"的观点是值得商榷的。民国时期新市场未能取代杭州传统商业中心存在诸多原因。

一　新市场：杭州商业的新中心？

　　民国时期杭州的新市场位于现在杭州湖滨一带，原来是清代旗营的所在地。辛亥革命以后，旗营被拆除，西湖的美景不再被城墙阻隔，旗营的土地产权被收归官有，并在原址上开辟出新市场。新成立的浙江省政府对新市场做了细致的规划，马路笔直开阔，区内除商业街和住宅区以外，还分布着包括杭州市政府和杭县政府在内的大批行政机关，此外，还有湖滨公园、民众教育馆和公众运动场等公共空间。

　　旗营辟为新市场是杭州城市发展史上的一件大事，市政当局对新市场的商业发展抱有相当大的期望。早在1909年，旗人熊文、裕祥便认为："杭防之地适当省城之中而与西湖复仅一城之隔，就空地以兴辟市场……则城内之商务及名胜之西湖均自此振兴。"① 曾担任浙江省司法厅长的阮性存，更是直言"自新市场开办以来……本冀市场日臻兴盛，裨地方与个人均获其益"。② 为此，地方当局为新市场商业的发展做了大量工作。1912年4月，针对当时各机关在旧旗营任意占地的现象，浙江省民政司呈请由该司"通盘规划旗营"，拨用旗营土地"应敕令向本司陈明，得本司之认可"。③ 时任浙江都督蒋尊簋反应积极，认为旗营"辟为模范市场诚为正当办法"，授权民政司从测绘入手，再规划各项事业。④ 显然，官方具有雄心勃勃的计划与态度。1914年，商民提议在新市场设立公娼，浙江省署考虑到新市场临近西湖，公娼对于游览事业"实不相宜"，便顶住压力，未准

① 杭州文史研究会、民国浙江史研究中心、浙江图书馆编《辛亥革命杭州史料辑刊》第6册，国家图书馆出版社，2011，第257～258页。
② 《将军行署咨浙江巡按使为据阮性存等禀为西湖新市场寥落乞予维持由》，《浙江省政府公报》1916年2月4日，第14页。
③ 《民政司呈请都督规画旗营文》，《浙江省政府公报》1912年4月17日，第4～5页。
④ 《民政司呈送规画旗营旧址事物所批》，《浙江省政府公报》1912年5月4日，第15页。

许在新市场设立公娼。[1] 1919 年 9 月，浙江省署筹办的商品陈列馆正式开张，[2] 地址在新市场迎紫路、延龄路路口附近。商品陈列馆内新开店铺涉及多个行业，此种综合商场在杭州还属首例。

当局的各项投入使新市场很快从规划变成了现实，但新市场所取得的商业发展主要集中在休闲商业方面。1914 年冬，新市场的工程建设基本完工，至次年春，各业店铺相继开业，且"以娱乐事业为多，茶馆饮食店栉比鳞次"。[3] 由于新市场的地理位置对当时的休闲商业有相当大的吸引力，大批店铺在新市场开张营业，其中以聚丰园最具代表性。聚丰园是民国时期杭州最知名的中菜馆，1918 年前后仍设在清河坊、羊坝头一带的大井巷，[4] 到了 1927 年则已搬迁到新市场的迎紫路。至 1931 年，聚丰园已成为杭城规模最大的中菜馆，"规模宏大，座位堂皇，各机关人员之宴会多在于此，每年营业数在十万以上"。[5]

新市场的休闲商业发展迅速，到 1929 年前后，新市场已经在杭州休闲商业的总体格局中占据了突出位置。旅馆业、菜馆业、茶馆业和游艺业（电影院、剧院、游乐场等）是休闲商业的主要组成部分，从各区的旅馆捐、菜馆捐、茶馆捐与游艺捐总数可看出当时各城区休闲商业的发展状况。统计 1929 年 2 月至 1930 年 1 月，二区一分署（新市场）[6]、一区六分署（城站一带）和一区一分署（清河坊、羊坝头一带）[7] 的旅馆捐、菜馆捐、茶馆捐与游艺捐的总额（见图 1），所得结果如下。

新市场的上述各项税捐额均数倍于其他两个较发达的区署，新市场的捐税总额达 21246 元，远高于城站地区的 6535 元，传统的商业中心清河坊、羊坝头一带的捐税总额更是仅有 1264 元。由此可见，在1929 年，新市场已经成为杭州的旅馆、菜馆、茶馆、游乐场等休闲商

---

① 《旗营公娼恐成泡影》，《申报》1914 年 7 月 2 日，第 7 版。

② 浙江商品陈列馆寄售部编印《浙江商品陈列馆季刊》第 2 期，1921 年，第 1 页。

③ 《西湖之初春》，《申报》1915 年 3 月 11 日，第 6 版。

④ 东亚同文书院编《支那省别全志》第 24 册，国家图书馆出版社，2015，第 73 页。

⑤ 杭州师范大学民国浙江史研究中心选编《民国浙江史料辑刊》第 1 辑第 6 册，国家图书馆出版社，2008，第 604 页。

⑥ 当时杭州市第二警区第一分署所在区划与新市场基本重合，详见《杭州市城区人口密度图》，《杭州市政月刊》1929 年 2 月 20 日，第 18 页。

⑦ 清河坊、羊坝头一带指中河官巷口至鼓楼、望仙桥一段东西两岸的狭长地带，南北长约 1.6 公里，东西宽约 0.4 公里。

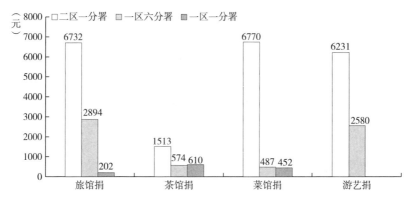

图1　1929年2月～1930年1月各区署捐税总额统计

说明：一区一分署（清河坊、羊坝头一带）的游艺捐总额为0。

资料来源：《杭州市政府财政局实征税捐银数分区列报表》，《杭州市政月刊》1929年第2卷第4期至1930年第3卷第3期。

业的聚集地。

　　新市场的休闲商业看起来相当发达，但笔者仔细地研究一些捐税情况，发现新市场休闲商业的经营状况存在明显的季节性波动，而且这种季节性波动在民国时期是长期存在的。1915年前后，正是新市场开辟之初，《申报》对不同季节新市场的休闲商业状况进行了不同程度的报道。1915年春，时人盛赞新市场的繁盛，写道："茶馆饮食店栉比鳞列……每至下午，摩肩接毂，纷沓而至……往往有求车不得者。"[1] 1915年入冬后，情势逆转，各店铺营业"日见衰落"，以至于各业集会讨论维持营业的办法。[2] 新市场休闲商业的季节性波动不只在初期存在，观察新市场（二区一分署）1929年至1930年各月旅馆与菜馆实征税捐银数的变化，亦能发现其呈季节性波动。

　　当时，旅馆和菜馆的每月实征税捐以该月营业额为依据，[3] 各月旅馆捐和菜馆捐银数大致能反映该月营业额的增减。如图2所示，尽管6月、7月、8月与9月正值西湖博览会会期，税捐反映的营业额应有很大程度的

---

①　《西湖之初春》，《申报》1915年3月11日，第6版。

②　《讨论新市场之维持方法》，《申报》1915年12月23日，第7版。

③　民国时期旅馆捐、菜馆捐的税额大致为营业额的1/100，参见《停征杭州市菜馆业炉台捐之经过》，《浙江省政府行政报告》第4期，1933年，第26页；《南京特别市财政局征收旅馆营业捐章程》，《南京特别市市政公报补编》，1927，第185页。

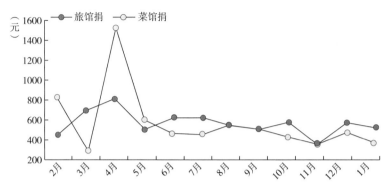

图 2　1929～1930 年新市场旅馆与菜馆实征税捐银数

说明：3 月与 4 月的菜馆捐有异常，应该是 3 月未缴税捐累加至 4 月，6 月、7 月、8 月与 9 月正值西湖博览会会期。

资料来源：《杭州市政府财政局实征税捐银数分区列报表》，《杭州市政月刊》1929 年第 2 卷第 4 期至 1930 年第 3 卷第 3 期。

畸高，但 3 月、4 月仍是新市场营业额最高的时期。旅馆捐在 3 月、4 月的平均值高出月均值 33.9%，菜馆捐在 3 月、4 月的平均值高出全年月均值约 60.5%，新市场休闲商业的旺季出现在春季。

　　新市场休闲商业表现出的季节性波动与当时杭州游客量的季节变动是密切相关的。晚清以来，随着运河航运的衰落及上海的崛起，杭州的商业地位愈发边缘化。1909 年，沪杭铁路通车，拉近了杭州与上海的空间距离。有识之士很快认识到招徕上海游客，对于繁荣西湖旅游、发展休闲商业以及振兴杭州商业的重要意义，新市场的开辟便是开发休闲商业的重要一环。① 与新市场休闲商业在春季的火爆相对应，前来西湖游览的上海游客也以春季为多，民国不同时期的报刊上都能发现上海游客在春季乘火车赴杭州旅游的消息。1913 年 3 月 28 日，日本同文书院师生 80 余人从上海乘沪杭火车到杭州游览。② 1926 年 4 月初，上海青年童锡畴与友人乘火车赴杭游览，"时当春日，赴杭游者颇多，故车中有人满之患"。③ 到了 1947 年 4 月 6 日，乘火车赴杭州游玩的上海人仍然数量庞大，"四月六日，趁西湖号火车前往，因近日赴杭游春之仕极众，车票难买……欲雇汽车竟不

① 《辛亥革命杭州史料辑刊》第 6 册，第 257～264 页。
② 《日本同文书院学生游杭》，《教育周报》（杭州）第 2 期，1913 年 4 月 8 日，第 18 页。
③ 《游杭州记》，《青年镜》第 45 期，1926 年，第 38～39 页。

可得……旅馆……早已客满"。① 除了时人的感性记述以外，1933 年至 1934 年沪杭甬铁路客运量的月变化统计也呈现季节性的波动，如图 3 所示。

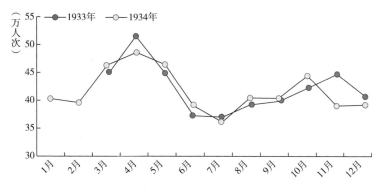

图 3   1933 ~ 1934 年沪杭甬铁路客运量月变化统计

说明：原始数据存在两种统计口径，1933 年 12 月、1934 年 1 月和 2 月的数据经修订得出。
资料来源：京沪杭甬铁路局编印《京沪杭甬铁路一览》，1934，第 23 ~ 24 页；京沪杭甬铁路局编印《京沪杭甬铁路日刊》第 762 ~ 1167 号，1933 年至 1934 年。

以 1934 年为例，沪杭甬铁路客运量的高峰出现在 3 月、4 月与 5 月，这 3 个月客运量的均值高于当年月均值的 13.43%，客运量的周期变动与前文所述新市场的商业周期基本同步。相关系数是研究两变量之间线性相关程度的统计指标，选取 1929 年 2 ~ 12 月的菜馆捐数据与 1934 年 2 ~ 12 月的沪杭甬铁路客运量数据进行相关性分析，两组数据的相关系数 r 达 0.5052，呈强相关，t 检验所得的 p 值小于 0.01，两组数据极显著相关。通过相关系数的分析可以确定，沪杭甬铁路客运量与新市场休闲商业营业额之间呈正相关。结合时人的文字描述可知，民国时期新市场休闲商业的主要顾客群体是来自上海的游客，阳春时节上海游客大批赴杭游览西湖等名胜，新市场的休闲商业也因此繁盛一时；等到春游旺季过去，新市场也就趋向冷清。

新市场马路宽阔、游人如织、建筑一新、休闲商业聚集，看起来像是商业中心。一些回忆录作者及城市史研究者直接认为，新市场建立后不久

---

① 《张老板一掷千万游西湖，告诉你春在杭州的情形》，《快活林》第 56 期，1947 年，第 8 ~ 9 页。

便成了杭州的商业中心。章达庵在《杭州闹市的变迁》一文中便持此观点，"到了1922年……新市场才变成最热闹的市区……原先的闹市清河坊、三元坊等遂慢慢地没落，这是闹市区北移的一个划时代的转变"。[①] 汪利平和潘雅芳在各自的论文中也提出了相似的看法，"到了20世纪20年代初，'新市场'的所有土地已出卖一空……甚至在之前，这个地区已发展成为杭州的'闹市区'……'新市场'的中心位置反映在不断攀升的土地价格上，这里的房地产在杭州价格最高……这里是服务当地百姓的商业中心"；[②] "清代杭州的旅馆大都设在望仙桥、建国南路斗富三桥一带，那里是当时杭州的中心……民国以后，杭城的城市中心逐步移向湖滨一带"。[③] 上述说法意味着，新市场已经开始取代清河坊、羊坝头一带成为杭州的新商业中心，但细致探究可以发现，他们仅仅注意到了新市场休闲商业繁荣的表象，如密集的人流、高昂的地价和旅馆聚集地的转移等。事实上，民国时期杭州的旅游经济刚刚起步，以旅游业为支撑的休闲商业还处于脆弱的萌芽阶段，休闲商业所显示出的季节性大幅波动便是其脆弱性的表征；其在城市商业中所能占据的份额也是很有限的。休闲商业的聚集并不能说明新市场已经取代了传统的商业中心。

早在1916年新市场初建之时，上海作家东垄在游览新市场后，对杭州新市场的商业现状表达了忧虑，"商场用意甚盛，所美中不足者，就余耳目所及，马路非不宽广也，两旁店肆非不辉煌夺目也，而细为逐一检查，其铺张门面如火如荼者，不出乎茶坊、酒肆、戏园、食物店之数者，而真正之商业，杳乎不可得见"。[④] 那么，民国时期的新市场是已经成为"杭州的商业中心"，还是"真正之商业，杳乎不可得见"；更进一步说，民国时期，新市场的商业在杭州究竟处于什么样的地位；杭州的商业中心是在传统的清河坊、羊坝头一带，还是已经转移到了新市场呢？

---

① 章达庵：《杭州闹市的变迁》，政协杭州市委员会文史委编印《杭州文史资料》第23辑，1999，第103页。
② 汪利平：《杭州旅游业和城市空间变迁（1911~1927）》，朱余刚、侯勤梅译，《史林》2005年第5期。
③ 潘雅芳：《民国时期杭州旅馆业的转型及其社会根源探析》，《史林》2016年第6期。
④ 东垄：《岁尾年头杭州游记（四）》，《申报》1916年2月25日，第14版。

二 再发现：民国时期杭州的商业中心

关于"商业中心"的说法，其实有不同的解释，一般而言，指城市内部商业活动集中的区域。其通常拥有强大聚集功能，商业活动涵盖零售、批发、服务和金融等各种交易，商业门类多、交易额大是商业中心的本质特征。据此，通过民国时期杭州各商业区店铺数量及营业总额等商业数据的量化分析，我们无疑可以确定民国时期杭州的商业中心究竟位于哪个区域。

1918 年 5 月，上海东亚同文书院对杭州的主要商店进行了一次调查，调查报告涉及 27 个行业的 61 家主要商店。如图 4 所示，位于清河坊、羊坝头一带的主要商店有 29 家，占比达 47.54%，包括绸业、布业、药种业等 16 个行业；而新市场的商店只有 1 家，二我轩照相馆。东亚同文书院的调查虽然内容简略，但可以大致看出 1918 年杭州的商业中心仍在清河坊、羊坝头一带，新市场的商业地位还无法望其项背。

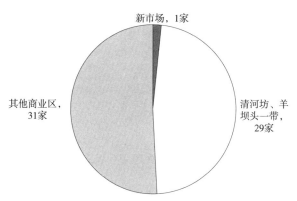

新市场，1家

其他商业区，31家

清河坊、羊坝头一带，29家

图 4　1918 年杭州主要商店分布

资料来源：《支那省别全志》第 24 册，第71～73页。

1918 年的调查距 1914 年新市场基本建设完工不到 4 年，新市场的商业可能还未得到充分发展，但到了 1931 年，新市场的商业状况与清河坊、羊坝头一带相比仍然存在巨大差距。1927 年南京国民政府成立以后，市政当局对杭州市的商业进行了大规模的调查，留下了大量丰富、可靠的商业数据，尤其值得重视的是 1932 年建设委员会调查浙江经济所编写的《杭州市经济调查（上、下）》报告。该调查报告的商业部分统计了 1931 年前后杭州市 100 多个行业的经营状况，包括零售业、批发业、服务业、金融业及半工半商性质的店铺，调查内容包括各行业的营业总额，店铺数量，及主要店铺的地址、资本额和营业额等。

先看杭州休闲商业的总体情况，包括菜馆业、茶馆业、旅店业、游艺业、古玩业、照相业在内的休闲商业的营业总额仅有 3107585 元，远低于布业的 5800450 元，其营业总额仅占当时杭州商业总营业额的 3.08%，与较大的商业部门如布业等相比显得相形见绌。可以看出，在民国时期的杭州，休闲商业还只是一个很小的商业部门，其对新市场商业地位的提升所能产生的影响是非常有限的。再看各商业区大店铺的经营情况，统计 1931 年前后清河坊、羊坝头一带，新市场与其他商业区，[①] 营业额在 10 万元以上（包括 10 万元）的各业店铺数量[②]及其营业总额[③]，结果如下。

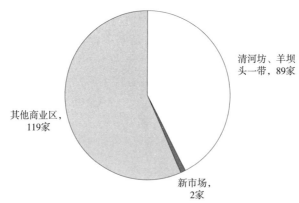

图 5　1931 年前后营业额 10 万元以上店铺的分布

资料来源：《民国浙江史料辑刊》第 1 辑第 6 册，第 350～351、523～702 页；第 7 册，第 1～64 页。

如图 5 与图 6 所示，1931 年，杭州营业额 10 万元以上的大店铺仍主要集中在清河坊、羊坝头一带，包括 26 个行业的 89 家店铺。门售绸庄、

---

①　即除清河坊、羊坝头一带和新市场之外的杭州其他商业区，包括城站、联桥、江干、湖墅和拱埠等地。

②　当时杭州各业的营业规模差异较大，该调查集中于各业中经营数额较大的店铺，而经营数额较小的店铺资料缺乏，无法准确统计。为统一标准和减小偏差起见，以营业额 10 万元为下限。

③　即各商业区 10 万元以上店铺的营业总额。

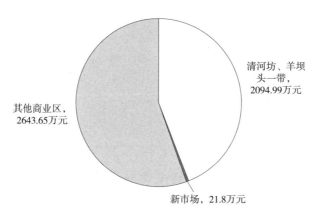

图 6　1931 年前后各商业区大店铺的营业总额

资料出处：《民国浙江史料辑刊》第 1 辑第 6 册，第 350～351、523～702 页；第 7 册，第 1～64 页。

布业、金银珠宝首饰业、茶庄、中西药业等行业的大店铺都聚集在该地，较知名的大店铺有位于羊坝头的高义泰布庄，经营棉布零售和批发，年营业额达 116 万元，是当时清河坊、羊坝头一带营业额最大的店铺；此外，保佑坊的商务印书馆杭州分馆、大井巷的胡庆余堂等店铺的营业额也相当可观。清河坊、羊坝头一带营业额 10 万元以上的店铺数量占杭州市同规模店铺总数的 42.38%，该商业区大店铺的总营业额也占杭州大店铺总营业额的 44%。反观新市场，同等营业规模的店铺只有大世界游艺场及聚丰园菜馆两家，两家店铺的总营业额仅有 21.8 万元，占比仅为 0.46%，新市场的其他较发达行业，如旅馆、茶馆等都没有营业额超过 10 万元的店铺。新市场繁盛的休闲商业中称得上大店铺的只有 2 家，相比清河坊、羊坝头一带云集的大店铺，差距非常明显。

除了一般的大型零售、批发和服务业等店铺，金融业的聚集也是商业中心的重要标志。民国时期，杭州的金融业除了大同行与小同行钱庄、兑换钱庄和典当铺这三个传统金融业态外，也有了现代银行等新的金融业态。从综合银行、大同行钱庄与小同行钱庄的位置分布情况，可以了解杭州金融业的聚集区域。

1931 年前后，杭州的 16 家银行中有 14 家位于清河坊、羊坝头一带（见图 7），包括中国银行杭州分行、浙江地方银行杭州总行、浙江兴业银行杭州分行、浙江实业银行杭州分行、浙江商业储蓄银行等；位于新市场

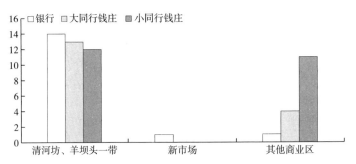

图7 1931年前后杭州银行、钱庄数量分布

说明：新市场的大同行钱庄和小同行钱庄的数量均为0。

资料来源：《民国浙江史料辑刊》第1辑第7册，第134～151页。

的只有交通银行杭州分行1家，其行址开元路也靠近羊坝头；另外1家中央银行杭州分行则在城北的忠清大街。17家大同行钱庄中有13家位于清河坊、羊坝头一带，包括大井巷的介康钱庄、上珠宝巷的泰生昌记钱庄等；另外4家在其他商业区；新市场则没有分布。23家小同行钱庄，有12家位于清河坊、羊坝头一带，另外11家位于其他商业区，新市场仍未见分布。清河坊、羊坝头一带汇集了杭州全城69.64%的银行、钱庄，毫无疑问，该地区是当时杭州银行、钱庄的集中地，也进一步验证了清河坊、羊坝头一带作为杭州商业中心的地位。

1945年抗战胜利后，不少日占期间停业的杭州银行纷纷复业，包括中南银行杭州支行、江海银行杭州分行、中国通商银行杭州支行、浙江兴业银行杭州分行、大陆银行杭州分行、浙江实业银行杭州分行、上海绸业银行杭州分行，也有一些新开设的银行，如惇叙商业储蓄银行杭州分行、杭州市银行。以上复业或开业的银行在选择行址时都倾向于清河坊、羊坝头一带。如浙江实业银行杭州分行1946年5月14日刊布在《申报》上的复业公告便称，"本行杭州分行……在杭州保佑坊原址复业"，[①] 惇叙商业储蓄银行杭州分行在《申报》上发布的开业公告也说明行址在"杭州中山中路二九一号"。[②] 1945年后，大批复业或开业的银行都将行址设在清河坊、羊坝头一带，该地区在当时仍然是杭州的金融业聚集地，进一步说明清河坊、羊坝头一带作为杭州商业中心的地位直至民国末期也未改变。

---

① 《浙江实业银行杭州分行复业通告》，《申报》1946年5月14日，第8版。

② 《惇叙商业储蓄银行杭州分行开业公告》，《申报》1947年2月25日，第10版。

三 新市场的未竟使命：商业中心转移的逻辑

一个城市商业中心的形成与转移受到多重因素的影响，有其历史原因。民国时期杭州新市场的开辟未带来商业中心的转移，除了时局的大背景以外，还有以下几个主要原因。

首先，杭州城区的人口密度分布是不均衡的。1928 年，杭州城区人口密度分布呈现由清河坊、羊坝头一带向四周递减的趋势。如图 8 所示，清河坊、羊坝头一带（一区一分署）的人口密度最高，达到 3.4 人/公亩，其次是紧邻的一区四分署和一区五分署，人口密度分别达到 3.3 人/公亩和 3.2 人/公亩。在城区外围，人口密度则相应下降。城南一区二、三分署的人口密度降到了 1.7 人/公亩；位于城东的一区六、七、八分署的人口密度为 2~2.8 人/公亩；二区二、三、四、五分署位于城北，人口密度为 1~2.9 人/公亩；新市场所在的二区一分署人口密度仅为 1.4 人/公亩，在城区 13 个分署中排名倒数第二。对比人口密度指标可以发现，各城区的商业繁荣程度与其人口密度存在相关性。清河坊、羊坝头一带的商业中心地位与其较高的人口密度存在联系，而新市场的商业之所以未能兴盛与其偏低的人口密度也有关系。1916 年，阮性存针对新市场商业萧条提出的对策中也着重指出了人口聚集对繁荣商业的重要作用，"拟就未标卖之地多建住屋放租，则住户不招而至，寻常日用之货店亦必陆续开设，市面稳固，乃为振兴新市场之唯一良法……工厂既立，工人住家亦必相率借来，新市场之振兴乃可确有把握"。[①] 新市场地区偏低的人口密度使新市场的商业迟迟得不到健全发展，只能转而依赖休闲商业，而单一业态的发展又反过来阻碍了新市场的商业发展，这在一定程度上陷入了恶性循环。

其次，民国时期，杭州的城市格局并未发生根本改变。自民国成立至1949 年，杭州城区空间基本未向外拓展，杭州仍呈现东西向窄、南北向宽的格局。[②] 连接城南江干与城北湖墅、拱宸桥的江墅路因为纵贯城区南北且位于城区道路网的中轴区域，自然成了杭州城区最重要的交通干线，

---

① 《将军行署咨浙江巡按使为据阮性存等禀为西湖新市场寥落乞予维持由》，《浙江省政府公报》1916 年 2 月 4 日，第 14~15 页。

② 参见杭州市档案馆编《杭州古旧地图集》，浙江古籍出版社，2006，第 174~204 页。

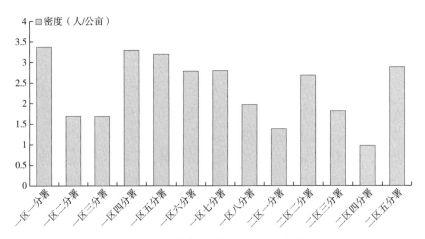

图8　1928年杭州城区人口密度分布

资料来源：《杭州市城区人口密度表》，《杭州市政月刊》1929年2月20日，第19页；《杭州市城区人口密度图》，《杭州市政月刊》1929年2月20日，第18页。

1928年兼代杭州市长陈屺怀在致市民的布告中便指出"江墅路为南北要道"。① 清河坊、羊坝头一带正好位于江墅路主城区一段（即从天水桥经官巷口、鼓楼、凤山门至南星桥火车站）的中间位置，从羊坝头往北至天水桥的路程与往南至南星桥的路程大约都为3公里，可见清河坊、羊坝头一带正处于杭州城区道路交通的中心点，而城市道路交通的中心点往往是城区车流与人流最多的地方。1947年，西泠印社社员吴少淳向杭州市参议会第三次大会提交的提案中指出："本市中山路鼓楼前至清河坊一段道路，车辆行人，往来不绝。"② 反观新市场，虽然是民国时期杭州新式马路最密集的城区，但偏处城西，其枢纽作用不能与清河坊、羊坝头一带的江墅路相比，来往的车流与人流也不会在新市场聚集。城区的车流和人流聚集在清河坊、羊坝头一带，为该地的店铺带来了一大批稳定的顾客来源，是这个区域在民国时期保持商业中心地位的一个重要原因。

最后，杭州市政当局的政策措施不到位。民国时期，杭州市政当局的财力非常有限，无法大力支持新市场的商业配套设施建设。一是新市场的

---

① 《布告市民：为元三坊至太平坊各居民拆让道路由（十二月九日）》，《杭州市政月刊》1928年1月31日，第27页。

② 《拟请将中山中路清河坊至鼓楼前一段，改为汽车单行道案》，《杭州市参议会第一届第三次大会会刊》，1947年3月，第96～97页。

规划不重视住房建设。为了筹集建设新市场道路的经费和疏浚西湖的费用，新市场的土地采取公开标卖的形式，[1] 对土地的使用未加限制或规定，一般地主往往只愿建设市房，而能吸引住户迁入的住房和工厂的建设因为投入大、短期收益低则显得缺乏。[2] 新市场存在的住房过少问题一直未能纾解，至 1931 年前后，新市场一带的房租"尤为昂贵，甚有较市心房租高至四五倍，较偏僻之区高至十倍者"。[3] 不重视住房建设，在一定程度上导致了新市场人口密度的长期偏低，进而阻碍了新市场的商业发展。二是财政资金的缺乏直接助长了新市场商业开发中的短视行为。商品陈列馆是浙江省署为繁荣新市场商业而筹办的重大工程，"商品陈列馆直接劝商，间接劝工，影响于实业界者至为深远，西湖新市场至开辟以来，酒馆茶楼而外无一正当之商业，市面至今未见兴盛……设商品陈列馆于新市场……招致正当商店来场营业，于发达新市场，振兴工商实为一举两得"，[4] 但因商品陈列馆所需土地"值价甚巨"，1916 年财政部一度决定商品陈列馆"未便拨给旗营地亩"，以减少财政收入的损失。[5] 浙江省署与财政部就此事争执不下，至 1917 年 5 月浙江省署仍咨文财政部力陈原方案。[6] 商品陈列馆的建设也因此一再耽搁，直至 1919 年 9 月，商品陈列馆才初步建成开业。另外，新市场的商业发展与西湖的旅游开发密切相关，但由于市政当局财力有限，开发西湖旅游也面临重重困难。1912 年，杭县知事呈文浙江都督蒋尊簋，请求"经营西湖"，称西湖"今则丛莽荆棘几成秽墟，间有私家园林亦同瘰痹……游观者类多乘（兴）而来，败兴而返，而恃以为业者损失亦不知几何"。[7] 都督蒋尊簋的批文虽然称赞经营西湖之策"足以吸

---

① 阮毅成：《三句不离本杭》，杭州出版社，2001，第 18 页。

② 《将军行署咨浙江巡按使为据阮性存等禀为西湖新市场寥落乞予维持由》，《浙江省政府公报》1916 年 2 月 4 日，第 29 号，第 14~15 页。

③ 《民国浙江史料辑刊》第 1 辑第 7 册，第 225 页。

④ 《浙江省长公署咨财政部咨行商品陈列馆未便拨给旗营地亩另觅相当官地由》，《浙江省政府公报》1916 年 12 月 21 日，第 3 页。

⑤ 《浙江省长公署咨财政部咨行商品陈列馆未便拨给旗营地亩另觅相当官地由》，《浙江省政府公报》1916 年 12 月 21 日，第 3 页。

⑥ 《浙江省长公署咨财政部为筹设商品陈列馆请拨旗营地亩一案请迅复准照办由》，《浙江省政府公报》1917 年 6 月 1 日，第 6 页。

⑦ 《杭县知事呈请经营西湖为贫民扩充生计文》，《浙江省政府公报》1912 年 7 月 7 日，第 3~4 页。

收外资，诚为吾浙富源"，但认为浙江省财政资金毕竟有限，"经营西湖尚非力之所逮"。① 修筑西湖周围的马路是开发西湖旅游的重要途径，但是直至 1927 年，西湖周围只有南山路、湖滨路和灵隐路三段马路，里西湖与雷峰塔一带的马路修建仍是空白。② 西湖旅游开发的不足限制了游客规模的扩大，没有常年化的旅游业态也就进一步限制了新市场的综合商业发展。

总之，民国时期新市场的开辟开启了杭州城市发展的一个新纪元，这一带的休闲商业集聚了人气，赢得了声誉，其"日臻兴盛，裨地方与个人均获其益"的商业使命也在一定程度上得到了实现。然而，这一时期杭州新市场的商业兴盛毕竟限于休闲商业，业态单一，与传统的清河坊、羊坝头一带商业中心相比，仍难以在短期内实现超越，即使其后相当长的一段时期里，新市场也未能取得杭州商业中心的地位。

作者：张卫良，杭州师范大学人文学院
　　　王刚，杭州师范大学人文学院

（编辑：熊亚平）

---

① 《杭县知事呈请经营西湖为贫民扩充生计批》，《浙江省政府公报》1912 年 7 月 10 日，第 10 ~ 11 页。
② 《杭州市现有马路统计表》，《杭州市政月刊》1929 年 2 月 20 日，第 32 页。

近代中国精英与国家关系的转型[*]

〔美〕芮玛丽（Mary Backus Rankin）

〔美〕周锡瑞（Joseph W. Esherick）著

缪舒舒 译 张笑川 编校

内容提要：帝国晚期的大部分时间里，中国精英阶层虽然一直在变化，但弹性的社会结构没有改变。19世纪一系列经济、社会和政治进程，加速了中国精英的变化，也导致社会结构的改变。商业重要性的日益增长导致"绅商"混合精英的出现，地方军事化导致军事精英的崛起，专业化的发展促进功能性精英影响力的提升，精英地方自治权力的增长推动地方精英活动公共领域的出现，地方场域的差异导致精英阶层的分裂。在精英组织和政治化日益加强的背景下，国家权力和精英权力的竞争性扩张加剧了精英与国家之间的冲突。灵活依赖各种资源、构建人际关系网络、通过文化霸权进行支配等精英行为模式，贯穿帝国晚期和民国精英转型的历史过程。

关键词：近代中国 精英群体 国家权力

---

* 周锡瑞、芮玛丽主编的《中国地方精英和支配的模式》(*Chinese Local Elites and Patterns of Dominance*, Edited by Joseph W. Esherick and Mary Backus Rankin, Berkeley: University of California Press, 1990) 一书收集了美国学者关于中国地方精英研究的12篇论文, 其中的"引言"和"结语"对相关研究的理论视角和基本观点进行了综述, 是美国学界关于中国地方精英研究的里程碑式著作。该书出版近30年, 迄今未有中译, 影响了中美学者关于该问题的交流和对话, 故编译该书"引言"和"结语", 以便中国学者了解相关研究成果。本文为该书"结语"的最后两节, 标题为编校者所加, 因篇幅所限, 有所删节。其中提及的一些论文收在该书, 现将该书目录附在文末, 以便读者查阅, 文中不再——注出。

一　精英随时间推移而变化

从明朝至民国整个期间，中国的精英在变化。卜正民（Timothy Brook）和罗威廉（William T. Rowe）的文章表明，周期性的战争、叛乱和改朝换代的政治危机摧毁了旧式家庭，并为社会流动创造了条件。他们发现，14世纪的元明更替可能比17世纪的明清更替更具毁灭性。19世纪，太平天国运动在中国大部分地区再次松动了精英的社会结构；这一时期，社会制度的特征也正发生变化。当然，更根本的转变是来自经济、社会和政治等因素，包括商业化、对外贸易的增长、军事化、功能性的专业化、志愿者组织的成长和政治化，以及迅速变换的政治环境。在帝国晚期的大部分时间里，这些进程改变了精英阶层，却没有从根本上改变弹性的社会结构。至19世纪末，它们也开始转变社会结构。这里，我们主要考察这些变化的众多方面，以及它们对中国精英的影响、对精英与上层的国家和精英与下层的普通民众之间关系的影响。

商业的重要性日益增长　虽然一些人将中国的商业革命追溯到宋朝，但地方市场真正的迅速增长、面向市场的手工业生产、区域间贸易及蓬勃的货币经济是从明朝开始的。人口的增长、新的农作物、持久的和平统治和来自新世界白银的涌入加速了这一扩展。新的商业活动在一些方面影响了中国的精英阶层。它为人们进入精英阶层提供了一条重要的新途径。一些商人，如山西的范氏家族和徽州的盐商在17世纪和18世纪通过盐、铜及其他商品的专营权获得了巨大财富。在政府严格监管之外的贸易创造了更多的财富：首先是粮食，其次是其他手工艺品（特别是棉和丝），以及东南沿海地区与日本、东南亚等地的贸易。

明朝时已经取消了限制商业活动的法律，商人们追求功名并与士绅互动，士绅家庭也以商人背景起家。至清朝中叶，士绅家庭普遍从事高利贷和贸易，商人家庭则支持儒家学术研究和士绅的出版项目。商人有文化的子弟被士绅精英所接纳，同时，商人热切地吸纳文人的行为标准，购买土地，参加慈善和其他公共组织。到18世纪末，在商业化的地区，商人和士绅精英的社会/文化融合已基本完成，为19世纪更广泛地进行政治合作搭建了舞台。

19 世纪，与西方的贸易进一步增加了商业机会，这些机会被一些老牌贸易家族有效地利用。1842 年，中国在鸦片战争中失败，随后开设了通商口岸，一些有技能和关系的人充当了西方公司的买办。来自广州以及宁波等沿海港口的有雄心的人到上海寻求外贸机会。尽管这些通商口岸对整个中国社会来讲是边缘的，但许多成功的商人精英通过获得政府头衔、购买土地，以及在自己家乡成为赞助人和慈善家而摆脱边缘化；一些有先见的官员处理着与西方打交道的新问题。这些人有策略性地让自己进入 19 世纪不断变化的精英群体中，这个精英群体正需要那些既具有作为统治阶层传统上所要求的经典教养，又具有特定专业化技能的成员。

19 世纪末，科举功名的大量售卖进一步表明了文人排他性的逐渐消失。由于清政府不顾一切地努力提高税收，1/3 的士绅阶层捐纳了功名，2/3 的公职资格采用"不正规"的捐纳方式获得。由于商人经常捐纳功名和官方头衔，加之政府的唯利是图违背了儒家关于官僚资格的假设，商人和士绅在各个地方场域越来越被拉到了一起，在那里，他们通常被一个新的流行名词所定义——绅商或"士绅 - 商人"。贝尔（Bell）的文章显示了 20 世纪这种新的混合阶级是如何成为新兴商业精英的一个组成部分的，他们积极投身资产阶级实践，同时也依赖于构建网络和从事地方管理等根深蒂固的精英策略。

军事化和军事精英的崛起 19 世纪中期，中国各地的叛乱促使了有组织的团练，以此来捍卫既有秩序。孔飞力（Philip Kuhn）研究了长江中游的这一军事化进程，马寇德（McCord）记录了贵州的相关现象。在湖南这样的省份，曾国藩手下的士绅似乎对团练网络一直保持着控制，但马寇德指出，在贵州，团练网络是新人进入精英阶层的一个途径。安徽和华北地区也可能如此——那里的正统士绅比湖南微弱，因而国家不得不依靠新的元素来对抗叛乱的威胁。①

地方社会的军事化并不是一个连续的过程。马寇德表明，刘氏家族在 19 世纪后期放弃了很多原有的团练基础，以集中力量于保护网络和推动教

---

① Bastid - Bruguière Marianne, "Currents of Social Change," John K. Fairbank and Kwang - Ching Liu eds., *The Cambridge History of China Vol.* 11, *The Late Ch'ing 1800 - 1911*, *Part* 2, Cambridge: Cambridge University Press, 1980, pp. 539 - 540.

育以及其他方面的改革。在其他地方，他展示了 19 世纪到 20 世纪湖南地方军事化的不连续性。① 然而，20 世纪早期，军人的地位明显上升了，因为民族主义思想鼓吹既要培养新的军事专业核心，又要在一般人群中普及军事训练和价值观念。② 晚清军事力量的崛起为那些在军阀时期以及蒋介石的国民党时期主宰中国的人物的崛起提供了基础。

国家和省级精英军事化对地方精英的性质有多大影响？这里的记载表明强弱参半，军事力量对长江下游的精英作用相对较小。在边疆，那里的强制性资源总是很重要，而且似乎在 20 世纪变得更加重要。在地方士绅和商业精英都很薄弱的边远地区和华北，③ 地方精英也明显地军事化了。在这个时代，近代化的步枪可以轻易地从外国军火商那里获得，从而提供了更有效检验和挑战国家政权和其他竞争势力的武器——它比以前的反抗者所使用的大刀、长矛以及燧石枪更具威胁性，地方军人们成为不容小觑的重要力量。然而，这种军事技术的强大力量通常并不能增强地方军阀的地位。小规模的地方军队领袖与土匪和"地方恶霸"太相近了，而且他们使用的强制性权力对地方社会结构破坏太大，这使其很难具有合法性。当军事化在一个曾经相对安定的社会出现时，它产生的社会影响跟那些与新形成的边疆社会融为一体或长期植根在边远地区社会机构的军事力量会有不同。在 20 世纪，外部引发的军事化很可能削弱而不是加强社区。新旧精英的特质也会受到损害，因为他们以更直接的支配形式取代了文化霸权。

功能性精英 20 世纪商业和军事精英的崛起，是各种功能性精英与老式士绅精英一起崛起（或取代老式士绅精英）这一进程中最明显的例子。但这一进程并不简单地创造一个多元社会的精英功能专业化，职业并不是那样截然分开的。韦思谛（Stephen Averill）将他所研究的大家庭称为

---

① McCord, "Militia and Local Militarization in Late Qing and Early Republican China: The Case of Hunan," *Modern China* 2 (1988): 156 - 197.

② Fung Edmund S. K., "The Military Dimension of the Chinese Revolution: The New Army and Its Role in the Revolution of 1911" *Journal of Asia Studies* (1980): 62 - 113.

③ 参见 Alitto Guy S., *Rural Elites in Transition: China's Cultural Crisis and the Problem of Legitimacy*, Chicago: University of Chicago, 1978 - 1979, pp. 220 - 221; Elizabeth J. Perry, *Rebels and Revolutionaries in North China, 1845 - 1945*, California: Stanford University Press, 1980。其中也有对 19 世纪至 20 世纪中国华北社会是如何适应军事组织的大致看法。

"小规模的联合企业"。据贝尔描述，薛寿宣不仅是一个实业家，而且是一个地主，他既是显赫士绅家庭的子孙，也是新民族主义政权中的一员。功能性分类并不能显示精英如何多样化地保护他们的利益。它忽视了将精英联系在一起的网络和协会的重要性，并且夸大了晚清民国时期商人和士绅之间的社会差别。

当然，在20世纪之前，专业化的证据已经开始明显增加。专业化正慢慢重新定义精英职业的可接受范围，但总体上，它明确了传统士绅和商人的角色。某些被认可的职业技能可能会带来一定的社会认可，但它并不能显著地提升地位，除非结合其他因素——出身、教育、社会关系、个人操守——这些是通常被接受的社会标志。

有迹象表明，精英从功能上讲在20世纪正变得更具专业性，无疑，专业精英变得更加突出，更有组织性。各种"界"，如教育界、商界、实业界、传媒界、法律界和金融界开始出现，成为新的中国社会里具有公共身份并经常组织起来以扩大影响力的角逐者。精英的功能范围扩大了，所需的专业水平随着更多的专业培训而提升。更重要的是，功能性能力逐渐成为一种独立身份的来源。在17世纪和18世纪，精英们可能已经深度地参与了商业，但这样的参与本身并没有为精英地位做出贡献。商业提供了一个家庭用于通过学术或慈善活动或参与科举考试来寻求地位的资金。到了20世纪，随着商会的成立和官方对贸易的鼓励，仅靠商业或工业的声望就可以在地方精英中占据一席之地。由于这种转变发生在清末新政时期和民国初期，在巴坎（Barkan）所述的沙元炳这样的功成名就者身上，我们可以发现一些混合的例子，他们具有地方性并且很可能是商业性的利益，领导商会和在地方事务中有影响的其他新组织；这样，这些机构提供了他们社会地位，同时也接受他们的影响。

随着民国的发展和精英功能的传播，越来越多的精英因他们的功能角色能力，而不是以其士绅文化理想的体现而被定义——也就是说，通过其工作和职业而不是其背景和行为。我们在杜赞奇（Duara）所描述的乡村层次的新的"专业"经纪人身上可以看到这种情况，在农村，这些新精英确实很像这样的新人物——向上流动的小贩。我们在无锡丝绸工业家和如皋的沙氏中也可以看到这种情形。正如巴坎、贝尔和罗威廉所指出的，在县一级，引人注意的是，新的功能精英常常是从旧的精英家庭分化出来的。现在更多的职业可赋予精英地位，更多的途径提供了向上流动的机会，尤其是通过军队。新人物出现了，但精英，或至少接近精英地位的家庭，往往最能获取新技能。长期建立的精英灵活性和适应不断变化的环境的模式意味着即使精英的性质和制度改变，人员依然存在延续性。虽然旧精英的社会延续性被打破，但精英家庭的生物延续性通常被保留下来。韦思谛描述了这一过程中一个特别有趣的变化：很多青年人之所以能够挑战旧有秩序，其影响力恰恰来源于他们家族所享有的地位和声望。

最后，我们应该注意到，在许多情况下，20 世纪出现的功能精英被描述为低合法性、低声望精英类型的崛起。确实是这样，这些新人物为追求财富，可能比旧式精英更具剥削性。即便如此，合法性是一种规范性判断，且并非所有的变化都代表着社会堕落。规范性标准总是变化缓慢的，但是它们最终能够赶上社会现实。我们应该记住，直到工业革命爆发一百年后的 19 世纪末，英国的工业精英才被认为是值得尊敬的。

地方精英活动公共领域的出现　虽然在明末，江南精英已经成功地把学术和文化网络转换为相当公开的政治活动组织，但是帝国仍一直对独立的精英组织极度怀疑。清朝严厉打击任何看起来有政治色彩的社团活动，但是他们并不禁止地方层面一切有组织的士绅活动。慈善组织（包括育婴堂、清节堂和救荒机构）是地方精英组织中最重要的类型。

19 世纪中期无疑是地方精英自治权力成长的主要分水岭。孔飞力展示了这一时期精英是如何通过组建团练来加强自治的。军事化虽然可能不是永久性的，但苏珊曼（Susan Mann）对税收、罗威廉对汉口行会和芮玛丽（Mary Rankin）对太平天国叛乱后精英能动主义的研究，进一步证明了清朝最后半个世纪里日益自治的地方精英权力结构的出现。① 罗威廉和兰金分析了这一过程，他们指出，在政府官僚机构和家庭、亲属团体和企业活

---

① Kuhn, *Rebellion and Its Enemies in Late Imperial China*: *Militarization and Social Structure*, *1769 – 1864*, Cambridge: Harvard University Press, 1970; Mann, Susan, *Local Merchants and the Chinese Bureaucracy*, *1750 – 1950*, California: Stanford University Press, 1987; Rowe, William T., *Hankow*, *Conflict and Community in a Chinese City*, *1796 – 1895*, California: Stanford University Press, 1992; Rankin, *Elite Activism and Political Transformation in China*, *Zhejiang Province*, *1865 – 1911*, California: Stanford University Press, 1986.

动等私人领域之间，出现了一个日益增长的、社区取向的由组织性精英活动所构成的"公共领域"。

如果说在 19 世纪 90 年代之前清政府是积极阻止地方精英担任任何公开的政治角色的话，那么在 1902~1911 年新政中清政府则明确允许地方议会和理事会的精英政治动员，并在教育、经济发展和公共安全上赋予了他们较大的权力。这一时期的精英动员建立在 19 世纪"公共领域"活动和网络的基础上，但改革时期的新政治环境从根本上改变了精英行为的意义。中国在甲午战争中失败后，1897~1898 年面临瓜分势力范围的威胁，以及义和团运动后外国对首都和东北的占领，这引起了空前的民族主义情绪浪潮。中文报刊的崛起激起了这种情绪；紧随其后，精英活动普遍政治化——这种政治化很快促成了对清朝的敌视。省议会、地方的商会和教育会、学术团体和政治协会以及实际上的雏形政党，为政治反对派提供了强大的的制度基础，并促成了 1911 年的共和革命。

共和派精英在民间团体、准政府专业团体（"法团"）中控制了更多的组织资源。这些资源正如斯特兰德（David Strand）在本书中提出的那样，导致了"市民社会"的出现，它是公共领域更具自主性的继承者，在"市民社会"中可以组织独立的团体，明确地追求他们的利益。在"市民社会"中出现了一种新型的地方政治，即代表利益群体的社团选举政治，它威胁要取代旧的政治网络和个人关系。这种政治虽然是在核心地区的城市发展起来的，但正如韦思谛文章中指出的，甚至连边缘地区最终都会受到这种新政治的影响，并产生革命性后果。

此时一种新型的群众政治兴起了，它从社会底层威胁着精英，其组织形式却与精英阶层得以对国家施压所采纳的形式如出一辙。虽然清朝近 250 年来已经相当成功地禁止了公开的政治活动，但 20 世纪被政治主导了；妖怪已经跳出了瓶子，精英政治的形式、结构和话语发生了不可逆转的变化。一旦对私人利益的公开追求合法化，一旦精英开始充当代表和庇护人的功能，一旦进步变化和调整文化规范的呼吁开始出现，政治便开始转型，这既给地方精英支配带来了新的机遇，也带来了新的挑战。

精英阶层的分裂 帝国晚期的士绅精英可以说是世界上最统一的（虽然不是完全同质化的）。虽然它并不仅仅是通过科举考试的功名持有者，但这些功名持有者通过设置行为规范和界定生活方式使精英互相区隔。科举制度将全国士绅统一起来，保证每个县都有相对数量的低等功名，并为边疆地区偏僻和不发达的省份提供一定高等功名的优惠配额。没有教士、贵族或军事精英挑战精英的支配地位，并且商业精英通过仿效、加入，慢慢地转变着士绅，但它并没有作为一个独立的群体为了地方权力而与士绅竞争。

但是，19世纪末至20世纪精英阶层的转变给精英的统一带来了前所未有的压力。精英组织公共领域的出现为精英活动提供了越来越多的地方舞台。精英们越来越像关注科举制度一样关注他们各自独立的地方场域。而这些地方场域环境、资源和利益的显著不同，也促进了精英行为的差异化。兰金和萧邦齐（Schoppa）都注意到经济核心地区和边缘地区之间的差距日益扩大。在19世纪和20世纪，核心地区从商业扩张中收益更多并且在叛乱后恢复得很快。当1905年成立新式学校取代废除的科举时，官府经费青睐于省会。核心地区精英在所处社区中积极行动并提供资源来支持学堂建设，而边缘地区则越来越落后了。其他相关活动同样如此。核心地区精英组织更快速、更广泛、更有效，并设法在更高的政治和经济舞台上宣扬他们的目标。[①]

虽然兰金和萧邦齐强调了核心地区与边缘地区之间的差异，但其他人则强调城乡精英的分裂。周锡瑞（Esherick）一直强调1911年革命中"城市改革精英"的作用，孔飞力则强调现代化的"新城市精英发现越来越难以与中国农村的问题相认同"。[②] 事实上，在城市和农村、中心和边缘之间

[①] Rankin, *Elite Activism and Political Transformation in China*, *Zhejiang Province*, *1865 - 1911*, pp. 8, 62, 176, 217, 258; Schoppa, *Chinese Elites and Political Change: Zhejiang Province in the Early Twentieth Century*, Cambridge: Harvard University Press, 1982, pp. 67, 95 - 109, 121 - 124, 136, 140 - 141, 152, 186 - 190.

[②] Esherick, Joseph N., *Reform and Revolution in China: The 1911 Revolution in Hunan and Hubei*, Berkeley: University of California Press, 1976, pp. 66 - 69, 99 - 105, 243 - 252; Kuhn, *Rebellion and Its Enemies in Late Imperial China: Militarization and Social Structure*, *1769 - 1864*, p. 224。我们可以注意到，芮玛丽否认了在经济发达的核心区域城市与乡村精英互相分离的这种观念。可以参考 Rankin, *Elite Activism and Political Transformation in China*, *Zhejiang Province*, *1865 - 1911*, pp. 232 - 233, 243; Rankin, "Rural - Urban Continuities: Leading Families of Two Chekiang Market Towns," *Ch'ing - Shih Wen - T'i 3 2* (1977): 67 - 104。

的分裂有相当大的重叠。主要城市中心都是区域的核心，而这些城市的精英与边缘地区的精英有着极明显的区分。城市精英更加商业化，更有功能性区别，在受西方文化影响的现代学校中更训练有素，且对经济现代化更有决心，偏爱城市和核心地区。这些特征经常让他们与欠发展的内地乡村精英不和，与中心地区精英关注经济发展和政治改革的蓝图不同，内地乡村精英更关心保护自己区域的利益来抵挡土匪的袭击和增长的共产党起义。对内地来说，城市精英是"假洋鬼子"；对城市来说，乡村精英是"土豪劣绅"。①

与精英阶层中这些广泛的社会分裂同样重要的，是伴随精英及其政治功能分化而产生的更特殊的分裂。军阀斗争可能会让精英的这种分裂产生流血事件，20世纪20年代意识形态的两极分化倾向于渲染各种地方派系纷争。因为不同的专业群体有自己的组织结构作为代表，政治群体则形成派系以争夺政治利益，使得旧精英不可避免地会失去一些昔日的凝聚力。然而，我们不应该夸大这些分歧；关于谁是精英、什么品质确定其支配地位，社会仍然存在广泛的共识。但是这一共识的挑战正在增长，精英内部的团结也没有以前那么牢固了。

二 地方精英和国家

中国精英的所有这些变化影响了他们与国家的关系——这种关系已经成为中国研究的核心问题；早期对中国精英的研究强调国家授予的功名是精英地位的真正标志，以及地方士绅在维护帝国秩序中的作用。虽然包括本书章节在内的最新研究，集中关注地方精英权力的来源，但几乎所有的学者都认为只有在边疆地区，中国精英才能被视为完全脱离了国家。在我们看来，关键的问题是近代精英与国家关系的转型。

首先我们必须面对讨论变化进程的基础问题——它因与朝代变更相关联的变化而复杂化了。在许多方面，晚清与晚明类似，其中历史学家发现

① 关于20世纪土豪劣绅这个词的使用，见 Kuhn, "Local Self - Government under the Republic: Problems of Control, Autonomy, and Mobilization," Frederic Wakeman, Jr., and Carolyn Grant eds., *Conflict and Control in Late Imperial China*, Berkeley: University of California Press, 1975, pp. 287 - 295。

了社会组织的扩大，精英政治的主动性和政府效能的削弱。但是清初，国家扭转了其中大多数的趋势，因此我们的讨论从 18 世纪开始是有一定道理的，因为这个世纪似乎是中国官僚统治最有力度的一个时期。在濮德培（Peter Perdue）和魏丕信（Pierre - Etienne Will）的专著以及韩书瑞（Susan Naquin）和罗友枝（Evelyn Rawski）的研究中，我们看到国家在土地复垦、移民安置、水利管理和饥荒救济方面有令人印象深刻的举措，但随着时代的推进，它的权力越来越受到地方利益的限制。[1] 尤其是在濮德培的作品中，国家权力向地方精英转移，这使得孔飞力将 19 世纪中叶相关的叛乱视作从 18 世纪开始。[2]

然而，同样很明显的是这一进程涉及的不仅仅是国家权力的转移。我们刚刚回顾的一系列举措可以追溯到 16 世纪后期，地方精英逐渐在其慈善事业、教育、地方防御、水利、公共工程、财政事务等活动中，并在 20 世纪的专业社团、新闻、政治组织、经济发展和地方自治活动中，创建了公共领域。地方精英所做的不仅仅是为了填补国家在分崩离析状态下的空白，他们正发展新策略和新机构以维护自己的地位，并根据自己的利益和理想引导政治的发展。

至 1911 年，省级和地方精英意识到他们的利益和理想与清政府不相容。帝国与士绅精英的互利关系到此结束，后者加入了共和革命。但是，革命不仅仅是地方精英对国家的胜利；共和时期也不仅仅是国家的政治分裂。[3] 最重要的是，国家与地方精英之间的现代竞争不是零和博弈。与此同时，地方精英和国家都以新途径组织并增加自身的资源。从 19 世纪对外

---

① Perdue Peter C., *Exhausting the Earth: State and Peasant in Hunan, 1500 - 1850*, Cambridge: Geophysical Journal International, 1987; Will Pierre - Etienne, *Bureaucratie et Famine en Chine au 18e Siecle*, Paris: Journal of Asian Studies, 1980; Naquin Susan, Evelyn S. Rawski, *Chinese Society in the Eighteenth Century*, New Haven: Yale University Press, 1987; 也可参考 Wong R. Bin, Will Pierre - Etienne, Perdue Peter C., Jean Oi, *The State Civilian Granary System in China, 1650 - 1850*, Ann Arbor: Journal of Asian Studies, 1991。

② Kuhn, *Rebellion and Its Enemies in Late Imperial China: Militarization and Social Structure, 1769 - 1864*.

③ 20 世纪中国最好的教科书之一是 James E. Sheridan 的 *China in Disintegration*。关于这种思想在地方精英中的运用，可以参见 Alitto Guy S., *Rural Elites in Transition: China's Cultural Crisis and the Problem of Legitimacy*, Chicago: University of Chicago, 1978 - 1979, pp. 218 - 276。

国帝国主义和国内叛乱迟疑的反应开始，国家扩大军队并使之现代化，用新的商业税增加财政资源，用电报、轮船和铁路改善通信（到 19 世纪 90 年代）。在 20 世纪头十年，清政府通过新的农工商部和邮传部以及新设的中国银行和其所有地方分支机构进行了一系列令人印象深刻的经济发展活动。新式军队和警察大大加强了国家的强制力，并且，禁烟运动表明清政府愿意利用其新力量。

在民国时期，经济发展项目扩大到包括贝尔所描述的尝试建立合作组织和改良蚕桑的领域。社会改革演变成对裹脚或民间"迷信"等陋习的广泛攻击，这些攻击有时甚至有很强烈的强迫性。增税和强制性劳役毫无疑问地使国家的权力更加直接地影响着平民百姓。杜赞奇的研究向我们展现了这些社会变革可能造成的影响，即农村地区旧的有地位的士绅阶层被新兴的具有剥削性质的暴发户阶层所取代，而正是这个新兴阶层在基层联结起了新的国家机器。① 即使这不是很有效，但国家建设的进程确实在进行，而地方精英也参与其中并对此做出反应。

地方精英的一种反应是简单地与国家保持距离，并日益使地方精英和国家精英分离。在萧邦齐的文章中，全国著名的汤寿潜在其家乡很重要的黄麻溪堤斗争中的缺席象征着这种分离。在 20 世纪初的掠夺性军阀政府中，地方精英没有发现什么正面的东西。海伦·肖尼西（Helen Chauncey）在班夫会议的论文中指出，一些人如何防御性地退却到自己家乡以追求独立的改革理想；其他人，因为有自己的军队，则成为保护自己地盘的地方强人或区域军阀。

将清末民国时期精英与国家的关系视为国家建设和精英自我动员的长期趋势与国家权力周期性转移的综合作用可能是最好的。在精英组织和政治化日益加强的背景下，国家权力和精英权力的竞争性扩张导致了精英与国家之间比之帝国晚期更加显著的冲突。专制主义/官僚主义/军国主义的政府未能为现代国家政权建设提供一个广泛的群众基础，却阻止精英社团政治发展成为一个严肃的资产阶级民主选择。扩张的国家资源没有有效地转化为控制权或合法性，即使是民国时期最有效率的政府——南京国民党

---

① 除了本书收集的文章，还可以参见 Duara, "State Involution: A Study of Local Finances in North China, 1911-1935," *Comparative Studies in Society and History* 29 (1987): 132-161.

政府，用斯特兰德的话说，也表现出对地方精英的"惩罚其天然的盟友的引人注目的能力"。20 世纪 20 年代末，随着国民党从精英动员转向官僚式的国家建设，①它发现自己既不能取代地方精英，也不能赢得他们的忠诚。巴坎在如皋的研究表明，民国政府并没有成功地建立起一个社团主义国家，② 它破坏了地方运营机构而没有提供有效的替代品。例如，贝尔的文章显示，受过西式教育的薛寿宣与民族主义者密切合作，但他在无锡利用官方养蚕机构获利甚多，以至于我们怀疑，到底是国家利用了他，还是他利用了国家。

重新审视经纪人角色可以说明精英与国家关系的转变，及其对地方支配的意义。在华北等地区，精英的土地和商业财富等物质资源是有限的，进入地方管理和地方官僚机构的特权是其在社区维持影响力的最重要基础之一。关于清朝晚期士绅的作品强调了其在国家与农村社会之间是起中介作用的角色。地方精英是经纪人：他在官方世界和当地社区之间活动，参与到两者之中却（在某种意义上）不属于任何一方。

贝利（F. G. Bailey）在南亚实地考察的基础上对经纪人有着深入的阐述。这些经纪人"必须要让村民相信他能以普通村民力所不及的方式与胥吏和官员交流和操纵他们"。这可能会导致他在被问及一些具体行政程序问题时，提供一些"尽管故弄玄虚且无甚益处，却听上去权威可信的话"。最重要的是，他必须证明自己的有效性，反过来又意味着"向世界展示自己的复杂差事"。他必须戴上"献身公共福利的标准面具，但是同时，这个面具又必须是透明的，让客户们能够看到他左右逢源、游刃有余的手段，尽管这些手段在平时是被人鄙夷的"。③

以上描述不适用于清朝的士绅或扎根于社区的经纪人，他们在两个场域中都拥有象征性的资本或较高的真实地位以证明他们的资格。然而，以

---

① Kuhn, "The Development of Local Government," John K. Fairbank and Albert Feuerwerker eds., *The Cambridge History of China*, Vol. 13, *Republican China*, *1912 - 1949*, Part 2, Cambridge: Cambridge University Press, 1998, pp. 344 - 352.

② 这种概念模型被 Fewsmith Joseph 所运用，见 *Party*, *State and Local Elites in Republican China: Merchant Organization and Politics in Shanghai*, *1870 - 1930*, Honolulu: American Historical Review, 1987, pp. 163 - 164, 189 - 191.

③ Bailey, *Stratagems and Spoils: A Social Anthropology of Politics*, New York: American Anthropologist, 1970, p. 77.

上描述无疑看上去适用于杜赞奇所描述的新型乡村经纪人，以及巴坎和贝尔文章中的新县级精英。杜赞奇文章中的新型中间人虽然被认为是必要的，但常常受人鄙视；同时，贝利也注意到"这个中间人所受到的憎恶，与他所要调停的两个文化之间的差异度是成正比的"。[①] 国家建设的进程似乎不仅增加了国家的剥削需求，而且扩大了它与农村社会的文化距离。那些担任新政府经纪人的人的确越来越被鄙视。社区中有名望的成员退出了这些任务，新的经纪精英介入了进来。帝制国家为士绅阶层提供了合法性来源，而民国既催生了新的买办阶层，同时又取消了这个阶层的合法性。

因此，国家权力的转移使得盘踞于地方的寡头政治不再受中央政府的控制。这种不受控制的权力很可能被滥用，并且对"土豪劣绅"的一再控诉表明事实确实如此。[②] 与此同时，同样声名狼藉的人物崛起，来充当扩展中的政府活动的经纪人。这种不受控制的、缺乏合法性的、剥削性的暴发精英的出现，增加了社会紧张，形成了韦思谛所描述的回乡推动革命的激进青年知识分子的群众基础。由于政府权力在华北地区最为重要，因此国家权力的转移和国家经纪角色的崛起在这里也最重要。革命力量在北部和边疆地区增长，那里的地方衙门是精英活动的重要焦点，而具有凝聚力的精英独立网络却不太发达。如果国民党在国内其他地区建立更有效的联盟，那么革命就可能被镇压，但在核心地区，国民党的政权建设和地方精英组织之间的僵局，使二者都不能有效地镇压革命。

近代中国精英的变化牵涉的环境和结构之处比牵涉的行为和策略更多。在跨越 20 世纪的经济结构和技术的根本性变革中，行为的连续性是非常重要的。它们说明要从行为模式而不是静态属性——例如那些与有功名的士绅相关的特征去发现中国精英最显著的特征。这一解释提出了看待中国社会结构、实践和变化相互作用的新方式。

灵活的依赖各种资源是晚期帝国精英最重要的一个特征，仅仅依靠教

---

① Bailey, *Stratagems and Spoils: A Social Anthropology of Politics*, p. 171.

② Kuhn, "Local Self - Government under the Republic: Problems of Control, Autonomy, and Mobilization," Frederic Wakeman, Jr., and Carolyn Grant eds., *Conflict and Control in Late Imperial China*, pp. 287 - 595.

育、土地、商业或军事力量等资源中的任何一种并不能保障他们的地位，他们也从没有仅被一种特性所限定。由于早已学会应对可利用资源的变化，他们很容易适应来自西方和日本的"现代化"力量侵袭所带来的新的机遇和挑战。其结果是，20世纪许多的中国精英都来自世世代代在地方居于支配地位的家族。

由精英在变化的环境中自己构建的社会资源是最有弹性的。紧密的人际关系网络（"关系"）、文化符号和行为模式把精英们聚集在一起。意识到自己的社会优势，中国的精英们开始建设有影响力的网络来保护自己的地位。这样的社会关系是中国现代转型过程中一种持久的社会资源，正如先前存在的联系促进了20世纪精英对机构的控制。同样的连续性也保证了社团的现代形式往往混合了旧式精英的身份和炫耀意识标准。

网络是在中国社会的大背景下培育出来的。无论是经济一体化还是官僚的理性化，都没有发展到可以去除庇护人、经纪人和中间人的程度。这些角色对跨越场域边界的活动特别重要，且中国充满了交叉的场域——在经济和行政层级之间、国家与社会之间、上层和下层之间，特别是在政治领域，正式的整合和非正式的政府授权的联合作用，给精英们留下了非同寻常的空间来发挥他们的庇护和中介作用。这些角色与精英的文化霸权存在辩证的依存关系，霸权支撑了他们对这些角色的垄断，而成功的表现反过来又加强了霸权。

中国精英通过文化霸权进行支配，这虽然并不独特，但无疑是引人注目的。文化符号和行为规范认同了这些精英，赋予他们社会凝聚力并宣扬他们的优越性。重要的是要认识到士绅社会的规范深入帝国晚期几乎所有的精英阶层中，不仅仅是代表了新儒家价值观与理想的霸权。精英在日常生活中所生动展现的文化，是精英界定其地方身份和支配的合法性的基本途径。无疑，精英文化意味着文化活动，但也包含赞助、慈善事业、社会矛盾调解、避免体力劳动、掌握文雅的社会交往以及影响力的公开和仪式性展示。这些行为模式被证明显著地适应现代生活的社会需求，其中的许多我们在民国时期和帝国晚期的精英实践中可以看到。

这为数不多的几个特点——精英的灵活性、依靠网络和其他社会资源、文化霸权——可以帮助我们了解中国地方精英中统一性与多样性的相互作用，以及帝国晚期和民国精英转型的历史过程。与静态的士绅社会观念不同，它们有助于解释在 20 世纪混杂的精英社会中维持许多精英家庭的灵活适应性。它们还能让我们关注那些使现代精英分裂的结构性变化，从根本上改变现代精英阶层与扩张中的国家之间的关系，并最终使精英阶层成为革命力量的猎物——这一力量在上层组建了统一的国家政权，在下层则动员了广大的群众。在这种新组合下，中国旧式精英的文化霸权走到了尽头，但他们的行为规范有多少仍会存续下去，尚未分晓。

附录：《中国地方精英和支配的模式》目录

Part Four   Village Elites and Revolution

9. Rubie S. Watson, Corporate Property and Local Leadership in the Pearl River Delta, 1898 – 1941

10. Prasenjit Duara, Elites and the Structures of Authority in the Villages of North China, 1900 – 1949

11. Stephen C. Averill, Local Elites and Communist Revolution in the Jiangxi Hill Country

作者：芮玛丽，美国自由职业历史学家

周锡瑞，美国加州大学圣地亚哥分校

译者：缪舒舒，苏州科技大学历史系

编校：张笑川，苏州科技大学历史系

民国时期北京五金商铺学徒制*

卢忠民

内容提要：学徒制是商铺内部劳动组织的基础。北京五金业虽是新兴行业，出现一些新兴行业的学徒制特色，但仍多沿袭传统行业学徒制的一般规定。五金商铺学徒籍贯多集中于河北枣强县及其周边县，即当时冀州所辖县区。学徒一般皆上过学，有一定文化功底，十五六岁的孩子当学徒为最佳年龄。学徒一般出身中农以上家庭，其日常工作比较繁杂，无工资，到春节有馈送。学徒制利于商铺节省管理成本、培养与储备管理人才。

关键词：民国　北京　学徒制　五金商铺

旧时一般工商业中对于学艺的徒工，手工业称学徒，商业称学买卖的。通常情况下，学买卖的要比工业、手工业学徒的地位高一些。① 南方一些地区称之为学生意，也有人尊称为"小伙计"。② 为便于叙述，本文将其通称为学徒。

中国的学徒制兴起于奴隶社会，发展完善于封建社会。它是中国古代职业教育中时间保持最长也是最为普遍、受教育者人数最多的一种教育形式。③ 这是因为"中国素来以农立国，向以工商二业为下等阶级。其于商

＊　本文系 2017 年国家社科基金后期资助项目"民国北京五金商铺研究（1917—1940）"（项目批号：17FZS038）以及东北大学基本科研业务费项目"近代旅京冀州五金商人与京津协同发展研究"（项目编号：N172301006）的阶段性成果。

① 高叔平：《旧北京典当业》，中国民主建国会北京市委员会等编《北京工商史话》第 1 辑，中国商业出版社，1987，第 125 ~ 126 页。

② 齐大芝：《近代中国商号内部结构的等级系统问题初探》，《北京社会科学》1994 年第 2 期。

③ 芮小兰：《中西方学徒制的比较及启示》，《教育前沿》2008 年第 6 期。

人训练之法，以收集学徒为唯一门径"。① 进入近代，"商事尚无学堂，必须投入商号学习。故各种商号皆收徒弟"，② 这种传统职业教育机制得到了一定程度的保留，其对学徒招收数量的限制被突破，这是传统学徒制度在近代变迁中的关键环节，使学徒群体成为能与一般工人、店员同等工作而薪资更低的廉价劳动力。③ 有关学徒制的研究，近年来取得一定成果，④ 不过，这些成果不是集中于学徒制的某一方面，就是过于零碎，不能较为全面地对其进行集中论述，且有关北京商铺尤其是北京某一行业商铺学徒制的研究几成空白。本文主要对北京五金商铺学徒的选择标准、学徒比重、待遇及其对商铺的积极作用与消极影响等方面进行论述，指出其因袭传统与改革创新的特色之处，从而丰富并深化对学徒制的认识，同时为当今大批农民进城顺利实现职业角色转变提供借鉴。不妥之处，请方家指正。

一

学徒制度是北京商铺内部劳动组织的基础，多数商铺皆大量使用学徒劳动，学徒是其中最廉价的劳动力。据1933年《北平晨报》载："平市人口众多，商店林立。……平市商店学徒，占全市人口十分之二。仅平市及四郊，共有学徒31400余人。"⑤ 不同行业的商铺对学徒的要求与选择标准不尽一致，不过，一般着眼于学徒的籍贯、年龄、文化程度、家境出身及

---

① 赵靖：《穆藕初文集》，北京大学出版社，1995，第201页。

② 彭泽益：《中国工商行会史料集》，中华书局，1985，第527页。

③ 彭南生、严鹏：《试论近代工商业学徒对中国早期工业化的影响》，《徐州师范大学学报》（哲学社会科学版）2009年第4期。

④ 这些文章对学徒在早期工业化、礼仪、教育等方面的影响和作用进行了集中论述，如彭南生、严鹏《试论近代工商业学徒对中国早期工业化的影响》，《徐州师范大学学报》（哲学社会科学版）2009年第4期；李忠、王筱宁《学徒教育在底层民众实现社会流动中的方式与作用——以近代学徒教育为例》，《大学教育科学》2008年第2期；殷俊玲《晋商学徒制习俗礼仪初考》，《山西大学学报》（哲学社会科学版）2005年第1期。此外，还有一些著述对学徒制进行了论述，如齐大芝《近代中国商号内部结构的等级系统问题初探》，《北京社会科学》1994年第2期；彭泽益《民国时期北京的手工业和工商同业公会》，《中国经济史研究》1990年第1期；中国科学院经济研究所等编《北京瑞蚨祥》，三联书店，1959；上海社会科学院经济研究所主编《上海近代五金商业史》，上海社会科学院出版社，1990。

⑤ 《北平的商店学徒，苦头多于甜滋味》，《北平晨报》1933年12月11日。

举荐人资历等方面。就五金行而言，由于该业属新兴行业，经营五金商品需要业务上技术性较强，又有和顾客之间的经常往来关系，因此店方提出从业人员既要有业务上的知识技能，还要手腕灵活，善于交际。这就要求店内高级人员至一般职工，大都是行业学徒出身，非本业学徒出身的从业人员为数甚少。这样，五金行业吸收学徒的要求就比一般行业高些，特别是五金、钢铁商业，如在中国五金业龙头的上海，五金行学徒通常要有高小或初中文化程度，年龄在十六七岁。① 北京五金行对学徒的籍贯、年龄及文化素质、出身等方面也有一定要求，并具有了某些自身特色。

首先，学徒的籍贯是一些商铺选择学徒的一大标准，因为当时五金行的出资人与从业人员的地域性非常强，很多学徒与资方的关系多是非亲即故或同乡，同乡共籍是当时商界选择学徒时所遵循的一条主要原则。

笔者在北京市档案馆搜集到 11 家北京五金商铺 45 名学徒的综合信息，统计发现，各学徒籍贯较为集中，多集中于河北省枣强县或枣强周边县，即当时冀州所辖县区。② 另据笔者对 1955 年北京市私营商业调查材料的数据分析，③ 籍贯是枣强县的学徒人数所占比例最大，1942 年占到总人数的近一半，1955 年则高达 65%；其次是冀县，分别是 20%、15%；再次就是衡水，其他县区所占比重较小。1955 年数据不仅在一定程度上印证了 20 世纪 40 年代初之前五金行学徒来源的地域性特征，而且说明新中国成立初期学徒的地域性特征较前趋强。枣强县学徒之所以最多，主要由于北京五金行的老字号多由枣强人经营管理，经过多年的业内繁衍，枣强籍人开设或经营的大小五金店在北京五金业内占绝对多数。又由于枣强自清代起属于冀州④辖，这样，枣强与其邻县青少年出于地缘关系来京的五金行学徒

① 上海社会科学院经济研究所主编《上海近代五金商业史》，第 109 页。
② 《五金业会员调查表》（1942 年），北京市档案馆藏，档案号：087 - 023 - 00017。
③ 《中华全国总工会政策研究室关于北京市私营商业调查材料前门区五金、百货纸张批发商中心商店、家庭店调查部分》（1955 年），北京市档案馆藏，档案号：039 - 001 - 00567。
④ 冀州，"从狭义的范围说，是指明朝设置的，至清雍正二年（1724 年）又改为直隶省的冀州，辖今冀县、衡水、武邑、枣强、南宫、新河六县；从广义的范围说，除上述六县外，还包括深州及其所属各县，即深县、武强、饶阳、安平、束鹿。故又称为深、冀州帮"。参见王槐荫、刘绫亭《天津工商业中的冀州帮》，中国人民政治协商会议天津市委员会文史资料委员会编《天津文史资料选择》第 32 辑，天津人民出版社，1985，第 120 页。

就较多，如果按广义冀州来讲，冀州籍学徒则占到学徒总人数的90%以上；如按狭义冀州来讲，冀州籍学徒也占到80%以上。这表明，学徒和资本家之间除了师徒关系之外，绝大多数还有同乡关系，有些亦有亲戚关系，外行人不易闯入。新中国成立初期，同业公会对259名五金商铺从业人员的调查结果显示，与资方是同乡关系的有204人，亲戚关系的有37人，朋友关系的有17人，师生关系的有1人，间接介绍的无，其中，同乡关系的最多，占总人数的79%，亲戚关系的占14%，朋友关系的占6.6%，师生关系的仅占0.4%。① 这表明，因同乡关系入五金行当学徒的最为普遍，其他各种关系虽然比例偏小，但与资方也是非亲即故，于是造成了商铺所招学徒具有很强的地域性。

当然这种情况在北京其他行业中也是普遍存在的，如瑞蚨祥从开始直到解放，对学徒的吸收、任用一直遵循着乡土、亲族关系的原则。② 其他行业也大致如此，如"饭馆业则以山东、山西、河北人为最多。银号则以冀县、深县人为最多，洋货店则以河北雄县人为最多。纸烟行则以北平及通县人为最多。当行则以齐外东直门外为最多。油盐店则以山东黄县及北平人为最多"。③ 当然，五金业以枣强人为最多。在上海，五金业也普遍存在师徒间的亲邻关系，造成学徒对业师要无条件地服从。④ 上述史实表明，五金业虽为新兴行业，但其学徒制因袭传统的同乡共籍的特征仍较明显，北京与上海都不例外。

其次，五金商铺对学徒的文化程度也有一定要求，不识字、没念过书的一般不予录用。这主要是由于"五金种类繁多，价格不一，虽有充足之脑力，然难以一一记忆，此工特初习斯业者，茫无头绪，即老于此途者，亦未必完全明了"，以致一些业内专家也对"各种表格，勉强附会，多有未臻完全之处"。⑤ 这足以说明五金业的专业性非常强，没有一定的文化功底很难从事此业。

---

① 《中华全国总工会政策研究室关于北京市私营商业调查材料前门区五金、百货纸张批发中心商店、家庭店调查部分》（1955年），北京市档案馆藏，档案号：039 - 001 - 00567。
② 中国科学院经济研究所等编《北京瑞蚨祥》，第32页。
③ 《北平的商店学徒，苦头多于甜滋味》，《北平晨报》1933年12月11日。
④ 上海社会科学院经济研究所主编《上海近代五金商业史》，第109~110页。
⑤ 《五金手册》，上海南衡社，1951，"序言二"。

前述北京五金商铺的 45 名学徒皆为小学文化，无一是文盲，小学二年级的共 7 人，三年级的 8 人，四年级的 4 人，五年级的 1 人，分别占总学徒人数的 15.56%、17.78%、8.89%、2.22%。这些是明确记载该学徒上到几年级的情况，四年级以上的学徒数所占比例过低，然而，档案未写明几年级，只笼统登记为"小学文化"的共 25 人，占总人数的近 56%。这 25 人是小学毕业，还是中途退学，我们对此不好妄言。不过，据笔者推测，这 25 人应该是小学未毕业，至少部分是，否则在上述登记表中是应该写清楚的，因为其他人员明确写着"小学三年"等字样。这说明当时一些人为证明自己曾有的文化程度尽可能地写详细；也有些人由于曾经上过学，但中途可能又退学，所以就写得较含糊，不愿让外人知道他到底上过几年学。因为在当时，谁上学时间长、文化水平高，谁就备受尊重。又据王者香介绍："来万丰泰五金行学买卖的人，都小学三、四年级。"[1] 总之，五金商铺的学徒大多上过学，有一定文化功底，具备进店学生意的基本条件。另据 1941 年对 1237 名店员的调查，小学文化的占 99.6%，中学的无，大学文化的占不到 0.1%，无文化的占 0.3%。[2] 当初调查时所指店员既包括经理、伙计，也包括学徒，又由于这些经理、伙计大多有过学徒阶段，也就是说，不管当时是学徒，还是数年前是学徒，总之，大多上过小学，即都有一定的文化功底，尤其对于有经商传统的冀州、枣强一带出来的学徒更是如此。天津五金同业也基本如此，如枣强县人邸玉堂，"出身于商人家庭，父亲和叔父都是商人。幼时上过几年私塾，又上过几年小学。其上学的目的就是为将来经商作准备，学会记帐的本事"。[3]

如果将五金业学徒的文化程度与专业性更强的北京文物业学徒相比，则显得稍有逊色。文物业 14 名经理人的资料显示，他们初为学徒时文化水平最高的是初中一年级，仅 1 人，最低的是私塾三年级，亦为 1 人；念过私塾的共 7 人，私塾五、六、七年级的各为 2 人，私塾三年级的为 1 人，占总人数的 50%；有两人只写小学文化，还有两人分别登记为公立小学和

① 王者香:《北京万丰泰五金行》，中国人民政治协商会议河北省枣强县委员会文史资料委员会编印《枣强县文史资料》第 9～10 辑，2000，第 266 页。

② 《五金业委员会员名册和店员数调查表》（1941 年），北京市档案馆藏，档案号：087－023－00014。

③ 邸玉堂:《我是怎样发家致富的》，《天津文史资料选辑》第 32 辑，第 155 页。

村立小学，①所以尚无法判断他们是小学毕业还是中途退学。不过，上述资料至少表明两点：一是文物业学徒的文化程度要稍高于五金业，这是由于文物业的专业性较五金业更强；二是文物业学徒一般家境较为富裕，毕竟那时能上私塾的是少数，多数穷苦人家的孩子是上不起学的。一般情况下，能上学和能上几年学与家境的富裕程度有很大关系。不过，五金业学徒的平均文化程度如果与饮食、鞋帽、服装、旅馆等对文化水平无太高要求的行业学徒相比，可能要高一些。当然，北京五金行学徒文化程度与前述上海五金行学徒相比也有差距，因为上海同业学徒通常要有高小或初中文化程度，这主要由于北京五金业规模远比不上上海，相应对学徒的文化要求也就稍低。

再次，五金商铺对学徒的年龄也有一定要求。行业不同，对学徒的年龄规定也有差异，近代学徒"年龄最小者，类自十一、二岁以上，大不过十七八岁以下"，②有学者认为学徒进店时大都是 13~14 岁，③有学者认为学徒年龄是 14~15 岁。④以上观点并未区分工业学徒与商业学徒，工业学徒年龄可能要比商业学徒稍小一些。前述北京五金商铺 11 家商铺 45 名学徒的平均年龄为 17.24 岁，其中 15 岁的 5 人，16 岁的 6 人，17 岁的 18 人，18 岁的 9 人，19 岁的 4 人，20 岁的 2 人，21 岁的 1 人。如果按学徒期限为三年零一节算的话，这些学徒当时已是入店学生意的第 1~3 个年头，这样上述数据则折算为：初为学徒时 12~14 岁的 5 人，13~15 岁的 6 人，14~16 岁的 18 人，15~17 岁的 9 人，16~18 岁的 4 人，17~19 岁的 2 人，18~20 岁的 1 人。此数据至少表明以下两点：一是初为学徒时年龄在十七八岁的，已占到学徒总数的 13%，而非"大不过十七八岁"；二是初为学徒时年龄 14~16 岁的最多，占总人数的比重已达 40%，15~17 岁的次之，占总人数的 20%，小于 14 岁或大于等于 18 岁的虽存在，但为数较少。如 1936 年 2 月全聚德介绍某人来北京万丰泰学生意，"岁约有 20 余

---

① 《1953 年外贸文物业委员名单简历章程历史沿革》，北京市档案馆藏，档案号：87 - 41 - 25。

② 彭泽益：《中国工商行会史料集》，第 527 页。

③ 齐大芝：《近代中国商号内部结构的等级系统问题初探》，《北京社会科学》1994 年第 2 期。

④ 〔美〕步济时：《北京的行会》，赵晓阳译，清华大学出版社，2011，第 139 页。

岁之谱，京看用着不正相宜，京打算试一二日即与该送回"。① 也就是说，由于全聚德介绍的学徒岁数稍大，不适宜在五金行学生意，而万丰泰又碍于介绍人的情面，所以试用两天就辞退。可见，学徒的年龄是当时五金商铺选择学徒的主要标准之一。另外，新中国成立初期对北京五金行的调查结果显示："这些店员和资本家都是非亲即故或同乡，在十五六岁就来到北京学这行买卖。"② 这也间接对上述结论予以辅证。

如果将五金商铺学徒初入店时的年龄与北京绸缎绒线业、文物古玩业、油盐酱醋业等行业学徒对比，此结论亦成立。以上几个行业学徒的平均年龄为 16.2 岁，③ 因此 16 岁应该是学徒的最佳年龄，这时无论是知识积累，还是为人处世方面都较合适。不过，各行业学徒年龄也有差异，除五金行与文物业因专业性颇强从而使学徒年龄集中于 15～16 岁之外，其他行业学徒年龄不是偏大就是偏小，如油盐酱醋业学徒年龄最小的只有 11 岁，14 岁、18 岁的学徒人数最多，各为 4 人，占其总人数的40%，这在五金商铺中并不多见，可能是油盐酱醋业对学徒年龄要求不高的缘故。从各行业总体上看，11～14 岁的学徒较少，19 岁以上的最少。这种年龄要求与国际学徒制的相关规定也是基本一致的，如英国1814 年以前的《工匠学徒法》规定 14 岁方可当学徒，④ 1997 年英国把16～18 岁的青年纳入基础现代学徒制，2004 年又将 14～16 岁的青年纳入学徒制项目。⑤ 可见，16 岁左右应该是学徒的最佳年龄。总之，北京五金商铺中，15～16 岁的孩子当学徒是最普遍的现象，即基本符合学徒的最佳年龄。

最后，学徒出身方面，就一般情况而言，五金商铺学徒不同于手工业，他们一般出身中农以上家庭。据新中国成立初期对 173 个五金商铺店员的统计，中农成分的 114 人，富农 17 人，地主 6 人，贫农 32 人，城市

① 《万丰泰五金行》，北京市档案馆藏，档案号：J88－1－112；《天津、张垣各联号通信底账》（京字第 11 号信），民国 25 年。
② 《中华全国总工会政策研究室关于北京市私营商业调查材料前门区五金、百货纸张批发商中心商店、家庭店调查部分》（1955 年），北京市档案馆藏，档案号：039－001－00567。
③ 《北京市私营企业设立登记申请书》，北京市档案馆藏，档案号：22－7－42、22－7－457、22－7－644、22－4－564、22－4－571、22－4－539、22－12－457。
④ 王川：《论学徒制职业教育的产生与发展》，《职教论坛》2008 年第 9 期。
⑤ 关晶：《英国学徒制改革的新进展》，《职教论坛》2009 年第 25 期。

贫民 4 人，即中农以上者占总人数的近 79%。这些店员来北京，"不是为了养家，而是为了学买卖，积蓄几个钱，然后爬上做一个资本家"。① 此种说法尽管有些绝对，但从一个侧面说明了五金商铺的学徒大多数并非出身贫困家庭，养家糊口不是他们的主要负担。因为在学徒期间（三年零一节之内）无工资，一切本人所用之物品皆由学徒自己家庭负担，② 这就使得某些贫困人家子弟根本不具备入五金行的物质条件。这种因出身状况对商铺学徒的限制在其他行业中也普遍存在（见表1）。

表1 北京五金行与百货业、瑞蚨祥的学徒出身情况比较

单位：人,%

行业	出身	地主	富家	中农	贫农	城市贫民	其他	合计
五金行	人数	6	19	136	39	4		204
	所占比重	2.94	9.31	66.67	19.12	1.96		100.00
		78.92			21.08			
百货业	人数	7	4	70	24	2	6	113
	所占比重	6.19	3.54	61.95	21.24	1.77	5.31	100.00
		71.68			28.32			
瑞蚨祥	人数	37		72		25		134
	所占比重	27.6		53.7		18.7		100
		81.3			18.7			

资料来源：《中华全国总工会政策研究室关于北京市私营商业调查材料前门区五金、百货纸张批发商中心商店、家庭店调查部分》（1955 年），北京市档案馆藏，档案号：039 - 001 - 00567；中国科学院经济研究所等编《北京瑞蚨祥》，第 31 页。

表 1 显示，五金行的学徒出身中农以上的人数占总人数的比重要稍高于百货业，而又稍低于绸缎业的龙头企业瑞蚨祥。这表明五金业作为新兴的小行业，其学徒出身中农以上的人数比重还是比较高的。

除上述选择学徒时的籍贯、学历、年龄、出身四个标准外，有时某些商铺还对学徒的外貌有一定要求。1936 年 2 月北京万丰泰对全聚德介绍来

---

① 《中华全国总工会政策研究室关于北京市私营商业调查材料前门区五金、百货纸张批发商中心商店、家庭店调查部分》（1955 年），北京市档案馆藏，档案号：039 - 001 - 00567。

② 《关于北京市私营五金业历史演变的调查情况》（1956 年 9 月 25 日），北京市档案馆藏，档案号：87 - 23 - 90。

学生意之人，本应接纳，但"无奈此学生意的身量太大且胖"，所以万丰泰觉得"不正相宜，京打算试一二日即与该送回"。①也就是说，此学徒由于长相与体态而被万丰泰挡在门外，尽管介绍者是京城著名的老字商号全聚德，并且全聚德的东家也是冀县杨姓老乡。②

一个想学生意的人，具备了以上各标准，并不意味着一定能入五金行当学徒，还要有举荐人举荐方可成就。由于五金业历来是一个赚钱的行业，对社会一般人的吸引力颇大，"僧多粥少"，能够到五金业内当学徒亦非易事，所以多数学徒皆"托亲靠友，求谋职业"。③也就是说，学徒进店一般要有介绍人，即举荐人，通常也称保证人，也有的还要另找铺保，对学徒的一切行为乃至人身向资方负责。④举荐人的举荐形式主要有：由铺东、掌柜及其亲友介绍；同业铺东、掌柜之间相互交换介绍；店号的大客户介绍。如1936年1月天津万丰泰五金行举荐高嗣墉来北京义聚合五金行学生意，北京万丰泰负责将高嗣墉送往义聚合。⑤又如1936年2月全聚德曾介绍某人来北京万丰泰学生意，而该学徒此前在信昌号五金行学生意。⑥显然，天津万丰泰、全聚德充当了学徒的举荐人，尽管全聚德举荐的学徒最后因特殊情况未被万丰泰录用，但毕竟该学徒在万丰泰被试用了两天，如无举荐人的话，该学徒可能连被试用的机会也不会有。

二

学徒在各五金商铺中是较为普遍存在的，各铺学徒人数多寡不一，那么，各铺学徒占其从业人员总数的比重一般是多少呢？彭泽益先生认为，北京各行业有广泛使用学徒的传统，大多数公会学徒和工人的比例，一般

---

① 《万丰泰五金行》，北京市档案馆藏，档案号：J88-1-112；《天津、张垣各联号通信底账》（京字第11号信），民国25年。
② 全聚德的创始人杨全仁，字寿山，是冀县杨家寨人。
③ 《商界学徒甘苦滋味》，《商业日报》第917号，1918年。
④ 《北平的商店学徒，苦头多于甜滋味》，《北平晨报》1933年12月11日。
⑤ 《万丰泰五金行》，北京市档案馆藏，档案号：J88-1-112；《天津、张垣各联号通信底账》（京字第8号信），民国25年。
⑥ 《万丰泰五金行》，北京市档案馆藏，档案号：J88-1-112；《天津、张垣各联号通信底账》（京字第11号信），民国25年。

为三个或四个工人带一个学徒。有学者曾"对北京某一区的全部商铺详细研究之后，证明该区的比例为一个学徒对 5.8 个工人"。① 这是针对工人学徒而言的，那么五金商铺中一个学徒对应几个店员呢？笔者通过对 44 家五金商铺学徒人数的统计发现，学徒人数最少的为 1 人，最多的为 9 人，平均每家商铺有 3 ~ 4 个学徒。② 一个商铺学徒人数的多少与该铺从业人员总数无直接关系，与该铺的店员总数也无直接联系，即规模大、从业人员或店员人数多的商铺，其铺内学徒并不一定多。如万和成、鸿昌德等规模较大的商铺，虽然从业人数较多，但学徒人数非常少，远达不到 44 家五金商铺的平均水平。其中，鸿昌德的学徒仅 1 人，而从业人员高达 28 人，前者还占不到后者的 4%。相反，一些规模较小、从业人数较少的商铺，其学徒人数反而较多，如积兴号、庆顺茂、和记、双泰山等商铺即如此，其中积兴号的学徒 6 人，从业人员总数 9 人，前者占后者的近 67%。然而，上海五金业学徒人数的多少一般与各商铺的规模大小有直接联系，如上海"大型五金店号通常有六、七个学徒，中型的有三、四个，小型的也有一、二个"。③ 北京与上海在学徒人数同商铺规模的关系方面的差异，主要是由于上海五金市场是全国性具有批发性质的综合市场，各铺营业较为稳定，所以所招学徒的人数也较有规律并较为稳定，这是北京远不能及的。

学徒占从业人员总数的比重与学徒占在职人员的比重基本呈同步变化。学徒占从业人员总数的比重平均为 34.4%，与上海五金行业学徒占在职人员 30% ~ 40% 的结论基本一致。④ 从 1 个学徒对应的店员人数方面看，以积兴号为代表的 5 家商铺的学徒人数已超过店员人数，其中积兴号的学徒人数是店员人数的 2 倍；以双泰山为代表的 5 家商铺的学徒人数与店员人数相等；而万和成、鸿昌德、泰昌祥等规模较大的商铺，1 个学徒对应的店员人数则远达不到 44 家商铺的平均值。各铺出现如此差异的原因，大

① 转引自彭泽益《民国时期北京的手工业和工商同业公会》，《中国经济史研究》1990 年第 1 期。

② 《五金业会员调查表》（1942 年），北京市档案馆藏，档案号：087 - 023 - 00017。表中有些数据是笔者据原始资料进行统计归纳而得。

③ 上海社会科学院经济研究所主编《上海近代五金商业史》，第 110 页。

④ 上海社会科学院经济研究所主编《上海近代五金商业史》，第 111 页。

概与该铺在某时期具体的人事管理策略有关，当然也和当时国内外经济形势及该铺的经营状况有关。44 家商铺的平均值为 3.3，即 1 个学徒对应 3.3 个店员，这表明在五金商业中，1 个学徒对应的店员人数要低于彭泽益先生所研究的手工业方面 1 个学徒对应 5.8 个工人的情况，即五金商业方面招收学徒的情形较手工业方面更普遍。

三

北京五金商铺学徒的日常工作比较繁杂。据王者香回忆："学买卖的白天有的在客房侍候客人，有的站柜台售货，有的外出送货提货，都是勤勤恳恳的忙一天。到晚上关门后，首先给掌柜的、大师兄们搭上铺，备好尿盆。然后进入自己学习时间，熟悉商品价格，商品的性能、规格、作用。熟悉斤秤留法，磅秤留法，习练算盘的加减乘除法。柜上常备有文房四宝，以使学买卖的学习书法，有的专门抄写来往信件留底。有时信件多达 60 余封。学买卖的睡觉总是在十二点钟以后，第二天天不亮就抓紧起床，起来立即清理卫生，给掌柜的们和大师兄们，拾起铺，端出尿盆，再一份份打洗脸水，漱口水，给掌柜的们备好茶水。如有客人住着，还得给客人买早点，再去厨房准备上午开饭。"① 看来，五金商铺学徒与其他行业学徒基本一样，白天忙店里业务，晚上侍候师傅、师兄，自学算盘、练习写字及其他基础业务知识，很不容易。因此，经过三年零一节的磨炼，五金商铺"所培养的人都很正派守铺规，不但精通经营交易方法，而且培养的人对社会交际应酬这一套……也都会"。②

与北京毗邻的天津五金商铺学徒的日常工作，比北京同业更累。比如，天津峻源永五金行，充分利用学徒去干一些又脏又累的繁重劳动，如大五金铁货商品不但体积大、分量重，而且有铁锈，装货、卸货、搬倒码垛等等，这些任务从不花钱找外人来做，全部落在学徒肩上。学徒在学生意期间，大都是干这种活。一个人一条帆布围裙，一天到晚十几个小时不得闲，比当时的脚行还累还苦。下雨天就安排屋内、库内的活：整理货架、

---

① 王者香：《北京万丰泰五金行》，《枣强县文史资料》第 9~10 辑，第 265 页。
② 王者香：《北京万丰泰五金行》，《枣强县文史资料》第 9~10 辑，第 266 页。

开箱打包、铅丝做把、包包、劈铅丝等等。① 当然，要做好这些工作，也不容易，学徒必须经过长期学习与培训尚可完成。

尽管学徒工作如此辛劳与艰苦，但他们还是老老实实、服服帖帖给店内卖命，因为学生意期间，就怕"砸锅"（被解雇）。在当时找职业非常不易，一旦砸锅，再找职业人们都说是"回炉货"，哪家都不要，找事就更难。即便回原籍也要遭邻居白眼，精神压力很大，只得硬着头皮干。② 北京五金行同业情况也大致如此。

北京商铺的学徒待遇多不一致，多数商铺"每日除由店主供给膳宿外，大半均无工资"。③ 北京五金商户在晚清时，学徒期三年零一节为满，其间无工资，到春节有馈送制度，每年为一二两银子，期满后每年工资12两左右，每年结账后再送给银子10两。民国时期，学徒待遇基本未变，但学徒期满后例送白银40两，三年结账时馈送按工资的一倍至二倍发放酬劳。1937年以后学徒未满仍不挣工资，还是采取年终馈送的办法，一年徒工送100~150元，二年徒工送200~300元，三年徒工送500~600元。④ 天津峻源永五金行的学徒，只管饭无工资，年终馈送2~4元，三年开始定薪每月2元。⑤ 上海五金业学徒期限虽一般规定为3年，如有特殊情况也可能被延长一年或两年。学徒每月发一些"月规钱"，即零用钱。抗日战争爆发前一般是5角至1元，相当于理发、洗澡和买几块洗衣肥皂等费用。年终发一点压岁钱，无一定标准。⑥ 瑞蚨祥学徒的待遇从光绪年间一直到解放，除了币制单位变化外，几乎无变动，第一、二年是10吊钱，合5两多银子，废两改元后改为10元，所值无变化。这10元在当时不足以维持他们自己劳动力的再生产，更谈不上照顾家庭了。⑦ 如此看来，北京五金

---

① 红桥区民建、工商联：《河北大街五金铁货业兴衰简史》，中国民主建国会天津市委员会编印《天津工商史料丛刊》第1辑，1983，第101~102页。
② 红桥区民建、工商联：《河北大街五金铁货业兴衰简史》，中国民主建国会天津市委员会编印《天津工商史料丛刊》第1辑，第102页。
③ 《北平的商店学徒，苦头多于甜滋味》，《北平晨报》1933年12月11日。
④ 《关于北京市私营五金业历史演变的调查情况》（1956年9月25日），北京市档案馆藏，档案号：87-23-90。
⑤ 红桥区民建、工商联：《河北大街五金铁货业兴衰简史》，中国民主建国会天津市委员会编印《天津工商史料丛刊》第1辑，第102页。
⑥ 上海社会科学院经济研究所主编《上海近代五金商业史》，第110页。
⑦ 中国科学院经济研究所等编《北京瑞蚨祥》，第38~39页。

业学徒与天津、上海五金业，北京瑞蚨祥相比，其待遇大致相当，皆处于穷困状态。

不过，像北京万丰泰五金行等规模稍大五金商铺的学徒虽累，但有机会获得客户赏钱，数额可能不会太少，[1] 这也可能是学徒努力工作的潜在动力吧。

四

既然五金商铺中普遍使用学徒劳动，只是各铺学徒人数多少不同而已，那么，学徒制对商铺发展的利弊考察就成为不可回避的问题，其积极作用主要有以下两点。

首先，学徒制可在一定程度上节省管理成本。从上面的论述可知，学徒普遍无工资，只是年终有点馈送，但馈送数额非常有限，这无疑给商铺节省了大量的工资费用。同时，由于学徒多为青年人，又都有点文化功底，学知识较快，两年后一般就能为商铺创收，这又无疑在一定程度上为商铺增加收入。此外，由于商铺学徒与资方的同乡共籍或非亲即故关系的普遍存在，即商铺的大多数学徒来自同一乡村、城镇、州县的情况比比皆是，而这些学徒无论进入哪家五金行一般要有举荐人，有的还要有铺保担保，这种担保制度使用工的交易成本减至最低。[2] 这样，无形中强化了商铺对于学徒的支配地位，使学徒比其他店员更为安分守己。[3] 因此，学徒制不仅可节省管理与监督学徒的成本，而且能提高学习与工作效能，最终为商铺的盈利奠定基础。正因为如此，一些商铺就愿意多用徒工与延长徒工的学徒时间，有的商铺甚至在学徒快要期满时就更换徒工。

其次，学徒制可为商铺培养与储备人才做准备，一些学徒成为后来各铺的经理（或掌柜）、出资人即为有力证明。如邹震寰、张树棠、张鑑塘、贺书森、徐通域、许福堂、李节臣、马头荣等学徒，初入号时都是十五六岁的孩子，学成后又都在学徒时的商铺工作，后来皆成为各属商铺的经

---

[1] 王者香：《北京万丰泰五金行》，《枣强县文史资料》第 9~10 辑，第 264 页。

[2] 杜恂诚：《儒家伦理与中国近代企业制度》，《财经研究》2005 年第 1 期。

[3] 〔美〕裴宜理：《上海罢工：中国工人政治研究》，刘平译，江苏人民出版社，2001，第 266 页。

理。有的学徒学成后到他铺工作也慢慢成为经理，如李玉振 16 岁时在万丰泰学徒，学成后到万庆成工作，后来成为万庆成的经理。① 由于五金行的专业性非常强，业外人很少入此行，所以一些学徒学成出师后自立门户，或在该铺工作几年后又同他人合伙开设新商铺，从而成为新开商铺的出资人，有的还担任经理职务，如郑甲臣 1926 年 16 岁时在鸿昌德五金行学徒，连同做事 11 年，嗣后组织聚和泰五金行，遂成为聚和泰的经理。② 另外，新中国成立初期有学者对五金行调查后也认为："这些资本家全部是由店员出身的，他们一般是从小来京学徒。"③ 当初的学徒后来一般成为新五金商铺的开设者。学徒制使学徒出身的企业家养成了以勤劳俭朴、脚踏实地、坚韧不拔为核心的"学徒精神"，"这种学徒精神乃是一种独特的企业家人力资本"。④ 所以学徒制为五金行的发展培育了大量的专业人才，是各商铺业务骨干、出资人的主要来源，并为五金商铺的繁衍壮大创造了条件。正如某些学者所言，学徒教育是底层民众获得谋生技能和实现社会流动的重要方式。⑤

除上述积极作用之外，学徒制对五金商铺的发展也存在一些消极的影响。由于商铺学徒既廉价，数量又多，在经济不景气时，可能无形中就会成为社会的大量潜在失业群体。同时，由于多数商铺学徒的待遇低下，在商铺中处于最底层，不受人重视，再加上商铺学徒良莠不齐，如果管理不善或不能正确处理其内部关系，有时还会出现意想不到的危害商铺之事。有的学徒见利忘义，拐走商铺外欠货款，如 1927 年 3 月崇外大街三义泰五金行铺掌朱星垣派学徒李保忠（17 岁，在铺已两年多）到主顾家取货款，计一百多元，不料李某竟携此货款不辞而别。铺掌朱某只好找原介绍人交涉，并开具年貌，报告该管外左二区请代查缉。⑥ 按常理看，学徒李保忠

---

① 《万庆成五金行》（1951 年），北京市档案馆藏，档案号：022 - 007 - 00644。
② 《聚和泰五金行》（1954 年），北京市档案馆藏，档案号：022 - 007 - 00302。
③ 《中华全国总工会政策研究室关于前门区五金、百货、纸张、绸布等行业批发商情况调查报告》（1955 年），北京市档案馆藏，档案号：004 - 010 - 00535。
④ 彭南生、严鹏：《试论近代工商业学徒对中国早期工业化的影响》，《徐州师范大学学报》（哲学社会科学版）2009 年第 4 期。
⑤ 李忠、王筱宁：《学徒教育在底层民众实现社会流动中的方式与作用——以近代学徒教育为例》，《大学教育科学》2008 年第 2 期。
⑥ 《徒弟拐款而逃，一百多元》，《世界日报》1927 年 3 月 8 日。

在铺已两年多，也算是老学徒了，怎么会因一百元货款而起不良之心，笔者认为可能是其学徒期间待遇太低、不挣钱、生活困难所致，当然也与此学徒的个人品质有关。不过，诸如此种学徒拐款现象并不多见。学徒年纪较轻、安全意识差，在商铺对其管理不到位时，也会给商铺造成一些意外损失。1924 年 8 月华泰五金行学徒张维平不慎将洋烛碰倒，引燃桌上报纸导致火灾，华泰损失洋四五十元，左右相邻商铺也受惊扰，此学徒随即被辞退。① 这些现象不仅是由学徒本身造成的，也与商铺日常对学徒管理与教育的欠缺有关。总之，如何保持商铺安全与和谐，如何兼顾利益的适当平衡，成为商铺应当认真思考并合理解决的重大问题之一。

总之，学徒制是商铺内部劳动组织的基础，一般商铺皆不同程度地使用学徒劳动。北京五金商铺对学徒的选择标准一般皆着眼于学徒的籍贯、年龄、文化程度、家境出身等方面。五金商铺招收学徒比手工业更普遍，各铺学徒人数的多少与其从业人员总数无直接关系。由于北京五金业学徒待遇低下，皆处于穷困状态，所以学徒制虽有利于商铺节省管理成本、培养与储备管理人才，但也有些许消极影响。当然，学徒制的积极作用为主导方面。

作者：卢忠民，东北大学秦皇岛分校

（编辑：王　静）

---

① 《京师警察厅外左一区分区表送华泰五金行不戒于火形甚可疑将张锡寿等解请讯办一案卷》（1924 年），北京市档案馆藏，档案号：J181 - 019 - 42841。

民国时期天津慈善组织发展特征初探[*]

高 华

内容提要： 民国时期天津地区的慈善事业发展达到顶峰，慈善组织的发展也呈现鲜明的时代及地方特征。民办慈善组织的数量远多于官办救济组织，在慈善救助领域中的地位与作用也略胜一筹；慈善组织的依附性较强，是组织成员经济、政治及社交关系的晴雨表；慈善组织的创设深受组织发起人关系网络的影响，呈现流动性、传递性的特征；各慈善组织间及慈善组织与其他社会团体成员间的耦合增强了民间力量在地方社会中的影响力。

关键词： 民国时期　慈善组织　流动性　社团网络

天津是中国近代史上最具代表性的城市之一。自开埠以来，天津在经济、文化、社会等各个方面发展较快，慈善事业的发展也不例外。"近论河北，远论全国，对社会公益之热，对慈善事业之诚，慷慨解囊，乐善好施，不得不让天津为首屈一指。"[①] 据不完全统计，民国时期活跃在天津的慈善组织多达 80 余家（外国教会慈善组织和临时赈济组织尚不计算在内），可与同时期的上海、广州及武汉等发达城市相媲美。尤为值得关注的是，这一时期天津慈善组织的发展呈现了鲜明的时代及地方特征。

一　民国时期天津慈善组织概述

早在 1909 年，清政府就颁布了《城镇乡地方自治章程》，其中第一条

---

[*] 本文系天津市哲学社会科学规划重点项目（TJSR16－002）的阶段性成果。
[①] 宋蕴璞：《天津志略》第 13 编《慈善事业》，蕴兴商行，1931，"之济良所"。

就规定了"地方自治以专办地方公益事宜、辅佐官治为主",善举属于"自治范围"中不可或缺的内容。只是地方自治的进程并非一帆风顺,民国三年,袁世凯还因强化中央集权而停止了地方自治。原本应由地方自治实现的地方善举事宜自然也受此影响。但总体而言,晚清以来天津地区的地方精英对慈善公益事业的参与达到了历史顶峰。

民国时期活跃在天津的80余家慈善组织中,自清代延续下来的有广仁堂、育婴堂、延生社、义阡局、戒烟善会、保赤堂、备济社、济生社、引善社、体仁广生社、广济补遗社、公善施材社、公善抬埋社、济良所、中国红十字会天津分会等。

北洋政府时期天津地区新创立的民办慈善组织多达21家:民国初年绅商杜笑山等在大费家胡同南水月庵创设体仁南善社(俗称"南善堂");民国四年经绅商宁世福、刘渭川等呈准,由育黎堂和栖流所合并改组而设天津教养院;民国四年本地绅商恢复创建广生惜字社(创始于清光绪十四年);民国四年宁世福、雷司徒在北马路工业售品总所后龙亭旧址创设天津私立第一家庭女子传习所,免费向外埠贫苦女子传授家庭工艺,并为这些女学徒们免费提供早餐与午餐;① 民国四年天津商务总会实业所研究员韩锡璋等人创设天津慈善贫民孤儿工艺传习所,"专招贫寒子弟,无依孤儿入所,教以染织工艺";② 民国四年由天津警察厅厅长杨以德倡办、经费来源于绅商协力捐助及地方捐税筹划的贫民半日学社成立;民国六年左右李士鉁在东门内创设慈祥社;民国六年宋则久、谢葆光等创设贫民女子工艺传习所,具体地址不详;③ 民国六年宁星普等创设嫠妇工艺传习所,又称为德育女子工艺传习所,向嫠妇传授家庭工艺;④ 民国八年郭桐轩在河东尚师傅坟地创设崇善东社;民国八年天津县公署义阡局内拟附设天津惜字总会;民国八年张吾翼、陶子元、王炳南、钱闻起、陈宝璜等创设天津贫儿国货贩卖团,以提倡国货、振兴实业、普及贫儿教育和维持贫儿生计为宗旨;⑤ 民

① 《家庭女子传习所》,《益世报》民国4年11月8日。
② 天津市档案馆等编《天津商会档案汇编(1912~1928)》,天津人民出版社,1992,第3436~3437页。
③ 《宋则久、谢葆光现筹集巨资组织贫民女子工艺传习所》,《益世报》民国6年6月14日。
④ 《嫠妇工艺传习所之组织》,《益世报》民国6年5月8日。
⑤ 《天津贫儿国货贩卖团招股简章》,《益世报》民国8年10月4日。

国九年李雅亭在西窑洼大街创设北善堂（原名乐善社）；民国十一年徐世光、王人文、刘炳炎在日租界桃山街 5 号创设世界红卍字会天津分会；民国十一年侨居本埠前清遗老吕海寰、谢嘉佑在河东新唐家口创设残废院，收养残废之民并教以工作；① 民国十一年由天津学绅两界发起御冬储金会，以公宴牙慧之余涓滴集而施冬赈善举；② 民国十一年本地绅商创设同人惜字社；民国十二年郭桐轩在河东尚师傅坟地创设中国救济妇孺会天津分会；民国十四年杜笑山联合南善堂、北善堂、崇善东社、引善社、公善社、备济社、济生社、体仁广生社组建八善堂；民国十六年刘玉权在英租界老电灯房旧址创办中国慈善联合总会，后于民国二十八年改名为世界白卍字会慈善总会；民国十六年邑绅高义卿、杨锡庆、张捷璇等在南门外创办普学善堂，所办善举为恤嫠、教育。③ 这一时期官办的救济机构只有两所：民国三年官府被动接管的济良所④及民国十三年由私立改为官办的义阡局。⑤

南京国民政府时期天津地区新创设的民办慈善组织更是多达 33 家，民国十七年朱庆澜、樊荫慈、雷元桂、李大义等在鼓楼东大街费家胡同后创办积善社；民国十七年朱庆澜在东门内费家胡同创设华北灾赈会；民国十七年本地邑绅杨仲明创设慈祥社，后于民国二十九年改名为天津市慈惠普济同善社；民国十七年李少棠、安彩臣创设同心抬埋社；民国十九年本地邑绅在西沽村公所街 15 号创设显立文坛掩骨会；民国十九年旨在"本官民合作之力，以收普济贫民之效"的天津市慈善事业联合会成立；⑥ 民国二十一年宋彬在特二区大安街创设白卍字会；民国二十二年赵聘卿、赵友梅在特别一区开封路创设乐善堂；民国二十三年纪钜鹏在东南城小红桥帝君庙前 2 号创设同义抬埋第一分会；民国二十三年刘玉峰在鼓楼南 50 号创设显广文慈院；民国二十三年薛兰亭在望海楼后创设世界黄卍字会天津总会，民国三十六年改名为天津市黄卍字会；民国二十三年马冠英等在日租界淡路街 1 号创设一心天道龙善教会；民国二十四年朱绍亭等人在法租界

---

① 《侨居本埠前清遗老拟集资设立残废院》，《益世报》民国 11 年 7 月 17 日。
② 《天津学绅两界去年发起御冬储金会》，《益世报》民国 12 年 6 月 28 日。
③ 《普学善堂开会记闻》，《益世报》民国 16 年 11 月 23 日。
④ 宋蕴璞：《天津志略》第 13 编《慈善事业》，第 317 页，"之济良所"。
⑤ 《义阡局拟归县署办理》，《益世报》民国 13 年 11 月 20 日。
⑥ 《天津市慈善事业联合会组织章程》，天津市档案馆藏，天津市财政局全宗，J054 - 1 - 1086。

大同桥东文新里 213 号创设蓝卍字会；民国二十五年钟世铭等在日租界桃山街 8 号创设明德慈济会；民国二十五年庄仁松在日租界协昌里 54 号创办黄十字会；民国二十五年孟斌章、冯芝瑞等创设天津市德善义济会；民国二十八年房浩如、孙仲符、倪谷香等在南开大街路西 8 号创设北京正字普善会天津分会；民国二十八年唐宝锷在鼓楼北大街创设天津正宗救济会；民国二十八年高学川创办无极道院，又称为佛学研究社；民国二十九年颜料行商人李育坤等创设天津白十字慈善宏道会；民国三十年天津特别市慈善团体委员会成立，以扩大慈善恢宏救济为宗旨；① 民国三十一年王西铭、孟少臣等创设天津市贫病救济协会；民国三十一年袁玉亭、陈子廉等创办天津市同济慈善会；民国三十一年李洪口等创设天津市普济慈善会；民国三十五年粮商李云卿创设天津市三圣济世社；民国三十七年天津市宗教慈善团体救济事业联合会成立，以联合宗教、慈善团体及热心慈善人士群策群力举办实际救济事业安定民生为宗旨；② 民国三十八年商人王仲田创设中华道德慈善会天津分会（一贯道）。此外，还有刘丹甫创设的天津市行善社、苏友梅创设的天津市普善社、薛云笙创设的天津普济慈善会，以及创始人不详的民立普济救济院、河北关上庙心意抬埋社、同善惜字抬埋社。③ 与民办慈善机构蓬勃发展形成鲜明对比的是，南京国民政府时期新设立的官办救济机构只有 3 家：民国十七年由官督民办的教养院改制而来的游民收容所及在此基础上成立的贫民救济院；民国十八年成立的，以救助被压迫而自行离出妓院之娼妓、被离弃而无所依归之妇女、被压迫而脱离之婢妾及童养媳为宗旨的妇女救济院；④ 民国十九年由私立转为官办的育婴堂。⑤

二 民国时期天津慈善组织发展之特征

这一时期天津地区慈善组织的发展也呈现了鲜明的时代及地方特征。

---

① 《天津特别市慈善团体委员会》，天津市档案馆藏，天津市广仁堂全宗，J130 - 1 - 449。
② 《天津市宗教慈善团体救济事业联合会筹备成立》，天津市档案馆藏，天津市广仁堂全宗，J130 - 1 - 507。
③ 《天津市慈善机关调查一览表》，吴瓯主编《天津市社会局统计汇刊》，天津市社会局，1931。
④ 宋蕴璞：《天津志略》第 13 编《慈善事业》，"之天津特别市立贫民第一救济院、天津特别市妇女救济院"。
⑤ 任云兰：《近代天津的慈善与社会救济》，天津人民出版社，2007，第 163~164 页。

（一）民间慈善事业发展达到顶峰

民国以来天津地区的慈善组织数量较多、类型多样，是直隶地区慈善组织数量最丰富的城市之一，也可与同时期的上海、广州及武汉等发达城市相媲美。这与天津地区的政治经济状况及城市地位是一致的。这一时期，天津地区慈善组织的类型也较多样，有官办、民办及商办等类型；创办者既有本地士绅、江南士绅，也有租界寓公及外籍人士；既有所办善举单一的专门性慈善组织，如戒烟善会、游民习艺所、保赤堂等，也有所办事务丰富多样，涉及慈善救济各领域的综合性慈善组织，如广仁堂、各卍字会、红十字会等；既有宗教慈善组织，如各卍字会、公善施材社等，也有普通慈善组织，如广仁堂、崇善东社、备济社等；既有直接提供善举服务的慈善组织，也有从事慈善组织间协调工作的行政性慈善组织，如善堂联合会、八善堂等；新型慈善组织与传统慈善组织共存，既有家庭传习所、贫民工厂、义务学校、通过商业手法运作来赚取利润用以扶助贫困儿童的贫儿国货贩卖团，也有惜字社、恤嫠会、施棺局等慈善组织。

这一时期民办慈善组织的创办数量远多于官办救济机构，1911 年到1949 年，天津共存续有 80 余家民办慈善组织，而官办慈善组织只有 5 家，且除妇女救济院之外，济良所、育婴堂、义阡局、贫民救济院都是政府被动地从民间人士手中接管而来的。济良所是因为管理混乱、受助妇女备受虐待被奥工部局巡捕查证属实，官府出于声誉考虑不得不将其接管；① 育婴堂是因为其主要捐赠者——芦纲公所的五位纲总因盐税问题被国民政府监禁，善堂因经费缺乏无法正常运作，政府勉为其难收归官办；② 贫民救济院是因为在教养院资金缺乏时，绅商董事们纷纷离职，政府才出手接管；③ 义阡局则是因为绅董们无法应付地方不法人士对义地的侵占而主动要求政府接管。④ 与此同时，民办慈善组织在慈善救助事业中的地位与作

---

① 《济良所之黑幕》，《益世报》民国 19 年 8 月 18 日。
② 任云兰：《近代天津的慈善与社会救济》，第 163～164 页。
③ 《天津市市立救济院设施纪要：沿革纪略》，天津市档案馆藏，天津市救济院全宗，J131－1－1475。
④ 《义阡局拟归县署办理》，《益世报》民国 13 年 11 月 20 日。

用也高于官办救济机构，天津市的慈善事业"虽行政方面官厅负其全责，而事实上擘划经营端赖社会人士协力共济"。① 在日常救助中，无论是在组织运作资金、救助规模、救济范围还是在救济方式方面，官办救济机构都略逊一筹。如与广仁堂相比，妇女救济院的救济设施和救助规模逊色不少；在对难民及灾民的临时救助中，大量烦琐具体的工作是由各慈善团体来负责的，政府的作用相对较小。除了给个别善团一定拨款之外，政府主要负责在救济难民（如施粥）和接待难民时维持治安及对各善团进行监督。

虽然在民间力量与官府就慈善救助事业的领导权展开的激烈博弈中，经历了监控与反监控、制约与反制约的针锋相对的斗争，但最终以民间力量略占上风而告终。以民国十九年成立的天津市慈善事业联合会为例，政府借由"本官民合作之力，以收普济贫民之效"，将新成立的天津市慈善事业联合会的办公处设置于天津市政府内，委员也以政府各机关及各慈善团体和绅商善士为主。② 表面上看，政府此举是为了联合全市各界热心慈善人士统筹办理全市慈善事业及其他临时急赈，但实则在于监督各慈善团体。民国二十一年1月5日，政府以"查原定慈善二字意义较狭小，未能包括本会宗旨，故改为救济二字"，将天津市慈善事业联合会更名为天津市救济事业联合委员会。③ 民国二十一年11月30日，地方绅商以"救联会"章程中"行政官厅自居于慈善团体地位而又自为其监督"不合情理为由，据理力争将其改名为天津市慈善事业委员会。民国二十三年10月6日，又更改为原名天津市慈善事业联合会。当然，名称更改背后的意义在于该组织性质的官民之争。天津市救济事业联合委员会的组织章程规定，"以市长为委员长，社会局局长为常务委员会主席"，"日常事务由常务委员会主席负责主持"。这样各慈善团体隶属于官办慈善事业团体之下，专供长官之驱策，无自由活动之余地。而天津市慈善事业联合会则强调官督民办的体制，并规定"凡关于私立慈善团体之单纯慈善事项由该团体自行

---

① 《天津市慈善联合委员会》，天津市档案馆藏，天津市广仁堂全宗，J130 - 1 - 225。
② 《天津市慈善事业联合会组织章程》，天津市档案馆藏，天津市财政局全宗，J054 - 1 - 1086。
③ 《修订天津市救济事业联合委员会办事细则》，天津市档案馆藏，天津市财政局全宗，J054 - 1 - 1086。

筹款举办者本会概不干涉"。①

与此同时，民办慈善组织之间的合作更加规范化、制度化，自 1911 年天津善堂联合会成立后，天津地区还出现了八善堂、天津市慈善事业联合会、天津市善团掩埋浮棺暨筹设公墓委员会②、天津特别市慈善团体联合会、天津市宗教慈善团体救济事业联合会等旨在联系和协调各善团的组织，在天津地区的社会救助事业中发挥了很大作用。

（二）慈善组织的布局与经济、政治力量相关

近代天津地区慈善组织的发起主要依靠组织发起人动员个体的关系资本来完成，③ 因此，慈善组织发起人的社会经济地位、行为规范等因素也决定了他们所能动员的社会关系、外部资源。在某种程度上说，慈善组织不单纯是慈善事业的体现，更是慈善组织成员（负责人）经济、政治、社交关系的晴雨表，这使得慈善事业的依附性较为明显。个体间、派系间、圈层间在政治领域、经济领域的冲突矛盾及在社交领域的恩怨情仇也势必影响这一时期天津地区慈善组织的布局。因此，近代以来天津地区慈善组织的布局与组织（发起人、负责人）所掌控的政治、经济资源相匹配。一旦这种均衡被打破，必然引发彼此之间的较量。而斗争中精英势力的此消彼长又与其依赖权力资源及策略的有效性密切相关。

开埠以来，随着商业经济的发展，不少外地商人纷纷进入天津经商。其中，江南士绅是一股不可小觑的力量，特别是在李鸿章担任直隶总督期间，大量南方绅商北来，以天津为基地拓展洋务，安徽、浙江、江苏三省人士在天津本地的经济领域中作用日益增强。但是，自 1903 年天津总商会成立以来，其会董构成就以本地绅商为主，外籍绅商无论是在总商会还是各行业公会中充任领导职务的少之又少，这与其在津城的经济地位不相匹配。故此，1909 年 1 月，天津的江浙闽粤四省商人，成立了北洋商学公会，与天津本地籍商人占优势的商会相抗衡。与之相对应，自江浙皖三省

---

① 《天津市慈善事业联合会之更名》，《益世报》民国 21 年 3 月 7 日。
② 《天津市善团掩埋浮棺暨筹设公墓委员会》，天津市档案馆藏，天津市广仁堂全宗，J130 - 1 - 523。
③ 高华：《晚清民国时期我国慈善组织生成及运行机制研究——以天津地区为例的考察》，博士学位论文，南开大学，2016。

人士创办广仁堂以来，负责人就以南籍士绅为主，即使有个别本地士绅加入管理也很快被排挤，最终不得不以辞职而告终。当然，本地绅商也以不向广仁堂捐赠为回应，而且在慈善活动中经常对广仁堂进行排挤。无论是1911 年成立的天津善堂联合会还是 1925 年创设的八善堂，广仁堂都不在其中。这显然与广仁堂在津城慈善救助领域中的地位与声望不符。而在当地政府试图将广仁堂收归官办时，广仁堂则借助其在中央政府的关系网络（皖系军阀与官僚）加以抗争并最终赢得胜利。

与此同时，八善堂的成立与解体也再现了组织负责人与政府官员的关系好坏是如何影响慈善组织发展的。[①] 而育婴堂在国民政府时期被收归官办，不仅仅是因为其运作无效，作为育婴堂主要资助者的地方盐商与官府在经济领域中的冲突才是其所有权变更的导火索，《蒋介石扣押长芦五纲总案史料选》[②] 中对此缘由进行了详细介绍。此后，虽然育婴堂已被社会局接管，但随着政府在盐务斗争中胜出，并将长芦盐业管理权交由体己人后，育婴堂的经费来源仍由长芦盐业负责筹集，只不过筹集之具体商人发生了变化而已。而且，新中国成立初期民政局对慈善团体的调查显示，绝大多数慈善组织已经成为隶属于某一行业的组织，组织成员也多以该行业人员为主。这也验证了经济布局对慈善组织的强大影响力。

此外，与上海、武汉等地区以商人为慈善组织主体不同，民国时期天津地区的慈善组织发起人或参与者中还增加了不少清朝遗老遗少与北洋下野的官僚军阀。天津作为"北洋"的发祥地，加之有北京周边其他城市所不具备的外国租界，更受到北洋军阀政客们的青睐，成为北洋各系人物麇集的城市。到天津租界置地当寓公，曾是 20 世纪二三十年代下野政客们一件颇为时髦的事情。因此在天津的租界里，民国时期的总理、总长，还有北洋时期的各省督军及早年声名显赫的遗老遗少、官僚买办比比皆是。如此多的大人物集中在一座城市的某一狭窄地域内，因其社会声望及雄厚的财力基础自然加入创办慈善组织的行列，并成为天津地区民办慈善组织中不可小觑的力量。如靳云鹏、孙传芳开办的居士林，吕海寰创办的残废院，徐世光创办的红卍字会，钟世铭创办的明德慈济会，等等。

---

① 《杜笑山被枪决》，《大公报》民国 16 年 12 月 24 日。

② 天津市档案馆：《蒋介石扣押长芦五纲总案史料选》，《民国档案》1997 年第 3 期。

（三）慈善组织创设的流动性、传递性

早在明末时不同地区间先后成立的同善会的关联就在于善会发起人之间的私人关系。如万历十八年（1590）在河南虞城创立同善会的杨东明与在故乡宁陵县创立同善仓的吕坤同是河南省出身的政治盟友，两者之间还有婚姻方面的纽带。而杨东明与万历四十二年（1596）在无锡创立同善会的高攀龙、陈幼学、陈龙正、钱一本都属于东林党成员。朱浒也曾在研究晚晴义赈的兴起时提出了"跨地方的地方性实践"逻辑，[①] 认为义赈由江南社会自发动员起来，并由那些有义赈经验的江南士绅深入华北灾区开展社会救助，进而带动了华北地区义赈的兴起。近代以来，天津地区慈善组织的创设，也深受组织发起人关系网络的影响而呈现流动性、传递性的特征。

史料显示，近代天津地区很多慈善组织的创始人是从已有慈善组织中分离出来的。如北善堂是由广济补遗社董事汪辅卿等创办的；备济社董事多同时在保赤堂任职；济生社董事顾文瀚、李长清先后参与了体仁广生社、引善社的发起与创设；等等。至天津红十字会成立时，这些曾在天津经办慈善事业的慈善家们又对新生的慈善组织给予了极大的支持和关注，赵元礼、卞月庭、李颂臣、刘孟扬、严范孙、顾梦臣、张月丹、王贤宾等天津善堂联合会成员均在红十字会中担任要职。民国时新成立的组织则大多与红十字会及红卐字会有关。天津地区诸卐字会的发起人，多有从事或熟悉红十字会事业的丰富经历，这对诸卐字会的成立和发展产生了非同寻常的影响。例如，曾担任世界红卐字会天津分会会长的徐世光曾担任红十字会要职，他既熟悉中国传统慈善文化的要义，又深谙红十字事业的运作模式，使得"仿照万国红十字会办法，办理慈善事业，救济水旱灾害；遇有战事发生，即组织救济队，前往战区救济伤兵、难民"[②] 的红卐字会的成立成为可能。而其他卐字会系列慈善组织的创始人或发起者，又多在红卐字会有过供职经历，后出于不同原因而自红卐字会流出。天津黄卐字会

---

① 朱浒：《江南人在华北——从晚清义赈的兴起看地方史路径的空间局限》，《近代史研究》2005 年第 5 期。
② 《世界红卐字会呈政府文》（1926 年），转引自周秋光主编《熊希龄集》（下），湖南出版社，1996，第 1756 页。

的创始人马献光，曾是世界红卍字会天津分会会员，后因"天津红卍字会多为旧官僚、旧军人掌握，而自己是商人"，且"与官僚在一起不大合适，遂有脱离天津红卍字会，组织黄卍字会之动机"，嗣后又在北平发展了黄卍字会分会。天津蓝卍字会的成立原因在于"看到天津红、黄卍字会在社会上很活跃，不甘落后，故纠合各行业出资创立蓝卍字会"。① 天津县红卍字会分会的成立原因为："办理慈善事业名利只能由市红卍字会得去，办事处得不到好处；市分会的会员多为退职军阀与官僚，而办事处的会员大多是商人，彼此气时不同。"② 无极道院高学川亦曾是红卍字会会员，抗战初期因与红卍字会主脑人物争夺领导地位，而被排挤下台，高学川随即独树一帜，于民国二十八年另组该会。③ 天津白十字会的多数会员，包括长期担任会长的李育坤都曾参加过红卍字会，其创办"世界性慈善团体，以红十字会之成绩为目标，自定为白十字会，表示忠诚坦白，更称系中国人创办"，欲与红十字会分庭抗礼。

红卍字会章程所规定的"非修方者不得入会"也被蓝卍字会、白卍字会、黄卍字会、白十字慈善宏道会、一心天道龙华圣教会等慈善组织传承，这些组织都主张儒释道回耶五教合一，信仰太乙老祖，供奉观音菩萨、老祖等神像，修炼方法是内修外行、开设乩坛等。④ 这使得民国时期天津地区不少慈善组织是基于本土宗教信仰而设立的，而晚清时，诸多慈善机构中只有公善施材社有理教背景。此外，自中国红十字会出现后，跨地区性的慈善组织数量亦有所增加，如红卍字会、华洋义赈会属于全国性慈善组织，蓝卍字会、正字普济会等在北京、天津两地都设有办事处。这也充分说明民间力量在慈善领域中的联合与壮大。

（四）慈善组织成员与其他组织成员的重叠性或构成了社团网络

正如明末时杨东明所创设的同善会是以既有的虞城县名士们的亲睦会

---

① 《（民政局）关于天津市慈善团体调查初步总结》（1950 年 10 月），天津市档案馆藏，档案号：X0065 - Y - 000153 - 008。

② 《世界红卍字会呈政府文》（1926 年），转引自周秋光主编《熊希龄集》（下），第 1756 页。

③ 《天津市佛教、会道门慈善团体参考资料》（1949 年 10 月），天津市档案馆藏，档案号：X0065 - Y - 000034 - 003。

④ 侯亚伟：《救人、救己与救世：天津红卍字会慈善事业探析》，《世界宗教文化》2012 年第 3 期。

为母体的，因为关系网络，近代天津地区慈善组织间普遍存在成员相互耦合的情况，如顾文瀚同时在济生社、引善社、体仁广生社、红十字会任董事职务；郭桐轩担任了崇善东社、中国救济妇孺会天津分会、南善堂等善会的董事；赵元礼在育婴堂、积善社、备济社、红十字会天津分会、教养院及广仁堂任职；宋则久除在广仁堂、教养院任职外，还在红十字会天津分会及华洋义赈会担任董事职务；蓝卍字会会长刘元忠还在黄卍字会总会任职，且于民国三十七年在佛教居士林冬令救济委员会任职；黄卍字会理事长薛兰亭后遁入佛门，成为居士林成员，一度被推举为分林长，薛氏以"聆之余无任惭愧，分林长一席非道高法重不能胜任，兰亭初入佛门当在蒙昧，自忖难副尊命"①加以拒绝；康振普在天津卍字会任职的同时还是崇善东社和南善堂的会员；李实忱同时担任育婴堂和黄卍字会会董；刘纯甫在红卍字天津县分会任职的同时还兼任公善施材社负责人；李颂臣、顾文瀚、赵聘卿、庄仁松、钟世铭、刘渭川、王西铭、张春华、李长清、张维麒等知名绅商亦同时担任多家慈善机构的绅董职务。如此，通过私人关系，大多数慈善机构之间形成了慈善网络。在善堂联合会、慈善事业委员会等正式的群团组织之外，这些成员在慈善事业发展过程中发挥着桥梁作用，凝聚了慈善团体的力量，加强了天津慈善界的团结与合作，从而使得即使在政局变动不居、华洋杂处的天津，民间慈善团体仍然发挥出了巨大的自我组织和自我管理能力。

此外，慈善组织与其他社会团体间成员耦合的情况也较为常见，如广仁堂脱胎于苏浙皖三省同乡会，公善抬埋社以理教为母体，红卍字会以道院为母体，蓝卍字会以木业公会为母体，天津白十字会以颜料行为母体，天津市正宗普济会则与律师行会耦合，天津市三圣济世社以粮行为母体，天津善堂联合会则与商会成员相耦合。而且，很多慈善组织成员还同时在诸多社团任职。如赵元礼曾任工艺学堂庶务长、直隶省国会参议员、直隶省银行监理官、天津造胰公司经理，并曾与严修、林墨青等组织城南诗社；华洋义赈会章元善兼任天津禁毒会干事；宋则久除在诸慈善团体担任职务和捐赠款项外，还曾任天津城董事会董事及天津市总商会董事；红卍字会天津县分会成员刘纯甫还是线业公会会董、商会总务科主任及天津救

---

① 《公推执事薛兰亭为分林长的复函》，天津市档案馆藏，黄十字会卷宗，J135－1－101。

济事业委员会委员；黄卍字会第二分会会长张湘洲为羊毛同业公会会长及天津特别市第二区区长。黄卍字会成员李鹤亭、白十字会成员翟仙舟同为天津福德银号股份有限公司董事，红卍字会天津县分会成员刘纯甫与黄卍字会成员薛兰亭同为济南洪信银号股份有限公司董事，黄卍字会会员高砚荪、杨和璞、杨松乔与红十字会会长赵聘卿同在裕津银行任职。公善抬埋社所属之永丰屯西老公所于民国十九年3月"援照上海先例改名为天津理教联合会"，"以奉行新生活实行简朴并遵国父拒毒遗训劝诫烟酒，举办慈善救济事业为宗旨"。① 此外，还有慈善组织成员共同参与创设国学研究社等组织。

这些同时属于数家社团的个人往往是在社团间进行联络，形成社团网络的纽带。一方面，通过多重公共领导职务，慈善组织领袖得以扩展他们的网络，增加他们的拥众，扩大他们作为公众人物的地位及社会干预的效力。这些个人的社会网络越紧密，他们在各领域间斡旋、沟通和发挥作用的能量就越大。另一方面，通过这些跨团体个体的桥梁性作用，不同性质的地方社团得以相互沟通信息、彼此合作，从而构成了社团网络，有利于在需要的时候整合资源联合行动，从而增强了民间力量在地方社会中的影响力。然而，由个人构成的社团以及社团网络，自然不可避免地受到个人影响。既有的关系网络在推动慈善组织联合行动产生的同时，也存在相应的局限性。这些关系网络都存在明显的非正式性，过度依赖于组织负责人之间的单线联系和私人信任，而不是机构与机构全面的相互了解与认同。这就使得组织之间合作关系的建立在很大程度上依赖于个别负责人的决定与决策，当组织负责人之间的私人信任关系没有达到相当程度或者发生反转时，组织间的合作关系也会受到影响。更弱的非正式关系网络则表现为当组织之间并不熟悉，而只是在特定的机会条件下接触或通过介绍才认识时，彼此的合作关系就可能更不完全。

综上所述，民国时期天津的慈善事业发展达到顶峰，短短几十年的时间内前后共存续了80余家慈善组织。其中，有些组织在经历了北洋政府、南京政府、日伪政府再到国民政府的政权更迭，接受了数次军阀战争、日军占领的洗礼后，依然持续慈善救助的职责，这与当时民间力量的发展壮

---

① 《天津理教联合会公函》，天津市档案馆藏，天津商会档案全宗，J128-2-275-186。

大及依靠私人关系进行慈善资源动员的方式有着必然联系。正是这种独特的慈善资源动员方式凝聚了各慈善团体的力景，加强了慈善界的团结与合作，从而使得即使在政局变动不居、华洋杂处的天津，民间慈善团体仍然发挥出了巨大的自我组织和自我管理能力。

作者：高华，天津理工大学社会发展学院

（编辑：任云兰）

抗战动员与节日娱乐：全面抗战时期
重庆街头游行及其功能*

谭 刚

内容提要：全面抗战时期，出于抗战动员的需要，国民党和国民政府以及重庆各界在重庆筹备安排了大量的街头游行。为保证游行顺利有序进行，主办方提前安排了游行队列和顺序，制定了游行纪律，同时通过规划游行路线、布置游行空间和加强空间管理以求扩大游行的政治功能。游行队伍高呼抗战口号和高唱抗战歌曲，营造了浓厚的抗战动员氛围，而游行中大量寓意深刻的表演道具和表演内容，则激发了观众的民族主义感情。战时重庆街头游行集中于节日或纪念日，加之游行中穿插了各种生动有趣的表演节目，吸引了重庆市民的广泛参与和观看，丰富了市民的节日生活。

关键词：战时重庆 街头游行 抗战动员

全面抗战时期，出于抗战动员和巩固国民政府合法性的需要，国民党和国民政府不仅建立了战时动员体制，[①] 而且开展了大量的抗战动员活动。与中国共产党主要在农村对农民进行抗战动员不同，国民党主要在城市对市民进行抗战动员，街头是国民党对市民进行动员的重要场所。由于重庆系战时首都，重庆的街头游行因此也最为兴盛。战时重庆街头游行的兴盛既支持了中国抗战大业，也丰富了重庆市民的节日生活。关于战时动员问题，目

* 本文为西南大学中央高校基本科研业务经费项目"重庆公共空间、市民日常生活与抗战动员（1937～1945）"（SWU1509398）的阶段性成果。
① 关于目前学界对抗战时期中国动员体制之研究成果，参见段瑞聪《蒋介石与抗战时期总动员体制之构建》，《抗日战争研究》2014年第1期。

前学者们主要从时间维度研究了战时重要的节日或纪念日活动及其政治功能，[①] 但很少关注街头游行活动的空间维度。鉴于此，本文在运用一手档案资料和报刊资料基础上，主要从微观角度探讨战时重庆街头游行及其功能，期望加深对战时动员问题的理解和认识，丰富重庆城市史的研究内容。

一 战时动员体制下重庆街头游行的兴盛

在全面抗战时期，国民党和国民政府先后成立了国防最高委员会、国家总动员会议等机构，逐步建立了战时动员体制。[②] 在战时动员体制下，国民党和国民政府十分重视民众动员。在战时民众动员中，抗战宣传尤为重要，通过抗战宣传，"应激励民众了解抗日意义"。[③] 在 1938 年 4 月 1 日通过的《抗战建国纲领决议案》中，也明确要求"加强民众之国家意识"。[④] 抗战进入相持阶段以后的 1939 年 1 月，鉴于抗战形势日益严峻，军事委员会政治部制定的《抗战新阶段民众工作运动方案》进一步明确规定，推行战时民众工作运动的方法是"以宣传、教育来说服民众，使大家自动参加工作，不带丝毫强制"。[⑤] 因此，进行大规模的抗战宣传以调动民众的抗战积极性是抗战动员的重要方式。

由于城市街头空间开阔，人流密集，街头游行往往也成为抗战宣传的重要方式。由于官方的重视，加之重庆的政治地位日趋重要，官方和社会各界在重庆举办了大量街头游行，因此战时重庆街头游行十分兴盛。战时重庆街头游行兴盛的主要表现是游行的次数多、规模大和种类多。在游行数次方面，笔者无法准确统计战时重庆街头游行总数，仅据《中央日报》、《国民公报》、《新华日报》和《申报》四份报纸的相关报道进行了不完全

---

① 参见郭辉《国家纪念日与抗战时期政治合法性之建构》，《史学月刊》2016 年第 9 期；郭辉《抗战时期国家纪念日与"抗战精神"话语的建构》，《广东社会科学》2016 年第 6 期；郭辉《国家纪念日与抗战时期"革命"话语之建构》，《江苏社会科学》2015 年第 3 期；周游《政治节日与民众动员：以抗战时期国民政府的国庆纪念日为中心》，《民国档案》2015 年第 2 期。

② 参见段瑞聪《蒋介石与抗战时期总动员体制之构建》，《抗日战争研究》2014 年第 1 期。

③ 唐润明主编《中国战时首都档案文献：战时动员》（上），重庆出版社，2014，第 26 页。

④ 荣孟源主编《中国国民党历次代表大会及中央全会资料》下册，光明日报出版社，1985，第 487 页。

⑤ 唐润明主编《中国战时首都档案文献：战时动员》（上），第 58 页。

统计，仅就参加人数超过 1 万人的大规模游行而言，1938 年举办了至少 5 次，1939 年至少 3 次，1940 年至少两次，1941 年至少两次，1942 年至少两次，1943 年至少两次。如此频繁地举行大规模的街头游行，是战前所没有的。在游行的种类方面，游行种类繁多。按游行的形式划分，有火炬游行、提灯游行、体育游行、化装表演游行等。大规模的火炬游行如 1938 年 4 月的拥护蒋介石并祝捷火炬大游行、1938 年 5 月的重庆各界欢送二期川军出川抗战火炬大游行、1938 年 12 月的纪念"一二·二五"火炬大游行等，提灯游行如 1939 年 1 月的重庆各界庆祝元旦提灯大游行，体育游行如 1940 年 1 月的重庆市民体育大游行、1943 年 9 月的民族健康游行等。若按游行的功能划分，则有庆祝游行、纪念游行等。庆祝游行如重庆市民国庆日庆祝大捷大游行、重庆市民元旦节大游行、重庆各界同盟国日大游行等，纪念游行如重庆各界纪念"九一八"六周年游行、重庆各界"五九"国耻纪念日大游行、"七七"抗战一周年游行、纪念国民精神总动员二周年火炬大游行等。

战时重庆的街头游行呈现两个基本特点：一是从时间上主要集中在重要的节日和纪念日，如国庆节、元旦节、五一劳动节、"七七"抗战纪念日、"九一八"纪念日、国民精神总动员纪念日等；二是参与游行的人数众多，人数少则 1 万余人，多则达 10 万余人，其中 10 万余人参加的游行至少就有 1938 年 5 月 30 日的重庆各界欢送二期川军出川抗战火炬大游行、1941 年 1 月的元旦大游行等。[1] 由于街头游行主要集中在节日或纪念日，不仅参与人数众多，而且参与游行市民的来源十分广泛，其中 300 余单位参加 1939 年国庆游行，[2] 100 余单位参加 1940 年元旦大游行，[3] 300 余单位参加 1940 年国庆节游行，[4] 100 余单位参加 1941 年元旦大游行，[5] 120 余单位参加 1941 年纪念国民精神总动员游行等。[6] 参与游行群众单位不仅

---

① 《欢送二期川军出川，渝市各界昨献旗，十万人游行》，《国民公报》1938 年 5 月 31 日，第 4 版；《本报讯：胜利年开始欢乐的一天》，《中央日报》1941 年 1 月 2 日，第 2 版。

② 《举国欢胜，全市欣喜：纪念国庆祝贺大捷》，《国民公报》1939 年 10 月 11 日，第 3 版。

③ 《体育表演大游行空前热烈撼山城，万人表演仪式简单隆重》，《国民公报》1940 年 1 月 4 日，第 3 版。

④ 《陪都昨庆祝国庆，五万人参加庆祝并游行》，《国民公报》1940 年 10 月 11 日，第 3 版。

⑤ 《举国欢腾迎接胜利，陪都盛大庆祝元旦》，《国民公报》1941 年 1 月 2 日，第 3 版。

⑥ 《陪都纪念精神总动员，狂热情绪震撼山城》，《国民公报》1941 年 3 月 13 日，第 2 版。

多，而且包括大量政府部门和社会团体代表参加，其中仅参加 1939 年国庆游行的 300 余单位就包括国民党中央党部、国民政府、军事委员会、三民主义青年团、重庆各报联合委员会、重庆各报社、各民众团体、各学校、市党政机关以及国民参政会等。① 参加游行的市民具有广泛的代表性，扩大了游行的影响力。

二　游行的筹备安排与空间利用管理

为保证街头游行的顺利有序举行，国民党和国民政府以及重庆各界往往召开专门筹备会议，讨论游行程序、游行纪律、游行路线等问题。组织者首先要考虑游行队列构成和顺序问题。在队列构成与顺序方面，重庆各界在 1940 年 12 月 29 日举行的庆祝民国成立三十周年游行筹备会议上，就决定游行队列首先是童子军青年团及各机关团体民众，其后紧跟美术行列及体育表演各组，其中第一组为现代青年五项运动，第二组为体育组，第三组为球类，第四组为国术，第五组为卫生展览，第六组为劳动服务，第七组为国防建设，第八组为民间娱乐。② 在 1945 年 8 月 16 日上午召开的陪都各界庆祝胜利大会胜利大游行筹备会上，决定游行序列依次为开导列车队、军乐队、旗队、领袖肖像队、广播列车、荣誉军人队、党员队、团员队、军乐队、农人队、工人队、商人队、军乐队、妇女队、化装列车队、民众团体队、机关团体队、军人队、军乐队、歌咏队、学生队、军乐演奏队等 24 个队列。③ 在队列指挥问题方面，1940 年 9 月 30 日重庆各界召开的庆祝陪都建立大会游行筹备会议上，确定了这次游行的总指挥为卫戍总司令部，副总指挥包括警备司令部、市警察局和宪兵第三团，总领队为新运会黄总干事，指挥包括市党部、市政府、军事委员会政治部、妇女工作指导委员会、中国童子军重庆市理事会、市总工会、市商会和市动员委员

---

① 《举国欢胜，全市欣喜：纪念国庆祝贺大捷》，《国民公报》1939 年 10 月 11 日，第 3 版。
② 《渝各界积极筹备庆祝元旦 与慰劳荣誉军人同时举行 会后开始体育表演大游行》，《中央日报》1940 年 12 月 30 日，第 3 版。
③ 重庆市档案馆等编《中国战时首都档案文献：迁都 定都 还都》，重庆出版社，2014，第 168～169 页。

会，至于各机关团体学校参加游行，则受正副总指挥、总领队及指挥的指导。① 主办方通过召开专门的筹备会讨论游行的队列构成与顺序问题，以确保游行的有序进行。

由于街头游行队伍人数众多，主办方也制定了严格的游行纪律，首先是明令禁止游行队员在游行过程中交谈、吐痰、擅自离队等。1940 年 3 月，为举办纪念国民精神总动员二周年游行，国民精神总动员会规定"参加游行人员不得任意离队或于游行时中途插入"，游行人员"途中不得谈笑"。② 为举办 1943 年 6 月 14 日的联合国日国旗游行，国民党和国民政府也要求"各队应保持游行序列规定之队形间隔距离"，"游行时不得自行中途离队，不得争先落后，不得更换位置"，"游行时不得随地吐痰，不得交互谈论"，"游行时不得吸烟，不得吃零食"，"游行时不得挥扇"，"游行时绝对遵守秩序，保持肃静，严守纪律，服从领队之指挥"。③ 其次是对游行队员着装、携带器具做了相关规定，以体现游行队伍的精神面貌。1941 年 12 月 13 日，为举办"元旦预祝反侵略胜利艺术大游行"，国民党重庆市执行委员会对游行队员的着装和携带器具就提出了统一要求，如护士队"一律白衣，并须缀红十字，参加时可酌带药品，轻便担架用具"。④ 为举办联合国日国旗游行，国民政府要求游行队员的服装"男装一律短衣（以中山服为原则，西服亦可，不得着短裤）戴帽（以草帽为原则），女装以蓝色旗袍为原则"，所戴臂徽臂章"由市党部先期发交各区党分部书记负责转发"。⑤ 重庆市警察局局长唐毅还命令参加这次游行的警察"一律穿着黄制服，打绑腿，佩符号臂章，带白手套，穿黑鞋黑袜"。⑥ 从以上分析可以看出，战时国民党和国民政府以及重庆各界制定游行的纪律，大体包括

① 重庆市档案馆等编《中国战时首都档案文献：迁都 定都 还都》，第 100 页。
② 《国民精神总动员二周年纪念大会"游行须知"》（1940 年 3 月 11 日），重庆市档案馆藏，档案号：0054－0001－00464－0200－244－000。
③ 《联合国日联合国国旗游行实施计划》（1943 年 6 月 9 日），重庆市档案馆藏，档案号：0065－0003－00181－0000－004－000。
④ 《预祝反侵略胜利艺术大游行举行办法》（1941 年 12 月 13 日），重庆市档案馆藏，档案号：0051－0001－0003－00010－0000－058－000。
⑤ 《联合国日国旗游行实施办法》，重庆市档案馆藏，档案号：0051－0002－00649－0000－001－000。
⑥ 《关于派员参加联合国日庆祝大游行给重庆市警察局第十分局的紧急命令》，重庆市档案馆藏，档案号：0061－0015－01489－000－0003－000。

两方面：一是通过制定相关的规定约束游行队员的不当行为，保证游行的秩序；二是统一游行队伍的着装，以体现游行队员的职业特点，从而加强游行队伍的组织纪律性。主办方通过制定游行纪律，加强了对游行队伍的管控。

为了充分发挥游行的功能，主办方还十分注意游行空间的利用。游行空间主要是指游行途经的街道，主办方对游行空间的利用也集中表现为通过规划游行路线，充分扩大游行空间对沿途市民的影响。1940 年 5 月 1 日青年节火炬游行路线为川东师范学校、中一路、民生路、民权路、五四路、民族路、林森路至中央公园。[①] 1940 年 3 月 12 日国民精神总动员二周年纪念大会游行路线主要为小梁子、小什字、中大梁子、磁器街、演武厅、都邮街、柴家巷、夫子池、天主教堂、武库街、七星岗、通远门、观音岩至川东师范操场。[②] 1940 年 9 月 30 日重庆各界庆祝陪都建立大会游行路线主要为夫子池、柴家巷、都邮街、小梁子、小什字、新街口、过街楼、陕西街、道门口、林森路、十八梯、较场口、民生路、七星岗、观音岩、两路口、上清寺至国府路。[③] 在上述规划的游行路线中，小什字、小梁子、大梁子、都邮街、柴家巷、夫子池、两路口等都是战时重庆整修扩建的主要街道。战时重庆整修的街道主要有民生路、和平路、五四路、大同路、中华路、临江路、中一支路、凯旋路、健康路、两浮路等街道，并重建了沧白路。[④] 都邮街在 1939 年拓宽改造后，与相连街道被分段命名为民族路、民权路、民生路、新生路等，[⑤] 都邮街也成为战时重庆最繁华的大街。主办方通过将游行路线安排在人流密集的繁华街道，主要目的是方便市民参加游行，同时也有利于吸引更多沿途市民观看，从而扩大游行的社会影响。

为进一步扩大游行空间对观众的影响，游行主办方也对沿途街道进行

---

① 《青年节火炬游行须知》（1940 年 5 月 1 日），重庆市档案馆藏，档案号：0085 - 0001 - 0065 - 0000 - 0002。
② 《国民精神总动员二周年纪念大会"游行须知"》（1940 年 3 月 11 日），重庆市档案馆藏，档案号：0054 - 0001 - 00464 - 0200 - 244 - 000。
③ 重庆市档案馆等编《中国战时首都档案文献：迁都 定都 还都》，第 100 页。
④ 韩渝辉主编《抗战时期重庆的经济》，重庆出版社，1995，第 300 页。
⑤ 谢璇：《1937～1949 年重庆城市建设与规划研究》，中国建筑工业出版社，2014，第 69 页。

了适当的布置。1938 年 4 月 12 日，重庆市及江巴两县为举办拥护蒋介石并祝捷火炬大游行，要求各街铺户，"应用三尺长八寸宽红色纸书写'拥护蒋汪两总裁抗敌建国'、'庆祝国军歼灭台儿庄倭寇'标语二张，贴于门首两边，用表庆祝"。① 1942 年元旦，全国慰劳总会为举办庆贺抗战将士新年运动，特制定了"庆贺将士新年预祝抗战胜利""庆贺将士新年争取最后胜利""庆贺将士新年努力国防建设""庆贺将士新年踊跃捐赠礼品"等标语，分别致函各机关、团体制成横幅布标语，"悬挂通衢要道"，并印制纸质美术图案标语 4000 份，分别张贴于商店橱窗。② 主办方要求游行沿途街道店铺张贴各种抗战标语和庆祝标语，从而对游行空间进行了适当改造，不仅营造了浓厚的政治氛围，而且配合了街头游行的抗战宣传。

战时重庆社会各界在利用游行空间的同时，也加强了对游行空间的管理。游行空间集中于重庆繁华大街，这固然有利于吸引广大市民参与和观看，但也给空间管理带来了难度，尤其是夜间举行的火炬游行和提灯游行的管控难度更大。为此，游行主办方通过与警察局等相关部门交涉，请求警察局协助管理。在 1938 年的重庆市及江巴两县各界民众拥护蒋汪游行开始前，江巴两县县委会请求重庆市警察局在游行经过的各街巷口，"派部队安设步哨"。③ 1939 年 10 月 7 日，重庆市各界国庆纪念筹备会也致函重庆市警察局，希望警察局"在游行路线内先时布置岗位，维持秩序，并请分派便衣人员担任纠察"。④ 在 1945 年 8 月 16 日召开的陪都各界庆祝胜利大会胜利大游行筹备会上，还专门成立了交通组，交通组组长由重庆市警察局第三分局局长张相如担任，⑤ 专门负责维持游行街道的秩序和保证游行的畅通。重庆社会各界在组织安排重大街头游行前，通过与警察局等部门协调，抽调警力加强游行空间的管理，也在一定程度上保证了游行的顺利进行。

---

① 《全市悬国旗晚举行火炬游行，并燃放鞭炮庆祝台儿庄胜利》，《新蜀报》1938 年 4 月 12 日，第 4 版。
② 唐润明主编《中国战时首都档案文献：战时动员》（下），第 745 页。
③ 《今夜火炬大游行，万众一心拥护蒋汪》，《新蜀报》1938 年 4 月 12 日，第 4 版。
④ 《关于举行双十节提灯游行大会并抄发游行路线的训令、函》（1939 年 10 月 7 日），重庆市档案馆藏，档案号：0061 - 0015 - 0328 - 5000 - 0008 - 7000。
⑤ 重庆市档案馆等编《中国战时首都档案文献：迁都 定都 还都》，第 168～169 页。

三　游行口号表演与抗战动员

众所周知，标语口号具有特定的功能。一定的标语口号能激发社会成员的活力，凝聚各方面的力量，形成合力，把全社会的力量都动员起来，朝既定的目标前进。① 由于标语口号具有重要的社会动员功能，抗战标语口号成为战时重庆街头游行的重要组成部分。为营造街头游行的抗战动员氛围，游行主办方要求游行队伍高呼抗战口号。具体而言，游行口号大体分两种：一种是目标鼓动型，一种是情感鼓动型。前一种口号目标明确，如"坚决抗战到底""抗战必胜""建国必成""打倒日本帝国主义"等，这种口号直接表达了游行队伍的政治诉求。后一种则情感热烈，提出"中华民族万岁""中华民国万岁""拥护领袖！拥护政府""同盟国万岁！"等，这种口号表达了游行群众对国家、政府浓厚的感情。游行口号与当时的历史背景紧密相关，符合当时的现实需要。1938年7月7日为纪念"七七"抗战一周年，游行口号就是"纪念'七七'，要实现抗战建国纲领！"② 在1938年8月13日"八一三"抗战一周年纪念活动游行中，由于一年前日本发动了"八一三"事变，中国的抗战规模进一步扩大，因此这次游行的主要口号是"拥护政府抗战到底""打倒日本帝国主义"等。加之这时日本逼近武汉，武汉形势日益危急，因此也有"纪念'八一三'必须保卫大武汉！"的游行口号，意在动员民众保卫武汉。由于抗战口号言简意赅，鼓动性强，营造了浓厚的抗战动员氛围。

在街头游行中，游行队伍除了高呼抗战口号外，还高唱高奏抗战歌曲。在1938年5月30日的欢送二期川军出川火炬游行中，小学生"高唱救亡歌曲"。③ 在1941年1月1日晚重庆市郊北碚举行的火炬游行中，游行队伍"一路歌声口号，延绵不绝"。④ 游行队伍除了高唱高奏抗战歌曲外，还播放抗战歌曲。在1938年4月12日举办的火炬游行中，在女学生

---

① 韩承鹏：《标语口号文化透视》，学林出版社，2010，第82页。
② 唐润明主编《中国战时首都档案文献：战时动员》（上），第39页。
③ 唐润明主编《中国战时首都档案文献：战时动员》（上），第101~102页。
④ 《迎接新年火炬游行》，《嘉陵江日报》1941年1月4日，第4版。

队伍中"播出了婉转高亢的《前进曲》"，在青年和士兵工人队伍中"播出了慷慨激昂的'牺牲已到最后关头'"。① 街头游行中雄壮的歌声与洪亮的口号营造了浓厚的抗战动员氛围，使观众深受感染。在 1939 年的元旦提灯游行中，由于受到游行口号和歌声的感染，路旁观众就说："日本鬼子真妄想，中国那里会给它克服呢？你听——现在的国民，不是以前那样了，连孩子们的心坎里，都知道应该怎样来救国你说是吗？"② 游行队伍高唱高奏抗战歌曲与高呼抗战口号相呼应，烘托了抗战动员气氛，的确有助于增强游行的抗战动员功能。

为进一步激发重庆市民的抗日热情，国民党和国民政府以及重庆各界还在街头游行中安排各种表演，包括戏剧表演、化装表演、体育表演等，这些表演通过艺术形式宣传抗战，感染观众，调动观众的抗战情绪。具体而言，首先，游行表演中的表演道具就具有明显的抗战寓意。在 1939 年元旦游行表演中，有的游行单位设计了别出心裁、寓意深刻的游行道具，其中中国制片厂及怒潮剧社制作了"一庞大之坦克车，车头为五英寸口径之大炮一尊，自由神和平神执火炬立于其上，背后为一日本军阀被捕获后之畏缩状态，极可恶可鄙"。③ 这一游行道具既形象生动地宣传了中国人民对自由和平的向往，也揭露了日本军国主义的罪恶可憎，紧扣了抗战动员的主题。在国民精神总动员三周年纪念游行中，"胜利第一"组队列展示了国民党军缴获的日军战利品，这些战利品是国民党军及空军在淞沪、南口、台儿庄、阳新、随枣、湘北、中条山、昆仑关、粤北、南宁各战役中所缴获的日军战利品，包括各种枪炮、炮弹、服装、通信器材、汽艇、水雷、日军伪钞、日本国旗、日本神符等。④ 国民精神总动员会通过在游行队列中展示缴获的日军战利品，用以鼓舞民众士气，帮助民众树立抗战必胜的信心。

其次，在街头游行表演中还有大量化装表演，尤其是游行中穿插有大量民族英雄表演和汉奸表演，用以激发市民的民族主义情绪。在 1939 年的

---

① 唐润明主编《中国战时首都档案文献：战时动员》（上），第 33 页。
② 少春：《山城狂欢，元旦日动态》，《中央日报》1939 年 1 月 2 日，第 3 版。
③ 《各界热烈庆祝元旦，万人空巷看提灯》，《新民报》1939 年 1 月 2 日，第 2 版。
④ 《陪都纪念精神总动员，狂热情绪震撼山城》，《国民公报》1941 年 3 月 13 日，第 2 版。

元旦提灯大游行表演中，"文天祥，岳飞，一些民族英雄的故事，穿插其间"。① 在 1940 年元旦游行中也有"扮演关公、岳飞、花木兰、秦良玉等民族英雄"。② 在民族英雄的化装表演中还伴随着汉奸表演，在 1938 年的纪念"七七"抗战一周年的游行中，游行队伍中的汉奸表演最引人注目，三个化装成汉奸的人被几个人押解着，"几个押解的人，一面走，一面尽力鞭打这些无耻的'汉奸们'"，"并替观众解释，这是某某某地汉奸，同时，被打的汉奸也告告哀求，誓不作汉奸了"。③ 在 1939 年国庆游行中，也有"秦桧、汪精卫等汉奸的化装表演"。④

化装表演游行的"英雄"大多是中国人民熟知的民族英雄，如岳飞、文天祥等，通过宣传他们在历史上抗击外族入侵的英雄事迹，歌颂他们的爱国精神，意在培养观众的民族精神。而游行表演中的汉奸既包括秦桧也包括汪精卫等，着力揭露汉奸的丑恶面目，尤其是通过鞭挞汉奸的演出，意在宣传汉奸的可耻可憎，也宣泄了民众对汉奸的仇恨。街头游行中由于穿插了这些历史人物的化装表演，更容易引起观众的共鸣。在 1939 年元旦游行中，文天祥、岳飞等民族英雄"可歌可泣的印象，打进他们（指观众——引者注）心之深处，使他们憬觉，使他们醒悟，使他们各种不同的心，凝合一体，——拥护领袖，完成抗战建国"。⑤ 而"汉奸"的化装表演游行则激发了民众对汉奸的厌恶。在 1938 年"七七"抗战一周年游行中，当"汉奸"化装表演时，"惹得沿途路旁的同胞们喊打之声，不断于耳"。⑥ 1939 年国庆游行中，当化装成秦桧、汪精卫汉奸的演员出现时，"千万个声音一起喊：'打倒汉奸'"。⑦ 战时重庆街头游行中穿插的民族英雄表演与汉奸表演，由于表演形象生动，的确引起了重庆市民的强烈感情共鸣，向民众传播了抗战有功、卖国可耻的观念，从而有效地对民众进行了抗战精神动员。

---

① 少春：《山城狂欢，元旦日动态》，《中央日报》1939 年 1 月 2 日，第 3 版。
② 凯礼：《战都的元旦》，《旅行杂志》第 14 卷第 4 期，1940 年，第 36 页。
③ 《擎起抗战火炬，五万余人游行》，《国民公报·临时增刊》1938 年 7 月 8 日，第 1 版。
④ 《光荣的佳节，山城整日狂欢中》，《国民公报》1939 年 10 月 11 日，第 3 版。
⑤ 少春：《山城狂欢，元旦日动态》，《中央日报》1939 年 1 月 2 日，第 3 版。
⑥ 《擎起抗战火炬，五万余人游行》，《国民公报·临时增刊》1938 年 7 月 8 日，第 1 版。
⑦ 《光荣的佳节，山城整日狂欢中》，《国民公报》1939 年 10 月 11 日，第 3 版。

四　节日娱乐与民众狂欢

战时重庆街头游行由于时间上主要集中在重要的节日和纪念日，因此参加或观看街头游行也成为战时重庆市民节日生活的重要组成部分，街头游行因而也具有重要的娱乐功能。战时重庆街头游行的娱乐功能首先体现在游行中穿插了中国的传统节日娱乐活动。在 1940 年元旦提灯游行中，就穿插了一些传统节日的表演节目，如舞狮、舞龙灯等，其中"龙灯共有九条，有人放鞭炮就耍。方的、圆的、各式各样的灯"。① 舞龙灯本来是四川人在农历春节的习俗，但在这次元旦游行中也出现了舞龙灯表演，"在盘旋的时候，最好看的是点缀在中间的万花筒，银光四射，不亚于焰火"。② 除了有四川本地的龙灯表演外，还有外地的传统节日表演，其中"广东同乡会的醒狮队、湖南同乡会的游龙，又新戏院古圣贤关岳的表演，都有深刻意义"。此外，还有各行业的表演，"如交通公会、车业公会、花业公会的龙灯和金钱版，而尤以龙灯为最多，有青的，有黄的。大队以两江的粉红龙灯始，以鲜花业的献花龙灯终"。③ 作为中国民间传统节日的重要娱乐活动，舞龙灯和舞狮出现在战时重庆的街头游行中，体现了战时重庆街头游行与传统节日的娱乐活动具有一定的相似性，这些表演活动烘托了战时重庆的节日气氛。

其次，有的游行表演颇具观赏性和趣味性。在 1938 年欢送二期川军出川火炬游行中，"最特色的为广益中学的笛队与鼓队的合奏和着一片歌声交响着，求精中学之音乐队所奏乐曲，亦幽雅动人"。④ 在 1940 年元旦大游行中，游行大队包括军事体育组、劳动组、国术组、骑射组、球类组和艺技组六组，其中表演精彩的有"军事组宪兵团的步伐一致，劳动组车业公会的各种表演，国术组的国术表演，骑射组的宪三团骑队。球类组有青年团中央团部足篮球表演，青年团排球和乒乓表演、排球的网是活动的，

① 凯礼：《战都的元旦》，《旅行杂志》第 14 卷第 4 期，1940 年，第 36 页。
② 凯礼：《战都的元旦》，《旅行杂志》第 14 卷第 4 期，1940 年，第 36 页。
③ 祖辉：《渝市庆祝新年，昨日大游行，万余人参加体育表演》，《中央日报》1940 年 1 月 4 日，第 3 版。
④ 唐润明主编《中国战时首都档案文献：战时动员》（上），第 101～102 页。

随时可搭，乒乓台子下面装着四个轮子，一面走，一面表演，重大中大学生的变脸表演都是出色的演出"。①

除了提灯游行、体育游行中穿插有大量生动有趣的节目外，火炬游行也颇为精彩有趣。战时的火炬游行具有重要的象征意义，它象征光明。在重庆沙磁区群众纪念"一二·二五"的火炬大游行中，群众高举的火炬就"象征沙坪坝的光明，刹那间火光照澈了原野"，"几万支火炬集在一起，愈显得猛烈强大；心灵的火，火炬的火，交燃成民族的烈焰！"② 在 1938 年拥护蒋介石并祝捷火炬大游行中，火炬"算春云月刊社的最好，重庆著名老教师何履之所负的'火炬'最大最长；求精中学的队伍最整齐，军乐最漂亮；南京警官学校的人数最多，行列也最严肃；女二师、淑德女中、复旦女中等校的歌声最引人兴奋"。③ 1940 年 10 月 1 日，火炬游行的参加者"各执火炬、彩灯，鱼贯前进，虽在雨中，秩序□极良好，中央摄影场并在各交通口装置巨大之反光灯，银光四射，与火炬媲美，蔚为大观"。④

由于重庆的街头游行观赏性强、生动有趣，游行也得到民众积极响应与支持，游行群众和观众呈现一种近似"狂欢"的状态。1938 年欢送二期川军出川火炬游行队伍经过时，街道"沿途民众，夹道欢呼歌唱，情况至为热烈"。⑤在 1939 年元旦提灯大游行中，"沿途观者不下数十万人，民众均购鞭炮沿途而放，街之两旁，恰似人肉屏风一道"。⑥ 在 1940 年元旦游行中，重庆"自晨到晚，龙灯，台阁，狮子灯满街游行，锣鼓喧天，热闹非常"。⑦ 在 1940 年 10 月 1 日的火炬游行中，"沿途市民观者途为之塞，欢欣之色，溢于每一市民之脸上"。⑧ 1942 年 7 月 7 日纪念"七七"五周年的国民兵团火炬游行大队经过时，"市民夹到欢呼，渝为

---

① 祖辉：《渝市庆祝新年，昨日大游行，万余人参加体育表演》，《中央日报》1940 年 1 月 4 日，第 3 版。
② 沙漪：《火炬游行》，《中国青年》第 2 卷第 1 期，1940 年，第 168 页。
③ 唐润明主编《中国战时首都档案文献：战时动员》（上），第 33 ~ 34 页。
④ 重庆市档案馆等编《中国战时首都档案文献：迁都 定都 还都》，第 109 ~ 110 页。
⑤ 唐润明主编《中国战时首都档案文献：战时动员》（上），第 101 ~ 102 页。
⑥ 《各界热烈庆祝元旦，万人空巷看提灯》，《新民报》1939 年 1 月 2 日，第 3 版。
⑦ 《渝市之空前盛况，欣欢鼓舞度新岁，生龙活虎，参加明日体育表演》，《中央日报》1940 年 1 月 2 日，第 3 版。
⑧ 重庆市档案馆等编《中国战时首都档案文献：迁都 定都 还都》，第 109 ~ 110 页。

之狂"。①

　　由于大量街头游行安排在节日或纪念日举行，参加和观看游行的重庆市民欣喜若狂，这与平时的生活状态差异明显。有学者研究后也认为，中国传统节日中民众的"狂欢"与"常态"是相对应的，是人们在非常时间、非常空间内的行为特质。② 节日期间重庆市民的"狂欢"状态的确异于平时，民众通过参加或观看游行，尽情宣泄自己的情感。同时，由于重庆市民的广泛参加，有的游行人数甚至多达 10 万余人，因此有时很难分清谁是游行群众，谁是观众，正如巴赫金所言，"狂欢节没有演员和观众之分"，"在狂欢节上，人们不是袖手旁观，而是生活在其中，而且是所有的人都生活在其中，因为从其观念上说，它是全民的"。③ 从这个意义上来说，战时重庆节日期间的街头游行具有一定的人民大众狂欢文化的色彩。时人也言：1940 年元旦重庆连续三天的庆祝活动，"本地人都说民国以来所未有。如果将来升平来临的时候，不知要腾欢到如何光景"。④ 广大重庆市民参与或观看街头游行不仅响应了政府号召，支持了抗战大业，而且得到了愉悦，因此，街头游行丰富了重庆市民的战时节日生活。

五　结语

　　在全面抗战时期，由于重庆系战时首都，国民党和国民政府出于抗战动员的需要，在重庆筹备安排了大量街头游行，着力将重庆市民拉入抗战动员的轨道，街头游行成为官方和大众表达政治诉求的重要方式。实际上，战时各级政府与社会各界也在重庆的城市广场、体育场、剧院等公共空间内举办了众多抗战宣传、抗战演出等集会活动。⑤ 与这些公共空间内的抗战集会活动相比，街头游行具有一定的特点。首先，街头游行具有流

① 《火炬大游行纪念日最热烈的一幕》，《中央日报》1942 年 7 月 8 日，第 5 版。
② 李丰懋：《由常入非常：中国节日庆典中的狂文化》，《中外文学》1993 年第 3 期。
③ 晓河等译《巴赫金全集》第 6 卷，河北教育出版社，1998，第 8 页。
④ 凯礼：《战都的元旦》，《旅行杂志》第 14 卷第 4 期，1940 年，第 36 页。
⑤ 关于战时重庆城市广场抗战动员活动的研究，参见谭刚《重庆城市广场政治空间的形成与抗战精神动员——以都邮街"精神堡垒"广场为中心（1937～1945）》，《抗日战争研究》2008 年第 1 期。

动性，而在广场、体育场、剧院举办的集会活动则是固定的，因此街头游行可吸引大量沿途观众观看甚至参加，游行观众的数量一般也超过了广场、体育场、剧院集会活动的市民数量。从这方面讲，街头游行更易营造抗战动员氛围。其次，街头游行的空间具有开放性，游行时间集中在节假日，加之游行中有大量化装表演，因此游行也更易吸引大量市民观看或参加，尤其是广大市民在夜晚参与的火炬大游行和提灯大游行，则近似一种狂欢活动。由于游行的娱乐性更强，广大市民通过参加或观看街头游行也得到了娱乐和享受，因此节日期间的街头游行也更易营造节日气氛。

不过，街头游行的上述两个特点，也加大了主办方对游行管理的难度。因此，相较于在广场、体育场、剧院等公共空间内举办的抗战集会活动而言，政府对街头游行的直接控制较弱，游行市民具有较大的自主性。从这方面讲，有的街头游行就难以保证其政治功能的充分发挥。目睹 1938 年"九一八"游行的陈克文就对此游行不以为然，"游行群众，和化装演讲队，正在锣鼓喧天的在公园里外闹个不休"，"如此纪念'九一八'与庆祝会何异，全失了原来的意义了，真是不错"。[①] 陈的看法反映了管理不当对游行产生的负面影响。

虽然街头游行有时存在难以管控的问题，但也具有流动性、空间开放、市民自主性强等优势，因此街头游行在一定程度上也调动了重庆市民的抗战积极性，从而支持了中国抗战大业。1938 年 4 月 7 日，重庆市民举行了庆祝台儿庄大捷游行，陈克文"倍感兴奋"，[②] 邹韬奋也认为这次大游行"显示政府与民众的融洽无间，精诚团结，这是在胜利声中所给与我们的最可欣慰的现象"。[③] 1939 年国庆暨湘北大捷提灯游行，专员韩觉剑认为这次游行"行列长及数里，民气发扬，盛况空前"。[④] 在 1943 年重庆各界同盟国日国旗巡游活动中，参加此次游行活动的陈克文也感慨道："六

---

① 陈方正编校《陈克文日记（1937～1952）》上册，社会科学文献出版社，2014，第 272 页。
② 陈方正编校《陈克文日记（1937～1952）》上册，第 201 页。
③ 邹韬奋：《再厉集》，生活书店，1938，第 124 页。
④ 《关于报送参加提灯宣传游行大会经过情形上市政府的报告》（1939 年 10 月 13 日），重庆市档案馆藏，档案号：0053-0004-00354-0000-134-000。

年抗战，国民精神，多少总不免有些疲惫。巡行队的步伐声和高呼口号声，我可以看出，每一声音，每一动作，都直接打动了数十万观众的心坎，兴奋了市民的精神。"① 由于街头游行营造了浓厚的抗战动员氛围，激发了重庆市民民族主义意识，街头游行也成为战时官方对民众进行抗战动员的一种方式。

作者：谭刚，西南大学历史文化学院，
重庆中国抗战大后方研究中心

（编辑：许哲娜）

---

① 陈方正编校《陈克文日记（1937～1952）》下册，第726页。

中西近代城市"中间阶层"比较分析

王　静

内容提要：阶层分化是近代中国社会转型的重要结果之一，因此从阶层的角度去研究近代城市发展是城市史研究中的一个重要方面，其中亦包括对"中间阶层"的认识。"中间阶层"是西方社会学的重要概念，后引入国内史学界成为研究近代中国社会转型的一种路径。然而因为问题意识多为后设，往往缺乏对中间阶层相关背景的认知，出现断章取义的情况。因此对比中西方关于城市中间阶层理论的发展，进一步理解中间阶层的内涵及外延是非常必要的。

关键词：中间阶层　近代城市　西方

近代中国城市社会的发展，是借助参与其中的社会各阶层的实践活动实现的。在这个过程中，社会各阶层因原有社会关系和社会制度体系的变化，其功能与角色亦发生相应变化。其中"中间阶层"的出现，是近代城市社会结构变化的一个显著特征。对"中间阶层"进行相关研究，不仅可管窥近代城市发展的动力问题，[①] 还可为探寻转型时期中西方城市发展的异同提供思考路径。

"中间阶层"一词源于英文"middle class"，国内学者也有"中产阶级"、"中间等级"以及"中产阶层"等译法。就本文而言，采用"中间阶层"的译法是因为："middle"作为形容词，通常是指中间的、中部的、

---

① 张利民：《我国近代城市发展动力分析》，人民日报社理论部编《人民日报理论著述年编2014》，人民日报出版社，2015，第1090页。

中等的,词本身并不涉及对财富、权力的划分;将"class"译为"阶层",是借助"阶层"概念去探讨处于不同社会位置的群体,主要强调的是,一定社会分工条件下,因为社会资源和社会机会在不同社会群体之间的配置,形成了具有特定社会认同、社会意识和社会行为的社会群体。① 所以"阶层"划分受到经济资本、文化资本和社会资本的多重影响。

何谓"中间阶层"?广义上,"中间阶层"是指处于社会中间地位的群体。但这种划分无助于理解近代城市发展的复杂图景,也无助于理解城市社会各群体之间的差异以及这种差异在城市发展中的作用。因此,只有在厘清"中间阶层"学术史的基础上,才能对近代中国城市"中间阶层"的内涵及外延,以及"中间阶层"在社会结构和社会变迁中的作用有所把握。况且中间阶层是一个外来概念,所以有必要从中西比较的角度,对其发展变化理论脉络做一探明。

一 基于欧洲经验的 "中间阶层" 相关理论

最早涉及此概念的是古希腊剧作家欧里庇得斯,他在《乞援人》(*The Suppliants*)中按照财富多寡将市民分为富人、穷人和中间的人。② 之后,亚里士多德在此基础上提出"$\mu\varepsilon\sigma\alpha\acute{\iota}\alpha\ \tau\acute{\alpha}\xi\eta$",即"中间第三方"概念,并认为这部分人是由平等或同等的人组成,且作为最优制度的调节构成了最佳政体的重要组成部分。③ 亚里士多德虽然注意到"中间第三方"在社会结构中的"稳定器"作用,但就概念的界定而言存在两个问题:一是划分标准不严谨,只是一种笼统上的穷人/富人的分类标准;二是划分的人群仅限于自由民,而非对整个社会成员的划分。

14~16世纪西欧城市自治运动兴起,占社会统治地位的,依照社会功能进行划分的贵族、教士、农民等级制度受到冲击。一方面,城市化进程加快了封建土地所有权的转移,中小贵族经济上日趋破产,从而导致贵族

---

① 刘建伟:《"中间阶层"概念探讨》,《安徽行政学院学报》2011年第3期。
② 古斯塔夫·缪勒:《文学的哲学》,孙宜学、郭洪涛译,广西师范大学出版社,2001,第14页。
③ 参见亚里士多德《政治学》,吴寿彭译,商务印书馆,1983,第XIII~XVI页。

作为一个社会等级逐渐瓦解崩溃；① 另一方面，商人、工匠等资产者身份逐渐合法化，社会地位逐渐提升，并作为新贵族逐渐渗透进入上层统治阶级。比如法国的波尔多，规定城市资产者要获得身份，就必须在城里居住一个月以上，且拥有房产、住宅和家庭，同时必须缴纳居留税等。② 于是随着资产者，特别是有专业技能有产者社会地位的提高，人们开始以一种中立、模糊的词语来描述这一群体，并称之为"处于中间的这一类人"，比如"people of middling rank""middling sorts""middle condition of mankind"等等，并且也开始注意到教育、身份、权力等因素在该群体形成过程中的作用，以及他们的政治经济功能。按照此标准，拉斯莱特认为，介于城市精英和穷人之间的独立手工工匠和商人等资产者构成了城市中间的这类人。③ 而泰勒商人学校校长理查德则以受教育的程度为标准，认为能够接受正规教育的群体是社会中间的一类人。④

现代意义上的中间阶层始于西欧资本主义萌芽以后。15 世纪始的地理大发现，推动了西欧富裕阶层和新贵族的发展。相对于贵族和僧侣，这些富裕阶层"在封建主统治下是被压迫的等级"，⑤ 但是他们却不断积攒力量，反对特权阶层的一切封建和宗法的事物，进而推动了社会经济的发展。到 1745 年，英国人詹姆斯·布拉德肖（James Bradshaw）在一份关于爱尔兰羊毛出口禁运法国的计划中，第一次正式使用了"middle class"一词来描述这个有产阶层。他根据社会群体经济水平的差异，将处于贵族与农民之间的商人群体（rising merchant）以及城镇中新出现的平民或市民等社会人群定义为中间阶层。同时明确指出该群体掌握着重要的人力资本，不仅能够促进本国制造业的发展，而且能保护国家政治利益。⑥

到 19 世纪，马克思、恩格斯开始关注"资产阶级"在西欧历史进程

① 朱孝远：《中世纪欧洲贵族》，广东人民出版社，1996，第 130 页。

② 沈汉：《西方社会结构的演变——从中古到 20 世纪》，珠海出版社，1998，第 133 页。

③ K. Wrightson, "'Sorts of People' in Tudor and Stuart England", in J. Barry and C. Brooks, eds., *The Middling Sort of People: Culture Society and Politics in England 1550 – 1800*, London: The Macmillan Press, 1994, pp. 41 – 44.

④ K. Wrightson, "'Sorts of People' in Tudor and Stuart England", in J. Barry and C. Brooks, eds., *The Middling Sort of People: Culture Society and Politics in England 1550 – 1800*, p. 45.

⑤ 《马克思恩格斯选集》第 1 卷，人民出版社，1995，第 275 页。

⑥ Anna Tarkhnishvili & Levan Tarkhnishvili, "Middle Class Definition Role and Development", *Global Journal of Human Social Science*, Vol. 13, 2013, pp. 21 – 31.

中的作用。关于这个有产者阶层的内涵及外延,恩格斯也有相关表述,"我总是用 Mittel Klasse[中等阶级]这个词来表示英文中的 middle – class(或通常所说的 middle – classes),它同法文的 bour geoisie[资产阶级]一样是表示有产阶级……这个阶级在法国和英国是直接地、而在德国是作为'社会舆论'间接地掌握着国家政权"。① 这里,恩格斯将新兴资产阶级视为中间阶层的主体,且认为该阶层在西方传统社会、文化和经济向现代转型的过程中发挥了先驱和代表的作用。②

当新兴的资产阶级建立起资产阶级共和国时,中间阶层的内涵与外延再次发生变化。马克思按照生产资料所有制的标准,将资本主义社会分为掌握生产资料的资产阶级和出卖劳动力的无产阶级两大对立阶级,而原先的"半中世纪的城关市民阶级残余和稍稍变得富有的工人"③ 组成的小资产阶级(小工业家、小商人、手工业者)则构成了社会的中间等级。在马克思看来,处于中间等级的这些群体并不会构成阶级,只是阶级体系内"多级阶梯"④的一个表现,这些群体因受日常生活因素(资源的获得能力、资源的控制能力以及对他人的支配能力)影响而表现出向两大阶级转移的不稳定性。

与马克思和恩格斯不同,韦伯则以生活方式和社会声望作为身份或地位群体区分的社会基础,因此人数众多的小业主和那些能够在市场上提供技能和才干的人群(知识分子、官员、手工业者、农民)⑤ 都属于中间阶层的主体。受韦伯影响,涂尔干以个人收入、教育程度、生活方式、政治态度以及社会地位等与职业相关的因素为阶层划分的标准,认为中间阶层主要是由一般专业技术人员、职员、秘书、工艺人员、私人和保卫服务人员等组成。⑥ 总之,这种多因素的分层标准倾向于将中间阶层视为一个独立的、并非依附于阶级的特殊社会阶层,⑦ 因此形成了它与上下层关系的

---

① 《马克思恩格斯选集》第 1 卷,人民出版社,2012,第 86 页。
② 王浩斌:《中间等级的崛起与近代社会阶级结构的变迁》,《南京农业大学学报》(社会科学版)2014 年第 6 期。
③ 《马克思恩格斯全集》第 21 卷,人民出版社,2003,第 103 页。
④ 周志成:《阶级划分与阶层划分是马克思主义的起点——兼论西方中间阶层的概念与特征》,《上海社会科学院学术季刊》1992 年第 1 期。
⑤ 乔恩·埃尔斯特:《理解马克思》,何怀远等译,中国人民大学出版社,2016,第 177 页。
⑥ 刘志敏编《教育社会学》,吉林大学出版社,2014,第 60 页。
⑦ 李青宜:《当代西方新中间阶层理论评介》,《教学与研究》1998 年第 7 期。

多面性，以及由此产生的多面性特征。[①]

至 20 世纪中后期后，随着"二战"后资本主义经济的复苏，那些处在中间阶层的群体并没有出现"被竞争抛到无产阶级队伍里"的情况，反而成为不可忽视的社会政治力量。[②] 特别是随着政府官员、律师、技术工人、科学家等新中间阶层的崛起，这些依靠专业技术和管理能力成为资本主义社会重要成员的经理和白领们，开始要求自由民主以及享有一定的政治地位。考虑到中间阶层的新变化，以及社会分层的复杂化，人们不再把是否拥有生产资料作为社会分层的唯一标准，甚至也不把经济因素作为社会分层的首要标准，而是将与生活方式相关的收入、职业、生活消费、主观认同、惯习等纳入阶层划分的标准。

通过对西方"中间阶层"相关理论的梳理，可以发现，在欧洲社会转型的过程中都曾伴随着中间阶层的巨变，即传统中间阶层的衰落和新中间阶层的崛起。转型时期的中间阶层具有如下特征：（1）中间阶层的发展与工商业城市发展密切相关。欧洲中世纪城市很多是以工商而兴的，城市不仅是工商业者的聚集地，也是西方市民社会形成的策源地。（2）中间阶层作为一个社会群体，具有较稳定的收入、改革创新精神，能够有力支撑社会的和平与稳定，是"社会发展的锁钥"。[③]（3）中间阶层的发展对欧洲国家政府权力形成了一定制约，不仅使现代国家政府从法律上承认了个人财产权，而且能够与精英们形成一定的政治程序以协商谈判。[④]（4）对社会变迁、对平等的要求具有革命性，对于固化的、不合理的传统社会来说，中间阶层往往是一种变革的社会力量与群体。

二 传统向现代转型中的中国 "中间阶层" 变迁

通过上文分析可知，西方社会的中间阶层是伴随着资本主义的发展而

---

① 李路路、秦广强等：《当代中国的阶层结构分析》，中国人民大学出版社，2016，第 167 页。

② 《共产党宣言》，人民出版社，1964，第 63 页。

③ 参考 Dennis L. Gilbert, *American Class Structure in an Age of Growing Inequality*, Wadsworth Publishing, 1997。

④ Roy Bin Wong, *China Transformed: Historical Change and the Limits of European Experience*, Cornell University Press, 1997, pp. 84 – 88.

成长起来的，中间阶层的崛起对西方政治经济的变革以及现代社会的诞生影响颇深，是推动西方社会变迁的主体力量。那么在近代转型时期，中国城市社会中是否也出现过一个类似的中间阶层呢，如果有这样一个阶层，它在近代社会变迁中的作用又如何？

近代以前，中国传统社会阶层结构是建立在"士农工商"身份等级基础上的，也就是通常所说的"四民社会"。在封建等级社会制度下，中国民众关于中间阶层的认识一度是贫乏和抽象的。① 只是将处于王侯公爵与小民百姓之间的"士大夫"阶层视为"中间等级"，认为这些处于"治人"与"食于人"② 之间的群体，比如"生员—监员"集团虽然缺少上层显赫的地位，却在地方有着"行政中间人"的特殊地位，是地方行政中的一个关键性中间阶层。③ 可见，传统社会的所谓中间等级发挥了类似古希腊"中间第三方""稳定器"的作用，但由于重农抑商的政策，工商群体并未包括在内。

近代以降，"数千年未有之大变局"彻底改变了原有社会阶层结构，曾是社会重心的士人，开始分化并向工、商、军、学等领域分流，成为自由浮动于社会的现代知识分子。④ 在西方社会学说的影响下，人们对阶层的看法开始发生改变。知识界开始认为社会成员可以分为不同等级，而非简单的上流、下流社会⑤ 两种。如梁启超认为处于过渡时代的中国社会可分为上中下三等，其中中等社会是介于官吏和百姓之间的具有普通知识和普通地位的多数国民，主体是新知识阶层，也称之为中流社会或中层社会。⑥ 该阶层在清末革新与救亡运动中，"为一国之中坚，并以改良一国政治为己任"，⑦ 是国民运动与立宪政治的主导和中坚力量。

---

① 张伟：《冲突与变数：中国社会中间阶层政治分析》，社会科学文献出版社，2005，第3页。
② 周肇基：《知识份子的出路》，《大公报》（香港版）1948年5月25日，第2版。
③ 龚咏梅：《孔飞力中国学研究》，上海辞书出版社，2008，第141~142页。
④ 罗志田：《近代中国社会权势的转移：知识分子的边缘化与边缘知识分子的兴起》，《开放时代》1999年第4期。
⑤ 关于上流和下流社会的区分，"其位于社会之上流者，曰君，曰孤，曰卿尹，其位于社会之下流者，曰士庶，等级递差，名义纠错"。参见大我《新社会之理论》，《浙江潮》第8期，1903年10月。
⑥ 参见桑兵《拒俄运动与中等社会的自觉》，《近代史研究》2004年第4期。
⑦ 梁启超：《政治上之监督机关》，夏晓红辑《饮冰室合集·集外文》，北京大学出版社，2005，第526页。

20 世纪 20 年代以后，传统社会向现代工业社会的转型过程中，西方资本主义主导的、现代生产力之下的资本主义体系对传统中国经济格局的影响和改造进一步推动了城市发展。其一，与传统社会相比，现代城市人口密度高、人口聚集规模大，以近代天津为例，从 1860 年到 1948 年近百年的时间里，天津城厢人口总量从 198715 人增加到 1860818 人，人口数增长了约 8 倍。城市也为市民提供了新的消费观和新的生活方式，出现了电车、电灯、邮政、电话等现代生活设施，报告会、联谊会、酒会、舞会、招待会等各种庆典仪式和公园、戏院、饭店等交际场，以及图书馆、咖啡馆、电影院、西式餐厅等新的生活消费方式，"城市居住意味着一种全新生活方式"① 的出现。

其二，新兴工商企业的出现，壮大了民族资产阶级和小资产阶级的力量，据统计，1914 年至 1922 年，以商人为主体的创办人在民族资本企业中的比例，由 18.3% 上升到 55%；同时地主身份的创办人则从 55% 下降为 22.3%，买办也由 24.8% 下降到 9%。② 而且社会职业分工越来越细，1919 年江苏的职业分类就达到了 17 种。③ 另根据 1946 年的职业统计数据，45% 受过一定教育的雇员都希望从事农业技术人员、工厂监工、电务人员、警察、中学教员、小学教员、家庭教师、会计人员、文书和打字人员、书记、事务人员等职业。④

随着城市社会分工日趋复杂，买办阶层、官僚资本家阶层、民族资本家阶层、专业技术人员阶层、产业工人阶层和商业服务人员阶层⑤开始出现及崛起，并建构了复杂的城市社会阶层体系。

20 世纪 20 年代，毛泽东明确提出了中间阶层的观点。他以阶层的政治立场和阶级属性为立足点，对什么是中间阶层进行了概括。基于对中间阶层 "动摇于革命与反革命之间" 两重性特征的把握，毛泽东认为新民主主义革命时期，中间阶层是处于资产者和产业工人之间的一个阶层，"如

---

① 斯塔夫里阿诺斯：《全球通史》，北京大学出版社，2005，第 495 页。
② 吴承明：《中国资本主义发展述略》，《中华学术论文集》，中华书局，1981，第 325 页。
③ 李明伟：《清末民初中国城市社会阶层研究（1897～1927）》，社会科学文献出版社，2005，第 85～95 页。
④ 社会部天津职业介绍所编印《社会部天津职业介绍所一年来工作》，1947，第 5 页。
⑤ 石秀印：《晚清以来中国社会的阶层分化、合化及其社会后果》，《江苏社会科学》2002 年第 4 期。

自耕农,手工业主,小知识阶层——学生界、中小学教员、小员司、小事务员、小律师,小商人等都属于这一类"。① 因此,城市的中间阶层也就是非普洛列塔的劳动分子。② 这些"小资产阶级"与现代意义上的中间阶层相类似。而到抗战时期,中间阶层则包括了"中等资产阶级、开明绅士和地方实力派"③ 等阶层。所以,在毛泽东看来,中间阶层往往是对立政治势力争取的对象。

毛泽东之后,与之同时代的学者有的也从经济和社会意识方面,认为中间阶层是处于不劳而获、养尊处优的上层和手足胼胝、从手到口的下层之间的阶层。该阶层具有一定的经济实力且有挽救国家之社会意识,因此作为(近代)社会中坚阶层,他们发挥了黏合上层与下层并使社会成为有机体的作用。④ 还有的学者笼统地将"处于社会中间水平的社会地位、收入水平和教育层次的"一类人称为"社会、文化、经济中间等级的阶层"。"此等人,就社会地位而言,上不易高攀政客官僚,下比煤烟熏黑了鼻孔的劳动者则足足有余;就经济的比率而言,上不能和有钱人资本家比拟,下较乞丐却又足足有余;就文化程度而言,上不如博士硕士的学问渊博,下比读江湖奇侠传或是看连环图画的朋友却也足足有余……有人称他们为小布尔乔亚。"⑤

中华人民共和国成立后,经过社会主义的基本改造,传统中间阶层丧失了在社会结构中的地位。改革开放以来,围绕体制改革和市场转轨产生的复杂社会分层,重新引发了中西方学者广泛的研究热情并形成了诸多理论,其中包括新中间阶层理论,近代城市史研究也泮林革音。就城市史而言,这种影响源自中国史学研究由革命范式向现代化理论范式的转变,兴起于社会学对西方新中间阶层理论的引介,发展于对中国社会阶层和社会结构的研究。

---

① 毛泽东:《中国社会各阶级的分析》,《毛泽东选集》第 1 卷,人民出版社,1991,第 5 页。

② 《十月革命与中间阶层问题》,郝沛念译,《众志月刊》第 1 卷第 6 期,1934 年,第 41～44 页。

③ 毛泽东:《目前抗日统一战线中的策略问题》,《毛泽东选集》第 2 卷,人民出版社,1991,第 744 页。

④ 崔敬伯:《经济激流中之中间阶层》,《经济评论》第 1 卷第 11 期,1947 年,第 4～6 页。

⑤ 《专栏:谈言 论长衫同志》,《申报》1933 年 7 月 24 日,第 19 版。

　　当代分析近代城市社会分层和社会结构，学术界有多种维度，大部分学者倾向于以身份和职业为标准，如忻平认为，20世纪二三十年代，拥有某项专门技能而非以体力劳动服务于社会的职员和知识群体是上海中产阶级（中间阶层）的主体，其中职员指的是从事非体力劳动的技术管理人员、服务人员，上自厂长经理、工程师，下至学徒、店员、办公室的练习生及政府机关中的公务员；知识分子阶层主要指作家、律师、教师、记者、编辑、医师、会计师等。① 其他还有诸多类似的研究。② 有的学者则侧重于政治标准和经济标准，认为中间阶层具有总体上收入较高、政治态度相对保守以及专业社交圈际等特征。③ 还有的学者则从日常生活消费方面，比如从参与体育活动的角度来界定中间阶层的特征，认为中间阶层一般具有体面的职业、稳定的收入和不等的工余时间。④

　　总体而言，关于近代城市中间阶层的界定，虽然当代学者界定标准不同，但都是在国家社会框架下将城市中间阶层视为一个独立阶层，认为其发挥着政治中坚、消费主体以及文化主导等作用。该阶层的外延大致包括都市职员和自由职业者阶层、工商业者阶层以及知识分子阶层。该阶层的出现是城市化进程的结果，它是伴随着传统社会结构的瓦解和新社会结构的出现而逐渐形成的，是对城市发展有重要推动作用的社会力量。⑤

三　此非彼也：中西比较视野下的近代城市"中间阶层"

　　在近代中国社会变迁过程中，中间阶层的地位及其理论认知始终是人

---

① 忻平：《从上海发现历史——现代化进程中的上海人及其社会生活（1927~1937）》，上海大学出版社，2009，第126~136页。

② 李明伟认为清末民初城市中间阶层是从事非体力劳动，具有某项专业技能的专业人员，包括公务员、职员、教员、自由职业者和中小企业家等，他们大都受过不同程度的教育，甚至高等教育。在城市行政、工商、文化等领域的影响日益显著。（李明伟：《清末民初中国城市社会阶层研究》，第109页）赵宝爱在对近代山东社会结构分析时，认为中间阶层在经济、政治和文化等方面居于中间状态，主体也是由职员、工商业者、知识分子、公务员和自由职业者构成。（赵宝爱：《慈善救济事业与近代山东社会变迁1912~1937》，济南出版社，2005）

③ 魏文享：《"自由职业者"的社会生存：近代会计师的职业、收入与生活》，《中国社会经济史研究》2016年第2期。

④ 邵雍等：《社会史视野下的近代上海》，学林出版社，2013，第250~258页。

⑤ 张利民：《我国近代城市发展动力分析》，《人民日报理论著述年编2014》，第1090页。

们争论的焦点之一。这种概念和理论框架，对学者们进行相关研究，观察经验证据都产生了一定的影响。这些概念与框架塑造和过滤着学者们调查和再现过去的方式，也因而产生了基于不同"中间阶层"理解的多种研究面向。

将中国中间阶层的历史功能类比于西方社会的学者，考虑到西方旧中间阶层脱胎于工业革命后资产阶级力量的增长，新中间阶层则成长于新的科技革命，是适应信息社会和后工业社会而出现的，因此会将中间阶层视作"传统"社会向"现代"社会转型的"现代性"标志，从而强调中间阶层是人们选择救国道路的路径之一，中国社会中间阶层应该也具有西方中间阶层同样的追求政治民主、经济独立以及社会价值的功能。

认为中西具有不同社会发展路径的学者，则强调近代中国城市的中间阶层脱胎于西方外力的冲击，发展于国家政府自上而下的改革，尽管在近代社会转型过程中出现了新的职业群体，但受限于工业化的发展，因此该阶层与国家间的合作远大于冲突，也易受强权之左右。周谷城曾在《中国社会之结构》一书中提到，"产业革命在近代的中国，虽未完成；但生产事业，却比以前发达多了。像教员、律师、医生等新式职业在近代他们都紧跟着富人，而与贫人不甚关切"。[1] 另外在整个社会结构中，该阶层的从业者所占比例也相对较低。根据1935年北平和天津的城市人口职业分布情况，公务员、编辑、记者、律师、医士、警察等职业仅占总从业人口的10%左右。[2] 所以，近代城市的中间阶层非西方社会的中间阶层，充其量只是一个类中间阶层。

试图摆脱经典的"阶级"分析法，强调"阶级""阶层"复杂性的学者，认为"阶层"内部的复杂性和差别，要比以往认识的大得多。近代中国城市中间阶层是一个边界模糊、内部充斥着高度异质性的群体。这些群体是不同的利益群体，代表着不同的利益取向，为实现各自不同的利益目标暂时性地与其他利益团体达成一致，从而在阶层内部呈现出上升或下降或维持不变的动态发展趋势。从这一点而言，中间阶层的流动性可以缓解社会矛盾，起到社会稳定器的作用。

---

① 周谷城：《中国社会史论（甲编403）》，湖南教育出版社，2009，第246~247页。
② 付燕鸿：《窝棚中的生命：近代天津城市贫民阶层研究（1860~1937）》，山西人民出版社，2013，第160页。

鉴于此，从中间阶层的角度探讨近代城市社会发展动力和社会结构变迁时，存在概念、理论、解释框架与经验证据、现实是否相容的问题。各种"中间阶层"理论都有特定的局限。如果单纯以职业划分，则对中间阶层的流动性描述不足；如果单纯以生产资料所有制为标准，则无法区别中间阶层的异质性；如果单纯地将该阶层视为经济发展和民主变革的重要推动者，则可能会忽视他们在社会中实际扮演的复杂而模棱两可的角色；如果以是否形成阶层共同意识为标准，有可能会夸大近代中国城市发展的程度，况且多数的研究还只限于对阶层的静态描述（即关于阶层的特征、作用等讨论），尚未对其流动性做出进一步分析。

综合来看，虽然中间阶层缺乏共同的社会认同和结构地位，但也不能视之为一种漫谈的建构。相反作为近代出现的一个新兴社会阶层，可以在将其视为真实动员起来的社会群体①的基础上，通过经济收入、消费者行为以及获取社会、文化资本的途径等方式加以界定。需要注意的是，一方面，我们利用中间阶层概念时，需要注意反思所使用的理论框架，是否与讨论的语境相契合，中间阶层与不同范式结合所呈现的意义是不一样的。在革命理论下，中间阶层是动摇的阶层，相反在现代化理论下中间阶层则是社会精英的指称。另一方面，我们还应注意如何以实证研究去验证相关的概念、理论与解释框架，并对其进行一定程度的修改。所以中间阶层无论是作为一种概念，还是一种事实，都需要慎重地使用。

作者：王静，天津社会科学院历史研究所

（编辑：张利民）

---

① 戴维·斯沃茨：《文化与权力——布尔迪厄的社会学》，陶东风译，上海译文出版社，2006，第168~170页。

"地名战"：上海法租界街路命名的社会文化史[*]

罗桂林

内容提要：上海法租界开辟以后，路名经历了一系列的变动。法租界当局对街路命名"法兰西化"，其本质是对租界空间的殖民化。民初华界当局对路名的民族主义改造，形成了与租界地名的间接竞争。租界结束和接收后，汪伪当局和国民政府为了塑造自身的民族主义形象，竞相开展更名运动，但因其虚伪本质或过度政治化，路名变得不实用。民众则出于实用目的，习于对各种政治性路名进行"俗名化"改造。在政治性路名轮番登场、遽兴遽灭的同时，"俗名"却能经口耳相传而持久流传，呈现出城市政治文化中"自下而上"的演进力量。

关键词：法租界　街路命名　殖民主义　民族主义　俗用地名

一　引言

地名是人们对特定空间中地理实体的专有称谓，命名则将空间认知和地理想象加以空间化表达。不同的群体出于不同的利益诉求，有其特定的地名观，常常围绕地名展开激烈竞争。因此，考察地名产生和使用的历程，探讨命名与更名的动因，不仅有助于揭示不同群体或集团间的政治文化关系，而且有望从日常生活的层面对重大的政治问题得到新的理解。作为日常事物的地名，看似稀松平常，却对深化日常生活史和政治文化史研究有着重要的价值。

---

[*]　本文系国家社科基金一般项目"近代中国城市地名演变与社会转型研究"（18BZS162）的阶段性成果。

学术界主要从地名学的角度出发，探讨地名自身的文化内涵与历史流变，① 较少注意地名背后的社会文化历程。近年来随着地名研究的批判转向，涉及命名、更名背后的社会文化意义，尤其是地名与权力之间的交互关系逐渐成为核心议题。② 相关的个案研究涉及地名与政治符号的"意识形态日常化"③、道路命名与话语霸权的开展④、街道更名与政治权力交互⑤等问题。但总的来看，这些研究主要是从官方立场出发，目的是探讨国家权力与地名更替的关系，甚少留意民众在地名政治中扮演的角色。笔者认为，无论是在地名传承相对稳定的传统时代，还是在地名更动急剧加速的近代，国家或政治权力从来都不是地名政治的唯一参与者，民众往往能以巧妙的方式，主动地参与到地名的社会文化进程中，一定程度上甚至改变了地名的整体面貌。⑥

上海是中国近代最"西化"的城市，而租界尤其扮演着"帝国主义侵华桥头堡"的角色，因此，租界地名的变动不仅复杂，而且具有深刻的社会文化内涵。已有不少学者对近代上海的地名演变做了地名学的基础研究，⑦ 也

① 主要研究如孙冬虎、李汝雯《中国地名学史》，中国环境科学出版社，1997；华林甫：《中国地名学源流》，湖南人民出版社，1999。关于新中国地名学发展概况，可参看杨欣烨《近60年来中国地名学发展概观》，《学习月刊》2013年第16期。

② 关于批判地名学的理论与实践，可参看叶韵翠《批判地名学：国家与地方、族群的对话》，台北《地理学报》第68期，2013年。

③ 陈蕴茜：《空间重组与孙中山崇拜——以民国时期中山公园为中心的考察》，《史林》2006年第1期；陈蕴茜：《民国中山路与意识形态日常化》，《史学月刊》2007年第12期。

④ 王炎：《命名政治——以色列地名与话语霸权》，《开放时代》2011年第2期。

⑤ 黄雯娟：《命名的规范：台南市街路命名的文化政治》，台北《台湾史研究》第21卷第4期，2014年12月；黄雯娟《台北市街道命名的空间政治》，台北《地理学报》第73期，2014年。

⑥ 董玥在《民国北京城：历史与怀旧》一书中，注意到政府在未征求居民意见的情况下对胡同大肆改名，却造成"口语与书面名称之间的竞争"，当地居民仍坚持以旧名称呼胡同。（参见董玥《民国北京城：历史与怀旧》，生活·读书·新知三联书店，2014，第64~70页）罗桂林曾讨论过宋以来福州的地名演变，发现在城门名、街巷名与弄堂名三个层面，国家与民间分别占有各自的位置，民间在相当大的程度上主动参与了城市地名的历史进程。（参见罗桂林《地名与日常生活的政治——以福州历史上的地名兴替为中心》，《城市史研究》第34辑，社会科学文献出版社，2016）

⑦ 主要有蔡继福《从旧上海桥名的演变看"租界"的扩展》，《历史教学问题》1987年第6期；郑祖安编著《上海地名小志》，上海社会科学院出版社，1988；薛理勇：《上海地名路名拾趣》，上海书店出版社，1990；薛理勇：《上海地名掌故》，同济大学出版社，1994；张鸿奎：《移民与上海地名的变迁》，《史林》1995年第3期；陈征琳等主编《上海地名志》，上海社会科学院出版社，1998；周辉：《上海城区历史地名研究》，硕士学位论文，复旦大学，2001等。

有不少学者关注近代上海的租界政治问题，① 然以笔者的有限目力，尚很少看到尝试将二者相结合的论述。笔者认为，引入批判地名学的分析框架，结合社会文化史的研究方法，有助于从地名的角度，揭示殖民主义、民族主义、集权政治以及日常生活之间的相互关系，尤其有助于理解民众在重大政治进程中的感知和作用。有鉴于此，本文以上海法租界②的路名为考察对象，通过梳理有关当局对路名的政治利用，探讨殖民主义、民族主义、集权政治在路名领域的激烈较量；同时，将民众的地名感知和地名智慧纳入分析框架，发掘"俗名化"现象的深刻内涵，探讨日常生活在城市政治文化进程中的历史意义。

二　租界路名与殖民政治

上海法租界开辟于英租界之后，经历了逐步形成的过程。1849 年，法国驻沪领事敏体尼（Montigny）与上海道台麟桂达成协议，将上海县城北门外"南至城河，北至洋泾浜，西至关帝庙诸家桥，东至广东潮州会馆沿河至洋泾浜东角"，辟为法国居留地。③ 与后来横亘于华界、公共租界之间的"法租界"相比，这一时期的居留地面积甚小。④1861 年，法领事爱棠（Eden）以镇压小刀会"有功"，取得了小东门以外城郭一带的一块土地。1900 年，法领事白藻泰（De Bezaure）趁越界筑路之机，将租界推展至 144 公顷。至 1914 年，法领事甘世东（Gaston Kahn）又通过越界

① 关于租界史的重要研究，有〔法〕梅朋（Ch. B. - Maybon）、〔法〕傅立德（Jean Fredet）《上海法租界史》，倪静兰译，上海译文出版社，1983；〔法〕居伊·布罗索莱（Guy Brossollet）《上海的法国人（1849~1949）》，曹胜梅译，熊月之等选编《上海的外国人（1842~1949）》，上海古籍出版社，2003，第 106~128 页；〔法〕白吉尔（Marie Claire Bergere）《上海史——走向现代之路》，王菊、赵念国译，上海社会科学院出版社，2005；〔法〕居伊·布罗索莱（Guy Brossollet）《上海的法国人（1849~1949）》，牟振宇译，上海辞书出版社，2014；吴志伟《上海租界研究》，学林出版社，2012；牟振宇《从葑获渔歌到东方巴黎：近代上海法租界城市化空间过程研究》，上海书店出版社，2012 等。

② 本文所指"法租界"，包括法租界存续期间及法租界于 1943 年结束和 1945 年收回后等几个时期，后两个时期租界性质已经改变，但为便利行文，仍称"法租界"。

③ 梅朋、傅立德：《上海法租界史》，第 43 页。

④ 上海通社编《上海研究资料》，上海书店出版社，1984 年重印本，第 8 页。

筑路和事后谈判，将租界扩展至 1022 公顷，"比原来租界要大到约 20 倍"。①

随着法租界的拓展，界内的道路规划建设也被提上日程。在居留地时代，界内除了原有的少数街路外，当局曾着手开筑一些新路，其中 1856 年开筑的"法外滩"（Quai de France），被认为是"第一条法租界的马路"。② 随着租界的扩张，法租界道路建设也全面铺开。至 19 世纪末，法租界已筑成道路 20 多条。进入 20 世纪 20 年代，"所筑道路已西抵徐家汇大部分地区，北于静安寺一带与公共租界接壤"。至 20 世纪 30 年代，法租界筑路已达 60 多条。③

在租界早期，由于道路系统相对简单，马路命名并无通盘规划。界内道路多为"小巷和官道"，一般仍沿用旧名。如老北门街、紫来街、新桥路等。④ 又如东门外的"洋行街"，在嘉庆《上海县志》中即已登载，当时又分化为"里洋行街"和"外洋行街"两条。⑤ 这些道路如 19 世纪 60 年代修筑的公馆马路、天主堂街、磨坊街、自来火行西街（即西自来火街）、北新街、北门路等，⑥ 往往以附近建筑或基本方位命名，具有浓郁的"中国特色"。

随着马路系统的复杂化，租界当局开始意识到路名管理的重要性。1865 年，法租界当局决议借鉴英美公共租界的做法，以"中国省名"和"中国主要城市的名字"命名马路，⑦ 并"在整个法租界范围内着手编排门牌号码，并设立'路名牌'"。⑧ 经此整顿，中国省份和城市名称开始登上法租界路名牌。例如，位于上海县城东北角、属法租界的新开河至十六铺

① 席涤尘：《法租界沿革——在上海青年会演讲》，《上海研究资料》，第 145～147 页。
② 《上海研究资料》，第 9 页。
③ 上海市档案馆编《上海租界志》，上海社会科学院出版社，2001，第 439 页。
④ 《上海租界志》，第 437 页。
⑤ 《上海研究资料》，第 561 页。
⑥ 《上海租界志》，第 437～438 页。
⑦ 木也：《话马路名字》，《上海研究资料》，第 318 页。
⑧ 梅朋、傅立德：《上海法租界史》，第 434 页。按：关于法租界当局着手对马路规范地名、设立"路名牌"的具体时间，《上海研究资料》和《上海通史》都认为是在 1869 年。（参见《上海研究资料》，第 8 页；周武、吴桂龙《上海通史》第 5 卷《晚清社会》，上海人民出版社，1999，第 141～142 页）由于《上海法租界史》成书更早，撰述时又有大量法租界档案作为依据，作者更倾向于《上海法租界史》的记载。

一带，"后来又建筑了许多条公路，用中国的地名来给它们题名，如台湾路、舟山路、福建路"。① 1866 年黄楙材游历上海时，看到包括英法美租界在内的"夷场"，不仅商业繁盛、建筑宏伟，而且道路宽敞，"取中华省会、大镇之名，分识道里"，显得整齐有序。② 此后，法租界大量采用中国地名标注马路，还很少以法语命名马路的情况。据考证，至 19 世纪 60 年代，法租界马路只有"少数以法文命名"，即"1865 年以 2 艘法国军舰命名的贞德路和科尔贝尔路"。至 20 世纪初，法租界所筑的 20 余条马路，"南北向及东西向"均"用中国山河名称命名"。其中，华山、衡山、峨眉山、孤山、天山、寒山、泰山等中国名山，和西江、闽江、湘江、芷江、乌江、雅砻江、黄河等中国大川，纷纷成为路名。③

1906 年，法租界当局"鉴于扩展区内原有道路路名不易辨记，同时为纪念对创立法租界作出贡献的人"，决议"把以中国山河命名的道路名称换为人名"。前述以中国名山命名的道路，被改以白尔部（Paul Beau）、萨坡赛（Chapsal）、白莱尼蒙马浪（Brenier de Montmorand）、贝勒（Amiral Bayle）、维尔蒙（Vouillemont）、格洛克（Brodie A. Clarke）、平济利（Bluntschli）、安纳金（Hennequin）等人命名；以中国大川命名的道路，也被改以华格臬（Wagner）、爱来格（Soeur Allègre）、华盛（Whashing）、奥利和（Oriou）、麋鹿（Millot）、葛罗（Baron Gross）、喇格纳（Lagrené）、白尔（Eugéne Bard）等人命名。原先以中国地名命名的佛山路、洋泾浜路、新徐家汇（南段）和中国式命名的公馆马路（延伸路段），也分别被法式地名李梅（Lemaire）、恺自迩（Kraetzar）、福开森（Ferguson）、巨籁达（Ratard）等人名所取代。这些登上路名牌的名人，有十多位出自法租界公董局的高层人员，如萨坡赛、维尔蒙、宝昌、皮少耐、华盛、奥利和、麋鹿、白尔等 8 人，均为前公董局总董，格洛克、平济利、茄勒、安纳金等 4 人则担任过副总董职务；还有不少来自法国驻华公使或驻沪总领事，如喇格纳、葛罗、白尔部等 3 人都曾担任法国驻华公使，白莱尼蒙马浪、李梅、华格臬等 3 人则从驻沪总领事一直升至驻华公使，恺自迩和巨籁达 2 人则是前驻沪总领事。另外，贝勒在 1905 年曾任法国远东

---

① 《上海研究资料》，第 562 页。
② 黄楙材：《沪游脞记》，沔阳李氏铁香室，光绪间刊本，第 1 上～1 下页。
③ 《上海租界志》，第 435～436 页。

舰队总司令；福开森原为美国传教士，但曾为法租界扩张出力；爱来格为前公济医院院长嬷嬷，该医院由法国驻沪总领事委托天主教会筹备成立，是当时沪上著名的西医综合医院。① 经过此番改名，法租界扩展区里的"中国特色"被迅速抹去，代表法国在远东殖民扩张的公使、总领事、公董局官员等，开始全面"占据"路名牌。在此类"法式"路名的标缀下，法租界被营造成一个极具法兰西风味的空间，路名成为法租界当局宣扬、灌输和强化殖民主义政治的工具。

法租界扩展区的这些新路名，有些后来又不断更名，但每次更名都将"法兰西"意识进一步突出。例如，由"西江路"更名的"宝昌路"，在"一战"期间又更名为"霞飞路"。霞飞（Joffre）曾在 1885 年在上海担任工兵士官，后来在"一战"期间担任法国东路军总司令，在玛纳（Marne）战役中"救了法国的危亡"，成为法国英雄，"法租界的当局为表示感激欣喜起见，便把这最重要最繁盛的宝昌路，改名叫做霞飞路了"，霞飞将军曾为此专函申谢。② 在法租界的后续扩张中，法国人名又纷纷登上路名牌。如 1917 年吕班路在卢家湾左近西面另辟的一条支路，就以徐家汇天主堂神父薛华立（Stanislas Chevalier）命名。公董局又计划在薛华立路对面再辟一条马路，拟名"康梯路"。康梯即康悌（Conty），是法国驻华公使，1914 年通过外交手段使法租界实现第三次扩张。③

"法式"路名不仅行之于租界扩展区（法新租界），在原租界（法租界）的使用也不断增加。例如，1863 年筑成的北新街，又名"工部局路"（Rue de L'Administration），1921 年更名为"麦底安路"（Rue Vincent Mathieu）。麦底安原是旅沪法侨，后应征回国，死于"一战"，故公董局以麦底安命名这条马路，以示纪念。④ 又如，横亘于法租界、公共租界之间

---

① 《上海租界志》，第 435～436 页。

② 董枢：《霞飞路讲话》，《上海研究资料》，第 332 页。按：霞飞将军作为法国英雄，不只是在上海，在汉口租界，也有以其名字命名的"霞飞将军街"，该街 1943 年被改为"圣德街"。（参见《汉市警局点收法租界巡捕厅》，《申报》1943 年 6 月 8 日，第 2 版）

③ 《法工部局规划新租界路政》，《申报》1917 年 3 月 19 日，第 10 版；《法租界人名马路之历史》，费西畴编《上海新指南》，声声出版社，1939，第 1、5 页。

④ 吴志伟：《上海租界研究》，第 51 页；《法租界人名马路之历史》，费西畴编《上海新指南》，第 3 页。

的界路"大西路"，又名"长浜路"，由北长浜填塞筑成，后来为了纪念法国陆军上将福煦（Foch）而改名"福煦路"。① 福煦上将在"一战"期间"颇有功绩"，被视为法国英雄。②

至 20 世纪 30 年代，法租界路名已全面"法兰西化"。"除公馆马路以法领事馆得名，菜市路以小菜场得名，圣母院路以有圣母院得名，徐家汇路以通至徐家汇得名，及少数用中国地名及外国人名定名外"，法国人名已全面"占据"法租界各条马路。这些"法式"路名，主要源于以下五类法国人。

第一类是法驻华公使和驻沪总领事，以其命名的道路有 15 条。如吕班（Dubail）、毕勋（Pichon）和蒲柏（Auguste Boppe）等，分别在 1898 年、1902 年和"一战"期间担任法国驻华公使，分别在任上"推动"法租界的越界筑路，因而分别被命名于道路上，形成吕班路、毕勋路和蒲柏路等。而敏体尼荫（Montigny）、爱棠（Edan）、甘世东（Gaston Kahn）等，均在不同时期担任驻沪总领事，直接促成了法租界在不同时期的开辟、拓展和扩张，故以其命名道路以示纪念。

第二类是法租界公董局的董事或职员，以其命名的道路有 13 条。如华成（Voisin）、安纳金（Hennequin）、祁齐（Ghisi）等，分别担任过公董局总董或董事，对租界扩张做出过贡献，尤其是华成，因在 1874 年积极"推进"越界筑路，曾引发第一次"四明公所事件"；望志（Wantz）、蓝维霭（Rabier）和白赛仲（Gustave de Boissezon），曾分别担任公董局总工程司（师）、巡捕房总巡捕，在租界的拓展和秩序维护方面均曾做出过贡献，蓝维霭还因回法国参加"一战"阵亡，而被视为租界的骄傲。

第三类是旅沪法侨，以其命名的道路有 11 条。其中有不少是法租界的各业精英，如早期来沪经营洋行的雷米（Rémi），他最早向法领事要求租地，这也成为法国居留地形成的直接动因；又如麦赛尔蒂罗（Marcel Tillot）和蒲石（Bourgeat），分别担任《中法新汇报》的主笔和法租界律

① 《法租界人名马路之历史》，费西畴编《上海新指南》，第 5 页。
② 《洋泾浜改造的"爱多亚路" 填河铺路工程费时二年有余》，《申报》1946 年 11 月 4 日，第 6 版。按：在汉口法租界，也有以福煦命名的"福煦大将军街"，该街 1943 年被改为"星光街"。（参见《汉市警局点收法租界巡捕厅》，《申报》1943 年 6 月 8 日，第 2 版）

265

师。还有不少法侨于"一战"期间回国服役，因战死而更改路名纪念之。如工部局路就因旅沪法侨麦底安在"一战"期间回国战死而改名为麦底安路；原军官路为纪念欧战回法战死的陶尔斐斯（Dollfus）而更名；原靶子路也因福履理（J. Frelupt）回国战死而更名纪念；类似的还有以西爱咸斯（Hervé de Siéyès）、拉都（Tenant de la Tour）、巨福（L. Dufour）和麦尼尼（Marcel Magniny）等为名的马路。

第四类是在华天主教士，以其命名的道路有 7 条。如法租界成立以前就已到上海传教的赵主教（Mgr. Maresca）；1900～1927 年担任耶稣会主教的姚主教（Mgr. Prosper Paris）；曾主持天主教首善堂，后兼任公董局董事，并将宁兴街西段地产赠予法公董局以展长宁兴街的孟神父（Père Mengni-ot），以及曾任徐家汇天主堂神父，并兼任佘山天文台名誉主任，在天文气象方面造诣很高的薛华立等。他们是法国天主教势力在中国的代表。

第五类是法国名人，以其命名的道路有 9 条。如 17 世纪法国诗人高乃伊（Corneille）、17 世纪法国诗人莫利爱（Moliere）、中法战争期间率军侵华的古拔（Courbet）、首次派安南巡捕来沪的越南总督杜美（Doumer），以及欧战英雄霞飞、贝当（Pétain）、福煦和辣斐德（Lafayette）。环龙（Vallon）则是法国飞行家，1911 年来沪表演，不幸坠机身亡。这些名字被嵌入地名牌中，彰显着法国在文化、科技和军事上的成就。

此外，还有少数与法国有关的事物也登上路名牌。如太平天国战争期间至沪的法国兵舰贾西义号（Cassini）、第二次"四明公所事件"时至沪的法国兵舰麦高包禄号（Marco Polo）等，分别在重要历史时刻保卫了法租界的安全和秩序，也有幸登上路名牌。[①] 上述这些登上路名牌的法国精英，既有政治人物，也有杰出法商，既包括文化宗教精英，也有军事统帅和战争英雄，代表了法国殖民主义和资本主义的"光荣与梦想"。通过在路名中植入"法兰西精神"，租界被营造成充满"法兰西"特质的殖民空间。

除了法国人名外，法租界还有 9 条道路以英国、美国、比利时、意大利和中国等五国的人名命名。其中源自英国的人名最多，分别有英王爱德华七世（Edouard Ⅶ）[②]、英国欧战名将海格（Haig）、旅沪著名造船专家

---

① 以上内容主要依据吴静山《法租界马路名称考》（《上海研究资料》，第 335 页）整理分析。
② 由爱德华七世（Edward Ⅶ）的法语发音 Edouard 命名。

普恩济世（J. Prentice）。来自比利时的亚尔培（Albert）是比利时国王，欧战期间率比利时加入英法俄协约国集团；来自意大利的爱麦虞限（V. Emmanuel Ⅲ）也是意大利国王，在欧洲期间脱离同盟国集团而加入协约国，对战争形势转变有重要影响。此外，美国人潘兴（Pershing）是美国名将，在欧战时率兵援法，因此也得到法人好感。美国人福开森能登上路名牌，则是因为他在19世纪末的公共租界和法租界的扩张中"出力甚多"。这些欧美人物标识的路名牌，衬托出法租界殖民政治的"国际主义"背景。

"灵桂路""朱葆三路"则是两条以中国人命名的马路。麟桂（谐音灵桂）、朱葆三能"荣登"法租界路名牌，在于其对法租界的形成和发展做出过独特"贡献"。上海法租界的形成，最初缘于道台麟桂的"含糊答应"，"所以在法国方面看来，麟桂不无可感，因此把这条路，来纪念这位上海道，此乃当时租界上唯一用华人名字的道路"。朱葆三是定海籍旅沪巨商，1918～1920年任上海总商会会长，"当初法租界得到朱氏不少的助力"。① 灵桂路、朱葆三路的出现，意在"表彰""法华合作"的历史，殖民主义的软性统治通过此类地名得以深入地表达。

综上，经过法租界当局的长期经营，路名呈现出全面殖民化的特征，殖民主义由此实现了"空间化"的发展。晚清署名为"印江词客"的游人，在租界中看到"连云楼阁压江头，缥缈仙居接上游"的情景，不由感叹"十里洋泾开眼界，恍疑身在泰西游"。② 从中颇可看出租界当局通过建筑、道路、路名等的空间操弄，所形塑的殖民化效果。民国时期，时人对上海路名最深的感受，更是"外国名字"使用之普遍："上海旧路名，几乎有一半以上用外国名字，大都是人名，包括驻华外交官、驻沪领事、旅沪教士侨商、前工部局和公董局的董事等等，直接或间接，都和上海发生过关系的。"③ 这些人名将法租界营造成充斥殖民主义意味的空间。

法租界路名中露骨的殖民主义特质，正如白吉尔（Marie Claire Bergere）归纳的那样，源于法租界对自身"殖民飞地"的定位："如果公共租界的地位更加接近自由港的地位，那么法租界则像是一块受巴黎政府管

---

① 《几条用中国人名的路名》，王昌年编《大上海指南》，东南文化服务社，1947，第6页。
② 王韬著，沈恒春、杨其民标点《瀛壖杂志》卷6，上海古籍出版社，1989，第111～112页。
③ 《上海路名的分类》，王昌年编《大上海指南》，第211页。

辖的殖民飞地。"法租界的马路命名，正体现了这种"巴黎还向外输出她的公共利益原则"和"巴黎政府管辖的殖民飞地"的特点。[1]

尽管如此，殖民主义并非想当然地就能深入民众的日常生活。白吉尔也认为，上海并非法国的殖民地，在市政管辖权方面，租界当局实际无法随心所欲，"这种专制官僚主义所体现的整体利益观念，在一个人口复杂、族群利益各异的社会环境里很难得以贯彻"。[2] 因此，我们很容易看到这些充满"法国情调"的路名，由于难念难记，往往游离于中国民众的日常使用之外。20世纪30年代上海通社的同人就发现，"法租界马路的名字，最是难记，除小东门及公馆马路一带的支路，尚存有中国式的街名外，其余大都取法国人的姓名命名。从法文的发音，写成中国的文字，当然不会有意义，也当然不容易记忆了。况且所定的路名，不一定都取法国的名人，所以更难使我们熟悉了"。[3] 由于难念难记，中国民众在指称街路时，往往极少"纯法式"地使用这些路名，这就导致地名领域出现"二元化"的现象，即：租界当局维持一套"法式"地名，而中国民众却以"俗名"来指称街路。这也意味着，租界当局试图附加于地名之上的殖民主义诉求，往往因"俗名"的使用而被巧妙地规避。太平洋战争爆发和抗战胜利后，随着租界的结束和接收，原本就难念难记的法式地名，很快被全面改换。

三　租界结束前后的更名运动

与军队、巡捕等殖民暴力机构相比，"法式"路名的存在和普及似乎无关宏旨，但它通过对公共空间的殖民主义化，施加"软性的"殖民统治，危害性也是无法忽视的。随着民族主义运动的兴起，民族主义与殖民主义的斗争也延伸到地名领域。历届以民族主义自我标榜的华界当局，都致力于推进地名的民族主义化，重塑民族主义的街市景观。

在1943年租界结束以前，华界当局无权管理租界，也无法更动租界路名，但通过对华界路名的民族主义化，间接地开展与租界地名的竞争。民国初年上海旧城基"民国路"和"中华路"的命名，就以十分直接的方式

---

[1] 白吉尔：《上海史——走向现代之路》，第104页。
[2] 白吉尔：《上海史——走向现代之路》，第106～107页。
[3] 吴静山：《法租界马路名称考》，《上海研究资料》，第335页。

参与到与租界地名的竞争中。民国初年，上海县城着手拆除城墙，墙根留作环城马路。其中，与法租界毗连的北半城城根于1913年筑成马路，经与法领事协商，由华、法共管。① 此段"自小东门迤北绕西至方浜桥一段之马路"，被定名"民国路"，"盖以华法皆民主国也"。② 但据时人观察，此路建立时，华界当局曾会同法租界小心履勘，竖立界石数十块，以期"从此界限分明，共保治权"，其中颇不乏相互竞争的意味。③ 南半城城根于1916年修成马路后，工巡捐局以该段马路"完全属于华界"，遂将路名定为"中华路"，并饬工程科赶制路牌，分段编钉。④ 如果说"民国路"的管理和命名只是含蓄地表达了路权竞争的用意，那么，"中华路"的命名则将华界的民族主义立场更明确地彰显出来。而且，两条环城马路共同组成一个完整的圆圈，奇妙地连缀成一条完整的"中华民国路"。"中华民国路"出现在旧上海县城的城基上，正象征着时人对新生的中华民国崛起于废墟上的期许。

20世纪20年代以后，随着民族主义政治的激进化发展，"地名战"日趋激烈。1927年春北伐军进驻上海，7月成立上海特别市政府。作为"大上海计划"的一部分，市政府制订了庞大的道路改造和开辟计划。在大规模筑路开展之前，市政府首先通过了各种马路更名方案。例如1927年11月市政会议通过的3项更改路名的决议，其中有两项是以"市政府"更改旧地名，即丰林桥改市政府桥，交通路改市政府路，反映出新政权试图通过地名将政治楔入城市空间；另一项决议以中山路取代"闸北中兴路"，"并延长路线，北至吴淞，南接华龙"，则昭示着党国政治此后通过地名大规模渗入日常空间的趋向。⑤ 中山路于次年3月开筑后，成了"新上海"的路标。⑥

1930年以后，上海市在新市区大规模开辟马路，路名充满了"革命化"和"民族主义"的色彩，孙中山、陈其美、黄兴等辛亥革命要人，纷纷登上

---

① 费西畴编《上海新指南》，第7页。
② 《规定南半城路名》，《申报》1916年1月20日，第10版。
③ 《会勘华法界限》，《台湾日日新报》1913年12月19日，第6版。
④ 《规定南半城路名》，《申报》1916年1月20日，第10版。
⑤ 《中外商业日记》（自民国16年10月16日起至11月15日止），《商业杂志》第2卷第12号，1927年12月1日。
⑥ 《上海特别市大事记》，上海特别市政府编《上海特别市市政辑览》（1929年11月），上海特别市政府，1929。

路名牌。新市区东西向主干道以三民路、五权路命名，南北向主干道以世界路、大同路（未筑）命名，"反映孙中山的三民主义、五权分治、世界大同的政治主张"。四条路在市政府大楼处交会，将新市区分为 4 个区域，分别以"中、华、民、国"为首字命名区域内干道。4 个区域内的一般道路，又分别以"上、海、市、政"为首命名。市政府大楼周边的道路则以"府"为首字进行命名。当时规划此类道路 130 多条，至 1932 年已筑成近 40 条。①华界路名的全面民族主义化和革命化，与这一时期租界地名的殖民主义色彩形成鲜明对比。租界虽未收回，而双方的较量已经展开。

如果说租界结束前的"地名战"只是以间接的方式呈现的话，那么，汪伪当局和国民政府对租界路名的交替改造，则直接显示了"地名战"的激烈程度。抗战全面爆发后，日本侵占华界，上海进入"孤岛"时期。此后至 1943 年 7、8 月法租界、公共租界相继结束，租界处境十分微妙。在此期间，日本侵略者出于兜售"大东亚共荣圈"骗局的需要，伪政权则试图披上民族主义外衣以掩饰无耻卖国的实质，竞相拿上海租界做文章，展开对欧美帝国主义的攻讦。租界中露骨宣扬殖民主义的象征符号如铜像、路名等，都成为攻讦的焦点。

1942 年，汪伪当局授意伪组织"中华民族反英美协会"，通过其制造舆论，抨击租界的存在。②"反英美协会"数度致函工部局，要求更换外滩的铜像和"敌性国人名路名"。1943 年 2 月 17 日，该伪组织甚至直接出面，要求公共租界工部局迅速解决此问题。此时公共租界虽未改名，但已为日本人所把持，故工部局"野口局长"表示"接受反英美协会之建议原则，现正考虑实行之具体方法，并谓于最近期内公布实施，以慰中国人士之愿望"。③

"反英美协会"的交涉和舆论工作只是汪伪当局自我包装民族主义身份的一小步，汪伪当局经复杂的幕后安排，与法国维希政权达成协议，将于 1943 年 7 月底"移交"法租界。汪伪当局围绕法租界"接收"，积极进行政治宣传，以强化其脆弱的权力基础。在这一过程中，对租界地名进行全面更改，成为

---

① 陈征琳等主编《上海地名志》，第 553 页。
② 《一年来之反英美运动（反英美协会工作报告）》，《申报》1943 年 2 月 18 日，第 4 版。
③ 《工部局决定近期内拆毁外滩各铜像 敌性国人名路名亦予更换》，《申报》1943 年 2 月 18 日，第 4 版。

其塑造虚伪的民族主义身份和掩饰其投日求荣的卖国本质的重要步骤。①

"收回"法租界和公共租界后，伪市政府立刻着手对地名的更改，决定"新改之路名，以我国各省地名为原则，一部分业经决定，将于 10 月 10 日国庆节同时正式发表"。② 在伪市政府公布的《更正路名表》中，第八区（原法租界）除了西门路、南翔街、新永安街、老永安街、徐家汇路等 5 处保留原名外，多达 122 处旧名被更改。具体情况如表 1 所示。

经此番变更，法租界当局强加于地名之上的"法兰西"色彩被清除。但汪伪当局在其中扮演的激进"反欧美"角色，与其死心塌地服务于日本帝国主义的殖民侵略的主旨是相辅相成的。在汪伪当局大张旗鼓全面清理欧美地名的同时，却在杨树浦一带除了开辟"本国街""明和街""平昌街""旭街"等多处街道和居留民团住宅群外，还将原先分别以"中华民国上海市政府"为首字命名的道路，替换为以"中日协同建立新东亚"为首字，形成中原路、日旭路、协睦路、同化路、建同路、立信路、新民路、东和路、亚民路等日本殖民色彩深厚的新路名。③ 这些"日本化"路名的存在，使汪伪当局投敌卖国的反动立场昭然若揭。在沦陷区人民陷于无限苦难的前提下，汪伪当局寄望于地名政治以塑造其正面形象，显然无法奏效。

表 1 伪上海市政府第八区（原法租界）路名变更

原名	改名	原名	改名	原名	改名	原名	改名
大国路	安康弄北段接顺昌路	巨泼来斯路	安福路	马斯南路	蓝田路	老北门街	长白路
白尔路	东段接西门路	爱棠路	徐庆路	麦底安路	青城路	宝建路	宝庆路
贝勒路	南黄陂路	福开森路	武康路	麦阳路	华亭路	普恩济世路	进贤路
白尔部路	南重庆路	福建路	枫泾街	近而西爱路	桂林路	典当街	金门街

---

① 在汪伪政权"接收"上海法租界以前，汉口等城市的法租界已陆续"接收"，"其原有马路名称，亦经工务局予以全部更改"。（参见《汉市警局点收法租界巡捕厅》，《申报》1943 年 6 月 8 日，第 2 版）

② 《陈公博关于更改原租界内和越界筑路路名手谕及市府训令（1943 年 8 月~10 月）》，上海市档案馆编《日伪上海市政府》，档案出版社，1986，第 127~133 页。

③ 施叔华主编《杨浦区志》，上海社会科学院出版社，1995，第 1050 页。按："本国街"，《申报》记载为"本冈路"。（参见《十三条马路改名称》，《申报》1948 年 5 月 17 日，第 4 版）

续表

原名	改名	原名	改名	原名	改名	原名	改名
平济利路	平湖路	台湾路	黄埭街	麋鹿路	木渎街	法租界外滩	南黄浦滩
白赛仲路	西大兴路	福履理路	南海路	闵行路	真茹街	蓝维霭路	安徽路
蒲石路	长乐路	茄勒路	吉安路	兴圣街	永兴街	巨籁达路	钜鹿路
蒲柏路	太仓路	贾尔业爱路	东平路	莫利爱路	香山路	雷米路	永康路
白利图路	吴兴路	祁齐路	岳阳路	天主堂街	天台路	法华民国路	民国路
皮少耐路	寿宁路	葛罗路	嵩山路	敏体尼荫路	宁夏路	恩理和路	靖江路
贾西义路	太康路	格罗希路	延庆路	白来尼蒙马浪路	马当路	亚尔培路	咸阳路
萨坡赛路	南通路	安纳金路	东台路	磨坊街	盛泽街	西自来火街	桂平路
薛华立路	西长兴路	亨利路	新乐路	宁波路	东泰山路	善钟路	常熟路
京州路	周浦街	新桥街	紫阳路	奥利和路	浏河路	西爱咸斯路	永康路
朱葆三路	溪口街	霞飞路	泰山路	吴淞江路	太仓路（东段）	爱来格路	桃源路
舟山路	龙潭街	树本路	建德路	和平街	平湖街	圣母院路	象山路
格洛克路	柳林路	甘世东路	嘉善路	八里桥路	永平街	太古街	高桥街
高恩路	高安路	国富门路	安亭路	杜神父路	永年街	拉都路	襄阳路
高乃依路	文安路	恺自迩路	西临安路	劳神父路	合肥路	麦赛尔蒂罗路	兴安路
公馆马路	金陵路	辣斐德路	大兴路	古神父路	永福路	郑家木桥街	永泰路
康梯路	长兴路	喇格纳路	崇德路	孟神父路	永善街	环龙路	南昌路（西段）
高乐爱路	高邮路	雷上达路	兴国路	金神父路	黄山路	爱麦虞限路	绍兴路
古拔路	富民路	李梅路	望亭路	东自来火街	寿永街	华盛路	会稽街
居尔典路	湖南路	劳利育路	淮安路	潘馨路	吴兴路	维尔蒙路	普安路
台拉斯脱路	太原路	劳尔登路	淳化路	贝当路	衡山路	华龙路	雁荡路
台斯德朗路	广元路	麦尼尼路	康平路	贝裕鏖路	南成都路	华格臬路	宁海路
紫来街	紫金街	麦琪路	中迪化路	吉祥街	定南路	望志路	兴业路
陶尔斐司路	南昌路（东段）	菜市路	顺昌路	毕勋路	汾阳路	宁兴路	东宁海路
杜美路	东湖路	麦高包禄路	安定路	鱼行街	嘉鱼街	羊行街	阳朔街
吕班路	灵宝路	赵主教路	五原路	小东门大街	东台街*	汶林路	宛平路
巨福路	南迪化路	姚主教路	天平路				

　　* 说明：东台街在《陈公博关于更改原租界内和越界筑路路名手谕及市府训令（1943 年 8 月～10 月）》（《日伪上海市政府》，第 127～133 页）中所列附表称"江津街"。

　　资料来源：《大上海一、八两区新改路名录》，《新东亚月报》第 1 卷第 8 期，1943 年 10 月 10 日；《沪市府公布一、八两区等处更改路名表　双十节起西文路名一律改称》，《申报》1943 年 10 月 10 日，第 3 版。

1945 年抗战胜利，国民政府接收上海，上海市政府于 9 月 12 日恢复成立，"径从敌伪手中接收租界及其行政，并即于前工部局原址设立府址"。年底，行政院公布了接收租界办法。① 甫经接收的"旧"上海，经日伪多年蹂躏，满目疮痍，迫切期待重整秩序，急需一场清除敌伪遗毒的运动。市政府也期望通过对地名等的拨乱反正，塑造其正面形象。上海市政府鉴于"伪组织时代，所修正路名，不合理者颇多"，相继拟定了对全市交通"干线""支线"的路名更正方案。② 其总的原则是，"以中国本部各省及东北九省省名，为主要路线之名称"。③ 此后，市政府对敌伪性质地名进行了持续的清理。1948 年 5 月，"据报本市各区路名，尚有敌伪时期定名"，市政府"为清除此项所遗污迹，经由工务局分别调查修正"。④ 在市政府清除敌伪路名和对路名再民族主义化的过程中，一个值得注意的现象是，党国政治和领袖崇拜的政治符号也被乘机掺入新路名中。这导致上海街头的路名牌，迅速从殖民主义的展示窗口，变成领袖政治的宣言书。

据《上海市年鉴：民国 35 年》记载，早在国民政府接收上海的第二个月，市政府就通过将"福煦路"等改名为"中正路"的方案，即"在爱多亚路东端，建设胜利门；并自爱多亚路以西，连贯福煦路、大西路，经凯旋路，越沪杭甬铁路至中山路中段为终点，长达 8 公里，悉改旧有路名，统名为中正路"。⑤ 该决议巧妙地将"胜利""中山""中正"等政治符号组合在一起，在"中正路"的两端有意安排起点"胜利门"和终点"中山路"，试图传达蒋中正领导全国同胞抗战胜利，实现孙中山三民主义的政治寓意。中正路所经过的爱多亚路、福煦路、大西路、凯旋路，是原先租界之精华所在，其中的殖民主义意涵迅速被领袖政治空间叙事所取代。

同年 10 月 30 日，正值"蒋主席五旬晋九寿辰"，除了"全市悬旗庆祝"，外滩还举行"中正路命名及胜利门奠基典礼"。《上海市年鉴：民国 35 年》详细记载了"各单位分别举行仪式，以伸贺忱"，此外，市政府还"为纪念蒋主席八年抗战之丰功伟绩"，将上述路名"统更名为中正路"，

---

① 上海市通志馆年鉴委员会编《上海市年鉴：民国 35 年》，中华书局，1946，第 G6~G8 页。
② 《本市非主要马路均将改正路名》，《申报》1945 年 12 月 20 日，第 5 版。
③ 《本市主要街道 下月将改新名》，《申报》1945 年 11 月 28 日，第 3 版。
④ 《十三条马路改名称》，《申报》1948 年 5 月 17 日，第 4 版。
⑤ 《上海市年鉴：民国 35 年》，第 T6 页。

并在爱多亚路外滩举行"命名、奠基两典礼"。参加典礼的包括政府官员、名流百余人及"民众万余人"，典礼除了"全体肃立，唱党歌"外，还有市长致辞，奏乐、摄影等环节。① 通过这些政治仪式，围绕蒋介石的领袖崇拜向社会推广，而街路改名适于其间发挥了重要作用。

上海市政府为了营造"党国"化的空间景观，同时为了更加彻底地肃清汪伪遗毒，于1945年10月30日决议对汪伪改正地名再加更改，力图将"中山""林森""复兴""建国"等党国符号系统地嵌入地名中。其中黄浦滩路改为中山路；泰山路（原霞飞路）改名为林森路；大兴路（原辣斐德路）改名复兴路；长兴路（原康梯路）、南海路（原福履理路）、西长兴路（原薛华立路），合并改为建国路；静安寺路改名南京西路；安徽路（原蓝维霭路）、宁夏路（原敏体尼荫路），改名西藏南路；大同路（原爱文义路）改名北京西路。② 通过这番整顿，党国符号横亘于原租界地区，起着相互补充和说明的作用，呼应着现实政治中的三民主义和领袖崇拜，党国政治借此实现了空间化。

上述改名的干路中，最重要的是"中正路"和"中山路"。为了"将市区精华包括殆尽"，市政府计划由"中山路围绕于外，中正路纵横贯穿之"，"将市区中心划为一'田'字形"。由于涉及范围极广，路名规划者不惜使用"一元化"的"改路原则"，以保证"中山""中正"能完全占据这个巨大的"田"字格包容的"上海之主要通衢"。具体做法是："凡二三马路相连接者，一律改为统一名称，而以东、西、南、北、中等字样分别之"。原中山路因此延长为中山东路、中山南路，原中正路扩展为中正东路、中正中路、中正西路、中正南路、中正北路几条。③ 通过此番更动和组合，"中正""中山"被置于繁华街衢的路名牌上，具有高度的展示性质。现实中的"伟大领袖"与革命谱系中的"总理""国父"，通过路名牌上的经纬交织，党国政治血统的延续得到形象的说明。

租界结束和抗战胜利后的路名频繁变动，显然已经过度政治化了，往往有令人无所适从之感。而且，在战后物价飞涨、民不聊生的特殊时刻，当局热衷于塑造领袖地名，却漠视民生的奇怪做法，实际令民众极为不

---

① 《上海市年鉴：民国35年》，第T7、A35页。
② 《本市新路名　下月一日实行》，《申报》1945年11月29日，第3版。
③ 王昌年编《大上海指南》，第212～213页。

满。1945 年在中正路命名之际，署名为"特"的作者曾向期刊投稿，将地名改动与"抑平"物价联系起来，认为"只要物价平定，生活安定，不用市当局决议，市民自动会替蒋主席立铜像、献旗、献机之类"，作者不满地表示，"我们只希望改名中正路之后，当局也像实行该决议一样积极地谋抑平物价，暂时的沉默并不是敷衍延宕，而是正在商讨更有效的新办法"。①

而且，过度政治化越来越使地名沦为政治宣传的工具，而远离实际的方位指示功能，这就迫使民众在日常生活中出于追求"实用"的目的，不得不采取使用"旧名""俗名"等手段，以避开这些不切实用的政治性地名。正如 1947 年署名为"神鹰"的作者谈道，"上海的很多马路，为了适合现实，多数重题新名了"，但"在新改路名之际，许多人口里还是喊着旧名词"。②

四 日常生活中的 "俗名"

法租界街路边的小小路名牌，百十年间交替上演着法兰西的殖民狂想、日伪当局的"大东亚"迷梦和党国政治的领袖情结，各种政治势力围绕着地名展开激烈较量，地名背负了沉重的政治使命，这也直接导致路名的实用功能的降低。

租界存在时期，民众面对"法式"路名最感棘手之处是其难念难记。署名为"华亭闻文野鹤"的作者，曾在《上海游览指南》中记载了一则"名医张聋子"拒绝使用新地名的逸事，虽是个案，但也颇能反映租界时代民众对新路名的无奈：

> 城市变易，为事至易。故昔人有沧海桑田之叹。以全中国而言，通商以来，若济南商埠等，都非昔日气象，而上海则尤甚。他姑不具论，即如城河浜填筑马路，建造新世界后，气象辉煌，马龙车水，即数年前之游客，亦几几乎不复辨识矣。昔日名医张聋子，有携金往请者，必须言三十年前之旧名，方能至其地，否则言某某马路，即怫然

---

① 特：《改名中正路之后》，《周报》第 10 期，1945 年。
② 神鹰：《路名漫话》，《申报》1947 年 6 月 28 日，第 9 版。

返其金，不愿诊视。此佬虽顽固，然于此亦可见变易之易矣。①

为应付实际生活中的指示需要，民众往往以"习称之名"或"沿用惯称"，取代复杂拗口的"法式"路名。正如时人指出的那样，"在法租界者，大率以该国著名人物命名，而吾人对于两租界之马路，亦各有习称之名，如南京路曰大马路，公馆马路曰法大马路，此等不胜屈指。惟彼之命名由于人为，我则并未命名，偶沿有惯称而已"。② 对广大民众而言，当局规定的路名虽然"或竖立铁牌于路侧，或装订铁牌于墙角，以昭示民众"，但"积习相沿，其旧有名称，仍属重要，且较通俗"。③ 在城市日常生活中，诸如"日常搭乘电车、汽车及雇乘黄包车等，皆习用之"，特别是对于"新来沪上者"，更"应熟记"此类俗名，否则很可能迷途于沪上。④ 在近代上海不同版本的城市指南中，相关街路的俗名都有详尽的登载，这本身也足以说明俗名在使用上的重要性和普遍性。

民众用以替代"法式"路名的"俗名"，往往具有典型的"中国特色"。例如，以原旅沪法侨麦底安命名的"麦底安路"，民众口语中却被称为"前新街"；纪念前公董局总董的白尔路和纪念前法驻华公使的白尔部路，俗名却是"打铁浜"；以前法驻华公使喇格纳命名的"喇格纳路"，在日常生活中仍维持旧名"黄河路"；纪念前法驻华公使的葛罗路，则被称为嵩山路。⑤

俗名对"法式"地名的"中国化"，有时是以"法式"地名被肢解的方式呈现的。例如，为纪念前法驻沪总领事、后升任法驻华公使的白来尼蒙马浪（Brenier de Montmorand）而命名的"白来尼蒙马浪路"，就被俗称为"马浪路"。⑥ 在这一俗名化案例中，"马浪"二字撷取自"蒙马浪"（Montmorand）的后半部分（morand），从语言学的角度来看，这种处理方

---

① 华亭闻文野鹤：《概论》，中华图书集成编辑所编《上海游览指南》，中华图书集成公司，1919，第2页。
② 徐珂编撰，闻诗辑录《沪稗类钞》，《稀见上海史志资料丛书》第1册，上海书店出版社，2012，第289页。
③ 孙宗复编《上海游览指南》，中华书局，1935，第12页。
④ 《俗用地名表》，柳培潜编《大上海指南》，中华书局，1936，第293页。
⑤ 《上海路名地址一览》，许晚成编《上海指南》，国光书店，1938。
⑥ 《上海路名地址一览》，许晚成编《上海指南》。

式并不"专业"，但它却有助于民众迅速以"中国化"的方式消解"法式"地名的政治文化意涵。而且，相对于冗长的"白来尼蒙马浪路"，"马浪路"易记易读，显然更符合中国民众的使用习惯。

尤其值得一提的，还有"爱多亚路"及该路各段的俗名化。爱多亚路横亘于法租界与公共租界之间，有"远东第一通衢"之称。该路原址是法租界、公共租界交界处的"洋泾浜"，民国初年由两租界共同填平筑成。在此之前，洋泾浜两岸分别为法租界的"洋泾浜路"和公共租界的"松山路"。① 洋泾浜填平后，"洋泾浜路"与"松山路"合为一路，当时适逢"一战"英法联盟，两租界共同决议以英王爱德华七世命名该路，故公共租界将其称为"Avenue Edward Ⅶ"（爱德华第七世路），② 法租界则将该路法语化为"Avenue Edouard Ⅶ"，中文音译为"爱多亚路"。虽然水道"洋泾浜"已被填平，而且路名牌上的"洋泾浜路"也被"爱多亚路"所取代，但在民众日常称呼中，"洋泾浜"这个"最上海"的地名却仍然在长期使用。

由于爱多亚路极长，一直从黄浦滩边延伸至跑马场以西，为了更加精确地指示方位，民众往往以该路原址上的桥梁作为"地标"，对该路各段进行指称。其中，爱多亚路在四川路南首、江西路南首、河南路南首、云南路南首、浙江路南首、山东路南首及福建路南首一带，分别被称为"二洋泾桥""三洋泾桥""三茅阁桥""西新桥""东新桥""带钩桥""郑家木桥"。"陆家观音堂"则指爱多亚路与贝禘鏖路东交界处，"大世界"指爱多亚路与西藏路交界处。③ 这些俗名不仅易记易读，对道路的方位指示也十分精确，十分适合民众的使用习惯。而且，这些俗名对"爱多亚路"的"分解"处理，还使广大民众规避了租界当局通过路名强加的殖民主义暴力，重建了公共空间中的"中国特色"。

租界结束后，汪伪当局和南京政府先后大规模地更改地名，以标榜自身的民族主义性质，但由于这些改动都在短时间内先后更替，而且也都受

---

① 《实测上海城厢租界图》，1 幅，彩色，102cm×136cm，比例尺 1：12000，商务印书馆，1913 年再版。按：该图初版于宣统二年（1910）。
② *Map of Shanghai*，1 map：col.，49cm×86cm，North - China Daily News & Herald，Limited，by permission of the Municipal Council，1918.
③ 《上海路名地址一览》，许晚成编《上海指南》。

到过度政治化的影响，广大民众往往无法适应。1941 年，郑逸梅在回顾"数十年前之上海"时就指出，"上海的地名，往往随时变易，偶见光绪间出版的新报，馆址为上海法巡捕房后宁兴街，宁兴街今已无此名，即法巡捕房恐亦屡经变迁，不知究在什么地方了"。[①] 1946 年，又有人指出，即使是熟谙沪情的"老上海"，即使只是在战争期间离沪数年，"但见到这许多路名，也会感觉到陌生"，因为"在敌伪统治时，上海路名，曾更改过一次；胜利以后，敌伪留下的残迹，当然不能让他留存下去，而以前老路名，又不适用，是以再改一次；可以说是三易其名了"。由于上海路名"这两次是彻底的更换"，所以"大家特别注意"，但即便如此，"这许多新路名，大家还没有牢牢记住"。[②]

路名的过度政治化，尤其是战后当局滥用"一元化"道路命名原则，更造成路名日益沦为政治符号，而越来越脱离实用。1947 年前后，曾有人对上海地名进行了回顾，认为地名在采用"一元化"之前，各路名大都指示着一条相对有限的距离，虽然记载可能琐细，但指示还是相对明确的：

> 旧时的地址，大都写得很详细。老式商店的招头纸，除了印明某路的某路转角外，还找个特别标帜的地点，例如塔、井、牌坊、庙等等，注明在这地点的斜对过或隔壁，甚至进一步说明铺面的式样，例如坐北朝南三开间双层洋式向阳门面便是。[③]

这种标注方式，"记忆上固然琐碎，但寻找起来非常实用"。而战后引入的"一元化"命名原则，产生了"中正路""中山路"等超长的路段，虽然标注起来"简明化"了，但"一经实用，问题就来了"：

> 现在则不然，随着时代的进展，凡事都要求简明迅速。地址呢，亦就被简明化了，大部仅仅写明某某路多少号而足。虽然易于记忆，一经实用，问题就来了。因为上海不比别的小城市，几乎每条马路，都是长得要命的长命路，如果你是青年，脚肚有劲还无所谓，有劳尊

---

① 郑逸梅：《数十年前之上海》，《上海生活》第 5 卷第 9 期，1941 年。
② 《上海路名考》，《申报》1946 年 11 月 4 日，第 6 版。
③ 《大上海市街门牌位置检查表·续辑者白》，王昌年编《大上海指南》，第 1 页。

腿，从这条马路的起点寻到终点，是一定可以寻到这个门牌号数的。然而简明和迅速则不得两全了，假使你不能走，或不愿走，想雇车或趁公共的车辆去，那你就必须先要清楚，这个门牌号数是在这条马路的某某路和某某路之间，雇车时可以说妥目的地的确实位置，借可免去临时无谓争执，如趁公共车辆去，则可确知，在那一站下车距目的地最近，方不至舍近就远。①

为了应对地名的急速变化和过度政治化，重拾地名本应具备的方位指示功能，"习称""俗名"又一次成为"弱者的武器"，在日常生活中发挥着重要的作用。时人注意到，"上海有许多地方，名称是莫名其妙的，在地图上也找不出来，这许多道路的俗名，往往使初到上海的人，手足无措"。②"电车到站，售票员仍唤着旧路名；雇人力车，假使用新路名，车夫会瞠目不知所对。"③

"俗名"不仅被应用于街路，举凡街区、建筑、景点等，往往都有相应的俗名。例如各处的公园，在1948年出版的《上海胜迹略》中就指出：黄浦公园，"本名外滩公园，一作黄浦滩公园"；中山公园，"原名兆丰公园，俗称梵王渡公园，又称极司菲尔公园"；复兴公园，"原名顾家宅公园，俗称法国公园"；河滨公园，"原名苏州公园，俗称华人公园"等。④正是"旧名"和"俗名"，让民众绕过复杂的政治性地名，在这个庞大的城市中无碍地穿梭。

综上，俗名在法租界地区的使用相当普遍。"俗名化"的发展，与当局对地名频繁操弄和过度政治化是同时出现的。无论是租界当局，还是汪伪政权或南京政府，都积极地利用地名来宣扬和标榜各自的价值立场，试图借此确立和强化各自的合法性，却往往导致地名沦为政治工具，而日益脱离实用。其结果不仅无助于政治价值的传播，而且损害了地名本应具备的方位指示功能。正是在这一背景下，民众出于实用的目的，使用"旧名""俗名"加以应对。它们不仅易念好记，而且形象生动，符合民众的

① 《大上海市街门牌位置检查表·续辑者白》，王昌年编《大上海指南》，第1~2页。
② 《道路别名》，《申报》1946年11月4日，第6版。
③ 《上海路名考》，《申报》1946年11月4日，第6版。
④ 上海市文献委员会编《上海胜迹略》，上海市文献委员会，1948，第1~4页。

使用习惯，成为普通民众日常生活中须臾不可离的部分。俗名"活"在民众口耳相传的系统中，经历了百十年的岁月流逝而稳定地流传。与此相反，政治化地名则极易受政治形势的影响，在政治风云突变的近代，往往难免遽兴遽灭的命运。

五 结论

本文考察了上海法租界的地名演变，分析了各种势力围绕地名展开的长期竞争，这种竞争往往以互相替代的面貌呈现，其激烈程度不亚于一场战争，正是基于这一考虑，本文使用"地名战"为题。法租界的"地名战"，集中体现在以下几个层面。

在租界存续期间，租界当局大力推动路名的"法兰西化"，以宣扬和标识租界的殖民主义特征，并维系租界内法国人群体的自我认同。但这种难念难记，不符中文阅读习惯的"法式"路名，在民众的日常使用中可能相当有限，这也使租界当局借路名灌输殖民主义价值观的效果大打折扣。

在租界废除前，华界当局即已通过对华界路名的民族主义化，间接地参与了对租界殖民主义地名的竞争。1943年法租界结束，汪伪当局试图通过废除租界的殖民化地名和对地名的"民族主义化"，获取民望，强化其脆弱的权力基础。1945年国民政府接收租界后，除了对地名"去敌伪化"，也不忘对其"再民族主义化"，但同时又将领袖崇拜的私货掺入其中，以"一元化"等方式改造路名。这些做法极易造成地名的过度政治化，地名往往陷于不切实用的境地。

面对路名的过度政治化，民众并非全然被动，"俗名化"就是其因应之道。难念难记的"法式"路名往往被俗名取代，汪伪当局或国民政府对路名的政治操弄，也由于其虚伪本质和过度政治化而常常被排斥于民众的日常使用之外。源自民众的地名智慧，并非必然表现为与政治当局的正面冲突，但它却往往能通过"俗名化"的地名机制，悄悄规避和改造政治化地名的影响，有时甚至能颠覆强加于路名之上的意识形态，达到"祛魅化"的效果。

政治性地名在近代上海轮番上演"城头变幻大王旗"的故事，但都难免遭兴遭灭的命运，而源于民众的"俗名"，尽管无法登上路名牌，却在广大市民的口耳相传中长期使用，构成了地名领域中最稳定的存在。上海法租界街路命名的历程表明，在中国近代城市政治文化的发展中，存在一股"自下而上"的演进力量。

作者：罗桂林，南昌大学历史系

（编辑：许哲娜）

杨柳青年画与天津近代城市变迁

侯 杰 王 凤

内容提要：近代中国新城市的崛起、西方文明的涌入和中国现代化的逐步发展使中国城市及其市民生活发生了不同程度的改变。作为中国四大木版年画之一的杨柳青年画将近代天津城区的变迁、租界的形成及城市中出现的新事物都呈现其中。这类年画不仅成为近代天津乃至中国社会变迁的真实写照，而且传达了社会风俗的变迁及文化思潮的发展动向。

关键词：近代天津　杨柳青年画　社会风俗　城市变迁

一　前言

年画是中国特有的一种民间艺术形式，它历史悠久，起源于远古时代的原始宗教。在汉代，年画以门神、灶神的形式出现，可以说这是年画最早的形态。[①] 到了宋代，随着城市经济的发展，年画也逐渐发展起来。但那时并没有"年画"一词，而是称其为"神码""纸马""纸画"等。直到道光二十九年（1849），李光庭在其撰著的《乡谚解颐》中"新年十事"一节提到："扫舍之后，便贴年画，稚子之戏耳。"[②] 这是"年画"一词较早见于文献记载。

"年画"一词包含了两层含义，第一，年画是木版印画，即木版年画；第二，年画与新年的民俗紧密相连。郑振铎说："'年画'是在新年的时候粘贴于门上、室内墙壁上作为装饰品之用的。"[③] 但实际上，年画的张贴时间并非只在新年。王树村先生将年画定义为狭义和广义两种：狭义

---

① 冯骥才：《年画行动》，中华书局，2011，第388页。

② 王树村主编《中国年画发展史》，天津人民美术出版社，2005，第19页。

③ 郑振铎：《中国古代木刻画史略》，上海书店出版社，2011，第202页。

年画指专用于年节习俗的年画，如门神、灶君、钟馗及天地众神牌位，新年家庭必备的祈福神笺等；广义年画指包揽所有世俗民风的年画，包括喜画、福寿屏、祖师纸马、扇面画、西湖景和丈画、灯屏画、博戏玩具、岁时杂画等。① 广义上的这些年画可以贴挂一年，题材丰富多彩，以描绘和反映世俗生活为其显著特征，也从一个侧面展现了普通民众的生活百态。以广义上的年画为论述重点，展开相关分析，显得尤为重要。

时至近代，随着沿海通商口岸的开埠，西方文明先后涌入，不同于传统中国建筑的西洋大楼、异样的西式婚礼、服饰及琳琅满目的西洋器物等吸引了民众的目光，也让有识之士由被动的接受到主动的引进和仿造，逐渐形成改变中国传统、封闭状态的内在动力。年画艺人紧跟时代步伐，创作了一批反映都市景象之新画样，近代文明等题材在年画中呈现得更加生动、更加贴近民众的日常生活，不仅体现了广大中国民众对近代文明的喜爱与接纳，而且吸引更多民众给予关注并购买。与此同时，具有广泛民众基础的年画，也能够将这些反映近代城市生活变迁的信息传递到更为广阔的农村地区。

天津杨柳青年画位居中国四大木版年画之首，具有较高的艺术成就。它始于明，盛于清，其年画风格受到北方版画与院体画的影响，故有"北宋院体画传杨柳青之说"。② 在近代中国社会动荡之际，杨柳青年画创作者们凭借敏锐的洞察力率先将反映时事、揭露社会黑暗及展现社会风俗变迁的内容融入年画之中，使年画在原有传统题材的基础上变得更加丰富。许多反映近代天津城市发展、社会生活变迁的作品，具有明显的时代特征和地域特点，在一定程度上为研究近代天津城市提供了新的视角、新的文本和线索。

近年来，以视觉史料为文本进行的近代城市及其生活变迁的研究逐渐受到学者的关注，且多集中于画报等近代媒体；③ 以天津为研究对象的论

① 王树村主编《中国年画发展史》，第 25～29 页。
② 张道梁：《天津年画百年》，天津人民美术出版社，2004，第 8 页。
③ 陈平原：《左图右史与西学东渐——晚清画报研究》，香港三联书店，2008。周利成：《北京老画报》《天津老画报》《上海老画报》，天津古籍出版社，2010。吴果中：《民国〈良友〉画报封面与女性身体空间的现代性建构》；李从娜：《画里话外：民国画报对女性裸体的表现与品评——以〈北洋画报〉为例》，《新闻界》2015 年第 19 期。陈艳：《"新女性"的代表：从爱国女学生到女运动员——20 世纪 30 年代〈北洋画报〉封面研究》，《广西社会科学》2009 年第 12 期。林小玲：《西洋化生活与近代天津社会变迁——基于〈北洋画报〉广告的研究》，硕士学位论文，暨南大学，2014。

著也纷纷问世。① 本文拟从杨柳青年画，探讨城市的变革对传统年画题材与内容的影响，以及年画如何再现近代天津城市变迁和城市生活变化，进而阐述作为传统媒体的年画与天津乃至近代中国城市及其民众生活的多重互动关系。

二 杨柳青年画与近代天津城市变迁

杨柳青年画描绘并再现了天津开埠后城市的变迁。

《天津图》② 就是一幅清末天津城市的示意图。从河北大悲院前子牙河东岸看天津城，一条马路由北营门经河北大街通过南运河上的浮桥，到北大关进入北门，直抵天津城中心的鼓楼。北门外繁华商业区依次为估衣街、锅店街、单街子和东门外天后宫、宫北大街、玉皇阁，以及三岔口河畔的望海楼。画面在每个建筑旁都注有地名，立体而直观。此外，画面上还有两座在近代天津较有名气的桥梁。一座为金华桥。康熙九年（1670）清政府在南运河北岸建天津钞关，跨河的交通工具是摆渡，康熙五十五年（1716）建成了钞关浮桥，沟通北门外大街与河北大街。光绪十四年（1888），直隶总督李鸿章将浮桥仿西式改建为铁桥，名为"金华桥"，是天津第一座开启式铁桥。另一座是金汤桥。此处原有盐关浮桥，俗称东浮桥，清光绪三十二年（1906）由津海关道及奥、意租界两领事署和电车公司合资改为永久性钢桥。③ 在这幅年画前景中，还有一处建筑是海光寺。海光寺始建于康熙四十五年（1706），初名为普陀寺，康熙五十八年（1719）御赐海光寺。咸丰十年（1860）英法联军占领天津城后，在海光寺设南营，并一度将天津知府石赞清扣押在此。随后，清政府被迫与英、

① 侯杰、王昆江：《清末民初社会风情——〈醒俗画报〉精选》，天津人民出版社，2005。侯杰、李钊：《媒体·视觉·性别——以清末民初天津画报女性生活为中心的考察》，《南开学报》2011年第2期。侯杰、范丽珠：《杨柳青年画与近代中国民众意识》，《民间文艺论丛》1992年第3期。侯杰、王凤：《视觉文化·妈祖信仰·社会性别——以中国传统木版年画为中心》，《宗教学研究》2016年第2期。侯杰、王凤：《从传统到近代：民间年画与中国女性生活——以杨柳青年画为中心的考察》，《妇女研究论丛》2016年第5期；台北《社会/文化史集刊》第19集，2016年12月。

② 张道梁：《天津年画百年》，第24页。

③ 郭凤岐主编《海河带风物》，天津社会科学院出版社，2003，第190～193页。

法、俄、美等国公使在海光寺签订了《天津条约》。光绪二十六年（1900）八国联军攻陷天津，海光寺庙宇尽毁。在《辛丑条约》签订后，海光寺则被划为日租界，并继续使用这个地名。画面中海光寺后部描绘了高耸的烟囱厂房，是洋务运动时期兴建的天津机器局西局，这是北方最早的具有一定规模的火药厂，一部分机器设备从外国及香港、上海等地购置。在年画《天津图》上，无论是交通工具、建筑、桥梁，还是工厂，都与天津近代城市发展紧密联系在一起。这幅作品是杨柳青齐健隆所绘制，从画面内容来推测，时间在清末新政时期即光绪二十七年（1901）至光绪三十三年（1907）间，用来研究天津城建历史具有一定的价值。另外，画面题词中写道："凡足迹未履是地者，不免兴一览为快之思，兹特绘此图以备卧游之助焉耳。"可见创作者绘制该幅年画的目的之一是方便那些没有到过天津的人，将其作为天津旅游、观光的地图，但是未曾想到这幅年画也成为探寻近代天津城市发展及其变化的视觉文本。

天津古语云："天津三宗宝，鼓楼、炮台、铃铛阁。"鼓楼坐落于老城里的中心位置，处于东、西、南、北四条大街的交会点。天津于明永乐二年（1404）设卫筑城，以后不断修缮，并于城中央建鼓楼。八国联军攻占天津后，强行拆除天津城墙，只有鼓楼幸存。民国时期的石印年画《天津鼓楼》[1] 以西洋透视及写实的艺术手法，形象地呈现了鼓楼及周边的景物。画面正中间的鼓楼与实物相似，高三层，楼底的一层是用砖砌成的一座方台，下宽上窄，并有 4 个拱形门洞，通行东西南北四条大街。引人注目的是画面中鼓楼两侧商贾云集，中西式建筑融合在一起，整齐地排列在鼓楼两侧的街道上。这些建筑有的还标有名称，如右侧冒着浓烟的建筑为"机器厂"，左侧有"粉面厂"和"洋画庄"。马路上人头攒动、热闹非凡，黄包车、汽车、自行车等新式交通工具在路上穿行。两边的建筑上悬挂着五色旗，天空中还盘旋着一架飞机，是具有现代气息的建筑与交通工具的体现。值得一提的是，年画中标有"洋画庄"的建筑就是当时专门出售石印和胶印年画的画店。[2] 创作者一方面把传统年画作坊改名为"洋画庄"，以体现其在年画的绘制和印刷方面求新求变的诉求；另一方面则巧妙地把

---

① 冯骥才：《天津年画史图录》，河南美术出版社，2009，第 113 页。
② 冯骥才：《天津年画史图录》，第 113 页。

自己的石印公司也置于画面之中，自我营销和宣传、推广年画的目的十分明显。

杨柳青年画中描绘天津城市变迁的年画作品较多。《天津北门外新马路》①描绘的是新修的北马路，高耸的鼓楼两侧布满中式和西洋建筑，马路上有新式马车和人力车，在马路外沿还能看到比利时商人在天津的电车公司修建的环城电车道。

《法界马路》②呈现的是法国租界中马路上的场景。该年画描绘的法国租界道路整齐、往来有序，路上尽是西式交通工具，而且行人不论男女儿童均身穿西式洋装。在以往的图解说明中一般都认为此图"所绘为当年法界马路，路段为何处，今不易考证"。③这幅作品采用透视画法，画面中间尽头带有拱形门的建筑与法国凯旋门十分相似。估计这幅作品中所描绘的"法界马路"和上述《天津鼓楼》的画面并非真实存在，而是创作者模仿西洋照片、明信片或其他报刊媒体上的图片创作而成。这种做法证明了创作者乐于表现近代文明的租界和街区风景，并利用艺术手段将想象中的场景呈现得整洁、有序与现代，不仅体现了西方近代文明的现代性，也证明了年画创作者对城市景观的某种认知与欣赏。

老龙头浮桥位置介于租界与老龙头火车站之间，属铁路、水路交通要道，建于光绪二十八年（1902）。而后因"天津商业发达，交通繁盛，该桥狭窄，时极拥挤"，于20世纪20年代在其北首筹建新桥，1927年落成，称为"万国桥"。该桥中孔可开启，为双叶立转式，是市区最大的开启桥，也是现今唯一尚可开启的桥。杨柳青年画《万国铁桥》④主题鲜明地呈现了以万国桥为中心的画面，桥面上许多人装扮成八仙形象，进行花会表演，气氛异常热闹。笔者认为，年画创作者既乐于表现近代天津出现的新鲜事物，又把传统年画中常见的高跷花会题材保留其中，这样广大年画爱好者和使用者就不会因为新题材的年画失去了传统吉祥寓意而不愿购买。为此，年画创作者煞费苦心，要在保持年画原有传统风格的基础上，将新式桥梁等现代元素引入画面之中。

---

① 张道梁：《天津年画百年》，第26页。
② 刘见：《中国杨柳青年画线版选》，天津杨柳青画社，1999，第514页。
③ 刘见：《中国杨柳青年画线版选》，第514页。
④ 刘建超：《杨柳青木版年画》，天津杨柳青画社，2015，第124～125页。

近代天津陆续出现能代表城市现代化的公共设施，如宽阔畅通的大马路、西洋建筑、新式桥梁、各式新型交通工具、电线、电灯、电话、自来水等，不仅改变了城市景观，而且便利了市民的生活，提高了生活质量。年画创作者以自己的方式创作出一大批反映近代天津城市的作品。描绘近代天津城市变迁的年画作品，大部分以租界为创作对象，画面中的租界被呈现得现代而舒适，方便而快捷，突显了租界在城市化进程中的作用。年画创作者视域中的租界在城市建设方面的现代性，也是年画的属性使然，因为年画所展现的内容一般来讲都是积极、向上的，含有吉祥寓意等风格、样式的作品才能被市民所接受。租界给天津乃至中国城市发展所带来的消极、不利的面向，并没有出现在年画作品之中。

三 杨柳青年画与近代天津出现的新鲜事物

随着近代天津城市的发展，西式建筑、现代的交通工具、新奇的家电日用品，甚至是近代娱乐活动等直接反映西方近代文明的器物与生活方式，不仅吸引着市民的目光，也成为该时期年画创作者们乐于表现的题材之一，被呈现在作品之中。

(一) 新式交通工具及生活用品

清光绪十三年 (1887)，基于现代化的需要，清政府将唐胥铁路延长至天津，在季家楼、火神庙一带建成了具有一定规模的车站，并于清光绪十八年 (1892) 将车站西移修筑新客站，因车站正处于海河东岸"老龙头"地区，所以又俗称为"老龙头火车站"。清光绪二十七年 (1901)，袁世凯另建新车站 (天津北站)，并从北洋通商大臣衙门起向东北开辟马路，直抵铁路。这条路沿街还修筑了官署、学校、公园等，扩展了相交的各条道路，成为新开辟的街区。

杨柳青年画《铁道火轮车》①描绘的就是天津"老龙头火车站"。画面中绘有吞云吐雾的机车、古香古色的火车车厢、高空飞架的电线以及背景右侧远处的西式火车站。在火车旁边，有几位身着中式服饰的男性长者，他们

---

① 张道梁：《天津年画百年》，第25页。

好似在对火车这种新型交通工具的神奇力量感叹不已。必须指出的是，年画《铁道火轮车》的主体构图并非原创，而是模仿清代海派画家吴子美所创作的国画《兴办铁路》，而后者曾经刊登在随上海《申报》发行的《点石斋画报》中。① 由此可见，杨柳青年画创作者大胆学习、借鉴新媒体的表现内容和方式，创作出符合时代潮流、受广大市民喜爱的，反映新题材、新内容的作品，同时也突显了他们对新式交通工具及现代化城市的推崇与欣羡。在另一幅表现火车的年画作品《汽车》② 中，杨柳青年画创作者运用了西洋透视画法，使火车形象更加逼真，恰似正从远方驶来。画中题词解释为"汽车，俗称火车，地上铺了铁轨，车在铁道上行走，一点钟的时候，快的好走一百几十里路"。

同治七年（1868），上海开始出现自行车，俗称脚踏车。不久，在天津也出现了这种车，并且颇受妇女欢迎。妇女骑自行车，一时间成为大都市的一种时尚。杨柳青年画随即便将妇女骑自行车作为表现内容，创作出《天津紫竹林跑自行车》③ 等作品。所谓紫竹林是指天津临近海河处，旧有紫竹林寺院一座，天津开为商埠，紫竹林等地成为法国租界。画面中所描绘的法国租界紫竹林，沿街两侧耸立着西式洋楼，在宽阔的马路上正有几位妇人练习自行车技。其中一辆自行车上，一位妇女站在车座上，一男子则倒立在车把上；还有一男子亦倒立在另一辆自行车座上。马路旁边既有身穿中式服饰的市民，也有身穿西式长裙的妇女与身着西装的男子，一同在观看自行车技表演。同这幅作品表现主题相同的还有《新刻紫竹林跑自行车》④，画面中更加生动地描绘了三位中国妇女在法租界紫竹林或悠闲地骑自行车或推车行走的场面。这两幅作品都将新式交通工具自行车安排在法租界紫竹林的背景中，与西式洋楼、宽阔的马路、路灯、自行车等交融在一起，不仅起到了介绍新式交通工具自行车的作用，还采用了透视的画法，生动地呈现出近代天津城市生活之景象。

① 李国明：《〈铁道火轮车〉与〈兴办铁路〉》，http://finance.china.com.cn/roll/20120521/737371.shtml，2012年5月21日。
② 《看老年画，唤醒旧时春节记忆》，天津人民美术出版社社藏老年画展，2012年1月16日。
③ 王树村：《中国民间美术图说》，浙江文艺出版社，1992，第19页。
④ 天津博物馆馆藏年画。

在年画中还有对人力车的呈现。人力车由日本人创造，故名"东洋车"，在城市发展迅速，成为载人运货的主要交通工具。《美人坐车失坤鞋》① 创作于清末民初，描绘了一位乘坐东洋车的妇女，在车行间不小心丢落了一只鞋，情急之下连忙挥动手中的雕翎扇，示意后随骑自行车的男人下车去捡。骑自行车的男人正要下车，却有两名背大筐拾"毛烂"者同时伸过钩杆，抢钩那只鞋。那位东洋车上的妇女，手指夹着烟卷儿，一边抽着，一边看着自己丢在地上的鞋。这幅画人物虽多，但身份明确，彼此互动明显，纪实性很强。

在年画中，除了以正面写实的表现手法呈现现代交通工具及市民生活外，年画创作者还将交通工具与传统年画元素结合在一起，使画面更富于年画的艺术特色，使作品更符合广大市民的审美要求和情趣。如《机动车》② 描绘的是可爱的胖娃娃开汽车，将现代交通工具纳入传统娃娃年画中。《喜庆大来》③ 描绘市民将一年所收获的财富运回家里，画面中以汽车代替了传统题材中的马车，更显现代。《八宝吉祥》④ 中则直接出现了骑自行车的童子。这种将传统与现代元素组合在一起的构图方式，虽然使画面看起来有些不和谐，但是画面中的传统元素或内容却让市民感到亲切、熟悉。因此，这种构图方式既符合市民在春节张贴年画时要求喜庆、吉祥的习俗，同时又呈现了现代交通工具之特色，体现了年画创作者的聪明才智和与时俱进的精神。

另外，在年画中还有对现代生活用品的反映。如杨柳青年画《喜听电话》⑤ 与《听话匣》⑥ 两幅作品便呈现了近代传入中国的电话与留声机。值得注意的是，年画对市民现代生活用品的描绘一般都不会单独出现于画面中，有的是与年画传统元素搭配在一起，大部分则是作为年画背景出现，如西式吊灯、钟表等。这样的构图方式不仅对现代城市生活用品起到了介绍、宣传、推广等作用，也使整个画面充满城市发展、变化的气息，

---

① 刘见：《中国杨柳青年画线版选》，第 541 页。

② 杨柳青年画博物馆藏作品。

③ 王树村：《中国年画史》，北京工艺美术出版社，2002，第 206 页。

④ 冯骥才主编《中国木版年画集成——杨柳青卷》下册，中华书局，2007，第 371 页。

⑤ 刘见：《中国杨柳青年画线版选》，第 331 页。

⑥ 刘见：《中国杨柳青年画线版选》，第 331 页。

让作品紧跟时代发展而受到市民的喜爱。

（二）文明戏的兴起与近代娱乐业的变迁

戏曲是中国的传统艺术形式，随着近代政治、经济、社会环境的变化，戏曲的功能发生了一些改变，"看戏"成为广大市民闲暇时娱乐休闲的主要方式之一。不管是宣传维新、热心改良的知识分子，还是倡导革命的有识之士，他们都认为戏曲是最有效的宣传和鼓动方式，并将戏曲改良作为政治变革的手段之一而竭力倡导，推出一些针砭时弊、忧国忧民的剧目，以唤起市民的爱国热情。作为民间艺术的年画大胆地把改良后的戏曲之精彩片段呈现在年画作品中，成为戏曲改良年画的重要组成部分。杨柳青年画《女子爱国》这幅作品由同名改良戏曲创作而成，是戏曲改良年画的典范。这些作品的出现对启迪市民、改良社会传统风俗都起到一定的作用。

19世纪末20世纪初，话剧传入中国，称"文明新戏"或"文明戏"。话剧传入中国有两大来源。首先，是"春柳社"从日本间接移植到中国。春柳社创建于光绪三十二年（1906），由天津人李叔同等在日本东京创立，是中国最早的话剧团体之一。受春柳社影响，翌年王钟声在上海创办了"春阳社"，并于转年率团来到天津，并创立了堪称一流剧场的大观新舞台文明戏园，演出的剧目有《缘外缘》《孽海花》《林文忠焚烟强国》等。[1]其次，是南开学校等从欧美直接移植话剧到天津。不仅南开校长张伯苓、张彭春兄弟亲自编演新剧，还组织并建立了"演剧团"，周恩来、曹禺等人多有参与。在长期的演出实践中，南开新剧日趋成熟，受到京津等地广大市民的欢迎和文化名流的关注，推动了北方新剧运动。杨柳青年画紧随时代发展，也有描绘文明戏的作品。《文明戏》[2]就再现了新剧的演出现场。新剧的表演形式采取非歌舞化的语言和动作，演员的化妆和舞台布景也都更加写实与生活化。这幅作品充分体现了新剧演员表演时的某些特点，画面中仅有三位男性青年，道具为西式桌椅。画中左面男青年身着长袍马褂并且蓄辫，中间男青年左手将刚刚脱下的西式礼帽放在面前桌子

---

[1] 来新夏主编《天津近代史》，南开大学出版社，1987，第317页。
[2] 冯骥才主编《中国木版年画集成——杨柳青卷》下册，第392页。

上，右手作梳理发状，将人们的目光吸引到他那干净利落的短发上，右边男青年为短发并戴瓜皮帽坐在椅子上。辛亥革命后，剪辫子不仅仅成为一种时尚，更是一种严肃的政治选择，《文明戏》就表现了清末民初剪辫风俗的历史变化。这种题材的作品出现在年画中，一方面是杨柳青年画的创作者们自我赋权，予年画以介绍和推广文明戏的媒介等功能，另一方面又承担起社会风俗变迁的历史记录者的使命。总之，年画的创作者们以改良年画的方式将近代天津出现、流传的新观念、新思想传播得更加广泛，起到加速社会风俗变化的作用。

晚清，购买彩票风靡一时，逐渐成为市民娱乐消费活动之一。中国近代彩票的产生、发展与社会环境有着密切的联系。一些通商口岸随着经济的发展，出现了一大批定期领取薪水的工薪阶层，为彩票的产生与发展创造了消费环境。彩票以其貌似公平且在短时间内就能令某些购买者获利的刺激感迅速风靡各口岸城市。这一特殊的社会现象也被记录在年画中，《新刻彩票局》①就生动地呈现了清末市民购买彩票的场景。画面中描绘的是在彩票局一位男性长者站在右边长桌后售卖彩票，一位身穿绣花长袍的男性青年正在买彩票。在画面右侧的墙上，还张贴着中彩的金额，有"头彩、一彩、三彩、四彩、五彩、六彩"等。值得注意的是，画面中还出现了两名身着旗袍的妇女。这两名妇女可能是购买彩票男性的亲友，对自己亲友购买彩票的行为十分赞同与鼓励，个个笑脸盈盈、非常开心，好像马上就要中彩一样。这一细节也说明彩票具有很大的诱惑力，妇女们甚至冲破"大门不出，二门不迈"的闺中戒律，加入观摩亲友购买彩票的行列。根据画面中的三把西式座椅和两扇西式玻璃窗以及人物的着装，可以推测该作品创作于晚清，并且暗示买卖彩票已经成为近代中国市民的生活方式。在画面中附有的题词是："时兴设立抓彩房，第一堪比状元郎。本小可得千倍利，夫荣子贵把名扬。"字里行间把中彩和中状元相提并论，将其视为荣耀门面的大好事，可见时人对彩票的追捧与痴迷。实际上，这一时期年画对彩票的宣传与近代新式媒体——报刊的大肆渲染，使得购买彩票成为名利双收之事。作为传统媒体的年画不仅生动地再现了这一特殊的消费娱乐活动，还间接地表达了年画创作者以及广大市民对彩票的热衷与

---

① 王进收藏。

竞逐。不管彩票对中国近代城市经济发展带来的利与弊孰重孰轻，在年画中却留下了难以消除的印记，足以窥探市民生活及其心态。

四　结语

近代中西方文化的碰撞与融合，促使率先开埠成为通商口岸的城市，在城市布局以及市民的衣食住行、休闲娱乐等层面发生着引人注目的变化。兼具传统传播媒介和民间艺术双重属性的杨柳青年画中那些反映天津城区的变化、租界的形成，以及城市生活中出现的新事物等的作品，不仅生动地反映了年画创作者以及广大天津市民对新事物、新风潮的接纳与认同，也体现出年画不同于其他传统、新式媒体的某些传播特点，即凭借其独特的艺术魅力，极为广泛地向各阶层人士展现了社会生活发展变化的样貌，也使得年画作品艺术地传达了社会风俗的变迁以及文化思潮的发展动向，值得高度重视与认真解读。

作者：侯杰，南开大学历史学院；
王凤，天津大学冯骥才文学艺术研究院

（编辑：许哲娜）

从教育经费看民国苏州市的市政建设困境[*]

胡勇军

内容提要： 财政资金是城市开展各项建设的基础，因而筹措经费是市政建设的关键问题。1928 年 11 月苏州市政府成立之后，由于县市款产迟迟未能划清以及教育支出不断增加，教育经费严重短缺。市长陆权通过征收捐税、增加学费和借款等方式筹措经费，以维持教育，但这只能解决燃眉之急，根本办法还是划分八分亩捐和五校经费。虽然经过省厅、县、市三方的多次协商，但在苏州市被撤销之前县市款产纠纷始终没有得到妥善处理。而在苏州市财政支出中，教育经费所占比重过大，行政费占用过多，导致建设事业费不足，严重影响市政建设的进程，从中可以看出民国时期新设立市的发展困境。

关键词： 民国　苏州市　教育经费　市政建设

在传统社会，中国的城市并不是单立的地方行政建制，城市与周边的乡村往往由附郭县进行统一管理，实行的是一种"城乡合治"体制。清末立宪推动了地方自治与市建制的产生，城镇区域开始被视为一个整体，并能设置地方政权性质的管理机构，这就打破了传统"城乡合治"的管理体制。民国时期，陆续颁布了有关市制的法令和规定，[①] 标志着中国的城镇

---

* 本文为教育部人文社科重点研究基地重大项目"近世江南的城乡环境、地域经济与政治变迁研究"（15JJDZONGHE005）、教育部人文社会科学研究青年基金项目"国家与社会互动视野下的江南基层政权与乡村治理研究（1927～1937）"（16YJC770010）之阶段性成果。

① 南京国民政府建立之后，先后颁布了三部组织法和一部条例，即 1928 年 6 月 20 日和 7 月 3 日分别颁布的《特别市组织法》和《市组织法》，1930 年 5 月 20 日和 6 月 12 日分别颁布的《市组织法》和《省市县勘界条例》，标志着中国城市行政管理体制最终完成向近代化的转型。

行政管理体制最终完成了向近代化的转变，形成了城市地方政府和城市型行政区。① 南京国民政府时期，市在全国各地普遍设立，根据吴松弟的统计，到 1949 年共设过 151 个市，其中抗战以前设立 40 个市，抗战期间设立 41 个，抗战以后设立 70 个。②

在"城乡合治"的管理体制之下，城市与乡村之间并无明显的界限。而作为城市型政区，民国设立的建制市往往是从原有的"城乡一体"的区划格局中切块而来。在"切块设市"的过程中，这些新设立的市大多会面临与原属县之间的划界纠纷，甚至引发冲突。目前学术界关于民国时期行政区划纠纷问题的研究已有不少成果，但大都是从政治地理的角度进行论述。如刘君德和靳润成对上海特别市成立初期行政区域的梳理以及划分等问题的研究。③ 徐建平从历史地理学的角度考察了民国安徽省省界的变迁过程，进而探讨国家与地方在处理省界争端问题上所表现出来的复杂关系。④ 他又以南京市为研究个案，展示了城市型政区幅员划定过程中的各种冲突以及城市型政区在中国近代市制完善过程中所起的作用。⑤ 徐鹏则从城乡分治的视野，来探究民国成都市县划界过程中所遭遇的困境，丰富了对近代"城乡分治"与市制嬗变等问题的认识。⑥ 以上研究大都集中于县市划界方面，针对界限的厘定以及双方对行政管辖范围的争夺进行了细致的研究，而很少涉及双方之间的款产纠纷这一普遍问题。有鉴于此，本文将以教育经费为切入点，首先论述苏州市成立之后所面临的教育经费短缺问题，进而引出县市分治过程中的款产之争，并在此基础上探究经费短缺与市政建设滞后发展的关系。

① 靳润成：《从城镇分割到城市自治——论中国城市行政管理体制近代化的重要标志》，《天津师范大学学报》（社会科学版）1998 年第 4 期。
② 吴松弟：《市的兴起与近代中国区域经济的不平衡发展》，《云南大学学报》（社会科学版）2006 年第 5 期。
③ 刘君德、靳润成：《试论上海特别市成立初期的行政区划问题》，《中国方域：行政区划与地名》1996 年第 5 期。
④ 徐建平：《政治地理视角下的省界变迁——以民国时期安徽省为例》，上海人民出版社，2009。
⑤ 徐建平：《民国时期南京特别市行政区域划界研究》，《中国历史地理论丛》2013 年第 2 辑。
⑥ 徐鹏：《城乡关系视阈下民国市县划界纠纷——以成都为中心的考察》，《民国档案》2017 年第 3 期。

一 苏州市成立后的教育经费短缺及其原因分析

1927 年南京国民政府成立后，南京、上海等多个大中城市制定了各自的发展规划。受此影响，江苏省政府第 13 次政务会议讨论决定撤销吴县临时行政委员会，成立吴县县公署和苏州市政筹备处，委任王纳善为吴县县长，同时兼苏州市政筹备处主任。[①] 11 月 27 日，江苏省政府呈准中央政府，苏州实行县、市分治，成立苏州市政府，并荐任陆权为苏州市首任市长。[②] 成立后的市政府，首先就要面对两大棘手问题，即与原属吴县的财政划分和界限勘定，其中尤以前者最为急切。在市政筹备处时代，按照规定县市财政收入本应划清，但由于王纳善同时兼任县长和市政筹备处主任两职，故而"虽有划拨之名，却无划拨之实"。市政府成立之后，陆权随即函请吴县县政府财务局，要求照例将县市收入划分清楚。[③] 然而吴县县政府以当年度各项经费预算已经编定为由，要求省厅暂缓施行，这就对苏州市政府的财政造成了极大影响。

在 1928 年 8 月苏州市政府接收教育事业之前，全市教育曾由市教育管理处统筹规划。然而在此期间，"教育经费收支不能适合，既不能量入为出，又不能量出为入，以致不敷如此。故迫移交之本府，收入已用尽，在十七年度中，教育经费全额借款"。[④] 根据市教育管理处移交的教育款项收支统计表可知，1928 年 8 月至 12 月期间的教育收入为 76969.4 元，主要来源为吴县县政府代向公款公产处息借和在田租项下向教育局先领的 7 万元；主要支出为偿还吴县县政府向公款公产处筹借的 2.5 万元，各学校 8 月至 10 月的教育经常费和当年度的特别费 48519.071 元。[⑤] 虽然已至年底，但 11 月和 12 月的教育经费已拖欠两个月，分文未发。无奈之下，苏州市政府只能以学田向吴县公款管理处息借 5 万元，用以补发 11 月和 12 月的教

---

① 《令吴县县长兼苏州市政筹备处主任》，《江苏民政厅公报》第 41 期，1927 年，第 2 页。

② 《国民政府令：任命苏州市市长由》，《苏州市政月刊》第 1 期，1929 年，第 41 页。

③ 陆权：《函请划分市县收入》，《苏州市政月刊》第 4～6 期，1929 年，第 161 页。

④ 《苏州全市财政盈绌之关键》，《苏州明报》1929 年 8 月 20 日，第 6 版。

⑤ 《接收前市教育管理处移交自 8 月 1 日起至 12 月 16 日止收支一览表（民国 17 年）》，《苏州市政月刊》第 1 期，1929 年，第 103 页。

费 49350.22 元。

截至 1929 年 2 月，苏州市政府虽然通过借款暂时维系了教育的收支平衡，并有 10515.042 元的结余，但根据 1928 年 11 月至 1929 年 2 月苏州市教育经费收支可知，当时的教育实际收入非常少。如 1929 年 1 月教育收入主要有屠宰、经忏和房产租金等四项，合计 1164.644 元，而当月的教育支出为 18700.5 元。2 月，教育经费有所增加，包括市立小学校学费、经忏、屠宰以及市教育管理处移交田租余款等六项，合计 9816.751 元，而当月的支出高达 31445.21 元，每个月都是入不敷出。① 如果除去借款不算，实际上 1 月和 2 月还欠款 39164.315 元，正如社会科科员李映娄所说："上年五万元借款中，尚余一千余元，上学期学费亦存约六千元，屠税项下及其他杂项亦有二千元，而筵席捐之担保金五千元，亦可暂借。"② 总计各项收入，当时苏州市政府仅有教育经费 1.4 万元，甚至无力维持全市小学一个月的开支，经费之短缺、教育之艰难，可想而知。截至 1929 年 6 月，苏州市政府先后共发放教育经费 118854.131 元，而实际收入仅为 25038.292 元，欠款 93815.839 元。③ 那么为何县市划分之后，苏州市政府的教育经费就面临如此大的缺口呢？

首先，教育经费来源无着。在苏州市政筹备处成立之前，吴县教育局通盘筹划城乡教育事业，当时的教育经费最大来源为忙漕附税。所谓忙漕附税，是相对正税而言，即在正税之外额外征收的，主要用于省、县两级政府财政支出，故而分为省附税和县附税，统称为地方费。此外，一些县因为有特殊的需求，在呈请省政府核准后，在附加税之外又开征附加税，故而忙漕附税成为地方筹款的唯一捷径。④ 据统计，吴县教育局每年通过忙漕附税可获得 20 万元以上的教育经费，即便是在"青黄不接之时，然注此挹彼，尚能勉强维持"。⑤ 苏州市政府成立之后，由于县市划界问题迟

---

① 《苏州市教育经费收支对照表（民国 17 年 11 月份至 18 年 2 月份）》，《苏州市政月刊》第 2 ~ 3 期，1929 年，第 119 页。

② 《市教费发放在迩》，《苏州明报》1929 年 3 月 12 日，第 6 版。

③ 《苏州市教育经费收支对照表（民国 17 年 11 月份至 18 年 6 月份）》，《苏州市政月刊》第 4 ~ 6 期，1929 年，第 229 页。

④ 茅宗杰、武宝琛：《八分亩捐》，《教育与民众》第 2 期，1929 年，第 61 页。

⑤ 陆权：《呈报教育经费状况及开源节流办法由》，《苏州市政月刊》第 1 期，1929 年，第 17 页。

迟没有得到解决，苏州市政府管辖的范围主要是城区部分，这一区域并没有太多的农田，而忙漕附税主要是征收田赋。因此，在县市教育划分之后，吴县教育局理所当然地把忙漕附税全部视为自己的教育经费。由于失去忙漕附税这一重要收入，当时苏州市教育收入仅有田租收入 5 万元，屠宰附税 0.5 万元，各校学费 1 万元，房租 0.2 万元，共计 6.7 万元。[①]

其次，教育支出不断增加。在县市划分之前，吴县第一学区各校经费年支约 13 万元。1928 年 8 月，苏州市校（原属吴县第一学区）教育划归苏州市政府办理，全年支出 228466 元，增加近 1.8 倍，[②] 其中教职员待遇提高和学级不断增多是教育支出增加的主要原因。

（1）教职员晋级导致薪俸增加。苏州市政府成立之后，全市小学增加高级教员 10 人，专任教员 7 人，每人平均月薪 43 元，全年需 8772 元；又增加初级教员 28 人，专任教员 14 人，每人平均月薪 38 元，全年需 19152元。校长薪俸晋级者有 12 人，以每人月增 5 元计，全年需 720 元。此外，又增设 17 名事务员，每人平均月薪 38 元，全年需 7752 元，以上四项共须增加 36396 元。

（2）教职员月俸的增加。1928 年 9 月，苏州市立小学四十余名校长发动总辞职，要求提高教职员待遇。[③] 中央大学行政科调查员许公鉴奉令赴苏调查，听取了教职员代表范公仟的详细报告。[④] 最终，市教育管理处为了平息这次风潮，呈准中大每月提高各级教职员薪俸 3 元。至此，高级小学教职员月俸增至最高 68 元、最低 48 元，初级小学最高 58 元、最低 38.2元。[⑤] 当时全市共有教职员 365 人，每人月增薪俸 3 元，全年须增13140 元。[⑥]

（3）学级增加。1927 年吴县第一学区小学有高级 26 级，初级 135 级。

---

① 陆权：《呈报教育经费状况及开源节流办法由》，《苏州市政月刊》第 1 期，1929 年，第 18 页。
② 陆权：《呈报教育经费状况及开源节流办法由》，《苏州市政月刊》第 1 期，1929 年，第 18 页。
③ 《苏市校长昨总辞职》，《申报》1928 年 9 月 3 日，第 12 版。
④ 《苏州市校罢教风潮解决》，《申报》1928 年 9 月 15 日，第 17 版。
⑤ 《中大批准苏州市教育俸给标准》，《申报》1928 年 9 月 24 日，第 11 版。
⑥ 陆权：《呈报教育经费状况及开源节流办法由》，《苏州市政月刊》第 1 期，1929 年，第 17 页。

当年苏州市教育管理处根据全市教育发展的实际需要，呈准中央大学增加学级 50 个。① 1928 年上学期，苏州市有小学 44 所，197 个学级。② 由于教育经费的限制，当年实际增加学级 32 个，每级须添级费 130 元，合计 4160 元。另外，添级后还须增加经常费和临时费。根据苏州市校经费标准，高级和初级小学每月办公费分别为 14 元和 6 元，同时每年还须增加临时费分别为 40 元和 30 元。③ 总计上述各项，因添加学级而增加的教育开支为 6090 元。1928 年下学期，各校共有学级 215 个，其中高级 32 个、初级 177 个、幼级 6 个，④ 教育支出比上半年度又增加 1628 元。至 1930 年 5 月苏州市政府被撤销时，各校共有学级 230 个，⑤ 教育支出逐年增加。

二　苏州市教育经费的筹措及其解决办法

陆权自接任苏州市长一职后，一直尽心忙于市政建设，尤其是对发展教育格外关注。他认为"这许多事业，倘使不从根本而有力的教育方面着手，则基础既不稳固，收效自难宏大"，⑥ 但是经费短缺极大地限制了教育事业的发展。为了在最短时间内解决这一问题，他夙夜筹思，除了在可能范围内竭力设法节流外，还筹划了诸多开源办法。

（一）市长筹款办法

1. 征收捐税、增加学费

1928 年 12 月，苏州市政府鉴于"财政支绌，教育经费不敷尤巨，应付诸感困难"，遂计划开办筵席捐。⑦ 征收筵席捐的章程规定，在苏州市区

---

① 陆权：《呈报教育经费状况及开源节流办法由》，《苏州市政月刊》第 1 期，1929 年，第 18 页。
② 《市立各校概况一览表（民国 17 年度上学期）》，《苏州市政月刊》第 1 期，1929 年，第 107 页。
③ 《苏州市校经费之标准》，《申报》1928 年 8 月 25 日，第 12 版。
④ 《苏州市立各小学校概况一览表（民国 17 年度第二学期）》，《苏州市政月刊》第 7~9 期，1929 年，第 111 页。
⑤ 《吴县历年教育概况比较表》，《吴县教育》第 8、9 期，1933 年，第 3 页。
⑥ 陆权：《告全市小学校长教员文》，《苏州市政月刊》第 1 期，1929 年，第 118~119 页。
⑦ 《财政科十、十一、十二月份业务状况》，《苏州市政月刊》第 10、11、12 期，1929 年，第 1 页。

内中西荤素各菜馆、兼售酒菜的饭店旅馆、承办筵席的包厨和寺院庵庙，须按照原价代向顾客收取 5% 的筵席捐，原价未满 2 元可免捐。① 在征得江苏省政府同意之后，市政府遂制定投标规则，进行招商承办，计划每洋抽捐五分，最低价格为 1.5 万元。② 26 日，开标会召开，叶荫苹以 18465 元中标，并规定自 1929 年 1 月 1 日起开始征收。③ 然而此项决定遭到苏州菜业公会的群起抵制，在呈请市政府收回成命未果之后，他们又向省政府请愿。④ 对此，省政府饬令苏州市政府对此次征收筵席捐进行调查。无奈之下，市政府只能奉命行事，同时再次呈请省政府核示。最后结果是"奉令改归本府收回自办，现已设委员征收，专充教费之用"。⑤ 除了开办筵席捐之外，苏州市政府还呈请省民政厅和财政厅核准举办住户捐，⑥ 规定凡在市区内有房屋、园林等产权者，均应缴纳房捐，按照租折所定租价的 5% 征收，租金不满 3 元者可免捐。⑦ 同时，计划将所收捐款的十分之三充作教育经费。⑧

为了增加教育经费，1929 年 12 月，苏州市政府财政科科长张庆瀛在市政会议上提出增加学费，并获得批准。他计划将初级小学每学期学费由原来的 1 元增加至 3 元，高级小学则由原来的 3 元增加至 5 元，预算每年可增收 2 万余元。⑨ 但是，根据省教育厅规定，初、高级小学学费不能超过 2 元和 4 元，⑩ 因而该项计划未获得省政府同意。1930 年第一学期，陆权迫于教费困难已经达到极点，亟待筹划开源，再次向教育厅呈请将初、高级小学学费增至 2 元和 4 元，这才得到批准。⑪ 根据财政科的统计，当

---

① 《苏州市政府征收筵席捐章程》，《苏州市政月刊》第 10~12 期，1930 年，第 82 页。
② 《市府举办筵席捐土地税》，《申报》1928 年 12 月 22 日，第 11 版。
③ 《市政府开办筵席捐》，《申报》1928 年 12 月 28 日，第 10 版。
④ 《筵席捐静候省令办理》，《申报》1929 年 3 月 3 日，第 11 版。
⑤ 《财政科十、十一、十二月份业务状况》，《苏州市政月刊》第 10、11、12 期，1929 年，第 1 页。
⑥ 《民政厅准咨据苏州市政府呈请解释征收住户房捐章程文》，《江苏财政公报》第 4 期，1929 年，第 8 页。
⑦ 《苏州市政府征收市内住户房捐章程》，《苏州市政月刊》第 2~3 期，1929 年，第 89 页。
⑧ 《教育经费困难！市府拟增加学费？》，《苏州明报》1929 年 12 月 28 日，第 6 版。
⑨ 《教育经费困难！市府拟增加学费？》，《苏州明报》1929 年 12 月 28 日，第 6 版。
⑩ 《拟定中小学征收学费标准》，《江苏省教育厅公报》第 1 期，1930 年，第 149 页。
⑪ 《实行增加学费》，《申报》1930 年 2 月 28 日，第 11 版。

年度上学期实收学费 6871 元，增加之后一年可多收 13700 元。[①]

在万般无奈之下，苏州市政府社会科还提出拆除月城，以补作教育经费，并于 1929 年市政府第 18 次会议审查通过。此项计划是将娄门、齐门、葑门、胥门和盘门套城一律拆除，并由市政府饬令工务局招工投标，以备兴工。4 月 24 日、5 月 10 日两度在工务局开标，最后都因价格不合，未能实行。然而此项计划却遭到市政府参议的反对，并上呈省政府请求保留古迹，以重建设而利地方。6 月 11 日，苏州市政府召开第 38 次市政会议，再次讨论拆城问题，结果经众人表决仍然维持原案，将五门月城一律拆除，招工投标，克日施行。[②]

2. 借款

通过征收捐税和增加学费所得的收入，对于苏州市每年 20 余万元的教育经费来说只是杯水车薪，而且按月征收的捐税也无法解决教育经费短期内严重亏空的难题。无奈之下，苏州市政府只能通过借款，从而在短时间内筹措大额款项。根据市教育管理处移交的收支一览表可知，1928 年 8 月至 12 月苏州市教育专款收入仅为 7.6 万元，其中就包括吴县县政府向公款公产管理处代借的 3.5 万元。[③] 苏州市政府成立之后，迫于教育经费积欠无着，陆权呈请江苏省政府，以学田为抵押向吴县款产处借款 5 万元，"准自明年四月份起，在住户房捐项下按月拨还洋四千元，以济急需，而维教育"。[④] 12 月 18 日，江苏省政府主席钮永建发布第 9059 号指令，同意该项计划，并命令吴县政府转饬款产处遵照。[⑤]

1929 年 1 月，苏州市政府收到 5 万元借款，随即用于补发 1928 年 11 月和 12 月的教费 49350.22 元，[⑥] 然后就所剩无几。虽然暂时度过了危机，

---

① 《财政科十、十一、十二月份业务状况》，《苏州市政月刊》第 10、11、12 期，1929 年，第 2 页。

② 《拆城问题已解决》，《苏州明报》1929 年 6 月 13 日，第 6 版。

③ 《接收前市教育管理处移交自 8 月 1 日起至 12 月 16 日止收支一览表（民国 17 年）》，《苏州市政月刊》第 1 期，1929 年，第 103 页。

④ 陆权：《函致款产处本市教育经费奉令抵借洋五万元请查照见复由》，《苏州市政月刊》第 1 期，1929 年，第 69 页。

⑤ 陆权：《指令本市教育经费准借五万元遵办具报由》，《苏州市政月刊》第 1 期，1929 年，第 45 页。

⑥ 《苏州市教育经费收支对照表（民国 17 年 11 月份至 18 年 2 月份）》，《苏州市政月刊》第 2~3 期，1929 年，第 119 页。

但由于教育收入有限，到了 3、4 月再次陷入困境。正如陆权给省政府主席和中央大学校长的呈文所说："现在市教费收入无多，其前发放之七万七千余元，除由吴县公款公产管理处抵借之五万元全数发给外，其二万七千余元均系职移缓就急挪借而来，对于维持教育实具苦衷，但现在市库如洗，挪移为难，而市教职员请求发放三四两个月经费又属急如星火，倘不设法筹借，则全市学校势必无形停顿"。① 无奈之下，他又以当年学田收入以及 2965 亩学田为担保，向江苏银行抵借 4.5 万元，以济眉急。同时，还挪用市政建设经费 6 万元。②

1929 年上学期勉强维持之后，下学期的经费又无着落，虽然经过竭力筹措，但是到了 12 月，适值半年度结束之期，各校纷纷催促提前发放教育经费。无奈之下，苏州市政府又以筵席捐、经忏捐和住户房捐三成教费（5 月 9 日以前暂以车辆捐替代）为抵偿品，向苏州江苏震泽和江丰两家银行合借 3 万元，分 6 个月归还，以此拨放教育费。③

（二）县市经费划分

面对教育经费短缺的窘境，陆权独力支撑，苦苦经营，但东挪西借只能解决燃眉之急，并非长久之策。他清楚地认识到，要想彻底解决当前的危机，根本办法还是要划清县市教育经费，即八分亩捐和五校经费的划分问题。这两项经费对于当时苏州市教育以及整个财政收支所起到的作用，正如市政府财政科科长所说："吴县划分忙漕之亩捐及以前未交来之五校经费为关键，因此两项，占去经费之大部。一俟划出，则教育经费收支即可适合，而本年度全市收支，亦可适合矣。"④

1. 八分亩捐

所谓八分亩捐，实际上是田赋附加税的一种。1927 年 9 月，第四中山大学致函江苏省财政厅以及各县教育局长，请求征收亩捐，以维教育，并

① 陆权：《呈报筹发三四两月份教费情形》，《苏州市政月刊》第 4~6 期，1929 年，第 35 页。
② 《苏州全市财政盈绌之关键》，《苏州明报》1929 年 8 月 20 日，第 6 版。
③ 《财政科十、十一、十二月份业务状况》，《苏州市政月刊》第 10、11、12 期，1929 年，第 2 页。
④ 《苏州全市财政盈绌之关键》，《苏州明报》1929 年 8 月 20 日，第 6 版。

获得批准。^① 10 月 1 日，中央大学校长和财政厅厅长以及各县县政府、教育局协商具体征收办法，并制定《整理各县亩捐暂行办法》，其中第一条就规定将亩捐改名为筹办普及教育亩捐，每亩自八分起征，得递增至一角六分，每年在上下忙两次分收。^② 由于征收手续繁杂、地方教育局不明其理以及苏北军事未定等因素的影响，直到 1928 年上忙时才开始真正执行。与此同时，中央大学为了加强对此项经费的管理和使用，还制定了《各县普及教育亩捐保管及动用办法》。^③

八分亩捐就是每亩加征八分大洋，在江南地区，每亩农田每年的田赋往往在一元以上，故而多征收八分附税，对于业户的影响并不大。尽管基数很少，但是全省农田加起来，数额就很大。1928 年八分亩捐起征之前，江苏各县的民众教育教费仅为 13 万余元，平均每县不过 2000 余元，起征之后，教育经费骤增至 140 万余元。^④ 据统计，1930 年吴县有田地、山荡180 万亩，每亩带征八分一厘五毫，合征银 146625 元，^⑤ 而当年吴县教育经费共计 363829 元，^⑥ 此项捐税收入就占到了 40%。由此可见，八分亩捐是江苏各县教育经费的主要来源，对促进地方教育事业的发展起到了重要作用。

苏州市政府成立之后，由于县市款产没有进入实质性的划分，八分亩捐也都为吴县教育局所有，而失去此项收入的苏州市政府，必然会感到力不从心。1929 年 1 月，陆权在向江苏省政府呈报教育经费状况及开源节流办法时提出，将八分亩捐平均分配，县市各占一半，苏州市教育经费增加6.6 万元，这样可以使双方教育共同发展，"始不负教育普及之至意"。^⑦在与吴县县政府交涉无果之后，他再次呈请省政府和中央大学进行解决："查请拨吴县八分亩捐一案，前经遵令填具各项表册，呈请钧长鉴核在案。

① 《请执行八分亩捐以维教育》，《江苏省政府公报》第 11 期，1927 年，第 45 页。
② 《整理各县亩捐暂行办法》，《第四中山大学教育行政周刊》第 18 期，1927 年，第 13~14 页。
③ 《各县普及教育亩捐保管及动用办法》，《国立中央大学教育行政周刊》第 56 期，1928 年，第 8~11 页。
④ 茅宗杰、武宝琛：《八分亩捐》，《教育与民众》第 2 期，1929 年，第 59~68 页。
⑤ 《吴县带征各款亩捐核准》，《江苏省政府公报》第 488 期，1930 年，第 21 页。
⑥ 《吴县历年教育概况比较表》，《吴县教育》第 8、9 期，1933 年，第 3 页。
⑦ 陆权：《呈报教育经费状况及开源节流办法由》，《苏州市政月刊》第 1 期，1929 年，第 57~60 页。

自应祗候示遵，何敢率渎。惟职市教育经费艰窘情形，为钧长所深悉。市长任事以来，夙夜彷徨，无时或释"。① 1929 年 7 月，中央大学督学尹志仁奉令赶赴苏州，连日与县市教育局长进行洽谈，最后终于商议出两种办法：一是县市双方合理划分八分亩捐；二是吴县教育局将城东、城南、城西、城北、城中五所小学的经费拨还给苏州市。②

2. 五校经费

五校分别为城东、城西、城南、城北和城中小学，原为吴县教育局所属，每年经费都在 5 万元以上。县市划分之后因位于市区范围，而改为苏州市政府办理。根据统计，1928 年第二学期五校学生总数为 2030 人，占市立小学人数的 18.9%，每月经费为 4192 元，占总经费的 27.8%，学生人均经费 2.1 元，而其他市立小学学生人均经费仅为 1.4 元。③ 由此可见，在办学规模和经费投入方面，五校都要优于其他市立小学，故而五校经费的解决也极为重要。

1929 年 1 月，陆权在向江苏省政府、民政厅和中央大学汇报开源节流办法时，其中第四项办法就是划拨五校经费 5 万元，理由为"自市县教育划分后，该五校改归市立，此举在县教育方面无形中每年减轻五万元之支出，而属市教育本在经费艰窘万状之际，复增加五万元之负担，衡诸情理似均不合"。④ 当时中央大学指令，县市双方共同协商划拨原有五校教育经费办法。随后，陆权向吴县教育局局长陈述了苏州市教育的困境，并转呈了中大的命令，希望双方进行会商，将原有五校经费按月划拨。⑤

关于八分亩捐和五校经费的划分，现实情况并没有陆权想得那么简单。对于他的请求，吴县教育局以"五校早已划办市半，且县市本属一家，县方教育经费亦困难万状"为由，拒绝划拨经费。陆权就此做出回

---

① 《教育经费困难请准拨八分亩捐以资挹注》，《苏州市政月刊》第 4、5、6 期，1929 年，第 144~145 页。
② 《下学期市教费一无着落》，《苏州明报》1929 年 7 月 1 日，第 6 版。
③ 《苏州市立各小学校概况一览表（十七年度第二学期）》，《苏州市政月刊》第 7~9 期，1929 年，第 111 页。
④ 陆权：《呈报教育经费状况及开源节流办法由》，《苏州市政月刊》第 1 期，1929 年，第 19 页。
⑤ 陆权：《函县教育局请划拨原五县校经费由》，《苏州市政月刊》第 2、3 期，1929 年，第 35~36 页。

应，首先五校与原第一学区其他各校性质完全不同，如果因五校名称早已变更而拒绝划拨经费，那么为何其他各校名称更改后，仍将经费划归市有？其次，县教育经费实际上每年仅不敷 2 万元，并且已呈请县政府拨款补助，而苏州市教育经费每年竟不敷至 10 万余元，"县市教育经费虽同属不敷，而不敷程度大相悬殊，以县市本属一家而言，自应同舟共济，注此挹彼"。① 尽管如此，吴县教育局还是以自身经费拮据为借口推辞。无奈之下，9 月 4 日陆权晋省请示办法。② 13 日，江苏省政府委员会第 224 次会议议决，"五校经费应就原收入由县支给，征收八分亩捐项下，准暂借 1 万元，其余待教育厅成立后，查明详情，妥为划分"。③ 随后，苏州市政府照案向吴县政府请拨五校经费，但县方照旧以"苟照数划出，则县教费在十九年三月后亦将同处山穷水尽之境"为由，呈请省府复议。④

在此后的两三个月中，县市双方明争暗斗，争执不下。无奈之下，江苏省政府只能进行复议，暂缓执行原案。同时，命令教育厅派人赴苏进行协调，以免顾此失彼。11 月 9 日，秦凤翔奉令抵苏办理县市教育费划分事宜，下车后当即接洽县市两方，并约定下星期四召开会议。12 日，秦氏由沪返苏，市县教育当局随即根据约定，讨论划分办法。⑤ 在会议上，苏州市政府提出三项划分标准：一是前学款处管理的学产、款银和股票等，全部归市有；二是以前属于县方现在既改归市办者，以前属于市方现改归县办者，应将原有事业收支之款，查案划清，分别移交；三是 1926 年 8 月以后至市教育管理处成立以前，历年增办的教育经费，应依照市县教育费收支成数，分别划拨。⑥ 对此，吴县教育局提出质疑，最终双方不欢而散。

三　经费短缺与苏州市政建设困境

苏州市政府成立后，市政工作随即进入实施阶段，但效果并不理想。

---

① 陆权：《函催划拨原有五县校经费》，《苏州市政月刊》第 4、5、6 期，1929 年，第 51～52 页。
② 《市教育经费之困难》，《申报》1929 年 9 月 5 日，第 10 版。
③ 《议决维持苏州市教育经费办法》，《江苏省政府公报》第 250 期，1929 年，第 16～17 页。
④ 《苏市与吴县争拨教费》，《申报》1929 年 11 月 1 日，第 17 版。
⑤ 《派员划分市县教费》，《申报》1929 年 11 月 10 日，第 11 版。
⑥ 《教育上根本问题——县市经费划分》，《苏州明报》1929 年 11 月 10 日，第 6 版。

次年 2 月，江苏省民政厅厅长缪斌鉴于当前省内仅有苏州设立为普通市，故而特别重视，并委托该厅技正张择赴苏考察。然而考察的结果却不尽如人意，"市政成绩并不优良，即如市警察亦应整顿训练，至于市政经费亦觉太大"。① 对此，他建议陆权一方面设法增加市政收入，另一方面可以缩小市区范围。实际上，苏州市自成立至撤销的一年半时间内，市政建设进展缓慢，根本原因在于经费紧缺。正如陆权在市政府纪念周上感叹说："办理市政，比较吃力，需款浩繁，苏州市经费无着，实为市政前途一大障碍"。②

城市财政收入是市政建设的主要经费来源，根据 1928 年颁布的《市组织法》，市政府可以征收土地税、土地增价税、房捐、营业税、牌照税、码头税、广告税、市公产收入、市营业收入以及其他法令特许征收的赋税。③ 从表 1 可以看出，当时苏州市政府的财政来源主要有 18 项，其中房捐、交通捐、营业捐占据了前三位，分别占总收入的 28.67%、23.83%、7.99%，其他收入非常有限。除了城市自身的财政收入之外，省、市政府的补助资金也占了 12.78%。同一时期，财政支出为 243314.679 元，其中教育、市政府和工务局经费最多，分别占总支出的 36.79%、22.39%、13.26%。

1928 年 11 月至 1929 年 6 月，除去借款外，苏州市政府财政收入为 191683.946 元，支出高达 243314.679 元，共计亏欠 51630.733 元。从每月的收支情况来看，平均每月收入和支出为 23960.493 元和 30414.335 元，8 个月中有 6 个月入不敷出，其中以 1 月、2 月和 6 月的亏欠最为严重，最多的一个月短缺约 2 万元（详见表 2）。1929 年 2 月，陆权鉴于"市政经费异常困难，每月除收入抵补外，须短绌一万三千元有奇，且事业费并不在内"，曾请求江苏省政府每月补助行政费 1.3 万元、事业费 1 万元，但未得到批准。④ 最后，经过他的一再请求，省政府才同意按照预算，按月先行补助一半。⑤

---

① 《市政府将缩小范围》，《申报》1929 年 2 月 1 日，第 11 版。
② 《市政府纪念周之宣言》，《苏州明报》1929 年 11 月 6 日，第 6 版。
③ 《市组织法》，《市政月刊》第 9 期，1928 年，第 13 页。
④ 《省府补助市政经费》，《申报》1929 年 2 月 21 日，第 12 版。
⑤ 《苏省政府会议》，《申报》1929 年 2 月 20 日，第 8 版。

表1　1928年11月至1929年6月苏州市政府财政科收支统计

单位：元

收入				支出			
项目	金额	项目	金额	项目	金额	项目	金额
市产租金	2133.146	广告税	984.552	市政府经费	54480.531	公安局临时费	1140
学产租金	1734.99	许可证	3545.65	工务局经费	32256.904	教育临时费	27455.236
利　息	2639.948	附　税	9067.519	各区临时委员会办公费	3800	公园临时费	265
省政府补助费	19500	市政府筹备处移交	8182.433	公安局经费	14896.8	游民习艺所临时费	280.407
房　捐	54949.779	杂　项	8657.168	教育经费	89516.895	济良所临时费	30
交通捐	45678.15	证　券	3235.4	公园经费	1619	市政府开办费	4500
营业捐	15310.583	吴县教育局移交代收田租	1848.271	游民艺习所经费	2535	工务局开办费	500
清洁捐	4995	市教育管理处移交	454.357	济良所经费	2090	公安局迁移费	1200
市政府补助开办费	5000	合　计	191683.946	华严医院经费	3014.624	合　计	243314.679
杂　捐	3767			市政府临时费	3734.282		

资料来源：《苏州市政府财政科收入统计表（民国17年11份至18年6月份）》《苏州市政府财政科支出统计表（民国17年11月份至18年6月份）》《苏州市政月刊》第4～6期，1929年，第226、227页。

表2　1928年11月至1929年6月苏州市政府财政科收支统计

单位：元

	11月	12月	1月	2月	3月	4月	5月	6月	总计
收入	20836.591	8510.087	12886.949	28653.606	23824.404	35041.154	26586.880	35344.275	191683.946
支出	4444.075	11429.949	34157.854	46471.183	14792.771	40563.358	36727.330	54728.159	243314.679

资料来源：《苏州市政府财政科收入统计表（民国17年11月份至18年6月份）》《苏州市政府财政科支出统计表（民国17年11月份至18年6月份）》，《苏州市政月刊》第4～6期，1929年，第226、227页。

1929 年度（1929 年 8 月至 1930 年 7 月）苏州市的财政预算本应高于1928 年度，但因上年的预算并没有实现，故而将当年预算收入编定为700850 元。收入来源增加到 19 项，其中房捐、交通捐和亩捐最多，三项占总收入的 49.1%。支出方面，行政费为 12600 元，事业费 574850 元，每月平均为 58404 元。① 该年度预算支出的机构有市政府、工务局、公安局等10 所，其中市政府、工务局、公安局和教育经费每月预算支出合计为75050.04 元，占总支出的 95.66%（详见表 3）。然而根据各机关编订的每月预算经费可知，当年度实际预算支出为 941500.476 元，超过预算收入 24 万元之多，其中的亏空只能通过政府补助、借款以及其他方式来填补。

表 3 1929 年度苏州市政府暨所属各机关每月预算经费统计

单位：元

机构名称	市政府	工务局	公安局	七区临时委员办公处	教育经费	救济院	第一医院	戒烟医院	游民习艺所	济良所	总计
行政费	7725	2250	20054.2	525							30554.2
事业费	6433.67	12500	2524		23563.17	88.333	650	695	800	650	47904.173
合计	14158.67	14750	22578.2	525	23563.17	88.333	650	695	800	650	78458.373

资料来源：《苏州市政府暨所属各机关每月预算经费百分比图（民国 18 年度）》，《苏州市政月刊》第 10～12 期，1930 年，第 115 页。

从 1929 年度各机关每月的预算经费可以看出，在事业费一项中，教育经费最多为 23563.17 元，占总经费的 49.19%。而作为城市建设的主要经费支出，工务局的事业费为 12500 元，占总经费的 26.09%，仅为教育事业费的一半左右。从事业费的支出比例可以看出，苏州市政府在成立之后的主要工作是维持和发展教育，投入市政建设的经费极为有限。根据上文的分析，教育经费有限，主要依靠借款和政府补助，在迫不得已的时候，还挪用其他建设经费，这就大大影响了城市的市政建设。

此外，苏州市政府在财政支出方面还存在事业费和行政费分配不均的问题。1929 年度各机关每月预算行政费为 30554.2 元，事业费为

① 《苏州市政府暨所属各机关民国十八年度支付预算数目表》，《苏州市政月刊》第 7～9 期，1929 年，第 113 页。

47904.173 元，分别占 38.9% 和 61.1%。民国著名市政学者董修甲认为，"行政费最多不能超过四分之一，建设事业费不能少于四分之三，因为都市行政是为建设事业服务的，所以经费的分配应以建设事业经费为主，行政费为辅"。[①] 从苏州市财政收支统计表可以看出，行政费呈现每月增加的趋势，比如 1929 年 4 月至 6 月，市政府行政费（包括俸给、办公、预备和征收）支出分别为 5491.6 元、6060.65 元、7273.628 元。[②] 在行政费中，俸给又占了大部分，比如 1928 年 11 月至 1929 年 1 月，俸给支出分别为 1565.84 元、3833.318 元、4299.55 元，分别占 64.31%、61.9%、61.73%。[③] 从中可以看出，当时苏州市政府存在行政构机臃肿、工作人员过多等问题。实际上，陆权在市政府成立之初就指出，"各科及各局规模颇大，对于经费方面，困难万分"。[④] 从苏州市政府成立至 1928 年 12 月，行政费和事业费几乎各占一半，分别为 63207.092 元和 68726.248 元。[⑤] 针对这一问题，1930 年 3 月 25 日召开的江苏省政府第 275 次常会，提出了缩小行政费和扩大事业费的解决方案。[⑥]

通过对 1928 ~ 1929 年度的财政收支进行分析可以看出，苏州市政府面临最大的问题就是每年收入有限，经费不足，而进行市政建设，发展公用设施，扩大文化、教育和卫生等事业都需要大量资金，但又苦于无法解决，从而严重影响了城市发展。正如当时的《大光明》报所做的评论："市府开支浩繁，市款收入，尚不敷行政与教育经费。所以经费不足已成痼疾，市之设置亦难维持"。[⑦]

结　语

南京国民政府成立之后，在全国各地普遍设立了市，形成了城市地方

---

① 董修甲：《都市行政费与事业费》，《经济学季刊》第 3 期，1932 年，第 59 页。

② 《苏州市政府收支对照表（民国 18 年 4 月份至 6 月份）》，《苏州市政月刊》第 4 ~ 6 期，1929 年，第 223 ~ 225 页。

③ 《苏州市政府收支对照表（民国 17 年 11 月份至 18 年 1 月份）》，《苏州市政月刊》第 1 期，1929 年，第 96 ~ 99 页。

④ 《市政府将缩小范围》，《申报》1929 年 2 月 1 日，第 11 版。

⑤ 苏州市政府秘书处编《苏州市各种简明统计》，《明日之江苏》第 1 期，1930 年，第 5 页。

⑥ 《苏省府审查所属机关》，《申报》1930 年 3 月 26 日，第 9 版。

⑦ 《市府开支浩繁》，《大光明》1930 年 3 月 12 日，第 5 版。

政府和城市型行政区，由此中国的城镇行政管理体制最终完成了向近代化的转变。各市在初建时期，均遭遇了种种问题。从本文的研究可以看出，民国时期苏州市的发展步履蹒跚，市政建设存在诸多弊端。首先，城市建设经费短缺。苏州市政府成立之后，财政收入来源有限，几乎每个月都是入不敷出，只能通过借款来维持日常运转，加上县市款产迟迟得不到厘清和划分，市政建设大受影响。其次，经费分配不合理。在各项财政开支中，教育和警务经费占据了主要部分，而对城市建设的投入有限，经费甚至还被挪用。教育经费所占比例过大，各项事业发展缺乏均衡性，恰恰也暴露出财政资金短缺的问题。最后，行政费占用过多，导致建设事业费不足，难以发挥原本就短缺的市政资金的建设效益。综观中国城市发展的历程，其管理和建设并非一帆风顺，随着政府职能的不断健全以及市政规划的日益完善，这些弊病也都有所改善。

作者：胡勇军，浙江水利水电学院马克思主义学院

（编辑：张利民）

经世以致用　集刊以专成

——新时代城市史研究的路径与指向

暨《城市史研究》创刊 30 周年高端论坛侧记

任吉东

几乎与改革开放同步兴起的中国近代城市史研究，经过 30 余年的发展，已然成为当代中国历史研究中不可或缺的重要科目。它见证了中国改革开放的历史进程，并与之一道蓬勃发展，而相伴生的学术集刊《城市史研究》也迎来了"而立之年"。

2018 年 6 月 22 日至 24 日，由天津社会科学院主办，中国城市史研究会、社会科学文献出版社、天津市历史学学会、南开大学历史学院、天津师范大学历史文化学院协办，天津社会科学院历史研究所承办的"新时代城市史研究的路径与指向暨《城市史研究》创刊 30 周年高端论坛"在天津召开，来自全国各地的七十余名学者围绕城市史研究与集刊发展两个主题，对相关领域进行了深入研讨与交流，在很大程度上反映了改革开放以来直至新时代城市史研究的路径和方向、集刊编辑发展的未来和走向。

一　新时代城市史研究的指向所导

城市史研究自 20 世纪 80 年代在中国大陆兴起以来，就以鲜明的问题意识为导向，着力探究具有中国特色的城市发展之路，建构具有东方特色的理论体系框架，追问中国城市运行的原理、规律和模式。为中国改革开放后的城镇化建设提供镜鉴，一直是城市史学者义不容辞的担当与职责。

与其他学科相比，城市史突出的特点就是有较强的时代意识和问题意识，关注与国家社会经济发展紧密相连的问题，寻求历史与现实的结合点和切入点，这是城市史研究的长处，也是发展的原点和动力。正如有的学者所言，中国城市史学科肇始于 20 世纪 80 年代初期，是在改革开放的大潮中伴随着中国经济体制改革从农村向城市的转移而逐步发展起来的，其诞生也是反映时代呼声的改革开放的产物。因此，新时代伊始，学者们更加关注城市史研究的指向与路径，提出了城市史研究为什么、做什么、怎么做的千年之问和时代命题。有鉴于此，有的学者掷地有声地提出了"为城市存史，为市民立言，为后代续传统，为国史添篇章"的城市史研究新理念，得到了与会学者的一致赞同与呼应。

经世致用一向是中国学人的优良学术传统，正如章开沅先生所言：史学应该参与现实生活，历史研究要紧扣时代发展的脉搏。在这方面，城市史研究无疑具有得天独厚的条件，在新时代城镇化浪潮中，城市史可以也必然能够利用自己的研究为城市建设发展出谋划策，这是城市史研究的春天和良机，广阔天地大有可为。

二　新时代城市史研究的路径所循

随着中国城市化进程的加速与城市发展问题的涌现，城市史研究也成为新时期的"经世致用"之学，它集社会学、人类学、建筑学、经济学、地理学等多种学科于一身，真正实现了跨学科的理论方法综合运用，与传统史学相比，它已经远远超出史学范围，逐渐成为与社会学、经济学、地理学等学科密切联系而又具有相对独立性的一门新学科。

城市史研究也有着自身不可避免的短板与缺陷。首先，在学术理论上，呈现"西学东渐"一面倒的局面，缺乏具有宏观意义整体系统的本土理论建构；其次，在研究范畴上，呈现"发达城市"一家欢，缺乏对中西部和中小城镇的学术关注；最后，在研究方法上，呈现"同质克隆"一贯化，缺乏带有创新的运用交叉学科的技巧范式。

展望未来，城市史研究必将在继续发扬原有优长的基础上，寻求新的突破，不断拓展深化，在以下几个方向发力创新。

首先，在理论建树上，与时共新。城市史研究应该科学地运用多学科的理论，发挥多学科的特点，探讨整体框架与理论创新，创建具有中国特色的城市史理论体系。

其次，在内容建设上，与时俱进。城市史研究应该结合当前社会发展需要，加强问题意识，在为现实服务的基础上拓展学术课题与领域，如探讨城市化进程中的城市与乡村的问题，这是中国乃至后发国家的共性问题，也是中国城市化的特色，对现实有着十分重要的意义。

最后，在学科建设上，与时同构。城市史研究应该进一步移形换位，借助多学科模式，从而构建出具有自身学科特色的学术话语体系，全方位把脉中国城市化进程，探析经验启示规律，发挥资治史鉴功用。

三 新时代学术集刊的特色所在

作为城市史研究第一本专业刊物，《城市史研究》于1988年创办，至今已经出版38辑，现为中国城市史研究会会刊，由天津社会科学院和中国城市史研究会主办，社会科学文献出版社出版发行，其宗旨是为研究城市史的基本问题和理论架构、学术前沿与热点等提供交流平台，倡导人文科学与自然科学的结合、交叉学科和多学科的综合研究，从历史、政治、经济、社会、文化、生活和空间、地理、规划、环境、建筑等多重视角推进城市史研究的发展，推进历史学、城市学学科建设，为我国城镇化发展提供借鉴和启示。而作为国内最早的城市史研究刊物，《城市史研究》更是亲历和见证了国内城市史学的诞生、成长和壮大，已经成为该学科研究的风向标和首发刊物。

作为一个异军突起的新兴事物，以《城市史研究》为代表的学术集刊的数量近年来一直保持着不断攀升的势头，并且还在不断增长中。目前各类学术集刊总量已经达数百种，内容涉及政治、经济、社会、文化、历史、科技、医学等各个领域，堪称中国学术界与出版界最为引人注目的新兴文化景观之一。"学术集刊"现象从一个侧面反映了中国学术自主性的增强，它是学术界破解体制束缚、彰显学术自主性的有益尝试。

对于学术集刊的未来发展，与会学者也进行了有益的探索和讨论。大家一致认为，由于集刊自身各自为政、规范不一的客观现象和在现有"以刊评文"的模式下重期刊轻集刊的主观原因，集刊的成长难免伴生先天的缺陷和后进的乏力，这就迫切需要建立一个科学规范的集刊学术共同体以

"抱团取暖"，推动学术集刊学术规范的优质化和学术资源的共享化，打造学术合作协同下的集刊学术基地。

同时，以某一专门研究领域为背景发展而来的学术集刊，其明显的学术性、专业性和主题性决定了其编辑往往具有双重身份——既是在某一专业学有所长的专家，又是负责约稿校对出版的编辑。于是，在学术集刊的创办中，学术研究和学术编辑有机地结合起来，而其主编往往是该研究领域的领军人物之一，编辑人员也一定是这个领域的研究者。这也是造就集刊成功的不可或缺的必要条件，也只有这样，主编、编辑与作者、学者之间才能保持有效良好的沟通与互动，并共同参与到学术的具体研讨中去，这样刊物才能真正成为他们心目中的学术交流平台，保持作者与读者对刊物的认同感、信服度乃至皈依感，从而真正做到学术的传承与引领。

改革开放40年来，日益强盛的中国迎来了学术研究的百花齐放，也迎来了学术研究的最佳时期。学术集刊因学术研究而生，学术研究又因学术集刊而兴，两者的相辅相成造就了城市史研究与《城市史研究》的双赢局面，在遵循学术研究脉络和满足专业研究需求的基础上，两者达成和实现了自我学术价值的认同和提升，共同促进了专业性、权威性与各学科间的对话整合，进一步推动和促成学术流派和相关学术品牌的形成。

作者：任吉东，天津社会科学院历史研究所

（编辑：任云兰）

"近代天津与中国社会转型"学术研讨会综述

李　里　魏淑赟

2018 年 4 月 27 日至 29 日，由天津师范大学历史文化学院主办，天津市历史学会、南开大学历史学院、天津社会科学院历史研究所协办的"近代天津与中国社会转型"学术研讨会在天津举行。本次会议得到了史学界的积极响应和支持，收到论文近 80 篇，来自中国社会科学院近代史研究所、北京大学、清华大学等高校和研究机构的 90 余名专家学者与会。会议围绕近代中国社会转型背景下天津的经济、政治、环境、文化与教育、日常生活与城乡社会以及民间文献研究等主题展开深入广泛的研讨。近代天津史研究呈现出方向多元化、成果拓展与深化、新史料的使用等特点，这些都体现了近年来近代天津与中国社会转型研究的新进展。此外，部分论文不局限于天津，或从一事一物着眼，或从学科发展着眼，对城市与社会生活的互动发展、学科取向等方面进行了探讨。

一　近代天津史研究的多元化

此次的会议论文展现了天津史研究领域的日益多元化。不仅区划沿革、镇乡聚落、社会团体、经济贸易、文化教育等研究热点得以延续深化，在环境史、科技史、日常生活史等新领域也涌现出高质量论文。任云兰研究员以疫情和防疫为出发点，从城市环境史角度探讨了沦陷时期天津的公共卫生管理，从卫生状况、管理机构、管理办法和管理特点等几个方面进行了评述。曹牧博士从近代墙子河河道功能的变迁探讨了人为塑造对城市建构的作用，从"失去"的视角再次思考河道与城市发展的综合关系，并进一步理解自然与城市之间的互相塑造和影响。方万鹏博士通过天津的"机器发明家"孙恩吉试办船磨探讨了中国传统技术工具在社会剧变时代的角色与命运，认为水力磨坊仍是技术工具传统社会功用之延续。徐永志教授从天津开埠说起，通过考察京绥等铁路沿线的旅行游记、日记和报告等，探讨了近代中国社会的深刻变迁。刘志琴教授以民初甘眠羊的《新天津指南·最新分类天津电话号码》为研究个案，探究民初天津城电话业的现代化发展历程和天津城电话业的现代化水平及其与世界的同步性。

同时，与会代表认为，尽管已经取得丰富的研究成果，但天津史可挖掘的研究领域仍然十分可观。例如以往一些研究较为忽略的天津社会群体也逐渐被与会者所关注。李金铮教授探讨了沦陷时期天津公务员的生存状态，加强了对天津沦陷时段的研究。马忠文研究员则通过梳理前清遗老郭则沄在津活动，提出加强天津遗老群体研究的重要性。

二 近代天津史研究成果的拓展和深化

如何在现有天津史研究成果上拓展深化，是本次会议的讨论焦点。与会者普遍认为，天津不是地方性城市，在近代政治经济文化中有其特殊地位，在新的研究阶段不应满足于天津本地历史的梳理，而应跳出天津看天津。

王奇生教授指出应从区域大视野审视天津的定位及其演化，并由此反观整个区域的转型路径。王宪明教授通过考察严复的思想发展与翻译著述活动，提出应重视"京畿文化圈"的作用。张利民研究员通过探讨清末天津商人在新疆的经济活动，分析他们的活动对沿海与边疆的经济交流和社会发展的促进作用。此外，樊如森教授从京津关系的演变看近代天津在中国北方的经济定位，分传统漕运、近代开埠通商、解放后三个时期讨论了天津的发展。肖红松教授和位轩同学对新中国成立初期天津市治理烟毒活动进行了探析，提倡从畿辅地区的角度思考京津冀地区的历史互动。这都展现出与会学者从区域大视野对天津定位的多方位思考。

与会者在探讨近代天津发展状况的同时，更关注天津变迁与近代中国社会转型的内在联系。王先明教授提出需要把天津城市管理机制演化置于清末政治制度从传统六政向新政转化的大背景下解读。侯杰教授和孙巍溥博士揭示了高等教育现代化中的"中国化"转向，即以中国历史、中国社会为学术背景，以解决中国问题为教育目标。毛曦教授通过分析开埠前天津城市历史演进的阶段及特点，探讨了中国传统时期城市兴起与发展的自身驱动系统和历史必然性。

此外，梁景和、李金铮、张慧芝等与会学者还围绕天津开埠后对内地传统产业的影响展开讨论，认为影响不能夸大，需要关注传统产业在开埠后的适应与延续。这体现出与会代表对天津研究与时代转型相结合的关切，以及对研究碎化问题的反思。

三 近代天津史研究新史料的使用

本次会议一个新特点是与会者不断开拓史料的运用，并采用多学科方法解读史料。李学通编审以影像史料研究驻扎天津的美国15步兵团与当地居民的互动。历史影像中的记录，为相关研究和认识提供了重要的补充和旁证。罗艳春副教授通过解读葛沽药王庙碑刻，依据民间文献、田野调查考察了天津政区调整的滨海因素。戚学民教授和张可同学通过探究营救王若僖事件与国民党平津党务工作之困境，展现了台湾中研院所藏平津党务档对了解沦陷时期天津政治生态的重要性。梁晨副教授、任韵竹同学和李中清教授通过数据库统计分析，展现出抗战前后大学生的分布状况。与会者在肯定了相关研究的新趋向后，也就如何运用新史料提出了自己的思考。左玉河教授提出影像史学需要有明确的问题意识，从影像中发现信息并与其他史料参照将对史学研究更有意义。常建华教授在阐述了民间文献对发掘民众历史的重要性的同时，提出不能忽视官方史料，应注意二者的相互联系。

在此基础上，部分与会代表还围绕研究理论展开讨论。张昭军教授等与会代表提出，如何从实证研究提升理论方法，形成具有自己特色的研究理论值得深思。马俊亚教授通过对淮地煎丁的生存状况的考察，对生产奴隶的衡定依据提出修正。夏明方教授则通过探讨从"新中国"话语到"新"中国史的现代中国，对当前历史研究的解构现象进行了反思。

四　其他

　　此外，部分论文不局限于天津，或从一事一物着眼，或从学科发展着眼，对城市与社会生活的互动发展、学科取向等方面进行了探讨。张立胜教授探讨了传统士人对西学的认识。王惠荣教授分析了中国由传统社会向近代社会转变过程中，汉学群体发挥的重要作用。张月琴副教授分析了近代晋冀蒙长城"金三角"城镇体系和发展因素。王海鹏副教授探讨了近代早期来华传教士的中国风俗观。邱源媛副研究员探讨了旗人选择性游走于八旗制度与州县系统之间的生活状态。曹志敏副教授对清代嘉道时期京师士大夫的休闲生活进行了探微。吴朋飞副教授和邓玉娜副教授对 1907～1937 年的铁路与近代开封经济发展进行了论析。黄庆林副教授探讨了转型社会背景下清政府统治方式的滞后。韩朝建副教授探讨了近代五台山的交通方式呈现的多样化及过渡时期的特点。朱文通研究员和丁钰津博士通过考察李大钊和邓培的社团活动，透视个体、团体、社会之间的互动关系。李荣华博士探讨了 20 世纪 40 年代后期滴滴涕在中国的兴盛。赵九洲副教授从中国城市环境史的总体研究出发，从城市环境史的定义、进行城市环境史研究的原因和方法三个方面对这一学科方向的发展进行了探讨。

五　总结

　　总的来看，会议从具体个案分析升华至天津史研究的整体反思与探讨，获得了与会学者的高度肯定。围绕天津史的研究发展，与会学者提出一系列建议，如加强天津与其他城市和区域的互动研究、开拓研究领域，以及注重采用新史料与新方法加强研究。会议围绕天津又不仅仅局限于天津，对转型时期中国社会的方方面面都进行了探讨，极大地丰富了会议的内容。与会者普遍认为，此次研讨会既是对近代天津与中国社会转型问题研究的总结，也应成为继续深入探讨这一问题的起点，表达出加强研究团队建设，建立长效交流机制，共同推进这一领域研究的意向。

　　同时，与会学者一致认为，近代中国社会转型问题是一个大课题，天津作为中国北方最早辟为对外通商口岸且地处畿辅之区的城市，是近代中国与外部世界交流、互动的重要窗口，是近代诸多新事业、新制度的发源地，在近代中国社会转型过程中的地位举足轻重。通过此次学术研讨会，必将深化学术界对近代天津社会发展及其与近代中国社会转型关系问题的认识，并推进中国近代史的学术研究。

作者：李里，天津师范大学历史文化学院
魏淑赞，天津社会科学院历史研究所

（编辑：任云兰）

Abstracts

Regional System and Economic Development

The Night's Order of Urban Public Space of Song Dynasty

Wang Maohua, Zhang Jinhua / 1

Abstract: Although curfew had long existed, the curfews in the Song Dynasty had been the least strict one since Tang. The night order of urban public space of Song Dynasty was mostly sloppy. In the early days of first half of the Song Dynasty when curfew was comparatively strict, sometimes city gate was opened unlawfully, some officers broke the rule of curfew, and there was the practice and regulation that the officers breaking the curfew would be escorted home by the patrolmen. Nevertheless, ordinary people feared the order of curfew. While the curfew in capital cities experienced the process of being strict to being loose, the practice of curfew in local cities was diverse, with historical records full of generally loose curfews and breach by official and civilians. The revelry continued throughout the night in such festivals as the Lantern festival (shang yuan jie), and night markets were prosperous and popular, which was an important indicator that the urban public space in the Song Dynasty was very active.

Key Words: Song Dynasty; City; Public Space; Curfew; Night Market;

Wine Pubs and Shops and Civilian Feast Drinking Consumption in   Song Dynasty

Ji Changlan / 18

Abstract: In Song Dynasty wine pubs and shops were teemed with cities and the surrounding markets and towns, making them hangouts for people to enjoy feast. The civilians in consumption especially cared about the creation of the banquet environment: comfortable and neat furniture, paintings and flowers, screens, etc., particularly a meticulous service. All these were not only necessary means to attract customers, but also designed to meet the needs of the public. The prosperity of pubs and shops drove the civilian consumption trend, and formed the center for information spreading, place for public opinion manufacturing and place for civilian gathering, which was not only a reflection of prosperity of the development of markets and towns, but also the result of the social, economic and cultural prosperity in the Song Dynasty.

Key words: Song Dynasty; Consumption of Feast Drinking; Civilian Lives

Prostitution in A Small North China Town in the 1930s   Linda Grove / 32

Abstract: By the early twentieth century the sex trade had spread from the large cities and provincial capitals into smaller prefectural cities and towns that were experiencing rapid development as a result of new railroad lines and industrial expansion. Gaoyang – a small town at the center of Hebei Plain – grew rapidly as the result of the development of the rural weaving industry. Compared with large cities, the prostitution in Gaoyang had these features: firstly they were mostly "clandestine prostitutes", operated in small settlements outside the city walls, or on narrow back streets within the walled town, which was different from those in big cities which were gathered together in a special licensed district; secondly, they were mostly those whose age made them less competitive in large cities and were compelled to move to small towns; third, they were mostly independent, and hence easy to move. The Gaoyang county government took a "Don't look, don't ask" attitude toward the unlicensed prostitutes, mostly because they did not want to offend some of their clients, or they even needed clandestine prostitutes to meet the demands of some specific customers, like military forces passing through the county. Military forces or security forces might provide some unofficial protect to those prostitutes, but also sometimes bothers to them.

Key words: Small North China Town; Prostitution in Gaoyang; Sex Trade; Local Government

People's Public – running Business and Its Management Model in Shanxi Province: Concurrent Discussion its Role in the Modernization of Taiyuan City

Yue Qianhou, Liu Huijin / 48

Abstract: After controlling the government of Shanxi Province, YanXishan proposed to revitalize Shanxi. Faced with a very weak economic infrastructure, Shanxi government raised the primary construction capital by such ways as reclining money, apportionment. In just a few years in the 1920s to 1930s, a dozen of units were established, covering finance, transportation, mining and other industries. In 1936, Yan Xishan named such units as " People's Public – running Business of Shanxi Province", which adopted and reformed the management mode of shareholding company. The management organization of these units included: Board of Steerers, Board of Directors, Board of Supervisors and Board of County Observers. While this management model was different from that of family enterprise and shareholding limited company, it realized the separation of rights of ownership and management and retained the highly concentrated power as in family enterprises. People's Public – running Business of Shanxi Province promoted the industrialization of Taiyuan city and accelerated its modernization.

Key words: YanXishan; People's Public – running Business of Shanxi Province; Company Management; Taiyuan; Modernization

Municipal Governance and Social Control

The Contradiction Between Peace Preservation and Municipal Governance: A Comparison of Operation of Shanghai Nanshi Police in the Periods of Gentry –

merchant's Self – Governance and Warlords, 1905 – 1923   Qi Liang / 63

Abstract: From 1905 to 1923, In the era of self – governance when the Nanshi Police were mostly local people, the spending arose from the fiscal spending of self – governance organization, their duty was mainly to maintain peace with limited function of social administration. In the era of warlord's rule when Nanshi Police were mostly people from outside, its spending relied on the fiscal expenditure of Jiangsu Province with remedies by fines, the police's duty was eroded by the conflict between peace preservation and municipal governance, the limited police force had to shoulder many duties of other municipal organizations, the Industry Patrol and Donation Bureau and the Police Bureau increased the executive cost, and blurred the boundary between municipality and police.

Key words: Shanghai; Nanshi; Police; Self – Governance; Warlord's Rule

Social Conflict and Policy Reorientationin Urban Grass – root Governance: with the Management of Vendors in Post – war Tianjin as a Case

Zhang Meng, Wang Xianming / 86

Abstract: The process of industrialization of Japan started in the late 19th Century. However, the municipal system of Meiji Government was a local self – governance institution of urban aristocracy, which restricted the power of mayors and the participation by the public. The defects of municipal system represented by the Tokyo water supply system led to the power – for – money corruption between the bureaucrats and privileged merchants. Japanese government responded by dissolving and reelecting city councils, but to no avails. The municipal corruption in the early industrialization of Japan caused the negative influence on the urban development, which accumulated social contradiction in social transition and made urban diseases to be worse.

Key words: Post – war Tianjin; Grass – root Governance; Management of Vendors; Social Conflict; Policy Reorientation

and actions were unstable, which led to the ups – and – downs and stagnation of Chinese urbanization in a low level in the first half of the 20th Century.

Key Words: Sun Yat–Sen, Nanjing National Government; Urban Development Strategy; Policy Making

Conceptual Change and City Innovation: Based on the Social Space Analysis of Pauper Factory in Tianjin   Chen Xuhua, Xuan Chaoqing / 161

Abstract: The space contradiction caused by population aggregation is one of the most important questions in the process of urbanization. As a public space, pauper factory carried out social relief practice during the Republic of China. It revealed the inner logic of pauper factory construction, that is, the builders kept innovating its practice with the change of outlook on the poor. The process contained the origin and development of conceptions of Chinese early urban construction ethics, state responsibility, civil rights and so on. Clarifying this process will enhance our understanding of people – oriented concept, rebuilding the relationship between man and city and emphasizing the concept that city serves to people's development.

Key words: Pauper Factory; People–Oriented; Space Justice

The New Market and the Transfer of Commercial Hub in Hangzhou During the Era of Republic of China   Zhang Weiliang, Wang Gang / 174

Abstract: The New Market that was built on the Flag Camp (Qing Dynasty) by Hangzhou municipal government after the 1911 Revolution aimed to reshape the traditional business structure of Hangzhou, and build a new commercial hub bythriving the lakeside business. However, we found that the business of New Market was limited to the leisure commerce through our quantitative analysis of the commercial data from the Republic of China Era, the commercial hub had not transferred to the New Market from the traditional Qinghefang and Yangbadou area, due to the basic layout of Hangzhou city, population density and the measures of Hangzhou municipal government.

Key words: Republic of China; Hangzhou; New Market; Commercial Hub

Social Stratum and Daily Life

The Transformation of Local Elites and Their Relationship to the State in Modern
China   Mary Backus Rankin, Joseph W. Esherick / 189

Abstract: During the most part of the late imperial period, while Chinese elites had been always changing, its elastic social structures had not altered. In the nineteenth century, a series of economic, social, and political process accelerated the change of Chinese elites and transformed social structures. The growing importance of commerce led to a new hybrid class "gentry – merchants", militarization led to the rise of military elites, specialization led to the emerging of functional elites; the growth of autonomous local – elites power led to the emerging of public sphere, the difference of local arenas led to the fragmentation of the elite. The competitive expansion of both state and elite power, in a context of increasing elite organization and politicization, resulted in a more profound conflict between elites and the state than was characteristic of late imperial period. Flexible reliance on multiple resources, constructing networks of human relationships and dominance through cultural hegemony, had dominated throughout the processes of elite transformation in late imperial and the republic of China.
    Key words: Modern China; Elites; State Power

An Overview on the Apprenticeship of Beijing Hardware Shops in the Republic
of China   Lu Zhongmin / 205

Abstract: Apprenticeship was the foundation of labor organization in the shops. Although Beijing hardware industry was a new industry, having some characteristics of apprenticeship in emerging industries, it still mostly followed the general rules of apprenticeship in traditional industries. This article mainly discusses the selection criteria, the proportion, the wage of apprentices, and their positive and negative effects on the shops. It points out the characteristics of their in-heritance and innovation, enriching and deepening the understanding of appren-ticeship, and providing reference in achieving a successful career for a large num-ber of today's farmers .

Key words: the Republic of China; Beijing; Apprenticeship; Hardware Shops

Analysis on Developing Characteristics of Tianjin Charitable Organizations in the Republic of China   Gao Hua / 220

Abstract: During the period of the Republic of China, charities in Tianjin had reached its peak, the development of charitable organizations assumed a new time and local features. The non – governmental charity organization had played an important role not less than governmental charities; theoutlay of charitable or-ganizations were related to the political and economical power; the establishment of charitable organization is mobile and transitive; the overlapping between chari-table organizations and other organizations maybe constitutes community net-work.

Key words: the Republic of China; Charitable Organizations; Mobility; Community Network

Mobilization of War of Resistance Against Japan and Festival Entertainment: Street Parades and their Functions in Wartime Chongqing (1937 – 1945)
Tan Gang / 233

Abstract: During the Anti – Japanese War, for the needs of anti – Japanese-mobilization, the Kuomintang, the National Government and all social circles in Chongqing organized a large number of street parades. In order to ensure a smooth and orderly march, the organizers arranged the queues and sequence of parades in advance, formulated parade disciplines, while planning parade routes, arranging parade space and strengthening space management to expand the politi-cal functions of parades . The parade chanted patriotic slogans and sang patriotic songs, which created a strong atmosphere of war mobilization, and a large number of meaningful performance props and contents in parades inspired the nationalism of the audience. Therefore, street parades in wartime Chongqing had a certain function of mobilization . Since street parades in wartime Chongqing were concentrated on festivals or anniversaries, the various parades filled with vivid and interesting performances attracted the extensive involvement of Chongqing citizens, enriching their festival life, and street parades also had a certain entertainment function. Exploring street parades in wartime Chongqing and their functions can not only deepen the understanding of the wartime mobilization, but also the festival life of wartime citizens in Chongqing.

Key words: Wartime Chongqing; Street Parades; Political Function; Entertainment Function

Ideology, Culture and Education

A Comparative Analysis of "Middle Class" in Chinese and Western Modern Cities   Wang Jing / 248

Abstract: Class differentiation is one of the important results of social transformation in modern China. Therefore, it is important to study modern urban development from the perspective of class in the urban history, including the understanding of "Middle Class" . As an important concept in western sociology, "middle class" is used to study the social transformation in modern China by Chinese scholars. Lacking knowledge about the background of the middle class, this concept is always taken out of context. Therefore, it is necessary to compare the development of urban middle class between China and the west to further understand the connotation and extension of middle class.

Key words: Middle Class; Modern City; Western

Warfare of Toponym: The Social – Cultural History of Naming the Street in Shanghai French Concession   Luo Guilin / 259

稿　约

　　《城市史研究》创刊于 1988 年，是目前国内最早的城市史研究专业刊物，由天津社会科学院历史研究所主办，现为中国城市史研究会会刊，一年两期，由社会科学文献出版社出版发行。

　　一、本刊欢迎具有学术性、前沿性、思想性的有关中外城市史研究的稿件，涉及的内容包括城市政治、经济、社会、文化、环境及与之相关的地理、建筑、规划等多学科和跨学科研究成果。对选题独特、视角新颖、有创见的文稿尤为重视。

　　二、文章字数一般应控制在 15000 字，优秀稿件可放宽至 3 万字，译稿则须附原文及原作者的授权证明，由投稿人自行解决版权问题。

　　三、来稿除文章正文外，请附上：

　　（一）作者简介：姓名、所在单位、职称、学位、研究方向、邮编、联系电话、电子邮箱；

　　（二）中文摘要：字数控制在 150～200 字；

　　（三）中文关键词：限制在 3～5 个；

　　（四）文章的英文译名；

　　（五）注释：一律采用脚注，每页编号，自为起止。具体格式请参见《社会科学文献出版社 2012 年学术著作出版规范》第 17～25 页，下载地址：http://www.ssap.com.cn/pic/Upload/Files/PDF/F634931934378353239 5883.pdf。

　　四、本刊有修改删节文章的权力，凡投本刊者视为认同这一规则。不同意删改者，请务必在文中声明。

　　五、本刊已加入中国学术期刊（光盘版）全文数据库，并许可其以数字化方式在中国知网发行传播本刊全文，相关作者著作权使用费与稿酬不再另行支付，作者向本刊提交文章发表的行为即视为同意我刊上述声明。

六、为方便编辑印刷，来稿一律采用电子文本，请径寄本刊编辑部电子邮箱：chengshishiyanjiu@163.com。来稿一经采用，即付样刊两册。未用稿件，一律不退，三个月内未接到用稿通知，可自行处理。文稿如有不允许删改和做技术处理的特殊事宜，请加说明。

需要订阅本刊的读者和单位，请与《城市史研究》编辑部联系。联系方式：电子邮箱 chengshishiyanjiu@163.com。

本刊地址：天津市南开区迎水道7号天津社会科学院历史研究所

邮编：300191；电话：022-23075336

《城市史研究》编辑部

图书在版编目（CIP）数据

城市史研究. 第 39 辑 / 张利民主编. -- 北京：社
会科学文献出版社，2018.12
ISBN 978 - 7 - 5201 - 3992 - 2

Ⅰ.①城…　Ⅱ.①张…　Ⅲ.①城市史 - 文集　Ⅳ.
①C912.81 - 53

中国版本图书馆 CIP 数据核字（2018）第 273374 号

城市史研究（第 39 辑）

主　　编 / 张利民

出 版 人 / 谢寿光
项目统筹 / 李丽丽
责任编辑 / 李丽丽　汪延平　徐成志　吴丽平

出　　版 / 社会科学文献出版社·近代史编辑室（010）59367256
　　　　　地址：北京市北三环中路甲 29 号院华龙大厦　邮编：100029
　　　　　网址：www. ssap. com. cn
发　　行 / 市场营销中心（010）59367081　59367083
印　　装 / 三河市尚艺印装有限公司

规　　格 / 开　本：787mm × 1092mm　1/16
　　　　　印　张：21.25　字　数：347 千字
版　　次 / 2018 年 12 月第 1 版　2018 年 12 月第 1 次印刷
书　　号 / ISBN 978 - 7 - 5201 - 3992 - 2
定　　价 / 89.00 元